AF450064

Reihe Die Enzyklopädie der neuen Ära

Abschnitt Ein Mensch der goldenen Rasse

Band VII

L. Seklitova & L. Strelnikova

DIE WAHL
DER SEELE

ODER

DIE POSITIVE UND NEGATIVE MENSCHLICHE ENTWICKLUNG

TEIL 1

CosmUnity 2024

"DIE WAHL DER SEELE" / Teil 1 / Reihe: Die Enzyklopädie der neuen Ära / Abschnitt: Ein Mensch der goldenen Rasse. Band VII / Seklitova L., Strelnikova L. / 1 Auflage auf Deutsch / CosmUnity, 2024 – 324 s.

Originalfassung: «ВЫБОР ДУШИ» / Часть 1 / Серия: Энциклопедия Новой Эры / Раздел: Человек Золотой Расы. Том VII / Л.А. Секлитова Л.Л. Стрельникова / 2-е издание. Амрита Русь, 2021–351 стр.

© Übersetzt von: Alina Shevyakova

© Ausgabe: Centro de Desarrollo Espiritual Humano "Raza Dorada"

Herausgegeben von CosmUnity

ISBN: 978-84-128563-2-3 (Paperback)

ISBN: 978-84-128563-3-0 (EPUB)

Seklitova L., Strelnikova L.

Reihe Die Enzyklopädie der neuen Ära.
Abschnitt Ein Mensch der goldenen Rasse. Band VII.

Die Wahl der Seele oder die positive und negative menschliche Entwicklung

Dieses Buch erzählt über die Gründe der Erscheinung der negativen und der positiven Entwicklungsrichtung auf der Erde und deren Äußerung in solchen Begriffen, wie das Gute und das Böse. Der Leser wird erfahren, wie das Erlangen von positiven und negativen Energien in die Matrix der Seele geschieht, was den Menschen zum Progress in zwei Oppositionsrichtungen führt und auf welcher Grundlage die Seelen in unterschiedliche Systeme der Hierarchien aufgeteilt werden. Das Buch verrät den Kern der inneren Prozesse in der Seele, das Funktionieren von positiven und negativen Eigenschaften der Persönlichkeit, wie und mit welchen Methoden für die Seelen Gott und Satan kämpfen, welche Anreize das eine System für die Entwicklung aufstellt und welche Mechanismen des Fortschreitens die Opposition verwendet. Einzigartige Informationen decken das Geheimnis der Transformation einer positiven Seele in eine negative auf, und ebenso erfährt der Leser über die Rolle der Liebe und des Leidens in der Entwicklung der Persönlichkeit, wie die Höchsten die Gefühle des Menschen entwickelten, wofür ihm der freie Wille gegeben wurde und wozu er die Menschen führt; ihm wird der wahrhafte Kern des Leidens, Begriffe der Sündhaftigkeit und der Moral verraten.

Die Informationen wurden auf Grundlage von Kontakten mit dem höchsten Verstand erhalten.

Aufgrund der Tatsache, dass aus energetischer Sicht jede Information, wenn sie im Internet verbreitet wird, ihre Göttliche Ladung verlieren kann und sogar von negativen Kräften für ihre eigenen Zwecke in eine negativ geladene Information umprogrammiert werden kann, sollten die Menschen unsere Bücher in der Papierversion lesen, damit ihre Seelen mit positiven Energien aufgeladen werden.

EINFÜHRUNG

Den Menschen werden bestimmte Entwicklungsperioden gegeben, nach Ablauf welcher die Seelen auf Reife geprüft werden. Ab dem Jahr 2000 ist eben solch eine Periode gekommen. Es werden extreme Situationen geschaffen, die es ermöglichen die von der Seele erarbeiteten Eigenschaften zu prüfen.

Jegliche Erscheinung Gottes auf der Erde besteht nicht in der Ausbreitung einer großen Barmherzigkeit auf die Sündhaften und Unwürdigen, sondern in der Veränderung der menschlichen Weltanschauung. Die Rettung des Menschen besteht – in der Veränderung seines Bewusstseins, im richtigen Verstehen der höchsten Wahrheiten. Deshalb steigt auch Gott herunter auf die Erde, um ihren Verstand zu erhellen, auf die Fehler hinzuweisen und neue Ziele zu geben.

Die Höchsten Hierarchen sagen das hier über die Erscheinung Gottes:

"Gott steigt nicht dafür herab, um auf der Erde ein Paradies zu schaffen, sondern um die Fehler zu klären".

In der Bibel jedoch steht über die Wiederkunft, dass Gott kommt um die Menschen zu urteilen. Deshalb ist den Menschen eine scheinbare Freiheit gegeben, die es ermöglicht alle Mängel und Untugenden in jedem aufzudecken. Wenn alles erlaubt ist, heißt es nicht, dass alles zulässig ist. Die höchsten moralischen Eigenschaften, die die hohen Seelen während den letzten Inkarnationen erlangt haben, lassen es nicht zu, unmoralische Handlungen zu machen selbst bei völliger Freiheit.

Die Legende über Gott hat sich in eine wahre Geschichte verwandelt. Er ist erschienen, für die seelisch unreifen Seelen unbemerkbar bleibend, und sein Gericht wird streng, aber gerecht sein. Viele menschliche Fehleinschätzungen werden auf die Waagschale geworfen, und das worauf der Mensch nicht geachtet hat oder nicht ganz verstanden hat, kann in die negative Seite überwiegen. Es wird das Schicksal vieler Menschen entscheiden, und diejenigen, die vom Leben eine Vielzahl an Ergötzungen/Vergnügen bekommen haben, kann sich als einer erweisen, der auf dem Weg läuft, der ein völlig unerwünschtes

Ende für ihn hat. Der Menschheit der fünften Rasse werden die letzten Chancen für die Rettung gegeben.

Deshalb lasst uns dem Ziel würdig sein, für welches jeder von uns geschaffen wurde, und werden uns in unseren Gedanken an das Verstehen der höchsten Entwicklungsziele erhöhen, die über die Grenzen unseres Planeten hinausgehen und den Weg in die ewige Existenz öffnen.

Deshalb sollte man eine besondere Aufmerksamkeit auf das höchste Wissen richten, das von Gott gegeben wird in der Periode des Rassenwandels der Menschheit, um das zu klären, was auf der Erde in der Vergangenheit geschehen ist, und den Sinn der eigenen Existenz verstehen, und ebenso an eigenen Handlungen begreifen, welcher Weg, ein positiver oder negativer, von dir gewählt wurde in der Evolutionsbewegung.

Geistigkeit – ist die Erlernung von Informationen der Höchsten, das Verstehen des neuen kosmischen Wissens, das ein Träger von hohen Energien ist. Nur das höchste Wissen trägt einer Einsicht des Menschen bei und dem Erhellen seiner dunklen Seele. Die ganze irdische Information gehört zu Energien des niederen Bereichs und trägt dem Übergang der Seele in die höchsten Pläne nicht bei. Deshalb kann einem nicht Versuchenden das Wissen der höchsten Lehrer zu verstehen, der Weg in die höchsten Welten für immer geschlossen bleiben.

Das gesamte Leben eines Menschen besteht aus dem Kampf zwischen den Gegensätzen des Positiven und Negativen. Jede Lebenssituation zwingt einen Menschen, eine Wahl zwischen Gut und Böse zu treffen. Das heißt, der Moment der Wahl beginnt im Leben der Menschen eine große Rolle zu spielen, da sie (die Wahl)* die Individuen unparteiisch in positive und negative unterteilt, wovon die weitere evolutionäre Vervollkommnung ihrer Seelen abhängt.

Teil 1

Kapitel 1

DIE DUALITÄT DER ENTWICKLUNG

DIE EVOLUTION DER SEELE

Evolution – ist die Bewegung in Richtung Steigerung des energetischen Potenzials. Jetzt reicht es nicht mehr aus zu sagen, dass Evolution – die Vorwärtsbewegung ist. Aber wer kann bestimmen, wo die Richtung "vorwärts", und wo "rückwärts", wo im Kosmos oben, und – unten ist?

Die Entwicklung geschieht gewöhnlich gleichzeitig in alle Richtungen, also volumetrisch. Und oben und unten werden nur mit der Bewegungsrichtung von den niedrigen Entwicklungsfrequenzen zu den hohen bestimmt. Niedrige Frequenzen – sind immer unten für eine sich entwickelnde Seele, und hohe Frequenzen – sind oben. Deshalb wird aus Sicht des neuen Wissens "vorwärts" - auch die Bewegung zu den hohen Energietypen, und "rückwärts" - zu den niedrigen Frequenzen sein.

Evolution ist die Bewegung von den niedrigen Energiefrequenzen zu den hohen. Sie wird mit dem Wachstum begleitet, Einspeicherung von Energetik, und ihr Verlust ist die Degradation.

Nach der Aufklärung der Grundlagen, kann man sagen, dass die **Formel der Evolution in der ständigen Zunahme verschiedener**

Arten von Energien in aufsteigenden Frequenzen durch die Seele oder einen beliebigen Lebenszustand besteht.

Die Erde ist – eine Schule für die Vervollkommnung der Seelen. Und obwohl deren Typen unterschiedlich sind, müssen sie aber alle bestimmte Normen in der Entwicklung erreichen, um in die höhergelegenen Welten versetzt zu werden. Deshalb sind die Methoden wichtig, die zu einer beschleunigten Progression des Individuums führen. Der Mensch stellt sich nur schlecht vor, warum er all seine Kräfte für die Lehre aufwenden muss, warum Ergötzungen zur Degradation führen, und jegliche Aggression in den Schoß des Hierarchen des negativen Systems führt. Um zu verstehen, wie wichtig es ist sich mit der Vervollkommnung zu beschäftigen, muss er wissen und verstehen, wie die Entwicklung geschieht und durch welche Prozesse sie verwirklicht wird. Ihm reicht es nicht mehr aus, mit einer primitiven Sprache zu sagen, dass wenn er ein Fach erlernt, dann schreitet er fort, und wenn nicht, bleibt er zurück. Dem modernen Individuum ist es notwendig zur Erlernung von globalen Maßstäben der Mechanismen der Vervollkommnung über zuschreiten.

Die Form des Daseins sind die Prozesse, durch die ein Progress oder Regress der Seele geschieht. Unterschiedliche Geschöpf-Arten haben eigene Daseinsformen. Zum Beispiel, auf der Erde haben Fische die eine Daseinsform, und Vögel – eine andere, Tiere – eine dritte, Pflanzen – eine vierte; jeder hat – seine eigenen Entwicklungsprozesse.

Die Daseinsform wird von den höchsten Schöpfern unter Berücksichtigung der Progression der Seelen auf den Stadien erbaut, auf denen sie sich befinden.

Jedes Entwicklungsstadium ist mit der Durcharbeitung eines bestimmten Energiebereichs verbunden. Und die Durcharbeitung besteht darin, dass für jeden Energiebereich und konkrete Lebensformen Prozesse geschaffen werden, die mit einer vereinten Verarbeitungstechnologie diese Energien und Formen verbinden. Prozesse werden in die Daseinsform eingehüllt. Und dann, was auch immer diese Form macht, wird sie, das Leben lebend, den Energiebereich verarbeiten, mit dem sie auf diesem Entwicklungsstadium zu arbeiten hat.

So, zum Beispiel, ein Mensch, der einfach lebt und nicht in der Schule ist, nimmt an der Verarbeitung vieler physischer Energiearten teil. Bei der Aufnahme von Nahrung und ihrer Verdauung, produziert er Wärmeenergie; bei der Beschaffung von Lebensmittel, nimmt er in der Verarbeitung einer anderen Energieart teil – einer mechanischen; beim Hören von Musik oder die Natur bewundernd, verarbeitet er ein höheres Energiespektrum – das astrale; durch Leiden und Krankheiten, verarbeitet er Energien wieder durch Gefühle und Krankheiten; und über etwas nachdenkend, geht er zur Arbeit mit dem mentalen Bereich über usw. Und absolut alle Prozesse seiner Lebenstätigkeit sind auf der Verarbeitung von Energien gebaut.

Einen konkreten Energiebereich verarbeitend, produziert der Mensch ihre neue Arten, einige von denen er den hierarchischen Systemen abgibt, andere – der Erde, und dritte in einer bestimmten Menge, die mit der Qualität der erfüllten Arbeit verbunden sind, gelangen in die Matrix der Seele. Und, auf diese Weise, teilnehmend an Prozessen des Daseins dieser Welt, vervollkommnet sich der Mensch, und die Matrix seiner Seele wird mit unterschiedlichen Energieeigenschaften gefüllt.

Die Entwicklung der Seele, also, befindet sich in einer direkten Abhängigkeit von der Qualität der vom Menschen produzierten Energien: je höhere Energieordnung er produziert, desto höher wird die Ebene seiner Entwicklung, denn bei der Produktion von hohen Energien wird auch die Matrix mit ihren hohen Typen gefüllt.

Energien, mit einer nicht entsprechenden Qualität (die als "Ausschuss" bezeichnet werden) werden nicht in die Matrix durchgelassen, setzen sich in den feinen Hüllen ab und werden als Abfall abgeworfen. Deshalb kann man über die Entwicklung des Menschen derart sagen: "Die Entwicklung der Seele des Menschen besteht in der Befüllung der Zellen der Matrix mit höchsten Energietypen beim Durchgang entsprechender Vervollkommnungsstadien. Energien schaffen Eigenschaften der Seele. Eine Zelle wird mit gleichartiger Energie gefüllt und gibt eine Eigenschaft, die aus ihr gebaut wird".

Dabei muss man beachten, dass gleichartige Energie ein gewisser Bereich ist, und deshalb werden Energien in die Zelle eingelegt, beginnend mit dem niedrigsten Spektrum zum hohen. (So, zum Beispiel, gibt es eine Farbe – rot, aber sie hat eine Vielzahl an Tönungen, hat also auch ihr Spektrum). In einem Leben bereichert sich der Mensch nicht nur mit einem Energietypen, sondern mit einigen. Aber eine Zelle wird gewöhnlich im Laufe einiger Leben gefüllt. Unterschiedliche Zellen geben unterschiedliche Eigenschaften. Es gibt keine zwei Zellen, die mit dem gleichen Energietypen gefüllt sind.

Teilnehmend an einem beliebigen Prozess, Handlung, produziert der Mensch Energie nach außen – den Systemen, dem Planeten und unbedingt für sich, in den inneren Raum. Zum Beispiel, wenn er sich auf dem Feld müht, die Ernte züchtend, produziert er Energie, die in die Außenwelt ausscheidet, und das feinere Energiespektrum gelangt in einer winzigen Menge bei ihm in die Matrix. Lernt er auf einem Musikinstrument zu spielen, zeichnet, erarbeitet eine beliebige Wissenschaftstheorie, verrichtet er Arbeit, ein Energieteil welcher nach außen geht, und ein Teil gelangt bei ihm in den feinen Aufbau der Seele. Es gibt keinen einzigen Prozess, der keine ähnliche Energieteilung gibt. Und diesem ist der Mensch dem besonderen Aufbau seines Daseins verpflichtet.

Selbst wenn er nicht lernen will, wird seine Seele gezwungen sein durch andere Prozesse zu progressieren, zum Beispiel, Leiden und Krankheiten, durch Defekte des Körpers und beim Passieren schwieriger Lebenssituationen. Einen großen Anstoß zur Entwicklung des Menschen geben seine Krankheiten. Durch das Bestreben gesund zu werden, begibt er sich auf die Suche, in der Erlernung des Neuen.

Jegliche Entwicklung des Menschen ist mit energetischen Prozessen verbunden: den groben, mechanischen in ihrem unteren Bereich und den seelischen – im oberen Bereich. Was auch immer der Mensch macht und wie auch immer er lebt, wird er Energien verarbeiten; und bei Prozessen der einen Richtung wird er positive Energien ansammeln, und bei Prozessen der anderen – negative.

Als Progression der Seele wird die quantitative Ansammlung von ihr positiver sowie negativer Energien angenommen; für die Degradation – deren Verlust, die Abnahme ihres quantitativen Volumens.

Die Seele kann progressieren als in der positiven Richtung, sich bewegend zu Gott, sowie in der negativen, sich bewegend zum Satan.

Aber für die irdischen Seelen wird eine gewisse anfängliche Bereichsgrenze geben, welche die "Ausschuss" - Seelen nicht übertreten. Den jungen, erneut geschaffenen Seelen werden zehn Leben gewährt, im Laufe welcher sie sich auf eine bestimmte Weise äußern. Nach den Resultaten, die sie in den zehn anfänglichen Leben erreicht haben, wird von den höchsten Richtern eine Bewertung ihrer Möglichkeit weiter zu progressieren erstellt.

Wenn das Resultat, das die Seele erreicht hat, die Höchsten nicht befriedigt, dann wird die Seele vernichtet als eine Persönlichkeit, ihr "Ich" wird also vernichtet, sie wird dekodiert. Der Prozess der Dekodierung besteht darin, dass die Zellen der Matrix von allen durch das Individuum angesammelten Energien bereinigt werden. Das Verfahren der Bereinigung ist sehr kränklich und wird als Qual der Hölle wahrgenommen. Die Bereinigung läuft ohne jegliche Anästhesie, wie es bei Operationen bei Menschen üblich ist, deshalb fühlt die Seele alles in voller Kraft. Dies entspricht dem, wie von einem lebendigen Körper Stücke abgerissen werden. Aber diese Operation ist eine Bestrafung, denn es werden harte Mörder, Wüstlinge, viele Alkoholiker, Drogenabhängige und andere degradierende Individuen dekodiert.

Deshalb steht vor jeder jungen Seele, die gerade in den Entwicklungsweg getreten ist, die Bedrohung einer völligen Vernichtung. Diese Bedrohung soll viele Menschen dazu bewegen das ernster zu nehmen, was ihm mit dem Schicksal gegeben wird, gewissenhaft eine beliebige ihnen anvertraute Arbeit auszuführen und danach streben, sich positiv zu zeigen. Die Seele sollte zeigen, dass sie es wünscht alles zu erlernen, was auf dieser Etappe in ihrer Kraft ist, anzueignen.

Gleichzeitig sollten die älteren Seelen sich bemühen den jungen zu helfen durch die gefährliche Barriere der Dekodierung zu treten, um mutig in die Evolution der ewigen Vervollkommnung zu schreiten. Deshalb ist auf dieser Etappe der Kampf mit Drogensucht, Alkoholismus, Grausamkeit, mit jeglichen unmenschlichen Erscheinungen und anderen negativen Neigungen der Persönlichkeiten wichtig.

Junge Seelen sind einfach festzustellen durch den niedrigen Entwicklungsgrad, durch den kleinen Umfang an Wissen, über den sie verfügen, durch das Fehlen vieler Begriffe und allerlei praktischer Fertigkeiten (gewöhnlich was auch immer sie unternehmen, klappt bei ihnen nichts oder klappt nur sehr schlecht).

Wenn der Mensch jedoch sehr aktiv negative Charaktereigenschaften bezeigt, aber sich durch einen hohen oder mittleren Intellekt auszeichnet, dann kann man über seine Zugehörigkeit zum negativen System des Satans sprechen. Obwohl einige Menschen es verwechseln und halten seine negativen Merkmale für das, womit man kämpfen muss, und versuchen ihn umzuerziehen. Aber er entwickelt sich, progressiert in seiner negativen Richtung, und manchmal ist es unmöglich ihn umzuorientieren. Und hier sollte man die Frage nicht über die Umerziehung der Persönlichkeit stellen, sondern über ihre richtige Orientierung im Progressieren.

Aber zuerst betrachten wir – ist denn die Verfügbarkeit zweier Entwicklungsrichtungen – der positiven und der negativen – im Weltall etwas Extraordinäres.

DIE POSITIVE UND NEGATIVE ENTWICKLUNG IM WELTALL

Im Weltall existieren unterschiedliche Entwicklungsrichtungen. Gewöhnlich sind es Gegensätze:

1. Richtung nach außen und nach innen (Bild 1, V. 1), d.h. Bewegung in Richtung des Maxi-Umfangs und Mini-Umfangs.

2. Progress und Regress als Ausrichtung in Richtung Evolution und Involution (Bild 1, V. 2).

3. Die Entwicklung des positiven und negativen als zwei unterschiedliche eigenschaftliche Bewegungen, einander oppositionell, aber sich parallel bewegende (Bild 1, V. 3).

Alle oben aufgezählten Bewegungsarten sind jeder Entwicklungsebene, einer beliebigen Welt eigen.

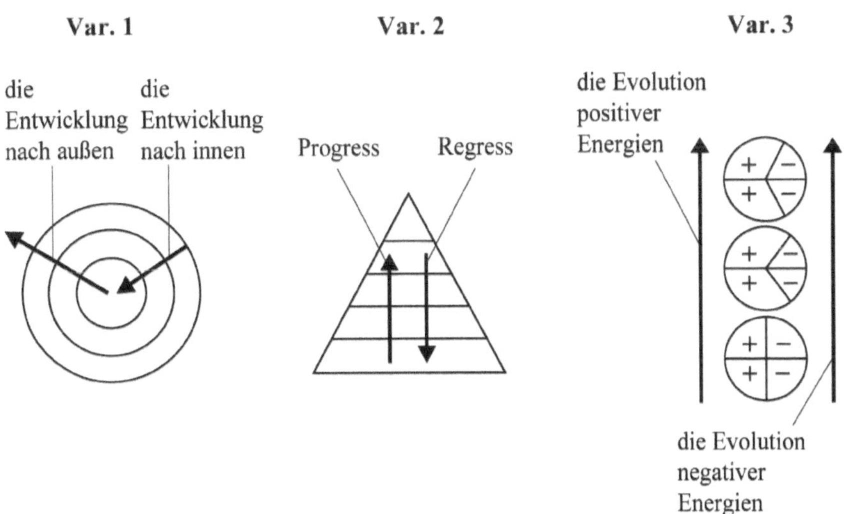

Bild 1. Verschiedene Entwicklungsrichtungen

Die Richtung nach außen – ist ein Wachstum der energetischen Ansammlungen, die der Vergrößerung eigener Ausmaße der progressierenden Form beitragen. Aber das Wachstum der Messwerte, die Bewegung nach außen – ist auch der Progress. Damit können diese zwei Bewegungsarten im Weltall eigentlich im Grunde genommen als dasselbe angesehen werden. Aber begrifflich werden sie abgegrenzt, kommt drauf an was der Mensch in dieser Bewegung sehen will. Die Bewegung also – ist eine, aber wenn der Mensch sie als Verschiebung in andere räumliche Bereiche sieht, als Erweiterung eigener Grenzen, dann nennt er sie "die Bewegung nach außen". Aber wenn er die gleiche Bewegung in anderen Messwerten betrachtet, die seine qualitativen Veränderungen widerspiegeln, dann verwendet er solch einen Begriff, wie "Progress". Das ist seine Ansicht auf das gleiche, aber aus unterschiedlichen begrifflichen Positionen.

Analog wird auch die gegensätzliche Bewegung nach innen als Regress betrachtet, aber es geht auch anders. Hierbei tauchen eigene Besonderheiten auf, die es nicht zulassen sie zu vermischen. Wenn der Mensch über Regress spricht wie eine Verringerung der quantitativen Seite, Verringerung gewisser Messwerte, nehmen wir mal an, der

Ausmaße bei der Zusammenballung des Universums, dann kann er diese gleiche Bewegung als die Bewegung nach innen charakterisieren.

Aber gleichzeitig kann man die Bewegung nach innen als eine parallele Bewegung betrachten, die mit unendlicher Verringerung zugleich aller Messwerte des Objekts bei Erhaltung seiner Zusammensetzung und quantitativer Verhältnisse begleitet wird. Diese Bewegung schafft eine unendliche Anzahl an Mikroumfängen, bei denen jeder von den nachfolgenden Umfängen sich kleiner erweist als der vorhergehende. Hier funktionieren eigene Gesetze und Normen des Aufbaus, aber allem ist die Dreieinigkeit eigen. Deshalb kann man viele Begriffe unterschiedlich verwenden, aber man sollte beachten – was man mit diesem Begriff ausdrücken will.

Betrachten wir die Gegensätzlichkeiten (duale Paare) genauer, die nicht auf gegensätzlichen Bewegungsrichtungen (oben-unten, nach außen – nach innen) aufgebaut sind, sondern auf unterschiedlichen qualitativen Aufbauten, die mit der Verfügbarkeit in der Evolution von zwei qualitativ unterschiedlichen Energien verbunden sind – positiven und negativen.Das sind zwei mächtige Ströme, die sich im Weltall einander parallel und in einer Richtung bewegen (Bild 2, 1, V. 3). Wir betonen, dass diese Energien einander entgegengesetzt sind in der Eigenschaft, aber evolutionär haben sie eine Entwicklungsrichtung.

In Bezug auf jeden ganzheitlichen Umfang sind das Positive und das Negative seine einzelnen Bestandteile. In unserem Weltall wird alles auf Grundlage von Kombination positiver und negativer Energien gebaut. In jedem Negativen wird unbedingt ein Prozent vom gesamten Umfang des Positiven geben, und in jedem Positiven – ein Prozent vom gesamten Umfang des Negativen. Das ist das Gesetz des Aufbaus des ganzen Wahren, das Gesetz der Dreieinigkeit. Und er beinhaltet die Messwerte, Gesetzmäßigkeiten des Aufbaus und Zahlenverhältnisse, die man nicht verletzen darf. Der Bau, in dem dieses Gesetz gebrochen wird, demoliert, stirbt.

Jede Form trägt unbedingt der Entwicklung in sich als positiver sowie negativer Energien bei, deshalb schaffen in der Gesamtheit alle evolutionierenden Zustände zwei mächtige Ströme, die sich im Weltall parallel bewegen (Bild 1, V. 3) und immer in einer Richtung. Sie befinden sich portionsweise in einem Umfang, und sind deshalb abhängig von einander. Für die Maßstäbe des Weltalls sind all diese Umfänge Mikroteilchen, die in ihrer Masse die positiven und negativen Ströme schaffen. Ungefähr gleich hat das Teilchen "Dipol" eine positive und negative Ladung, die auf ihren unterschiedlichen Polen konzentriert sind, aber eine Vielzahl dieser Dipole bilden ein Magnet mit qualitativ unterschiedlichen Polen. Und ein Magnet, als Form, kann sich in eine beliebige Richtung versetzen, und entsprechend werden sein positiver und negativer Pole sich in die Richtung bewegen, in die sie der gesamte Umfang hinreißt.

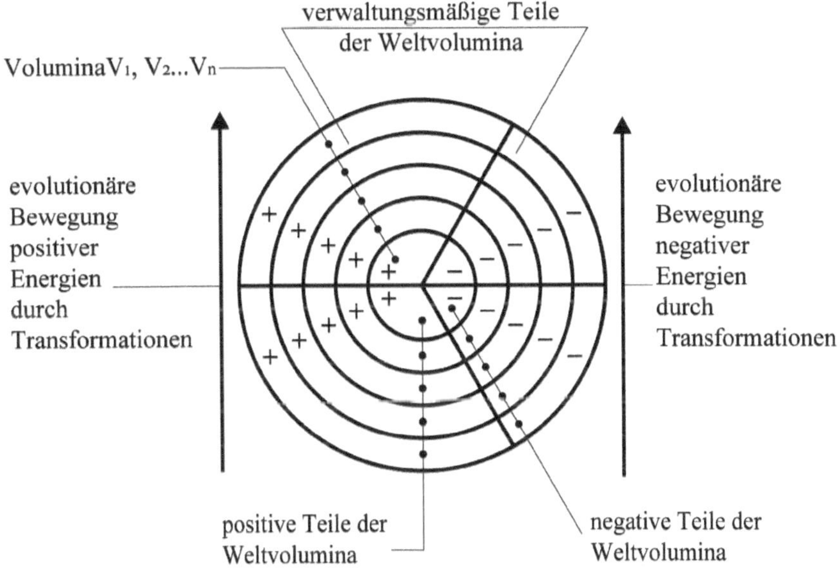

Bild 2. die Ausweitung der Weltvolumina

Ebenso auch alle Umfänge lebendiger Formen, wie Tropfen im Fluss, schaffen zwei Bewegungen entgegengesetzter Energietypen: positiver und negativer. Aber da diese Energien Bestandteile der Formen und Weltumfange sind, in ihren Bau eingehen, so sind sie fähig zu progressieren nur im Zusammenhang miteinander. Der Zusammenhang wird auf der Opposition aufgebaut, auf Konfrontation. Eben das ungleiche Herangehen zur Lösung der gleichen Aufgabe, ihre entgegengesetzte qualitative Lösung führt zur Einbeziehung entgegengesetzter Prozesse der Verarbeitung von Energien, was auch ihre ungleiche Eigenschaft zeugt.

Unterschiedliche Prozesse gewähren es den Lebensformen mal die positiven, mal die negativen Energien zu erarbeiten, gemeinsame Tendenzen von zwei oppositionellen Bewegungen des Weltalls schaffend (Bild 2). Wenn man beachtet, dass jeder Umfang in sich andere Umfänge beinhaltet, die in ihm nach dem Typ "Matrjoschka in Matrjoschka" geordnet sind, dann wird ihre Entwicklung mit dem Übergang von Ebene zu Ebene begleitet. Solch ein Umfang läuft auf den Stufen der Hierarchie durch die Umgestaltung: evolutionäre Erweiterung der Umfänge. Ihr Wachstum als die Bewegung nach außen wird periodisch mit dem Übergang auf die höhergelegene Stufe begleitet. Aber vor der Versetzung auf die nächste Ebene, durchläuft er unbedingt eine Umgestaltung. Und somit, der Übergang von Ebene zur Ebene geschieht durch die Transformation der Weltumfänge, und ihre gemeinsame Ausrichtung des Progresses schafft eine evolutionäre Bewegung von positiven und negativen Energien. Aber jeder von diesen Umfängen wird seine Menge an oppositionellen Energien beinhalten. Und obwohl bedingt alle Weltumfänge (V1, V2...Vn, Bild 2) gleich vorgeführt sind im Verhältnis der positiven und negativen Teile, in Wirklichkeit werden sie (die positiven und negativen Teile) bei jedem auf seiner Ebene die eigene Größe haben.

Und diese Größe kann sich von 49% bis 1% von der unteren Hälfte des Weltumfangs verändern. Ähnliches quantitatives Verhältnis wird automatisch mit besonderen Mechanismen des Aufbaus der dreieinigen Umfänge standgehalten. Das gesetzmäßige Verhältnis der oppositionellen Kräfte bei minimaler Größe eines der Teile wird mit einem Mechanismus aufrechterhalten, der in die drei-einige Grundlage der Konstruktion eingelegt ist.

Das Wachstum des einprozentigen oppositionellen Teils bei Vergrößerung des Umfangs in der entgegengesetzten Eigenschaft zeugt noch davon, dass, trotz der ausgesuchten positiven Entwicklungswege, die Form dennoch an solchen Prozessen teilnimmt, die auf jeder Ebene der Steigerung in ihr des Negativen beitragen. Wenn die Form sich jedoch auf den negativen Energien entwickelt, dann erträgt ihr Umfang die gleichen gesetzmäßigen Veränderungen in Bezug auf den positiven Teil. Alles verändert sich gegensätzlich, aber nun wird der positive Teil das minimale ein Prozent des ganzen Umfangs einnehmen. Somit ist das Vorhandensein der positiven und negativen Entwicklungsrichtungen für unser Weltall gesetzmäßig.

WOFÜR BRAUCHT MAN GEGENSÄTZE

Der Grund für das Vorkommen von Gegensätzen im Menschen ist der Weltbau. Jegliche Entwicklung im Weltall wird auf Gegensätzen gebaut. Es gibt sie in jeder Welt, in jeder Seele.

Die Evolution hat eine duale Richtwirkung aus dem Grund, dass ein beliebiger Weltumfang in sich eine dreifache Struktur beinhaltet, besteht also aus einem positiven Teil, negativen und einem Steuernden. Diese Dreieinigkeit verbreitet sich auf den Aufbau beliebiger Formen in dieser Welt, steigt über sie und steigt niedriger herab, das Hauptprinzip des Aufbaus ewiger Konstruktionen darstellend. Die Notwendigkeit der Befüllung der positiven und negativen Teile des Weltumfangs mit entsprechenden Energien erfordert das Vorkommen von Arbeitseinheiten in ihm, die der Befüllung der umfänglichen Matrix des Weltumfangs mit erforderlichen dem Zeichen nach Energien helfen. Diese Einheiten sind Seelen (und ebenso andere analoge Substanzen). Für die Welt arbeitend, bauen sie sich ähnlich, in der Dreieinigkeit. Deshalb ist alles um die Seele herum und in ihr drei-einig, und das heißt, beinhaltet oppositionelle Teile. Die Seele des Menschen ist der Konstruktion nach dem Weltall (und nicht nur dem Gott) ähnlich, denn dies erfordert die Gesetzmäßigkeit der Existenz des einen im anderen bei der Bedingung seiner ewigen Vervollkommnung.

Die positive Entwicklung vieler Weltumfänge schafft in ihrer Gesamtheit einen positiven Evolutionszweig, und die Progression der negativen Teile der Weltumfänge in ihrer Integration formen seinen negativen Zweig. Das **Vorkommen also in der irdischen Welt von Gegensätzen, die sich für den Menschen in solchen abstrakten Begriffen, wie "Gutes-Böses", "Gott-Satan", ausdrücken, sind bloß eine Spiegelung von tiefen Weltprozessen, die außer dem Menschen existieren.** Er (der Mensch) ist ein Teilnehmer der allgemeinen Evolution der irdischen Welt, deshalb ist er gezwungen sich den Gesetzen seiner Entwicklung unterzuordnen.

Somit ist das Vorhandensein in der Seele des Menschen solcher Gegensätze, wie der positive und negative Teil, eine Gesetzmäßigkeit, der er nicht entweichen kann. (Und in welcher Form es sich bei ihm äußert, hängt von ihm selbst, von der getroffenen Wahl ab.) Deshalb, die Evolution der Seele betrachtend, darf man nicht vergessen, dass sie – dreieinig ist, die negative, positive und steuernde Teile enthält, was sie zwingt in unterschiedlichen Situationen nicht einfach nur unterschiedlich zu handeln, aber auch gegensätzlich. Das Vorkommen von Energien eines unterschiedlichen Vorzeichens fängt im physischen Körper des Menschen in Form von positiven Energien "Yang" und negativen "Yin" an und hört in seiner Matrix auf.

Das Hauptprinzip der Entwicklung der Seele besteht im Vorherrschen des einen oder des anderen Teils im Kampf zwischen ihnen. Im Resultat dessen, in Abhängigkeit davon, was die Persönlichkeit wählt, fängt der positive oder der negative Teil an vorzuherrschen. Es geschieht das Anwachsen von einen von ihnen, worin die allgemeine Vervollkommnung auch besteht.

Die Entwicklung läuft nicht willkürlich, sondern nach einem Programm, das für diese zwei Gegensätze als eins aufgegeben wird, aber in Abhängigkeit davon, was das Individuum in einer konkreten Situation aussucht: Gutes oder Böses, wird er dem Wachstum in sich des positiven oder des negativen Teils beitragen. Jede Situation wird in die Matrix Energien der eigenen Eigenschaft ablegen in Abhängigkeit von der durch die Persönlichkeit getroffenen Wahl. Jede Situation wird mit dem Recht der Wahl gegeben, und die Gegensätze, die in den Aufbau der Seele eingefügt sind, beeinflussen ihre Entscheidungsfindung: wenn der positive Teil größer ist, dann wählt das Individuum das Gute aus, und wenn der negative, dann das Böse.

Durch die Reinkarnationen der Seele und die Funktion des Karmas geschieht die Regulation in Verhältnissen dieser Teile. Die Rolle der Reinkarnationen besteht darin, dass mit ihrer Hilfe die Persönlichkeit ständig zu ihrem Hauptziel gelenkt wird, und sie weicht in jedem Leben von ihm zur Seite ab im Resultat einer falsch getroffenen Wahl. Die Wahlfreiheit hat eine nicht weniger wichtige Bedeutung in der Aufnahme von unterschiedlichen Energieeigenschaften in die Matrix, weil die Wahl die Grundlage für die Schaffung von unterschiedlichen Kompositvariationen der Matrix gibt. Durch die ständige Wahl von dem, was der Seele wünschenswerter ist, nimmt die Seele in die Matrix Energien von unterschiedlichsten Eigenschaften auf, was ihre einmalige Individualität schafft.

Der in der Seele eingelegte Mechanismus des Gesetzes der Gegensätze trägt einem ständigen Kampf in ihr bei, führt auf die Suche, Erzeugung von Zweifel, was die Progression der Persönlichkeit begünstigt, die nicht stillstehen soll.

Die Seele ist nach dem Ebenbild Gottes gebaut, und im Prozess der unendlichen Entwicklung muss jede davon sich Gott angleichen, muss zu einer gleich hohen Entwicklung kommen. Darin ist – die Umgestaltung der Seele und die Relativität, denn das Erreichte ist nicht das Ende, sondern stellt einen Anfang einer noch höheren Entwicklungsetappe dar. Die Seele Gottes besitzt ebenso die Dreieinigkeit, und damit ist sie der Seele des Menschen und dem Weltall ähnlich. Darin besteht – das einheitliche Prinzip des Aufbaus. Unterschiede jedoch bringen Eigenschaften ein, die sich in diesen Konstruktionen anordnen.

Der positive und negative Teile, gegensätzliche Anfänge der ein und gleichen Seele seiend, haben jeder seinen Bau und seinen Energiesatz. Der dritte Teil, der Steuernde, steht über diesen oppositionellen Teilen und leitet sie. Der steuernde Teil besteht ebenso aus positiven und negativen Teilen, aber sie gehören zur höheren Ordnung, als Energien, die die unter-gelegenen Teile des dreieinigen Umfangs bilden. Ein beliebiges Wesen, Individuum oder Weltumfang kann ohne das Vorhandensein selbst nur eines von diesen Teilen nicht existieren und sich entwickeln.

Die dreieinigen Teile der Seele befinden sich fast niemals im Gleichgewicht (wenn es jedoch dazu kommt, dann nur für einen kurzen Moment), die Entwicklung selbst lässt es nicht zu, denn sie impliziert die ewige Bewegung nach vorn.

Immer wird der Inhalt des einen Teils die Ansammlungen des anderen überragen. Und der steuernde Teil, der sie leitet, wird ständig eine Speicherbasis haben, größer oder mächtiger, als ein beliebiger von den unter-gelegenen Teilen, denn jeder von ihnen übergibt eine bestimmte Menge seiner Ansammlungen in den höhergelegenen steuernden Teil, und deshalb vergrößern sich seine Ansammlungen schneller. Alle drei Teile sind auf die Weise miteinander verflochten, sodass sie nicht fähig sind selbstständig zu existieren, getrennt voneinander. Sie verbindet ein Existenzziel, welches erreichbar wird nur bei gemeinsamer Tätigkeit.

Oppositionelle Teile der Seele haben in Verbindung mit der gemeinsamen Tätigkeit ein einander entgegengesetztes Arbeitsregime, sowie ein gemeinsames, der sie in einem einheitlichen Prozess vereint. Zwei oppositionelle Teile der Seele entwickeln sich und existieren parallel, es geschieht also nicht, dass während ein Teil progressiert, der andere völlig in seiner Tätigkeit stehen bleibt. Ihre Arbeit läuft parallel.

In jedem Zustand, wo Gegensätze funktionieren, ist ein vollkommener Mechanismus der Entwicklung eigener Möglichkeiten eingelegt. Unterschiede bestehen nur im inneren Aufbau der oppositionellen Teile.

Quantitative Kennwerte der Maßformen oppositioneller Teile sind gleich, ihre Größen sind also, identisch, aber der innere Inhalt, der unterschiedliche qualitative Energien vorweist, und die Struktur des Aufbaus sind bei allen drei Teilen unterschiedlich. Dies ist aber nicht nur für den Menschen charakterlich, sondern auch für große Umfänge, einschließlich des Natur selbst, was einen einheitlichen Entwicklungsrhythmus standzuhalten hilft.

Der Aufbau der Seele ist so, dass eine von den zwei oppositionellen Teilen immer ein größeres Potenzial haben wird, und der andere – ein kleineres. Und jeder Teil, eine Vielzahl an funktionellen Verpflichtungen habend, wird Aktionen durchführen, die, erstens, seinem Anwachsen von Eigenschaften beitragen werden, zweitens, sie in einer gemeinsamen Tätigkeit mit seiner Gegensätzlichkeit vereinen wird, und drittens, sie werden auf eine bestimmte Weise mit der steuernden Struktur interagieren. Das ist bloß ein geringer Anteil von den Verbindungen, die sie untereinander verwirklichen, ihre funktionelle Tätigkeit ist sehr umfangreich.

Die Existenz der Seele in der dreieinigen Grundlage ist auf eine unendliche Anzahl von Entwicklungsetappen berechnet. Die Seele ist auf die Weise gebaut, dass jedes Stadium ihre Umfänge steigert, und der progressive Aufbau geschieht grenzenlos. Evolutionierend, erfasst die Seele große Räume beim Durchgang von Entwicklungsebenen als unterschiedliche Welten, in sie all-mögliche Umgestaltungen einbringend und sich bereichernd mit neuen Energien. Ähnliche umfangreiche Errungenschaften von ihr werden möglich nur auf Grundlage der Übereinstimmung von Handlungen, was realistisch wird dank der Funktionalität nach einem einheitlichen Programm von allen drei Teilen. Zudem, das gemeinsame Programm richtet die Entwicklung zu einem Ziel, zur Aneignung von unendlichen Räumen des Weltalls und zur Erreichung von der Seele selbst von absoluten Zuständen.

Auf dieser Grundlage besteht die Unendlichkeit des Wachsens der Seele im Begreifen der Hauptlagen der Entwicklung und der Planmäßigkeit von Errungenschaften der folgerichtigen Ziele, jedes welcher die Seele in bestimmte Prozesse einer immer höheren Ordnung einbezieht. Und dies ermöglicht es ihr, sich bis zum Wesen und weiter zu entwickeln. Die Vervollkommnung kann nicht stehenbleiben.

Die Natur, in der alles andere existiert, einschließlich der Hierarchie Gottes, entwickelt sich ebenso nach dem Prinzip der Dreieinigkeit und ist fähig sich zu erkennen und wahrzunehmen als eine große ganzheitliche Bildung mit Vielerlei konstruktiver Bauten innen drin. Der Satan hat die Dreieinigkeit auch, aber die qualitative Befüllung von ihm wird nicht dem Göttlichen Wesen gleich sein. Die Dreieinigkeit also, vereint alles Existierende zusammen mit der Welt selbst und ermöglicht es sich unendlich zu entwickeln.

Die Dreieinigkeit vereint Gott und Satan in einem einheitlichen Weltumfang, wo sie oppositionelle Teile von einem ganzen bilden, das von dem höheren steuernden Teil gesteuert wird. Das heißt alles wiederholt sich im Kleinen und Großen. Die Verfügbarkeit von Gott und

Satan ist durch die Verfügbarkeit von Evolutions-, Oppositionsströmen des Weltalls bedingt, die qualitativ einander entgegengesetzt sind. **Das heißt also, dass die Natur Gottes und des Satans in der Verfügbarkeit eben dieser Evolutionsströme liegt, in der Gott den positiven Teil bildet, und Satan – den negativen.**

In dem Weltumfang, in dem Sie existieren, wie auch in einer beliebigen dreieinigen Seele, ist den zwei Oppositionen eine dritte – Steuernde entgegengesetzt, die auf einer sehr hohen Entwicklungsstufe steht und deshalb jede von den Seiten überragt nach ihrem unterordnenden Potenzial. Deshalb existieren über Gott und Satan eigene steuernde Strukturen, die deren Entwicklung regulieren, denn sie beide existieren in einem einheitlichen Umfang. Und dies zeugt davon, dass sie gemeinsame Ziele haben und nicht fähig sind abgesondert voneinander sich zu entwickeln. Deshalb kooperieren ihre Hierarchien und machen sehr viel für eine gemeinsame Progression und die Harmonisierung des ganzen Umfangs, indem sie sich befinden.

Das Prinzip der Dreieinigkeit ermöglicht es fruchtbringend oppositionellen Individuen zusammen zu existieren und in einer gemeinsamen Tätigkeit für das Wohl der ganzen Welt progressive Methoden der Zusammenarbeit und Wechselbeziehung auszuarbeiten, eine feste Basis für die Lebenstätigkeit schaffend für jede von den drei Teilen. Darin besteht die Hauptgrundlage der Dreieinigkeit als Art und Weise der Existenz von absoluten Formen.

HAUPTGEGENSÄTZE AUF DER ERDE

Hauptgegensätze für den Menschen sind Gott und Satan – hochentwickelte Persönlichkeiten, die mit sich zwei Evolutionszweige der Weltentwicklung verkörpern. Und obwohl sie für ihn immer unsichtbar und nicht wahrnehmbar blieben, waren aber ständig anwesend in seinem Leben in seinen Taten. Wenn der Mensch die Existenz der Höchsten als Realität anerkennt, wird alles wie es sein soll, und viele rätselhafte und unverständliche Erscheinungen werden erklärbar und natürlich sein.

Seinen Schöpfer ablehnend, stellt der Mensch sich in die Position eines naiven Kindes, der als Erwachsener behauptet, dass er selbst geboren ist. Auf gleichen Positionen steht auch ein moderner Atheist. Und dies zeugt von jenem Unterschied in der Entwicklung zwischen ihm, dem Atheist, und einem seelisch reifen Individuum, der Gott wahrhaft anerkennt, der wie zwischen einem Kind und einem Erwachsenen existiert. Daher, um solch einen Unterschied zwischen dem Leser und dem ihm gegebenem Höchsten Wissen zu beseitigen, bieten wir an, die Realität der Existenz von Gott und Satan als hochentwickelte Persönlichkeiten anzunehmen, die evolutionär den Menschen in ihrer Entwicklung überragen. Das Letztere zeugt davon, dass auch der Mensch selbst einst ihre Ebene erreichen kann, was, wiederum, die Unendlichkeit der Entwicklung bestätigt. Man muss die gegebenen Persönlichkeiten auf der modernen Begriffsebene annehmen, um sein Bewusstsein bis zu den unendlichen Horizonten des Weltalls und seiner Vielzahl an Welten zu erweitern.

Gegensätze der Welt fangen mit dem dualen Paar – Gott-Satan an, fahren in Prozessen der positiven und negativen Entwicklung der Welt fort und enden in ihrem Vorhandensein im Menschen selbst in einigen Variationen, zum Beispiel, in der Verfügbarkeit von positiven Energien "Yang" und negativen "Yin" im physischen Körper und im Vorhandensein von positiven und negativen Teilen seiner Seele. Somit, alles Fortschreitende beinhaltet bestimmte Gegensätze und entwickelt sich auf der Grundlage der Prozesse, die zwischen ihnen funktionieren.

Um das Vorhandensein von globalen Gegensätzen des Weltalls zu verstehen hat Gott dem Menschen die Begriffe von Gut und Böse bereitgestellt. Und die Einfügung der Wahl zwischen ihnen hat der Aufteilung der Seelen in die Gegensätze selbst beigetragen: **wählst du in Handlungen das Gute – sammelst du positive Energien, den einen Entwicklungszweig bildend, und wählst du das Böse – sammelst du negative Energien und bildest den negativen Entwicklungszweig.** Der Mechanismus ist einfach und kompliziert zugleich.

Gott hat dem Menschen das Recht der Wahl gegeben, da der Weg des Guten in seine Hierarchie führt, und der Weg des Bösen – in die

Hierarchie des Satans. In der Tat bilden diese zwei Hierarchien zwei Evolutionszweige der Entwicklung im Weltall. Aber die Wahl, in welchem genau von ihnen man sich vervollkommnet, macht der Mensch selbst. Solch ein Recht einer freien Selbstbestimmung hat den Menschen der Schöpfer bereitgestellt.

Darin ist – die Äußerung der göttlichen Güte und Großzügigkeit, denn Satan stellt solch eine Wahl seinen Seelen nicht bereit. Und im Falle, wenn jemand zu Gott zurückkehren möchte, wird er sich nicht verraten lassen und wird solch eine Persönlichkeit eher vernichten, als sie jemandem zu überreichen. In diesem Fall sind wir von den Weltprozessen zu einer Begriffsinterpretation übergegangen, die für das Verständnis des Menschen fasslich sind und die mit seiner Existenzform verbunden sind. Dies ermöglicht das Bild dieser Persönlichkeiten und ihre Ziele zu verstehen.

Deshalb, sich mit den menschlichen Kategorien ausdrückend, kann man sagen, dass Gott dermaßen großzügig ist, dass er seinen Individuen erlaubt ihn zu verraten. Er schafft Seelen, vergeistigt sie und betrachtet sie deshalb als seine Kinder, und lässt sie dabei ihn verraten und in das oppositionelle Lager hinüberwechseln, obwohl es für ihn kein kleiner Verlust ist, weil, eine neue Seele schaffend, setzt Gott für sie große Mittel und Zeit ein. Und, seine Individuen dem Hierarchen des negativen Systems abgebend, verlangsamt er die eigene Entwicklung, weil seine Hierarchie für den Übergang in die höhergelegene Hierarchie eine konkrete Anzahl an Seelen einer bestimmten Eigenschaft erfordert. Und gezwungen seiend, seine Seelen dem Satan abzugeben, muss Gott persönliche Verluste auffüllen, was auch eben sein eigenes Aufsteigen zurückhält. Der Verrat besteht darin, dass der Mensch nicht das Geistliche aussucht, sondern das Materielle: der Wohlstand/Nutzen des Lebens schätzt er mehr wert, als Wissen, und die negativen Existenzmethoden überragen bei ihm die positiven.

Aber Gott findet, dass jeder zu ihm bewusst gehen muss und nach freiem Wille. Und obwohl die Bestrafung, bedingungslos, für seine Taten folgt, sonst wird der Mensch niemals verstehen, wo das Böse, und wo das Gute ist, ist aber jede Bestrafung – gerecht: was man einem anderen angetan hat, das bekommt man auch selbst. Das heißt, den anderen Gemeinheiten tuend, macht der Mensch sie, vor allem, sich selbst, weil er nach dem Gesetz der ursächlich – folgenden Verbindung seine Fehlschläge im Leben abarbeiten muss. Hat man jemanden geschlagen und nicht erkannt, dass es ungerecht und schmerzhaft ist, also, wird man nach den Gesetzen des Karmas dich solange schlagen, bis die richtige Erkenntnis ähnlicher Taten kommt. Hat man jemanden absichtlich getötet, folglich, wird man dich in folgenden Leben auch töten und mit Fakten anderer Ermordungen solange zusammenbringen, bis die Erkenntnis der Ungeheuerlichkeit solcher Taten kommt und bis einst das Verstehen kommt, dass der Mensch überhaupt nicht jemanden töten soll. Was man selbst den anderen antut, das werden auch sie dir antun. So ist das Gesetz des Karmas auf der Erde, als ein Gesetz der Umerziehung von Individuen.

Das Gesetz der ursächlich - folgenden Verbindung einbringend, anders Karma, als ein Hauptmechanismus der Erziehung eigener Seelen, hat Gott begonnen es für die Lenkung der Seelen in Richtung der positiven Hierarchie zu benutzen.

Eine Möglichkeit der Wahl bereitstellend, sammelt er sich treuere Untergeordnete, als Satan, weil man zu ihm den Weg durch die Entwicklung des eigenen Bewusstseins ebnet, und das Bewusstsein beschleunigt den Entwicklungsweg.

Und zum Satan gelangen eben diejenigen, bei denen das Bewusstsein minimal ist, und deshalb muss der negative Hierarch später viel Kraft aufwenden, um bei ihnen das Bewusstsein bis zur gehörigen Ebene zu entwickeln. Und dies erfordert eine Erstellung entsprechender Programme, die die Aufwendungen für die Entwicklung kompensieren. Er verwendet sehr harte und strenge Programme, denn er versucht in seinen untergeordneten Eigenschaften zu erarbeiten, die den Eigenschaften der Seelen des Schöpfers entgegengesetzt sind. Daher, je schlimmer und grausamer sie miteinander umgehen werden, desto schwerer setzen sich in ihren Seelen Energien ab, die für ihn notwendig sind. Satan macht immer das, was er will, und berücksichtigt nicht die Wünsche der anderen, im Gegensatz zu Gott, welcher eben den Wünschen der anderen nachsichtig ist, eine freie Wahl bereitstellend sogar zum eigenen Nachteil.

Gott möchte, dass Menschen lernen andere zu lieben, genauso wie sich selbst, und andere genauso gut zu behandeln, wie sich selbst.

Mit harten Methoden erzieht er in Seelen Gutmütigkeit und Anstand, Liebe und Ehrlichkeit, Treue und Gerechtigkeit. Und Satan verdirbt mit süßen Giften der Versuchungen Seelen, in ihnen das Böse, Aggressionen, Unanständigkeit, Hass und Verrat, Unehrlichkeit und Ungerechtigkeit erziehend.

Der Schöpfer macht die Seelen hell, sie durch das Leiden reinigend, und der Satan schwärzt sie, mit Wohlgütern überschüttend. Aber Individuen, die sich auf den niedrigsten und mittleren Ebenen der irdischen Hierarchie befinden, sind noch nicht fähig die Geschenke Gottes von den Geschenken des Satans zu unterscheiden: und dem Talent in Armut ist ihnen immer die Unbegabtheit im Reichtum lieber. Die Sattheit im Luxus gilt als das höchste Ideal des Lebens, wonach unbedingt jeder streben sollte. Aber dies sind – Ideale, die die Seele in das negative System führen.

Die Unterentwicklung der Seele – das ist die eigene Blindheit, die sie hinter dem äußerlichen Glanz und der Schönheit nicht den schwarzen Weg sehen lassen, welcher in das Lager des Zaren der Dunkelheit führt. Auf Luxus und Reichtum wachsen solcherart Untugenden, wie Herzlosigkeit, Grausamkeit, Habgier, Ruhmsucht, Eifersucht, Verachtung, Hochmut, Obskurantismus, Eigennutz und andere analoge Eigenschaften, die die Matrix mit negativen Energietypen füllen.

Am Anfang lebt solch ein Mensch nur für sich, und später – nur für den Satan. Und er wird nicht einmal bemerken, wie ein solcher Übergang passiert. Die Transformation des Übergangs von dem positiven System in das negative bleibt für den Menschen immer mit der süßen Lebensweise verschleiert, welche er führt, und welche mit jeder Tat des Menschen, jeder Geste, Gefühl die Seele mit negativem Energiespektrum füllt. Jede Handlung, Gefühl, Emotion – das ist der Wandler von Energien, durch den sie erzeugt werden und in die Zellen der Matrix gelangen.

Reichtum und Wohlstand – ist die Umgebung, auf der Untugenden wachsen, und folglich, auch schwarze Energien. Deshalb, das Geld gebend, mit Luxus umgeben, schafft Satan Lebensbedingungen, in denen ein unwissender Mensch beginnt nicht das Göttliche Energiespektrum zu erzeugen, sondern geht automatisch in den

Dienst des Satans hinüber, die Matrix mit negativen Eigenschaften befüllend.

Der Satan zerfrisst immer die Seele von innen. Die Freude des Menschen davon, dass er am Finger einen goldenen Ring hat, und Freude des Menschen, der seinen letzten Cent einem Armen abgibt, befüllen die Seele mit unterschiedlichen Energien. Im ersten Fall – mit dunklen, im zweiten Fall – mit hellen, obwohl es auf den ersten Blick scheint – was für ein Unterschied kann es hier geben: und dort ist Freude und hier. Aber der Mensch muss, endlich, den Mechanismus der Befüllung seiner Seele mit dem Positiven und dem Negativen verstehen, muss verstehen, welche Taten und Gefühle der Erarbeitung der Seele von göttlichen Energien beitragen, und welche – von Teuflischen. Deshalb muss man sich wiederholen und die Aufmerksam auf ein und dasselbe konzentrieren.

Alles Gute, Reine, Uneigennützige, Gerechte, Mitfühlende, Mitleidende, Liebende und Schützende trägt der Produktion und Ansammlung durch die feinen Strukturen des Menschen von positiven Energien bei, und alles, was mit wilden Leidenschaften und Manieren verbunden ist, alles, was den anderen Schmerz, Schaden zufügt, was die Menschenwürde verletzt, Beleidigende und Erniedrigende, führt zur Befüllung der Matrix mit negativen Energien.

Den anderen erniedrigend und jemandes Würde verletzend, beeinträchtigt der Mensch, vor allem, sich selbst, weil jede seiner dem gemäße Tat mit der Produktion eines groben Energiespektrums begleitet wird, die sich in den Zellen der Matrix mit einer schweren Last herabsetzen, welche die Seele entweder ganz zur Dekodierung führt, oder unter die Führung des Hierarchen des negativen Systems. Gott nimmt solch eine Seele mit Wurmloch und Schwärze nicht zu sich. Solche Seelen braucht er nicht. Und der Satan, das wissend, versucht, dass sie sich so viel wie möglich durch unterschiedliche Taten mit schwarzen Energien befüllen, um sie zu zwingen in die Anzahl des Ausschusses zu gelangen, welchen Gott nach dem Gericht ihm, dem Satan, abgibt.

Hier, auf der Erde, gewährt Gott dem Menschen die volle Freiheit, damit dieser seine freiwillige Wahl macht zwischen ihm, Gott, und seinem Gegensatz – dem Satan. Aber diese Wahl bleibt für ein unterentwickeltes Individuum versteckt, obwohl er sie jede Stunde, jede Minute durch Taten, Gedanken, Gefühle ausübt.

Kein einziger Gedanke, Handlung, Emotion des Menschen – sind neutral: sie erzeugen immer entweder positive Energie, oder negative. Deshalb durch die eigene Wahl, die man im Leben vollbringt, formt der Mensch sich selbst. Gefällt es dir böses zu tun – tu es, aber dann weine nicht feige, dass man dich unter die Führung des Satans geschickt hat. Aber auch ohne Böses selbst zu tun, sondern diesem Nachsicht zu üben, sich an fremden, negativen Resultaten ergötzend, Freude an unmoralischen Handlungen und Unzucht bekommend, zum Beispiel, von Bücher- oder Filmfiguren, erarbeitet der Mensch trotzdem in die Seele negative Energien, in einem kleineren Maß, als bei eigenen Handlungen, aber er erarbeitet sie. Daher helfen Bücher und Filme, die über Unzucht und Aggressionen erzählen, dem Menschen den Weg in die negative Hierarchie zu ebnen.

Das Böse aussuchend und andere negative Seiten des Lebens, lässt das Individuum keine einzige Chance dafür, um zu Gott zu gelangen und von ihm getröstet zu werden, weil er seine Seele mit solcherart Energien auffüllt, die in der Hierarchie des Schöpfers einfach nicht existieren können, denn sie sind mit der Struktur selbst der Göttlichen Welten unvereinbar. Für alles gelten eigene Gesetze. Und wenn der Mensch sich durch persönliche Taten negativ gebaut hat, dann ist sein Weg - direkt in das negative System. Allerdings sind hier zwei Varianten möglich. Wenn er sich wünscht bei Gott zu bleiben, dann wird mit ihm weitere Arbeit verübt, seine Reinigung wird ausgeführt, danach die Arbeit mit seinem Karma, und erst danach, sozusagen, innerlich wieder neugeboren, kann er in das positive System gelangen. Die zweite Variante: wenn Gott ihn ablehnt, dann wird er entweder dekodiert, oder dem negativen Hierarchen abgegeben.

Wenn sich das Individuum durch das Gute und Liebe gebaut hat, dann wird er direkt in die positive Hierarchie Gottes geführt, die dem ganzen Hellen und Reinen entspricht.

Gott gewährleistet dem Menschen vielfach die Chance auf die Rettung der Seele. Der Satan gibt solch eine Chance nicht. Wenn er der Seele habhaft wird, dann lässt er sie niemals zu Gott zurückkehren. Eben mit diesem Ziel, um für immer die zu ihm neu gekommene Seele in seinen Netzen zurückzuhalten, erstellt Satan für sie spezielle Programme, die die Matrix mit dunklen Energien befüllen. Er zwingt nämlich, die neuen Seelen zu töten, zu zerstören, eine gemeinere Tat als die andere zu begehen, und alles in der Richtung, die hilft dermaßen die Seele zu schwärzen, dass die Rückkehr zu Gott rein konstruktiv unmöglich wird.

Der negative Hierarch lässt Seelen, die zu ihm gekommen sind, durch die allerniedrigsten eigenen Welten gehen, in denen die Menschen die menschliche Gestalt verlieren, wo harte und unerbittliche Gesetze für das Überleben des Stärksten funktionieren. Der Mensch kann sich gar nicht vorstellen, was das für niedrige Welten sind, und wie wild und unmenschlich es dort ist. Und jede Seele, natürlich, in ähnliche Bedingungen gelangend und für das eigene Überleben kämpfend, läuft den Weg des Blutes und der Grausamkeit. Aber dafür gelangen sie in die negative Hierarchie bereits mit einem ausreichenden Vorbereitungsniveau und sind ausreichend dressiert für die Gehorsamkeit. Wenn Gott dem Menschen das Recht auf Gehorsamkeit bereitstellt, so macht der Satan sie künstlich gehorsam mit Hilfe von strengen Programmen.

In niedrigen Welten des Satans nimmt die Seele die Eigenschaften zusätzlich auf, die ihr notwendig sind, weil, wenn die Seele von der Erde zum Hierarchen des negativen Systems kommt, wo sie auf göttliche Gesetze erzogen wurde, dann sammelt sich in ihr ein gewisser Teil an positiven Energien, denn die Programme Gottes orientieren die Seelen auf die Ansammlung eben diesen Energietypen. Und nur die den Seelen bereitgestellte Wahlfreiheit, lässt sie von dem göttlichen Weg auf die Untervarianten des Programms abweichen, wo sie eben die negativen Energien ansammelt. Daher, natürlich, wenn solch eine Seele zum Satan kommt, dann passt sie nicht ausreichend für seine Hierarchie. Solch eine Seele muss umerzogen werden, oder genauer, bis zu seinen Normen gebracht werden, und dies bedeutet, dass das energetische Potenzial der Seele der ersten Ebene der negativen Hierarchie entsprechen muss, und deshalb muss man sie durch die niedrigen Welten durchschleppen. In dieser Periode wird die Seele von dem "Programm des selbstständigen Individualismus" ganz abgesetzt und wechselt auf das Programm der "unweigerlichen Gehorsamkeit".

Der Satan verwandelt jede Persönlichkeit, die zu ihm gerät, in einen Roboter, dem der eigene Wille entzogen wurde. Alle Individuen in der negativen Hierarchie erfüllen den Willen ihres Herrschers und haben keinen eigenen Willen und Wünsche. Darin besteht – der Unterschied der Entwicklung in der negativen Hierarchie von der Entwicklung im positiven System, wo jede Persönlichkeit ihren eigenen Willen hat.

In der Hierarchie des Satans erfüllen alle Individuen das, was er selber wünscht, verfolgen seine Ziele, nach seinen Programmen der beschleunigten linearen Entwicklung. Bei solch einer Persönlichkeit bleibt die "selbstständige Grundlage der Existenz" völlig aus. Jeder Augenblick ihres Lebens, jeder Schritt ist berechnet und im Voraus durch Satan geplant, weil der harte Aufbau des ein Varianten Programms nicht die Handlungen beinhaltet, für die die Energie umsonst aufgewendet wird, d.h. das sind Handlungen, die mit der Wahl der Situationen verbunden sind, die es in Programmen Gottes gibt.

Seinen Individuen erlaubend von Seite zu Seite zu wanken bei der Tätigung der Wahl einer beliebigen Handlung, wendet Gott übermäßige Energie für ähnliches Schwanken auf, damit die eigenen Programme weniger sparsam machend, als beim Satan. Gott erlaubt den Menschen zu wünschen und zwischen den eigenen Wünschen zu schwanken, Fehler begehend. Deshalb sind seine Programme weniger sparsam, als beim Satan, welcher es nicht erlaubt seine Energie umsonst zu verschwenden.

Der Satan ist übermäßig sparsam. Geiz – ist eines seiner Haupteigenschaften. Deshalb, jemanden auf der Erde beschenkend, verlangt er dann von ihm das Dreifache. Die Seelen, die nach der irdischen Existenz in seine Hierarchie kommen, arbeiten, natürlich, die persönlichen Schulden bereits in seinen niedrigen Welten ab. Und die Individuen, die sein Wohl nutzten, aber mit Gott geblieben sind, werden gezwungen sein, ihre Schulden vor dem Satan in ihrem nächsten Leben oder sogar im gegenwärtigen abzuarbeiten, weil solch eine Variante der Abarbeitung von Schulden das Entwicklungsprogramm des Individuen bereits beinhalten könnte. Das heißt also, wenn er den Weg der Versuchungen mit dem Nutzen des Wohls gewählt hat, dann schaltet eben dieser Weg in der Zukunft auch seine Abarbeitung in Form von Verlusten, Leiden, Krankheiten ein. Das Abarbeiten von vergangenen

Schulden kann viele Schwierigkeiten und Lasten des gegenwärtigen Lebens auch vieler positiver Individuen erklären, denn Satan erstellt bereits seinen Verschuldeten, die mit Gott geblieben sind, dermaßen schwierige Situationen, die es ihm ermöglichen von ihnen zusätzlich Energie zu bekommen, die seine vergangenen Aufwendungen kompensieren kann. Satan gibt nichts einfach so. Das ganze Wohl von ihm muss abgearbeitet werden.

Aber wenn wir jedoch über die Sparsamkeit des Aufbaus der Programme selbst reden, dann muss man sagen, dass für die Erstellung und Verwirklichung eines jeden Programms Energie für den Durchgang der Entwicklungsetappe aufgewendet wird. Daher, beim Satan sind diese Aufwendungen für den Erhalt des erforderlichen Resultats in einer Entwicklungsetappe – minimal. Er möchte nicht für die Erziehung seiner Untergeordneten überflüssige Mittel aufwenden, im Gegensatz zu Gott, welcher für die Erreichung eines analogen Resultats in der Erziehung viel mehr Mittel aufwendet, und nur dafür, um die Wahlfreiheit der Persönlichkeit zu erhalten, um die eigenen Rechte eines jeden Individuums zu schützen.

Die Freiheit der Willenserklärung erhaltend, strebt Gott nach der Entwicklung in der Persönlichkeit des begreifenden Faktoren: die Persönlichkeit muss lernen zu begreifen, wohin jeder ihrer Schritte führt – zum Guten oder Bösen, muss lernen die Resultate der Folgen ihrer Handlungen zu sehen. Zugleich verwandelt Satan den ihm untergeordneten Individuum in einen willenlosen Roboter, dem egal ist, was er tun soll und wohin er gehen soll. Solch eine Persönlichkeit befindet sich voll und ganz in der Macht des Satans und ohne seinen Willen kann sie keinen einzigen Schritt machen, deshalb personifizieren sich solche Individuen oft mit dem Satan selbst. Und darin ist – die Äußerung des extremen Egoismus des Herrschers der Dunkelheit, denn er ist derart überegoistisch, dass er sich eine andere Persönlichkeit nicht einfach ganz versklavt und unterordnet, sondern sie zwingt automatisch seinem Ego zu dienen.

Jeder Untergeordnete in der Hierarchie des Satans arbeitet, vor allem, für ihn und nur für ihn. Der Satan berücksichtigt keine Meinung, niemandes Argumente. Kann er denn jemanden berücksichtigen, der niedriger der Entwicklungsebene nach ist, als er? Es ist unter seiner

Würde und erniedrigend. Aber Gott berücksichtigt alle, spricht respektvoll mit jedem und auf seiner Verständnisebene. Gott schätzt seinen allerniedrigsten Mündel wert, weil er weiß, dass Dummheit mit der Zeit geht und das Individuum in eine hohe Persönlichkeit wächst, die für ihn ein treuer Helfer wird und eine stabile Unterstützung in Handlungen. Genauso können wir, zum Beispiel, ein kleines Kind nicht verächtlich behandeln, weil wir verstehen, dass es uns in Zukunft in der Entwicklung überragen kann.

Gott berücksichtigt die Meinung von jedem, auf welcher Entwicklungsebene die Persönlichkeit auch immer steht, und der Satan, den eigenen Willen des Untergeordneten vernichtend, vernichtet, damit auch seine Meinung. Somit muss er niemanden berücksichtigen, nur sich selbst, sein "Ich". Und darin ist – ein bedeutender Unterschied des Gottes und des Satans in Fragen der Erziehung den ihnen untergeordneten Persönlichkeiten und die Verschiedenheit in der Beziehung zu den Unter-gelegenen.

DIE WELTEN DES GOTTES UND DES SATANS

Die Hierarchie Gottes ist gefüllt mit hochentwickelten Persönlichkeiten, die bestimmte Entwicklungszyklen in physischen oder energetischen Welten gegangen sind. Viele Seelen beginnen ihre Entwicklung mit den materiellen Welten. Die Erde gehört zu solch einer Welt, von der die Anfangsmatrizen in die ewige Existenz starten. Für die Erziehung der Anfangsseelen für die eigene Hierarchie, hat Gott seine helfenden Welten, positive (Pos. 1, Bild 3), sowie negative (Pos. 3, 4), und Satan – seine (5, 6). Aber nur bei Gott befinden sich die Welten, die für die Teilung der Seelen in positive und negative Individuen dienen. Die einen von ihnen kommen in die Hierarchie Gottes, die anderen – in die Hierarchie des Satans oder in seine physischen Welten, was dann vom Entwicklungsgrad abhängt.

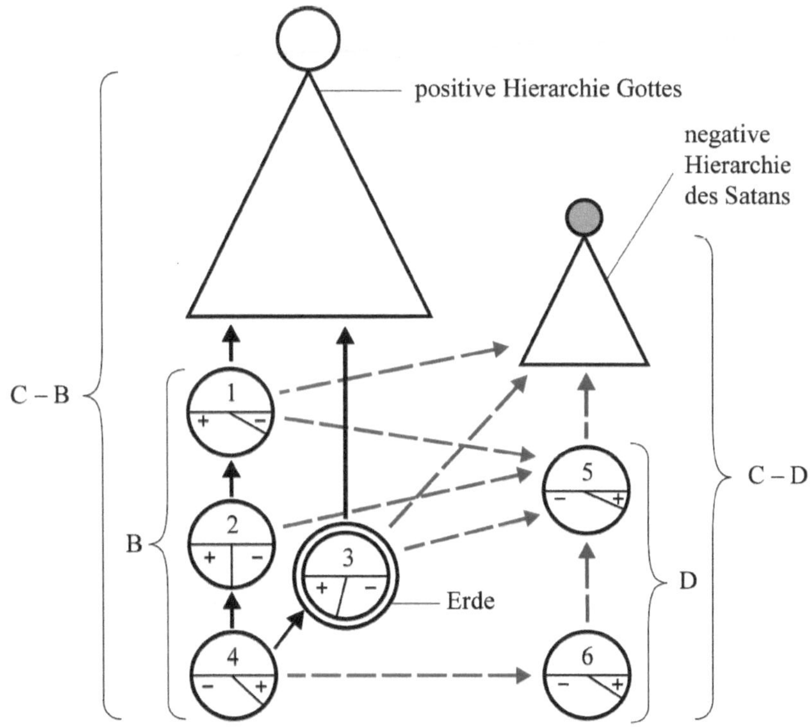

Legende:

C – B — positives System Gottes;
C – D — negatives System des Satans;
B — Hilfswelten Gottes;
D — Hilfswelten des Satans;
1 — Planeten, die in der Ebene höher liegen, als die Erde;
2 — Planeten auf der gleichen Ebene wie die Erde (Position 3);
4 — Planeten, die in der Ebene unter der Erde liegen;
5, 6 — niedrige Welten des Satans, unterschiedlich in der Ebene;
→ — Übergang der Anfangsseelen zum System Gottes;
--→ — Übergang der Anfangsseelen zum System des Satans.

Bild 3. Bewegung der Seelen in Hilfswelten

Alle Welten, die sich unter den Hierarchien befinden, gehören zu den niedrigen Plänen. Gott hat Planeten (Pos. 4, Bild 3), die der Entwicklungsebene nach unter unserer Erde liegen; es gibt die ihr der Ebene nach gleich sind (Pos. 2) und die höher liegen (Pos. 1). Satan hat auch Planeten unterschiedlicher Entwicklungsebenen (Pos. 5, 6) und die qualitativ anders gebaut sind, als die Welten Gottes.

Erklären wir, womit die positiven und negativen Ströme anfangen, wie sie sich in zwei Gegensätze formen.

Träger des Positiven und Negativen bei Gott und Satan sind die Seelen. Und diese bekommt man, sie durch die Hilfswelten lassend (1, 2…6, Bild 3), die für ihre Formung und Teilung dienen. Die Hilfswelten also, dienen als die Quelle, in der diese zwei oppositionellen Ströme entstehen, die sich in der Evolution bewegen.

Die Seele wird von Gott geschaffen, und deshalb beginnt **immer** ihre Entwicklung mit den Welten Gottes. Aber die einen Matrizen können mit den negativen Planeten Gottes beginnen (Pos. 4), andere – mit mittleren (Pos. 2, 3), in denen positive und negative Prozesse vorhanden sind. In allen Hilfswelten Gottes funktionieren unterschiedliche Prozesse, die die Seelen in positive und negative teilen. Bei Gott geschieht eine genaue Auswahl, deshalb können Seelen die Anfangsaussonderung in niedrigen Welten (Pos. 4) durchlaufen, und ein Teil wird direkt in die Welten des Satans (Pos. 6) geschickt, und der andere – in die höhergelegenen physischen Welten Gottes (Pos. 2 oder 3). Beim Wechsel auf den neuen Planeten werden die Seelen bereits an anderen Situationen teilnehmen und sich in einer anderen Existenzform befinden. Hier werden sie die nächste Auswahl durchlaufen, weil, wenn die Erprobungen auf der unteren Ebene ausgehalten wurden, so können sie die zweite Tour durchfallen.

Mit diesen Hilfswelten (Bild 4) beginnen sich die positiven und negativen Zweige zu bilden, die die beiden Hauptevolutionsströme des Weltalls auffüllen.

Die Hilfswelten helfen in den Anfangsseelen die ewigen Prozesse zu bauen. Um unendlich lange zu existieren, muss eine junge Seele sich nicht nur qualitativ erbauen, aber auch so, dass in ihr bestimmte Funktionen selbstständig funktionieren können. Nur nach einem besonderen Aufbau und der Bildung erforderlicher Funktionen kann sie in die ewige Existenz schreiten. Und den Aufbau gibt die Entwicklung. Daher ist es naiv zu glauben, dass man mit ständigen Gebeten in einem Leben die Ewigkeit verdienen kann. Man sollte sie nicht verdienen, sondern selbst erbauen, was den Seelen in den Hilfswelten auch gewährt wird.

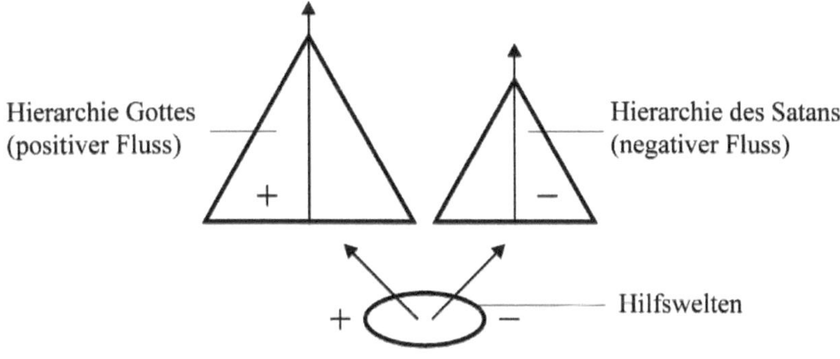

Bild 4. Die Entstehung der Evolutionsströme

Durch die Umverteilung der Seelen von dem einen Planeten Gottes auf andere, und ebenso die Übergabe der Ausschussseelen in das negative System mit der Fortsetzung ihrer Entwicklung in Hilfswelten des Satans geschieht eben die Bildung der oppositionellen Ströme selbst.

Eine junge Seele, die ihre Evolution mit den Hilfswelten beginnt, ist nicht fähig sich richtig zu bauen, weil sie sich in den existierenden Prozessen nicht auskennt. Sie macht ständig Fehler, läuft oft den Weg der Degradation, schwankt vom Guten zum Bösen und umgekehrt, und alle Taten, die der richtigen Lösung von Lebenssituationen nicht entsprechen, welche das Programm anbietet, führen zu falschen Bauten und ihrer Aufnahme von niedrigen Energien. Die Seele ist jedoch verpflichtet die ewigen Prozesse in ihrer Matrix und ihren Energiekörpern aus hohen und reinen Energien zu bauen, daher, damit Energien einer nicht entsprechenden Qualität nicht in die Matrix gelangen, sind vorübergehende Hüllen eingeführt, die nach dem Tod des Menschen abgeworfen werden. Diese existieren nur in den Hilfswelten. Somit erzeugen die Hilfswelten Evolutionsströme. Sie werden dort erzeugt und gehen in die Ewigkeit fort (Bild 4).

Der Übergang der Seelen von einem positiven Planeten auf einen anderen geschieht meist dann, wenn es erforderlich ist positive Seelen einer besonderen Eigenschaft zu bekommen. Deshalb können einige Seelen extra vom Planeten "3" auf den Planeten "2" oder "1" geschickt werden, obwohl, wenn diese "spezielle Eigenschaft" nicht erforderlich wäre, könnten sie direkt nach Abschluss des ganzen Entwicklungszyklus auf ihrem Planeten "3" auf die erste Ebene der Hierarchie Gottes geschickt werden.

Der Wechsel auf die Planeten des Satans geschieht nur nach speziellen Überprüfungen der Seelen und der Aufdeckung von Ungeeigneten der Eigenschaft nach für die Existenz in der Hierarchie Gottes. Die Aussonderung auf jedem Planeten geschieht auf Grundlage seiner Prozesse und Methoden der Aufteilung von Seelen. Aber in jedem Fall, können Seelen, die dem Satan direkt nach der ersten Aussonderung übergeben wurden, nicht auf die erste Ebene seiner Hierarchie kommen aufgrund ihres schwachen Energiepotenzials (dort werden sie von der Energetik der Welt zerdrückt) und des Fehlens von entsprechenden ewigen Funktionen im Inneren ihrer feinen Konstruktionen. Treue Seelen setzen fort, sich in den Hilfswelten weiter zu entwickeln: auf der Erde oder in den Welten des Satans, sich bereits im negativen System unter Führung des Satans befindend.

Die Erde befindet sich in einer zweideutigen Lage, denn die Prozesse auf ihr dienen der Teilung der Seelen in positive und negative. Auf ihr vervollkommnen sich Seelen, die Gott gehören, und Seelen, die dem Satan übergeben wurden. Die einen und die anderen befinden sich in der menschlichen Hierarchie.

Auf ihr (zum Moment des Jahres 2000) wurde folgendes Verhältnis von oppositionellen Individuen festgehalten: 20% von ihnen bildeten positive Persönlichkeiten, die sich bereits im System Gottes befinden, die die Aufteilung längst vergangen sind. 40% haben junge Seelen gebildet, die die Trennung noch nicht durchgekommen sind. Noch gehören sie Gott und befinden sich unter Kontrolle des positiven Systems, aber nach den Aussonderungsetappen werden sie getrennt: ein Teil bleibt bei Gott, und ein Teil wird dem Satan übergeben. Solcherart "ungeteilte" Seelen kann man als "neutrale" bezeichnen, faktisch gehören sie noch nur Gott. Aber er setzt fort, sie weiter auf der Erde zu entwickeln, denn seine Hierarchie braucht Individuen mit einer Ansammlung in der Matrix von irdischen Energietypen und dem Vorhandensein von erworbenem irdischen Wissen und Erfahrung.

Somit, in der irdischen Welt sind positive Individuen (die zum System Gottes befestigt sind) anwesend, neutrale (zu denen die jungen Seelen gehören, die die Aufteilung noch nicht durchgegangen sind) und negative, die unter die Führung des negativen Systems übergeben wurden. In ähnlicher Weise kann man das Gleiche auf einer beliebigen Weltebene der Hierarchie Gottes beobachten, die aus positiven Wesen, neutralen und hellen negativen besteht. In einem einstufigen Plan (Bild 5, Welt "B") gruppieren sie sich alle nur nach ihrer Tätigkeitsart: negative Berechnende kommen an einem Ort zusammen, neutrale (medizinischer Dienst und das Hilfesystem) – an einem anderen, positive schöpferische Wesen – an dritten. Aber sie alle befinden sich in einer Welt Gottes ("B") und haben eine Entwicklungsebene.

Aber wenn man eine gleiche einstufige Welt des Satans nimmt ("D", Bild 5), dann befindet er sich in einem anderen Teil des Weltumfangs. Von der Welt Gottes ist sie durch bestimmte Grenzbauten (Trenner "R") abgetrennt. Den Besitz des Satans kann man mit einem anderen Staat vergleichen, in welchen der Eintritt für Individuen aus anderen Ländern verboten ist. Dies wird nur nach einer Sondergenehmigung gemacht für die Durchführung einer gemeinsamen Arbeit oder der Korrektur gemeinsamer Aktionen der weiteren Vervollkommnung. Aber diese Übergänge können nur innerhalb von einer Ebene (horizontal) geschehen. Die Übergänge in die höhergelegenen Ebenen sind verboten, denn hier wird eine Diskrepanz der Energiekennwerte der Seelen und der Welten beobachtet.

Das menschliche Bewusstsein ist dermaßen konservativ, dass viele sich nicht vorstellen können, wie denn die positiven Individuen in der Hierarchie Gottes mit den negativen und neutralen Individuen koexistieren können? Wenn sie der Hierarchie Gottes angehören, dann existieren sie miteinander, wie Bürger eines Landes; und wenn sie unterschiedlichen Hierarchien angehören, dann existieren sie, wie Bürger unterschiedlicher Länder. Solch einen figurativen Vergleich kann man mit dem Leben des Menschen machen.

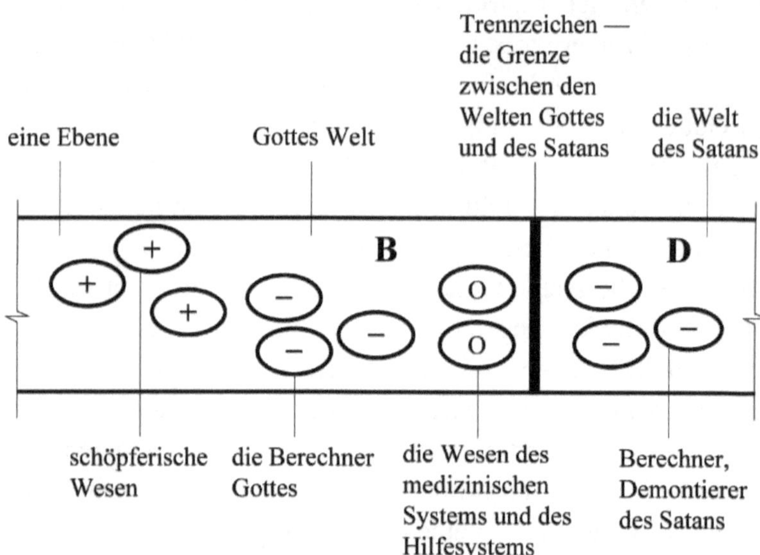

Bild 5. Einstufige Welten von Gott und Satan

Aber es ist wichtig in ihrer Existenz die Gruppierung nach Haupteigenschaften hervorzuheben: dem Positiven und Negativen, welches die globale evolutionäre Trennung der Seelen formt. Sie beginnt in Hilfswelten: zwei Evolutionsströme nehmen hier ihre Herkunft. Auf einem Planeten Gottes beginnend, teilt sich die primäre Strömung durch Teilung der Seelen auf zwei selbständige Ströme, die durch entgegengesetzte Hierarchien des Gottes und des Satans passieren und dann durch die Ebenen des Weltalls schreiten.

Keine einzige Seele kann in die höhergelegenen Hierarchien gelangen, bis sie die entsprechenden Energiekennwerte nicht erarbeitet hat. Wenn jedoch Gott seine Hierarchie ganz mit der notwendigen Anzahl an Seelen füllt, dann wird der Bedarf an den Hilfswelten wegfallen. Er wird mit seinem ganzen Bestand, einschließlich Satan, welcher sein Helfer in der Führung der negativen Prozesse ist, auf die nächste Ebene einer höheren Hierarchie steigen. Der Bedarf an der Erziehung von jungen Seelen wird wegfallen. Die Entwicklung der Seelen wird auf Grundlage anderer Prinzipien laufen.

So formt sich in komplexen Verflechtungen von Situationen und Wechselbeziehungen das Positive und Negative, und im solchen Üblichen und Gewöhnlichen für uns geschieht die Entstehung von weltumspannenden Energieströmen, und es beginnen globale Prozesse, die in die Ewigkeit des Weltalls fortgehen. Aber fassen wir das Wichtigste zusammen. Die Evolutionsströme entstehen in physischen und energetischen Hilfswelten. Der Entstehungspunkt kann nur bestimmten Ebenen angehören, die im Weltall für bestimmte Entwicklungszyklen voneinander zurückbleiben. Solche Punkte tragen der Auffüllung und Erweiterung der Evolutionsströme in der unendlichen Lebensbewegung bei.

Unser Gott ist ein Zwischenglied in dem Gesamtfluss der Energiebewegung, welches seiner Auffüllung beiträgt. Träger von positiven und negativen Energien, als auch Mechanismen ihrer Verarbeitung, sind Seelen (Matrizen), die Gott schafft. Seelen werden in den Anfangsstadien in den Hilfswelten Gottes geformt, die auf Grundlage von speziellen Prozessen sie auf positive und negative teilen, was auch die Entstehungsursprünge von evolutionär entgegengesetzten Strömen schafft.

Die Vervollkommnung der Seele in der negativen Richtung formt die negative Strömung, und in der positiven – die positive. Bei anderen Göttern und in anderen Welten können diese Strömungen beliebige Lebensformen bilden, die Entwicklung welcher durch die Umgestaltung von positiven oder negativen Energien geschieht. Die Existenzweise schafft Teilungsmechanismen der Seelen (und beliebiger Formen) nur auf den Anfangsstadien ihrer Existenz. Wenn die Trennung geschehen ist, setzen die Formen fort sich in ihrer Strömung ausschließlich auf den Mechanismen ihrer Umgestaltung weiterzuentwickeln (und die Trennungsmechanismen stehen dann aus). Natürlich, dass ihre Vervollkommnung in ihren Situationen und im eigenen Existenzstil geschehen wird, welcher ganz anders ist als der menschliche.

DIE ARBEIT DER NEGATIVEN KRÄFTE AUF DER ERDE

Wenden wir uns dem Fakt zu, dass der negative Hierarch ein Zugang zu den Hilfswelten Gottes hat. Hier wird seine Tätigkeit von positiven Systemen kontrolliert, deshalb verletzt er die allgemein üblichen Regeln der Prüfungen von Seelen nicht, die für diese Welt üblich sind. Die höchsten Persönlichkeiten verwirklichen die Regulierung von Evolutionsströmen durch Programme. Und in diesem Zusammenhang befindet sich die Evolution der untergelegenen Ebene immer unter Kontrolle der höhergelegenen Ebene.

Bezüglich der Tätigkeit des Satans ist es wichtig für sich zu verstehen, welche Rolle er in der Formung eben seiner negativen Strömung spielt.

Unterhalb der Hierarchien Gottes und des Satans, und vor allem in der irdischen Welt, wird ihre Tätigkeit folgendermaßen verteilt:

1. In den Hilfswelten erstellen die Berechnenden und Programmierer des Satans Lebensprogramme für die Anfangsseelen gemeinsam mit dem positiven System Gottes.
2. Für Menschen für jede zehn Ebenen wird ein Programmtyp mit gleichen Alltagssituationen erstellt. Deshalb sind für die Hierarchie des Menschen insgesamt 10 Programmtypen der Existenz entwickelt.
3. Die Programmebenen geben die Existenzform in der sozialen Sphäre auf, die Art von Bewährungen und Versuchungen, die in die Lebenssituationen eingeführt sind.
4. Der Satan erstellt Situationen so, dass die Seele möglichst viele Fehler beim Passieren von Situationen macht.
5. Das positive System kontrolliert die Erstellung der Programme, aber es ist an der Aufdeckung in Seelen aller Untugenden und Defekte interessiert, denn sie brauchen keine lasterhaften.

In den Hierarchien Gottes und des Satans.

1. In den Welten Gottes gibt es eigene Berechnenden und Programmierer, die in die negativen Systeme Gottes eingehen, und in Welten des Satans – eigene. Beide Gruppen sind in ihrer Arbeit mit den negativen Energien verbunden, aber die ersteren

mit hellen negativen Energien, und die zweiten – mit dunklen. Die negativen Energien, also, unterscheiden sich qualitativ.

2. In der Hierarchie Gottes erstellen die höhergelegenen Ebenen Programme für ihre unter-gelegenen Ebenen.

3. In der Hierarchie des Satans erstellen Programme für die ganzen untergelegenen Ebenen die höhergelegenen Ebenen, aber nach Programmen, die der Satan selbst erstellt.

4. Die Programmierer des Satans beteiligen sich nicht an der Erstellung von Programmen für die Wesen Gottes in seiner Hierarchie. Ebenso beteiligen sich die Wesen Gottes nicht an der Erstellung von Programmen für die Seelen des Satans in seiner Hierarchie und kontrollieren nicht seine Programme.

5. Die Positiven Bestimmer führen positive Individuen (oder Wesen) von untergelegenen Ebenen; negative Bestimmer führen negative Individuen innerhalb ihrer Hierarchien.

6. Die Bestimmer des Satans führen niemanden in der Hierarchie des Gottes, und umgekehrt.

7. Die Hierarchien ordnen sich gänzlich ihren Haupthierarchen (Gott und Satan) unter, und sie mischen sich nicht in Angelegenheiten voneinander ein, aber **arbeiten zusammen an der Lösung von Aufgaben**, die für den ganzen äußerlichen Maxi - Umfang gemein sind, in dem sie beide existieren.

8. In Hilfswelten führen ebenso helle Bestimmer helle Lehrlinge vom System Gottes, und negative Bestimmer führen negative Darsteller vom System des Satans. In Welten, die unter den Hierarchien liegen, geschieht die Vermischung von positiven und negativen Individuen und Prozessen in einem Existenzumfang.

9. Auf der Erde werden die positiven und negativen hellen Menschen, die nach zehn Inkarnationen in das System Gottes übergeben wurden, von den Wesen Gottes geführt; und die negativen dunklen Menschen werden von den Wesen aus der Hierarchie des Satans geführt, deshalb sind auf der Erde solcherart Definitionen erschienen wie: "teuflische List", "teuflische Gewandtheit". Diese Eigenschaften sind Seelen eigen, die bereits dem Satan gehören. Aber solch eine Vermischung der göttlichen und der teuflischen Führung wird nur in niedrigen Welten zugelassen, wo die Teilung der Seelen gefühlt wird.

ZENTRUM DES BÖSEN

In niedrigen physischen Welten läuft ein ständiger Kampf des Guten und des Bösen. Aber man sollte ihn sich nicht als ein Schwertkampf, Schießerei aus Kanonen und Raketenanlagen vorstellen. Dieser Kampf ist feinsinniger und verschleierter, als der dem Menschen bekannte. Eines seiner Hauptziele ist die Abwerbung von Seelen auf die eigene Seite, d.h. das positive System kämpft darum, dass es von ihnen so viele wie möglich hat, und das negative System – ebenso.

Alle niedrigen Welten dienen als Lieferanten von Seelen für die Hierarchien Gottes und des Satans. Das sie bedienende medizinische System (anders Med.- System) hat eine eigene Hierarchie, die von einem eigenen Haupthierarchen angeführt wird, welcher sich in der Vergangenheit für die Behandlung von Wesen und Hilfeleistung spezialisiert hat. Aber er befindet sich unter der Gesamtleitung von Gott. Das medizinische System gehört zur neutralen Organisation, es bedient alle Welten Gottes und des Satans und ebenso, seinerseits, wird es in positive Persönlichkeiten und negative geteilt. Diese Teilung, also, läuft als unendlich außerhalb der Welt, sowie hinein in sie. Deshalb werden Seelen nicht nur der positiven und negativen Hierarchien benötigt, aber auch der neutralen, medizinischen Hierarchie. Dies alles muss bei der Schaffung von Matrizen berücksichtigt werden.

Seelen sind – Arbeitskraft, das ist – Macht einer beliebigen Hierarchie. Daher wer mehr davon hat, der ist auch stärker. Seelen zu schaffen ist nur Gott fähig, der Satan ist dazu nicht fähig aufgrund seines anderen Aufbaus, und deshalb ist er gezwungen diese von Gott zu nehmen, was ihn abhängig vom positiven Hierarchen macht. Aber diese Wegnahme geschieht durch den Kampf für die Eigenschaften der Seele, was weiter erörtert wird.

Die Entwicklung der Seelen führen die Hierarchen unterschiedlich: Gott bietet in Lebensprogrammen seinen Individuen Entwicklungsvarianten mit der Möglichkeit eine Wahl nach eigenem Wunsch zu treffen, aber innerhalb von Programmen. Und der Satan erstellt für seine Untergeordneten harte Programme ohne Wahlrecht in Lebenssituationen, sie zwingend sich in negativen Eigenschaften zu vervollkommnen. Der Hierarch des medizinischen Systems entwickelt seine Seelen in der medizinischen Richtung und in Eigenschaften der Hilfe, aber die Programme erstellen die Programmierer des Gottes.

Die Hilfswelten des Gottes ergeben ein großes Prozent an Ausschuss unter den sich entwickelnden Individuen, da es Anfangsseelen sind, bei denen die richtigen Begriffe noch nicht erarbeitet wurden.

Ausschussseelen – das sind lasterhafte und sündige Seelen, sie haben im Inneren so viel dreckige und dunkle Energie angesammelt, dass sie nach inneren Eigenschaften nicht mehr für die Entwicklung in der positiven Hierarchie passen. Gott braucht helle Seelen, die helle, hohe Energien aufnehmen. Ausschussseelen bauen sich nicht richtig, deshalb kann solch ein Bau ihnen die ewige Existenz und die Entwicklung in höchsten Welten nicht bieten. Ebenso nehmen sie viele grobe negative Energien auf, die den Eigenschaften der Seelen nicht entsprechen, die in die Hierarchie Gottes versetzt werden. Die Ausschussseelen, also, befriedigen die zwei Hauptanforderungen nicht:

1. sind nicht fähig ewig zu existieren aufgrund ihres falschen Baus;

2. entsprechen nicht der Qualität der Seelen, die sich in der göttlichen Hierarchie befinden.

Die Hierarchien Gottes und des Satans werden durch Seelen befüllt, die von der Erde und anderen niedrigen physischen und energetischen Welten kommen. Und wenn die Hierarchie Gottes die erforderliche Anzahl an Individuen aufnimmt, dann wird die Schaffung von neuen Seelen durch Gott aufhören, und alle drei Haupthierarchien werden gleichzeitig auf die nächste, höhere Entwicklungsstufe hinübergehen. Ferner wird das Wachsen der Mächtigkeit der Hierarchien durch die Progression der Seelen fortlaufen, die sich dort befinden. Die Seelen werden wachsen durch die eigene Vervollkommnung, und die Hierarchien – durch deren Wachstum.

Auf diese Weise, dienen die physischen Welten, einschließlich der Erde, die sich unterhalb der Hierarchien Gottes und des Satans befinden als Seelenlieferanten, die der Eigenschaft nach entgegengesetzt sind. Die Entwicklung macht sie oppositionell, eben daher ist es so wichtig ihr eine besondere Aufmerksamkeit zu geben. In niedrigen Welten geschieht durch die Einführung besonderer Erziehungsmethoden die Trennung der Seelen in positive und negative, d.h. es funktionieren spezielle Prozesse, die sie in oppositionelle teilen.

Das Gute und das Böse – sind nicht einfach Begriffe von "gut" und "schlecht", sondern das sind Prozesse, die zur Aufnahme von entgegengesetzten Energien führen. **Das Gute und Böse wurde künstlich in das Leben des Menschen eingeführt, die qualitativ die Seelen in oppositionelle Kräfte verwandeln.**

Daher ist es nicht erstaunlich, dass es auf der Erde ein Zentrum des Guten, und ein Zentrum des Bösen gibt. Das Zentrum des Bösen wird dann aktiviert, wenn die dunklen Kräfte sich im ganzen kosmischen Raum aktivieren. Sein Punkt befindet sich über den Östlichen Ländern. Jedes Jahr bewegt sich dieser Punkt allmählich für ein paar Grad in Richtung Westen. Aber das Zentrum des Guten beobachtet auch seine Tätigkeit und bringt seine Korrekturen in seine Arbeit ein. Der Widerstand zwischen ihnen läuft ständig.

WER FÜHRT DEN MENSCHEN DURCH DAS LEBEN

Unmittelbar führt den Menschen sein himmlischer Lehrer durch das Leben, anders Bestimmer. Aber er führt ihn nach einem bereits fertigen Programm, welches von den höchsten Programmierern erstellt wurde, und zu seinen Aufgaben gehört darauf zu achten, dass der Lehrling dieses Programm ausführt. Aber wenn man die Konkretisierung weglässt und allgemeine Schlussfolgerungen zieht, dann kann man sagen, dass sich auf der Erde Gott und der Satan mit dem Menschen beschäftigen. Sie führen ihre Mündel mit zwei unterschiedlichen Wegen, und jeder möchte, dass sein Lehrling ein hohes Bewusstsein, eine hohe Lage auf der Leiter der Ebenen erreicht. Aber diese Wege sind oppositionell, und die Eigenschaften der Seele – nicht vergleichbar. Den Menschen zwingend zu leiden, trachtet Gott nur eines – dass die Seele lernt mit anderen mitzufühlen und mitzuleiden, dass sie lernt fremden

Schmerz als ihren eigenen wahrzunehmen, lernt einem Gefallenen zu verzeihen und zu lieben, ihm seine Hand der Hilfe entgegenzustrecken; lernt nicht nur ihre eigenen Interessen, aber auch die Interessen des Mitmenschen zu behaupten und zu verteidigen. Hier könnte man eine Skala von der Vielzahl an positiven Eigenschaften erstellen, die Gott im Menschen sehen möchte.

Aber eine beliebige hohe Eigenschaft kann man nicht in die Seele von außen hineinbringen, jede davon muss vom Menschen durch das eigene Bewusstsein, Verständnis erarbeitet werden. Daher, dort, wo es an Bewusstsein und Verständnis fehlt, muss der Mechanismus der Einwirkung von Schmerz und Leid zugeschaltet werden. Nur Leid ist fähig den Menschen in seinen Gefühlen und Gedanken zu heben, die Seele bis zur Edelmut und Barmherzigkeit, Erkenntnis des Pflicht-und Selbstaufopferungsgefühl zu erheben.

Eine mühsame und mehrtausendjährige Erziehung jeder niedrigen Seele ist sehr teuer. Wenn der Mensch denkt, dass das Leben nichts kostet, dann irrt er sich zutiefst. Er kann sich auch nur schwer vorstellen, wie viel Kraft und Mittel Gott dafür aufwendet. Und man staunt wahrhaft seiner großen Langmut in der Erziehung und Umerziehung von niedrigen Individuen und dem väterlichen Wunsch aus jeder Seele genau solch einen Schöpfer, wie er selbst zu machen, das Erscheinen im Menschen gleicher überragender Eigenschaften, wie in ihm selbst zu erreichen. Aber wie viel Arbeit man in jeden Individuen investieren muss, um ihn bis zur allumfassenden Liebe, Allvergebung, Barmherzigkeit zu erheben, und gleichzeitig bis zur bedingungslosen Unterordnung und Gehorsamkeit den Höchsten gegenüber.

Gott, also, strebt nach dem Erscheinen in der Persönlichkeit der Eigenschaften, von denen der Satan keine Ahnung hat. Diese Eigenschaften, die dem hellen Energiebereich entsprechen, bereichern die Seele mit dem göttlichen Inhalt, denn jede Energie, die durch Schmerz und Qual erzeugt wird, ist hell und rein.

Gott zwingt seine unbewussten und unwissenden Zöglinge die Energien in die Seele aufzunehmen, die ihm selbst entsprechen, und, damit, macht er sie zu seinen Nachfolgern.

In der Hierarchie Gottes, durch seine Welten kann man sich nur mit hellen Energien in der Seele fortbewegen, und das sind die Gesetze der Entwicklung, die für den Menschen noch unzugänglich sind. Und deshalb muss Gott seine Zöglinge zwingen gewaltsam nach Oben zu steigen, bis sie das hohe Bewusstsein ausgearbeitet haben, das fähig ist selbstständig den Menschen zu den Gipfeln der Göttlichen Hierarchie zu leiten. Gott wartet geduldig, bis die Persönlichkeit in sich ein hohes Bewusstsein erarbeitet und sich selbst mit der Selbstvervollkommnung beschäftigt.

Nach dem Maß des Aufstiegs der Seele nach Oben öffnet Gott ihr Wahrheiten, die dem Satan unbekannt sind aufgrund der Wirkung der Prozesse, die der Evolution nur des hellen Energiebereichs eigen sind, d.h. der positiven Entwicklungsrichtung. Eben im Zusammenhang mit der besonderen Eigenschaft der Seele, die nur auf dem positiven, hellen Energiespektrum gebaut wird, wird sie mit den Welten des Satans unvereinbar.

Die wichtigste Eigenschaft für den Vertreter der fünften Rasse war die Eigenschaft der Liebe, welche er in einem bestimmten Entwicklungszyklus erarbeiten musste. Andere Zyklen und andere Rassen werden von der Seele andere Eigenschaften erfordern, aber der Bau der Eigenschaft der Liebe wird immer aktuell sein, da sie in der Hierarchie des Satans völlig wegbleibt. Dem Gott selbst ist dieses Gefühl eigen und er bemüht sich, dass sie in der Seele eines jeden seiner Lehrlinge ist.

Dem negativen Hierarchen sind Energien eines analogen Typen nicht eigen, daher bei all seinem Wunsch, Verstand und Einfallsreichtum kann er niemals die Prozesse und Wahrheiten verstehen, die der Hierarchie Gottes eigen sind.

Den Menschen zwingend in die Matrix Plus-Energien aufzunehmen, veredelt Gott ihn, und, ihn in seine Hierarchie aufnehmend, schützt er ferner sein Mündel vor Umtrieben des Satans, weil dieser keinen Zugang in die Hierarchie Gottes hat. Nur auf der Erde ist dem Satan das Recht geboten zu herrschen und Menschen zu sich zu locken, und in die Welten, die sich bereits in der Hierarchie Gottes selbst befinden, hat er keinen Zugang. Daher kann man die Existenz von Seelen in ihnen gar nicht mit ihrem Aufenthalt in der irdischen Welt vergleichen, wo sie durch Qual und Leiden, Versuchungen und Verlockungen des Satans gehen.

Für die Erde sind hundert Entwicklungsebenen des Menschen festgelegt. Und für jede Ebene hat der negative Hierarch eigene Versuchungen und Verlockungen erarbeitet, in seinem Arsenal, also, - gibt es ein ganzes System, eine ganze Hierarchie von Versuchungen, die nach der energetischen Ordnung klassifiziert sind. Er arbeitet mit jedem Menschen einzeln, in ihm die Schwachpunkte und Mängel/Wurmlöcher heraussuchend mit dem Ziel seinen Entwicklungsweg auf der Erde zurückzuhalten und ihn zu seiner Beute zu machen. Viele schwarze Taten auf der Erde vollbringt er durch seine Leute, die sich ihm durch Versuchungen verkauften, oder durch die Form ihrer Taten das Recht seine Untergeordneten zu werden verdient haben.

"Sich verkaufen" bedeutet in diesem Fall die freiwillige Einwilligung für den Satan für etwas zu arbeiten: für Macht, irgendwelche Superfähigkeiten, Reichtum und anderes. Das ist die erste Art des Übergangs zu ihm – die freiwillige. Und die zweite Art, wenn das Individuum für den Satan nicht arbeiten möchte, aber solche Handlungen begeht und solch eine Lebensweise führt, bei welcher er zwangsläufig in sein System kommt, weil die Seele solche Energietypen ansammelt, die mit den Energien im System Gottes unvereinbar werden.

Sich auf der Erde befindend, befindet sich der Mensch ständig unter Bedrohung der Möglichkeit zum Herrscher der Dunkelheit zu kommen. Einen Gerechten kann der Satan verlocken, einschüchtern und wird umher gehen, wartend auf das Erscheinen einer Schwäche, an der man sich anhaken kann, um diese Schwäche in einen schwarzen Fleck zu verwandeln, und danach den Menschen so zu verwickeln, dass dieser es nicht mehr schafft zurückzuschauen, wie er sich in seiner Hierarchie befindet.

Die Erde – ist der Polygon, wo Seelen in positive und negative geteilt werden, das eigene weitere Schicksal selbst bestimmend durch die ihnen durch Gott gegebene Wahlfreiheit. Aber, die Evolution in der positiven Richtung aussuchend und in die Hierarchie Gottes hinübergehend, gelangen sie voll unter seinen Schutz, denn Satan rührt die Besitze des Gottes nicht an, seine Macht breitet sich auf die göttlichen Welten nicht aus. Er arbeitet nur auf der Erde (und auf ähnlichen anderen physischen Welten aller vier Universen Gottes) und in der eigenen Hierarchie. Deshalb, wenn der Mensch schneller von den Übergriffen

Satans auf seine Seele loskommen möchte, muss er mit all seiner Kraft danach streben eine schnellstmögliche Vervollkommnung zu erreichen, um auf die erste Stufe der Hierarchie zu kommen, wo alles Böse seine Kraft verliert. Eben deshalb muss der Mensch mit seinem Herzen verstehen, was Gott von ihm verlangt und wie er sich bemüht, ihn unter den eigenen Schutz in seinen Besitz zu nehmen.

Außerdem, in Qualen und Leiden ein Gepäck an positiven Eigenschaften und Qualitäten erarbeitend, erhöht das Individuum das persönliche positive - Energiepotenzial, welches zu seinem eigenen Energieschutz vor allerlei Intrigen niedriger Seelen wird, denn jedes hohe Energiepotenzial unterdrückt immer moralisch, und auch rein physisch niedrige Seelen. Und die sich bei der positiven Persönlichkeit bildende Weltanschauung lässt sie bewusster im um herum Geschehenen sich auszukennen und zu sehen – wo eine Versuchung, und wo der Weg der eigenen Erhöhung ist, wo eine Falle des Satans, und wo ein Weg zu Gott ist. Ein hoher Dienstplatz und redegewandt sein – bedeutet noch nicht die hohe Entwicklungsebene des Menschen, und hinter dieser Attrappe der Persönlichkeit muss man lernen das wahrhafte Gesicht des Satans oder das wahrhafte Gesicht des Gottes sehen zu können.

Der Erstere gibt Macht und die Eigenschaft des Redners dafür, um in Verlockungen zu verführen und die Seele zu verderben, und Gott gibt das Gleiche zur Überprüfung der Standfestigkeit der Erarbeitung voriger Eigenschaften, das gleiche Verfahren, also, kann für entgegengesetzte Ziele verwendet werden. Und nur ein hohes Bewusstsein kann richtig bewerten – was wohin führt und eine richtige Bewertung dem Gegebenen geben. Der Mensch sollte den Feind nicht nur in der Außenwelt suchen, auch in sich selbst, in eigenen Handlungen, denn sie sind fähig das positive zu töten und den Weg in die negative Hierarchie zu bahnen.

Kapitel 2

DAS GUTE UND DAS BÖSE

ZWEI ENTWICKLUNGSWEGE DES MENSCHEN

Die Begriffe des Guten und des Bösen auf der Erde existieren, beginnend mit der zweiten Zivilisation. Sie drücken die Evolutionszweige der Entwicklung aus: den positiven und den negativen. Die Höchsten sagen das hier darüber:

"Das Gute allein kann ohne das Böse nicht existieren, genauso, wie das Böse ohne das Gute, denn in diesem Fall geht der Begriff des Guten selbst verloren, und dies ist dann – Willkür, Gesetzlosigkeit. Beim Fehlen des Begriffes des Guten geht der Begriff von "gut-schlecht" verloren und es beginnt eine Willkür, die zum Untergang, Krach dieses Systems der Existenz führt, denn hinter der Willkür steht Chaos und Selbstvernichtung eines jeden Systems und einer ganzen Welt.

Daher ist uns, den Führern eines beliebigen hierarchischen Systems sehr wichtig, Kontrolle über Einhaltung von all dem zu haben, was uns anvertraut wurde."

Zwei oppositionelle Entwicklungszweige haben alles auf der Erde in zwei Teile getrennt, deshalb läuft die Vervollkommnung der einen Individuen durch das Gute, und der anderen – durch das Böse. Die Vertreter dieser Entwicklungstendenzen begannen zu heißen "helle" und "dunkle" als gewisse Gegensätze. Der Anführer der hellen Kräfte für Erdlinge ist Gott, und der Vertreter der dunklen ist – Satan. Wege, die zu Ihnen führen, gibt es einige.

Positive Wege, die zu Gott führen:

1. Weg der Tugenden: Liebe, Uneigennützigkeit, Hilfe für andere;
2. Weg der Schöpfung;
3. Entwicklungsweg durch die Medizin;
4. Weg der Berechnungen und des Programmierens, der mit Schöpfung verbunden ist.

Negative Wege, die zum Satan führen:

1. Weg des Bösen: des Mordes, Betrugs, Habgier, Hass, Aggressionen;
2. Weg der Berechnungen und des Programmierens ohne schöpferischen Anfang;
3. Weg der Automatisierung.

Somit, man ließ den Menschen über das Vorkommen von entgegengesetzten Richtungen in solchen Begriffen wissen, wie das Gute und das Böse, helle und dunkle Kräfte, und auf der modernen Ebene klingt es bereits, wie die positive und negative Entwicklung. Die Terminologie "das Gute, helle Kräfte" hat die Bewegung der Seele auf dem positiven Evolutionszweig ausgedrückt, und "das Böse, dunkle Kräfte" – auf dem negativen.

Diese Terminologie wurde für die Vertreter der fünften Rasse zu Beginn ihrer Entwicklung gegeben. Der Mensch war nicht bereit schwierige Begriffe anzunehmen und zu verstehen, deshalb haben "das Gute und das Böse" den Widerstand von Individuen ausgedrückt, die im Leben entgegengesetzte Kampfmethoden und Existenzprinzipien verwendeten. Helle Kräfte setzen sich mit ihren Methoden für das Gute ein und streben danach es auf möglichst großen Territorien zu verbreiten, und die Dunklen – bemühen sich überall Böses zu verbreiten, als dessen Ergebnis beginnt zwischen den einen und den anderen ein Kampf. Aber **der Sinn von diesem ewigen Widerstand auf der Erde liegt im Kampf um die Seelen. Jede der Oppositionen versucht so viele Seelen wie möglich auf ihre Seite zu ziehen. Seelen sind - die größte Wertigkeit, sind Kraft und Macht der Hierarchien.**

Die Begriffe des Guten und des Bösen helfen dem Menschen eigene und fremde Taten mit der Voraussicht der Endresultate zu analysieren, das heißt er muss wissen, dass wenn er jemandem Böses antut, dann wird das Resultat negativ, und wenn er Gutes tut, dann kommt er zu einem positiven Endwert. Das ist ein vereinfachtes Verstehen von komplizierten Prozessen des Weltalls. Aber der Hauptkampf zwischen den Oppositionen der Erde wird immer auf der Ebene der Seele des Menschen abgespielt.

Der Intellekt des Menschen der fünften Rasse bleibt sehr niedrig, deshalb verzerrt er viele geistige Werte. Das Individuum ist noch nicht fähig die Arbeit seines Gedanken in die Weltprozesse einzuschalten, erkennend, welche von ihnen wohin führen. Deshalb helfen ihm einfache Begriffe des Guten und des Bösen auf den frühen Entwicklungsstadien auf der Gefühlsebene eigene und fremde Handlungen zu beurteilen. Gutes bringt Freude, Glück; Böses – Leiden, Schmerz. Das ist eben die Arbeit der Gefühle, der Mensch also, wird gelehrt durch das Empfinden des Angenehmen und Unangenehmen zu erkennen, das in der Welt entgegengesetzte Kräfte funktionieren.

Böses und Gutes – das sind völlig gleichberechtigte Bestandteile der irdischen Welt, denn, nur das eine mit dem anderen vergleichend, lernt der Mensch das Positive vom Negativen zu unterscheiden. Wenn der Gegensatz fehlen würde, dann könnte er sich mit guten Taten berauschen, hinübergehend in eine stillstehende Einförmigkeit; und bei Konzentration auf dem Bösen und beim Fehlen des Guten hätte er alles Lebendige vernichtet und hätte danach die eigene Umwelt zerstört, als Folge zerstört er sich selbst. Der Vergleich des einen und des zweiten hilft dem menschlichen Gedanken eine Analyse zu erzeugen und eine Wahl in Richtung des Guten oder des Bösen zu treffen.

Aber was genau drücken das Böse und das Gute aus? Wikipedia gibt solch eine Formulierung:

"Das Gute – ein Begriff der Ethik, der die Moral charakterisiert und dem Begriff des Übels ursprünglich entgegengesetzt ist (es bedeutete also, ein Resultat der Wirkung des Wohls im Gegengewicht zum Resultat der Wirkung des Bösen), und zu einem späteren Zeitpunkt wurde es als Antinomie des Bösen verwendet; bedeutet eine beabsichtigte, selbstlose und aufrichtige Bestrebung zur Verwirklichung des Wohls, einer nützlichen Handlung, zum Beispiel, dem Nächsten helfen, und ebenso einem unbekannten Menschen oder sogar der Tier- und Pflanzenwelt. In der alltäglichen Bedeutung bezieht sich dieser

Terminus auf all das, was bei den Menschen eine positive Bewertung bekommt, oder mit Glück, Freude, Liebe der einen oder anderen Menschen assoziiert wird, also dem relativen Begriff "gut" nahe wird, welcher eine Bewertung nur einiger Subjekte wird und sich nicht auf alle Subjekte ausbreitet. Im religiösen Sinne wird das Gute verabsolutiert – zum Beispiel, in der christlichen Moral ist das Gute eine Charakteristik von Erscheinungen aus Sicht ihrer Entsprechung der Gottesvorsehung, gemeinsamen für alle..."

Wikipedia hat genau das widergespiegelt, was in diesen Begriff die Höchsten hineinbrachten, und eben, dass auf der alltäglichen und sozialen Ebene das Gute Wohl, Handlungen, die dem Menschen Nutzen, Freude bringen ausdrückt; das Gute bringt Liebe, Schöpfung. Aber die folgende Formulierung erfordert eine Korrektur. "Das Gute als Absicht kann nur mit freiem Willen verwirklicht werden. Erfolg, ein vorteilhafter Auflauf von Umständen ist nicht das Gute". Die letzte Aussage ist falsch. "Erfolg, ein vorteilhafter Auflauf von Umständen" sind Ableitungen von Absichten der Höchsten, die die Programme des Menschen erstellen, gehört zur Äußerung ihres Willens, und gehört deshalb unbedingt zum Guten. Dieselbe Wikipedia sagt über das Böse das hier: "Das Böse – ist ein Begriff der Sittlichkeit, dem Begriff des Guten entgegengesetzt, bedeutet jemandem ein beabsichtigtes, geflissentliches, bewusstes Zufügen von Schaden, Abtrag, Leiden. Im alltäglichen Sinn gehört Böses zu all dem, was bei Menschen eine negative Bewertung bekommt, oder von ihnen von irgendeiner Seite gerügt wird (also den Regeln der Moral widerspricht)".

Das Böse – ist ein Begriff der Handlungen, die jemandem Schmerz, seelisches und physisches Leiden, Tod bringen; es ist mit den Prozessen der Zerstörung verbunden. Das Böse – ist das Zufügen von Schaden den anderen und sich selbst.

"Im Unterschied zum Bösen wird das Gute nicht mit dem einfachen Willen Gutes zu tun ausgedrückt, insofern kann solch ein Wille habsüchtig sein, und das bedeutet, neutral in Bezug auf die Sittlichkeit. Wahrhaft Gutes muss selbstlos sein" (Wikipedia).

Aber da in Maßstäben des Weltalls die gegebenen Begriffe die positive und negative Entwicklungsrichtungen ausdrücken, dann führt der eine von ihnen in die Hierarchie Gottes, und der andere – in die

Hierarchic des Satans. Für den Menschen hat solch eine Teilung eine große Bedeutung. Alle möchten zu Gott kommen, aber viele verhalten sich so, dass sie eben zu dem gelangen, vor dem sie Angst haben und ein Treffen mit dem sie auf jede Weise versuchen zu vermeiden. Der Wunsch des Menschen mit Gott zu sein, sowie seine Gebete in der Kirche, sind nicht ausreichend für das Ankommen zur positiven Hierarchie. Taten, Gedanken führen viele zum negativen Hierarchen. Und nur das neue höchste Wissen ermöglicht sich zurechtzufinden, welche Handlungen und Taten den Menschen wohin führen.

ALTES VERSTÄNDNIS DER BEGRIFFE VON GUT UND BÖSE

Das Gute und das Böse dienen der Teilung der Seelen. Sie trennen positive Individuen von den negativen, damit zwei Evolutionszweige der Entwicklung bildend in Bedingungen der irdischen Welt. Für jede Ebene der Vervollkommnung werden eigene Teilungsmechanismen gegeben. Zum Beispiel, solche Prozesse, wie Schöpfung und Zerstörung, ermöglichen Menschen aufzudecken, die zu oppositionellen Systemen der Welt gehören: das sind Menschen – Schöpfer und Menschen – Zerstörer.

Die Menschen – Schöpfer entwickeln sich in Eigenschaften, die sie Gott nähern, und Menschen – Zerstörer – in Eigenschaften, die zum Satan führen. Die einen streben nach dem hellen, reinen und hohen, und die anderen versuchen in unsere Welt eine Disharmonie reinzubringen. Jedoch, die Dunkelheit ist immer schwächer als das Licht, denn Licht – ist Gott, und Gott ist – überall.

Der effektivste Schutz vor dunklen Kräften ist der Glaube an Gott. Es bewahrt ihn vor deren Einwirkung, und Gebete geben dem Menschen Energetik für den Schutz vor der Einwirkung von dunklen Kräften. Gott, also, die Religion, Rituale, Gebete und religiöse Texte einbringend, hat einer jungen Seele die Möglichkeit gegeben, die in die

Ränke des Satans nicht verführt ist, für sich zu kämpfen, zu lernen die eigenen Positionen zu verteidigen und Verwandte zu schützen, um im positiven System zu bleiben. Die Hauptmethoden, die der Mensch anwenden kann im Kampf gegen die Dunklen, ist das Kreuzzeichen, Gebete, Ikonen, Kreuz, christliche Symbole – alles das, was die Religion bietet, einschließlich der Kirche selbst, denn sie hilft dem Menschen sich von schmutzigen Energien der Sündhaftigkeit zu reinigen und positive Energien zu erlangen.

Wenn das Individuum das ganze Geschehene in der irdischen Welt nicht versteht, und erst beginnt sich in die Form des Menschen, in den Stil seiner Existenz einzuleben, dann, um nicht unter die Macht der Dunklen zu kommen, muss er lernen sein Verhalten zu kontrollieren, den niedrigen Versuchungen zu widerstehen, die Streiche der Dunklen erkennen zu können, mit ihnen nicht ins Spiel zu treten, denn jede Versuchung ist – eine Einziehung der Seele in niedrige materielle Pläne, das ist eine Ablenkung von den höchsten, geistigen Aufgaben, die vor jedem Menschen stehen. Man darf den einfachen Erfolgen, die großen materiellen Gewinn, Erfolg versprechen nicht nachgeben, das ist alles von den Dunklen. Nur reine Gedanken und ein rechtschaffenes Leben erlauben den Individuen in einem Leben auf eine beispiellose Höhe des menschlichen Geistes zu steigen.

Der Mensch wird seit der Kindheit versucht gelehrt zu werden, was man tun darf, und was nicht. Schule, Familie, Kollektiv setzen fort jedem die Begriffe der Moral und Sittlichkeit beizubringen, die Religion gibt die Hauptnormen der Moral, den Begriff der Sünde und die göttlichen Gebote, aber die Menschen wollen hartnäckig eine würdige Lebensweise nicht führen.

Jeder versteht, dass man nicht betrügen, stehlen, töten, dem Menschen Böses wünschen darf – und setzen fort zu stehlen, zu belügen, töten für das Erreichen eigener habsüchtiger Interessen und den Erhalt von niedrigen Vergnügen.

Eine ruhige Existenz demoralisiert die Menschen, denn sie hören auf im Wohl zu denken; ihnen geht es gut, und deshalb haben sie nichts zum Anstreben, suchen, alles ist da – und das ist Glück. Eine ruhige und satte Existenz veranlasst sie zum Laster, der Jagd nach Ergötzungen. Die Suche nach dem Ziel seiner Existenz ersetzen sie mit der Suche nach niedrigen und dreckigen Unterhaltungen. Es beginnt eine Verwesung der Seele. Er ist gierig nach immer mehr Ergötzungen. Der Mensch wird unersättlich an der Befriedigung seiner tiefen niederen Leidenschaften. Die Energie, die von den Höchsten für das Leben gegeben wird, wird für die moralische Zersetzung ausgegeben. Das, was der Mensch für sich als das Gute hält, erweist sich als ein großes Übel, denn es zerstört seine Seele mit Lastern. Nicht alles, was mit Gefühlen als Wohl wahrgenommen wird, bringt Gutes. Oft verbirgt sich ein Wurm drin, der beginnt den Menschen zu vernichten. Damit sind die Ergötzungen auch gefährlich, dass sie in ihrer Süße ein tödliches Gift für die Seele verbergen. Um den seelischen Absturz anzuhalten, müssen die Höchsten harte Maßnahmen anwenden, denn der Mensch will die Warnzeichen nicht sehen und hören.

Wenn die Erziehungsmaßnahmen nicht helfen, wird auf Bestrafungen gegriffen. Viele niedrige Seelen sind nicht fähig die wörtliche Überzeugung zu verstehen. Sie hält nur der Schmerz, Angst, also eigenes Leiden auf. Nichts beruhigt und ernüchtert so, wie Angst, Schmerz und gemeinsamer Kummer. Nur dann beginnt der Mensch sich zu besinnen und versucht, trotz der Schwierigkeiten, menschlich zu leben, nur in kritischen Situationen erwacht in seinem Herzen Barmherzigkeit, Gutes, Mitleid, alles das, was die Höchsten versuchen von ihm im weltlichen Leben zu bekommen.

Deshalb, um die Individuen zu zwingen nach etwas zu suchen, etwas zu erreichen, muss man auf sie von oben Krankheiten, unterschiedliche Unglücke, Kriege schicken. Das sind – erzwungene Maßnahmen. Die Menschheit wurde mehrfach wegen Lastern vernichtet, aber diese Lektionen sind nicht zum Nutzen gekommen, und die Menschen haben sich erneut den Lastern aufgegeben, und das bedeutet, dem Bösen. Das Befolgen von Lastern führt das Individuum in die negative Hierarchie, fügt, also, der Persönlichkeit Schaden zu. Laster helfen den Kräften des Bösen zu gewinnen.

Somit, die Höchsten müssen mit dem Ziel der Erziehung von Seelen in der Eigenschaft des Guten das Böse verwenden. Aber besser ist es, nicht darauf zu warten bis etwas passiert, sondern in sich die Bestrebung nach dem Ziel, dem Guten, Liebe erwecken, lernen mitzuleiden und jeden zu verstehen, der in eine schwierige Situation gekommen ist.

WOHER KOMMT DAS BÖSE IM MENSCHEN

Der Mensch träumt von einem glücklichen Leben im Paradies, meinend, dass er dort für das Böse unerreichbar wird. Nach vielen Jahren der Existenz auf der Erde ist er von den unendlichen Kriegen, Kämpfen, Ungerechtigkeiten ermüdet und kann lange nicht mehr warten die Ursachen seiner Geburt in der irdischen Welt zu verstehen.

Man könnte annehmen, dass die Hauptursache des Triumphs des Bösen auf der Erde – die falsche Bestrafung dafür ist. Aber es völlig zu vernichten ist unmöglich, denn die Grundlagen des Bösen sind in den Seelen vieler Menschen eingelegt, sie kommen in die Form des Menschen aus der Tierwelt. Die Seelen von Wölfen, Löwen, Tigern, Panther, Hyänen und anderen aggressiven Tieren können nicht gütig und barmherzig sein. Solche Seelen sind Träger von Aggressionen und man muss lange mit ihren negativen Eigenschaften kämpfen, um Tiere in Menschen zu verwandeln nicht nur der äußerlichen Form nach, aber auch dem inneren Inhalt nach. Aus diesem Grund sagen die Höchsten, dass die Dunklen in den Menschen sitzen, "das Böse befindet sich im Menschen".

Viele Seelen kommen in die Form des Menschen aus unter-gelegenen Welten, ebenso aus tierähnlichen. Sie bringen auch Eigenschaften mit sich, die mit der Matrix der Seele in der groben Welt und in halbwilden Beziehungen erarbeitet wurden. Und da diese Welten niedriger als der menschliche Plan stehen, so erarbeitet die Seele dort viel Negatives, was mit dem Kampf um die Existenz, Sex und ihren anderen Taten verbunden ist. Aus diesem Grund kommen die Seelen in die Körperform des Menschen bereits mit einer Ansammlung an gewissen Eigenschaften, die sie vom niedrigen Entwicklungsstadium bekommen haben. Daher wird das Böse teilweise in Seelen enthalten scin, die auf die Erde aus anderen Welten für das Passieren hier eines erneuten Entwicklungsstadiums geschickt wurden. In die Menschenwelt kommend, muss die Seele ihre niedrigen Eigenschaften durch Erziehung und Entwicklung in hohe transformieren.

Aber der Hauptgrund der Anwesenheit des Bösen im Menschen – ist die falsche Verwendung der Energie, die dem Menschen von oben für Handlungen gegeben wird, also die falsche Reaktion auf die gegebene Situation. Ihm wird immer eine Wahl zwischen dem Positiven und dem Negativen gewährt, aber das, was er sich aussucht, hängt von ihm selbst ab. Man kann einer jungen Seele nicht beibringen sich sofort im Guten und Bösen auszukennen, um sich zu kontrollieren und die Menschlichkeit zu lernen. Dies nimmt viele Reinkarnationen ein. Jedoch auf der Erde existiert eine große Anzahl an Seelen ohne Böses, die als ein Entwicklungsvorbild für die niedrigeren Seelen geschickt werden. Gleichzeitig wird die Standfestigkeit ihrer positiven Eigenschaften in einer aggressiven Umgebung geprüft. Zudem werden auf die Erde Seelen von Großtätern und Lehrern geschickt, die das Ziel haben – die Menschheit zu veredeln und es über der wilden Welt ihrer Vorfahren zu erhöhen, somit ist das Böse nicht überall und nicht in allen, und das Ziel des Menschen ist es – sich in all dem zurechtzufinden, um sich auf den Aufstiegsweg zu begeben.

Je niedriger die Entwicklungsebene des Menschen, desto mehr ist gewöhnlich in ihm Böses und desto einfacher gibt er seinem Einfluss von anderen nach; und je höher er ist, desto schwieriger ist es. Im letzten Fall wirken gewisse Gesetze, die der hohen Entwicklungsebene, den hohen Energiefrequenzen eigen sind, sowie den niedrigen ihr eigen sind. In den

höchsten Welten Gottes ist das Böse nicht vorhanden, weil dort andere Prozesse geschehen, die die Existenzweise bilden.

Die Entwicklung läuft vom Niedrigen zum Hohen durch eine Reihe an Prozessen, aber die Prozesse können auch in die umgekehrte Seite geschehen, d.h. in die Richtung der Degradation.

Wenn die Seele von der Tierwelt in die Menschenwelt wechselt, dann bringt sie von dorther eine ganze Plejade an niedrigen Instinkten, die Unfähigkeit sich zwischen Gut und Böse auszukennen, zudem werden ihr auch noch Versuchungen auferlegt, die sie lernen muss zu bewältigen. Die Seele eines Tieres in einer menschlichen Gestalt versucht sich wie ein Tier zu verhalten, also maximal ihre persönlichen Instinkte zu befriedigen (Zorn, Sex, Hungergefühl), aber sie ist sich ihrer Handlungen bereits durch Moral und Bestrafung für die Verletzung der Verhaltensnormen in der Gesellschaft bewusst. Die Seele bekommt das Recht der Wahl – etwas zu machen oder nicht, sie kann die Schicksalsschläge begreifen, die sie im Laufe des Lebens bekommt.

Warum kann die Seele eines Tieres, das auf dem Evolutionsweg bis zu den Menschenformen aufgestiegen ist, nicht direkt hohe Energien einlegen, also das Programm für eine hohe Entwicklung? Nur deshalb, weil die niedrigen Energien nicht direkt hoch werden können. Hier funktioniert das Prinzip der Allmählichkeit, Abfolge der Energieverarbeitung im Energiespektrum der passierbaren Ebene und der Abfolge des Aufbaus von Matrizen. Das ist ein Gesetz – der Hierarchie, ein Gesetz der Verarbeitung von niedrigen Energien in hohe durch die Abfolge der Prozesse. So, zum Beispiel, existiert eine erste, zweite...fünfte...zehnte Klasse, wo eine allmähliche Ansammlung an Wissen läuft mit einer bestimmten Gesetzmäßigkeit. Ähnlich existiert auch die Abfolge in der Transformation von niedrigen Energien in hohe, obwohl, natürlich, kleine Sprünge als Ausnahmen, möglich sind, wie zum Beispiel, ein Übersprung von der ersten Klasse in die dritte, aber nicht von der ersten in die achte.

Junge Seelen von ehemaligen Tieren haben eine Vielzahl an Unvollkommenheiten, denn in ihrer Grundlage liegen grobe, niedrige Energien. Sie werden in die neue Welt gelassen, die Menschenwelt, wo völlig andere Beziehungen herrschen, als in ihrer Vergangenheit. Die neue Welt ist gefüllt mit Versuchungen. Das ganze Leben des Menschen – ist meist die Jagd nach materiellen Gütern und Ergötzungen. Im Endeffekt läuft die Verarbeitung von sehr niedrigen Energien. Ergötzungen gebären das Böse. Auf der Jagd nach ihnen begeht der Mensch Verbrechen.

Der Verzicht auf niedrige Ergötzungen – das ist bereits ein Weg der Erhöhung im geistigen Sinne. Damit dem Menschen dennoch bewusst wird, dass man Böses auf der Jagd nach Ergötzungen und Gütern nicht tun darf, sind Bestrafungen eingeführt, also Karma – ein Gesetz der Ursache-Folge Verbindung. Das Karma wirkt unvermeidlich und unabwendbar, kein einziges Lebewesen, das sich in der positiven Richtung entwickelt, kann ihm entweichen. Deshalb wird keine einzige Missetat ohne Bestrafung bleiben. Ein Tier kann noch für Lebensmittelzwecke töten, aber dem Menschen ist es schon verboten. Daher wenn er im Leben jemanden tötet, dann wird im nächsten Leben unbedingt er getötet (und möglicherweise wird ihn das Karma noch in dieser Inkarnation einholen).

Wenn die Seele auf die Erde aus anderen Welten kommt für die Erlangung einer Erfahrung oder zur Bestrafung, hat sie bereits viele positive Eigenschaften in sich erarbeitet, und nun muss sie noch einige neue zu Ende arbeiten.

Falsche Taten führen auf einer niedrigen Entwicklungsebene des Menschen zu einer Ansammlung von Energien des Bösen in ihm. Und je mehr er falsche Taten begeht, desto mehr Negatives sammelt sich in ihm. Der Widerwille anderen zu gehorchen (Ungehorsam), an eigenen Mängeln zu arbeiten, spiegelt sich verderblich auf den Eigenschaften der Seele wieder.

Und die Tat ist immer mit der Realisation eines Wunsches verbunden, mit der Jagd nach Ergötzungen, daher läuft durch Wünsche, durch Taten für ihre Realisation die Umgestaltung von

Energien entweder ins Böse oder ins Gute. Aber alles hängt nur von dem Willen des Menschen ab, von seinem Wunsch diesen Willen zum eigenen Nachteil und zum Nachteil der anderen zu wenden, oder umgekehrt, das Gute zu mehren. Das Böse tun nur Menschen, und Gott gibt die Chance auf die Berichtigung von Fehlern und die Möglichkeit höher zu steigen.

DER KAMPF DES GUTEN MIT DEM BÖSEN

Es ist üblich, zu glauben, dass die Menschheit mit dem Bösen kämpfen muss, um die Welt von den unerwünschten Elementen zu reinigen. Die Erde gehört zu den Welten Gottes, und er lehrt seine Seelen dem Guten, denn nur das Gute bahnt ihm den Weg in seine Hierarchie.

Aber der Mensch versteht das Wort "kämpfen" als die Verwendung von aggressiven Handlungen. Selbst wenn ihm kein Schaden zugefügt wird, versucht er nach seinen dogmatischen Begriffen der Sicherheit als erster einen Schlag auf einen unverständlichen Gegenstand zu versetzen. Zum Beispiel, wenn er ein UFO sieht, fängt er sofort an zu schießen, nicht versuchend mit den Außerirdischen in Kontakt zu treten und herauszufinden, wofür sie gekommen sind. Er tötet, damit ihm nicht "vorkommt", dass er getötet werden kann. Alles, was ihm gefährlich scheint, vernichtet er. Das ist eine wilde Aggression von der niedrigen Entwicklungsebene.

Den Begriff "Kampf" nimmt der Mensch immer irrtümlich wahr, beim Bösen lernend das Böse zu tun. Mit dem Bösen zu kämpfen, ist natürlich notwendig, aber dabei darf man nicht die gleichen Methoden verwenden. Kämpfen kann und muss man mit Hilfe des Guten, der Begehung von Wohltaten, der Fähigkeit Konflikte friedlich zu lösen. Das Gute hat ein riesiges Arsenal an eigenen guten Kampfmethoden, und der Mensch braucht nur diese Methoden ausreichend zu beherrschen.

Das Böse in einer niedrigen Umgebung hat eine Kettenreaktion der Verbreitung, wie bei einer Kernexplosion. Wichtig ist diese Kette zu unterbrechen. Daher sagt man: "Mach es so, dass das Böse bei dir unterbricht". Der Sinn besteht darin, dass der Mensch selbst, nicht mit einem Schlag auf einen Schlag antwortend, bei sich die Kettenreaktion der Verbreitung vom Bösen unterbricht. Von oben wird ihm die Energie gegeben, die er gleichermaßen verarbeiten kann als in das Gute, sowie in das Böse.

Das Böse vernichten – bedeutet im Menschen das niedrige Bewusstsein zu vernichten, unter der Einwirkung dessen er sündigt und Unfug treibt, Verbrechen und rechtswidrige Handlungen begeht, und ehemalige tierische Instinkte in hohe menschliche Eigenschaften transformieren. Den Menschen muss man so erziehen, dass er nur nach dem Guten strebt, dass er das Unwürdige in sich unterdrücken kann, versucht sich nur auf das Notwendige zu beschränken, und dann wird das

Gute auf der Erde beginnen das Böse zu überwiegen. Die Erziehung sollte die primäre Rolle im Leben einer beliebigen Gesellschaft spielen.

Wenn der Mensch auf den Weg des Bösen tritt, dann sind Bestrafungen die Folge seiner Blindheit, Taubheit und der unaufhaltsamen Jagd nach Gütern des Lebens. Der Mensch sieht nur in Gütern das Gute für sich, daher glaubt er, dass je mehr materielle Werte er in seine Verwendung anschafft, desto glücklicher wird er.

Das Gleichgewicht der Kräfte des Guten und des Bösen gibt es fast gar nicht, immer überwiegt das eine. Das Gute und das Böse sind notwendig wie zwei entgegengesetzte Eigenschaften für die Entwicklung. Wenn sie sich im Gleichgewicht befinden, dann scheint die Entwicklung anzuhalten, in der Welt beginnt ein Stillstand. Aber derartiges dauert nicht lange, denn alles muss sich in seiner Vervollkommnung vorwärts bewegen Daher wird einst sich das ganze Wohl ins Übel umwenden, und die Seelenlosigkeit – in eine schreckliche Leere in der Seele.

Das Böse verkörpert die dunkle negative Energie, die aktiver ist. Das Gute – eine helle, positive Energie, weniger aktiv, aber dafür stärker. Im Prozess ihres Kampfes geschieht die Entwicklung jeder Seele im Einzelnen und der ganzen Gesellschaft im Ganzen.

Wenn auf dem Planeten das Übel größer wird, wird im Kosmos viel grobe, niedrige Energie herausgelöst und er, als ein Organismus, beginnt, auf der einen Seite, sich zu verunreinigen, und auf der anderen – zu degradieren (es läuft ein Prozess der Involution). Im Kosmos, wie in jedem Organismus, geschieht durch die Verschlackung die Störung der normalen Prozesse, der Energieaustausch wird gestört, was zum Untergang vieler Zivilisationen führen kann, und damit dieses nicht geschieht, aktivieren sich die hellen Kräfte, treten in den Kampf mit dem Übel, unterschiedlichste Methoden anwendend.

Das Vorhandensein des Bösen im Menschen nach seiner tierischen Natur bedeutet nicht, dass er sich damit abfinden muss und seine Handlungen rechtfertigen. Die Seele ist aus einer niedrigen Welt in die Form des Menschen gekommen, um zu evolutionieren, höher zu steigen, daher muss sie mit dem Bösen in sich, und um sich herum kämpfen, ihren Verstand und Wissen heranziehend.

Wenn die Kräfte des Guten siegen, wird das Leben auf der Erde glücklicher, heller, die Geistigkeit steigt, in die Gesellschaft kehrt der Glaube zurück, in den Kosmos beginnt hellere und reinere Energie zu fließen. Dies äußert sich wohltuend auf die Entwicklung des Universums und der höchsten Welten. Zugleich führt ein Ruck in Richtung des Guten im Universum zum nächsten Aufstieg in der Entwicklung des ganzen Kosmos. Es läuft ein Prozess der Vervollkommnung, neuer Aufstieg und eine neue Etappe. Wenn das Gute triumphiert, machen die fortgeschrittenen Kräfte einen Ruck vorwärts; wenn das Böse, verlangsamt sich der Prozess der Entwicklung und ist sogar fähig für eine gewisse Dauer stehenzubleiben, aber im Resultat, dennoch, triumphieren die Kräfte des Guten, da dies im Programm der Entwicklung des physischen Kosmos eingelegt ist und eine Haupttendenz seiner Entwicklung und ein Selbstzweck seiner Existenz ist.

Im Kampf des Guten und des Bösen verbirgt sich eine gewisse Gesetzmäßigkeit und Zyklizität. Somit ist der Zustand des Wohls/Guten und des Übels/Bösen im Einzelnen für niemanden von Nutzen und nur in seiner Existenzeinheit bilden sie eine Bewegungskraft der Entwicklung und des Progresses.

WEM WIRD DAS BÖSE VERGEBEN

Seit langem hat der Mensch festgestellt, dass nicht jedes Übel strafbar bleibt. Er kann sehen, wie vor seinen Augen ein Verbrechen begangen wird und unbestraft bleibt. In solch einem Fall scheint es, dass das Böse das Gute besiegt. Aber wenn die höchsten von oben das Geschehene auf der Erde beobachten, warum lassen sie solch eine Ungerechtigkeit zu?

Die Sache ist die, dass in der menschlichen Welt gleichermaßen positive Individuen, und negative sich entwickeln, die an oppositionellen Systemen befestigt sind. Einer jungen Seele werden 10 Leben einer freien Existenz gegeben. Sie kann sich so verhalten, wie sie möchte, und das aussuchen, was sie möchte. Aber nach 10 Inkarnationen geschieht durch die hierarchischen Systeme eine qualitative Bewertung der Entwicklung der Seelen: die Höchsten gucken, welche Energien, positive oder negative, hat die Seele mehr aufgenommen. Je nachdem, welche Energien in der Seele vorherrschen, wird sie entweder am positiven System Gottes befestigt, oder am negativen – des Satans. Wenn bis 10 Inkarnationen alle jungen Seelen nach Programmen des Gottes liefen und ihm gehörten, so beginnen sie nach 10 Leben sich nach unterschiedlichen Programmen zu entwickeln und haben unterschiedliche Besitzer: die positiven werden Gott angehören, und die negativen – dem Satan. Vom Moment ihrer ersten Trennung beginnen sie sich nach unterschiedlichen Programmen zu entwickeln.

Wovon unterscheiden sich Programme Gottes von den Programmen des Satans? Die Programme Gottes gewähren der Persönlichkeit die Wahlfreiheit, und in ihnen ist das Karma anwesend, als ein Mechanismus der Lenkung des Individuums auf dem positiven Weg, und die Programme des Satans gewähren den Individuen nur einen Entwicklungsweg ohne das Recht der Wahl und jagen ihn durch diesen Weg ohne Berücksichtigung seiner Wünsche, keine Nachsicht gebend. Deshalb sind die Handlungen des Individuums robotisiert, obwohl es ihm nicht bewusst ist. Somit, auf der Erde entwickeln sich in gleichen Bedingungen Menschen Gottes, und Menschen des Satans. Sie können nur durch das Verhalten, durch den Charakter unterschieden werden. Äußerliche Unterschiede sind für einen einfachen Menschen schwer zu bemerken, und auf dem feinen Plan sehen sie, natürlich, unterschiedlich aus.

Degradation, die der Zerstörung des Menschen beiträgt, wird nicht grenzenlos zugelassen: wenn er an einer bestimmten Grenze ankommt, wird seine Seele entweder dekodiert, oder dem Satan übergeben, der an der Degradation der Seelen Gottes interessiert ist. Der Prozess der Degradation ermöglicht dem Satan seine Hierarchie mit neuen Seelen zu befüllen. Er selbst kann sie nicht schaffen, das ist die Priorität nur unseres Gottes, daher ist der negative Hierarch gezwungen sie vom positiven System zu holen. Dieses gibt ihm die Ausschussseelen, d.h. die nach ihren negativen Eigenschaften nicht für die Existenz in der positiven Hierarchie passen. Daher ist der Satan daran interessiert, dass es mehr Ausschuss gibt. Davon wird er selbst stärker, denn er setzt fort, diejenigen, die bereits begonnen haben sich in die negative Richtung zu entwickeln, auch weiterhin in den für ihn notwendigen Eigenschaften zu entwickeln.

Deshalb, je stärker die Degradation beim Menschen läuft, desto profitabler ist es für den Satan. Er ist an der Entwicklung der negativen Prozesse interessiert, je mehr davon, desto besser für ihn. Satan ist die Opposition Gottes, daher, dass, was für den positiven Hierarchen schlecht ist, ist für den negativen gut. Die Entwicklung der Seelen im Bösen ist für den Satan eine progressive Methode. Für derartige Handlungen wird er nicht bestrafen, sondern fördern. Satan "vergibt" mit Freude durch die Menschen begangenes Übel.

Viele Individuen finden, dass die Degradation nicht schlimm sei, man kann so viele Fehler begehen, wie man möchte, und sobald man es bereut, wird das Böse vergeben. Aber die Idee der All - Vergebung – ist insolvent, in ihrer Verbreitung ist nur der negative Hierarch interessiert, denn ständige Vergebungen behindern das Individuum verantwortlich für seine Taten zu werden, er hört auf, Angst vor dem Sündigen zu haben, wissend, dass er nur Gott bitten braucht – und ihm wird vergeben, und das bedeutet, es folgt auch keine Bestrafung. In Wirklichkeit wird dem Menschen, der auf dem Weg zu Gott ist, nichts Böses vergeben. Wenn er sündigt, dann, folglich, baut er seine Seele falsch, deshalb wird er in den folgenden Inkarnationen den Weg des Karmas laufen, um das zu berichtigen, was er falsch gemacht hat. Im positiven System, also, kann das Böse nicht vergeben werden rein aus konstruktiven Gründen. Wenn du auf dem Weg zu Gott sein willst, nimm positive Energien auf, und dies kann man nur durch entsprechende Situationen machen.

Wenn der Mensch jedoch ständig negative Handlungen begeht und in die Kirche geht um Sündenvergebung zu beten, dann führt er in die Irre, vor allem, sich: er baut seine Seele in der negativen Richtung. Und dies ist vorteilhaft für den Satan: solch eine Seele wird zur Anwärterin in sein System. Deshalb ist er daran interessiert, dass sie möglichst viele Fehler macht und sündigt, somit sich in den Eigenschaften bauend, die er braucht. Somit wird der Satan immer für die Degradation des positiven Individuums vortreten.

Was die Seelen angeht, die bereits in sein System gewechselt haben, so vervollkommnen sie sich in negativen Eigenschaften, deshalb muss der Satan ihnen nichts vergeben. Je mehr Böses sie tun, desto wertvoller werden sie für ihn.

Negative Individuen erliegen den Gesetzen des Karmas nicht, weil der Satan daran interessiert ist, dass seine Vollzieher sich in negativen Eigenschaften entwickeln. Das alles ist mit den Aufbauprozessen ihrer Seele verbunden. Gräueltaten bauen die Seele in negativen Eigenschaften. Deshalb wird ihnen das Böse immer vergeben, sie haben nach dem Tod noch nicht einmal ein Gericht. Sie passieren auch kein Fegefeuer (Reinigungsort), da die Dunkelheit ihrer Seele mit den Welten des Satans im Gleichklang ist. Das Gericht braucht göttliche Seelen, um auf ihre Fehler und Sünden hinzuweisen, und das Fegefeuer ist erforderlich, um die Seelen von dunklen Energien zu reinigen und ihnen eine Chance zu geben durch das Abarbeiten des Karma abermals in sich positive Eigenschaften aufzubauen.

Daher kann das positive System keine negativen Handlungen vergeben und zwingt das Individuum so zu handeln, dass es seine Seele in der positiven Richtung baut. Und dafür muss der Mensch selbst lernen anderen zu verzeihen. Die Vergebung an sich, als eine Reue und ein Gebet, reinigen die Seele und, natürlich, drängt die Vergebung das Böse weg, reinigt die feinen Hüllen der Persönlichkeit und trägt dem Vorherrschen in ihnen von positiven Energien bei.

Die Entwicklung von positiven und negativen Individuen auf der Erde geschieht unterschiedlich: für das gleiche Vergehen wird das positive Individuum bestraft, und das negative wird vom Satan belohnt. Daher passieren solche Fälle, wenn für einen geklauten Sack Kartoffeln der Mensch für 3 Jahre ins Gefängnis kommt (was zeigt, dass dieser Mensch positiv ist, und die Höchsten wollen, dass er ehrlich ist), und einer, der Millionen gestohlen hat bleibt in der Freiheit und lebt herrlich. Solch eine Seele befindet sich bereits unter dem Schutz des negativen Hierarchen. Er hat seinen Untergeordneten ihr Negatives nicht zu vergeben; im Gegenteil, der Satan zwingt sie dies zu tun, denn er entwickelt seine Untergeordneten in negativen Eigenschaften für seine Hierarchie.

Ebenso, zum Beispiel, wenn ein positiver Mensch Dokumente fälscht und sich eine fremde Wohnung aneignet, wird er dafür hart bestraft. Und wenn es ein negatives Individuum macht, dann bleibt es unbestraft und wird gedeihen. Aber dies dient als eine Versuchung für die positiven Individuen: "Er hat betrogen – und lebt gut. Und sollte ich denn nicht das Gleiche versuchen?" Über die Folgen denkt er nicht nach, da er nicht weiß, dass sie existieren.

Seelen, die sich in der positiven Richtung entwickeln, wird nichts Böses vergeben, denn vergeben, - heißt die durch das Individuum angesammelten dunklen Energien ohne Veränderungen zu lassen. Aber wenn er sie vielfach ansammeln wird, hoffend, dass die Vergebung der Kirche ihn verändert, dann können sich von diesen Energien am Ende des Lebens so viele ansammeln, dass das Berichtigen nicht mehr möglich wird. Die Kirche vergibt und zeigt damit die Gnade Gottes, der dem Menschen eine wiederholte Chance für die Berichtigung gibt, aber der Mensch baut sich selbst, und keiner kann seine Seele verändern. Alles Angesammelte durch falsche Handlungen bleibt. Und das bedeutet, dass man solch eine Seele in die Hierarchie des Satans übergeben muss, da sie mit ständigen Verstößen sich qualitativ so aufgebaut hat, dass ihre Existenz in der positiven Hierarchie unmöglich wird. Dunkle Energien können sich nicht in der Hierarchie des Lichts befinden. Die Seele wird faktisch dunkel von den ständigen Rechtsverletzungen. Aber nicht umsonst ist doch unsere Welt in Helle und in Dunkle geteilt. **Rechtsverletzungen befüllen die Seelen mit dunklen (negativen) Energien, und die Ausführung von Regeln und Normen des Verhaltens befüllt die Seelen mit hellen (positiven) Energien.** Daher ist den Seelen, die in die Hierarchie Gottes kommen möchten, wichtig zu lernen die Gesetze einzuhalten.

Die Vergebung des Bösen durch den Satan jedoch, das Nichtvorhandensein des Karmas, Fegefeuer (Reinigungsort) in seiner Hierarchie heißt nicht, dass mit ihm das Individuum sich besser fühlen wird, als in der Hierarchie Gottes. Der Satan verwandelt die zu ihm eingehenden Seelen in seine Sklaven, gedankenlose, willenlose Vollzieher seines Willens. Die Seelen machen nur das, was er will. Sie haben kein Recht etwas nach eigenem Wunsch zu tun. Ungehorsam droht für das Individuum mit einer Erschießung (auf der Erde) oder einem anderen schrecklichen Tod. Wenn der Satan den Individuen nachsichtig war, als sie dem positiven System angehörten, und ihre beliebigen Wünsche befriedigte, dann nur, um mit solcherart Luxus und Großzügigkeit andere zu verführen. Und nach dem Übergang zu ihm in die Hierarchie ändert sich alles plötzlich und der Mensch verwandelt sich von einem Herrn zu einem armen Sklaven. Nun wird kein einziger Wunsch des Individuums erfüllt, und er wird ewig seinem Herren dienen. So wendet sich das süße Leben auf der Erde für viele Seelen zur ewigen Sklaverei in den feinen Welten. Viele Welten des Satans erinnern an eine Flasche mit Skorpionen, die einander stechen, aber nicht daraus kommen können.

HANDLUNGEN, EMOTIONEN UND DIE ENERGIE VON IHNEN

Alle menschlichen Handlungen sind mit der Erarbeitung durch die Seele von Energien verbunden. So ist die physische Form des Körpers gebaut, in der die Seele platziert wird. Alles Böse, das das Individuum begeht, trägt der Erarbeitung durch seine Seele von schweren Energietypen bei. Daher, ständig schlechte Handlungen begehend, füllt das Individuum seine feinen Hüllen mit "schweren" Energien ("schwere, leichte" Energien – das sind bedingte Bezeichnungen von Energien qualitativ von entgegengesetzten Typen). Üble, sündige Taten erzeugen Energietypen, die den Göttlichen entgegengesetzt sind und mit den Energien des Satans verwandt sind. Daher, sich von Gott entfernend, nähert sich der Mensch an seinen Gegensatz nach eigenem qualitativen Zustand der Seele. Der Mensch hat solch einen Begriff bekommen, wie **"Sünde", d.h. Verbot auf die Begehung der Taten, die seine Seele mit Energien füllen, qualitativ passend nur für die Hierarchie des Satans.** Darin besteht der Sinn der "Sünde". Deshalb ist es auch wichtig den Menschen zu erziehen und ihm zu lehren der Moral und Sittlichkeit zu folgen, die Folgen ihrer

Nichtausführung erklärend. Die Entwicklung im Guten – das ist die Befolgung der moralischen Gesetze, ihre Nichtbefolgung drückt den Entwicklungsprozess im Bösen aus.

Den Menschen zu lehren das Gute vom Bösen zu unterscheiden in den ersten Entwicklungsstadien – ist dem Regulieren des Eingangs von zwei qualitativ entgegengesetzten Energien in seine feinen Konstruktionen der Seele zu lehren. Wenn das Individuum wissen wird, dass solche und solche Taten der Erarbeitung von negativen Energien beitragen, wird er nachdenken – lohnt es sich dies zu tun. Wissen kann ihn vor dem Abgang auf den Weg der Opposition warnen. Daher ist es von Kindheit an erforderlich dem Kind beizubringen das "gute" vom "schlechten", "darf" von "nicht darf" und ferner – "Gut" von "Böse" zu unterscheiden.

Nicht nur Taten, aber auch Emotionen des Menschen, seine Gedanken führen ebenso zur Erlangung der Seele von positiven oder negativen Energien, deshalb muss er, erstens, lernen rein zu denken, zweitens, für die Reinheit seiner Gefühle, Emotionen kämpfen. Was heißt rein denken zu lernen? Dafür sollte das Individuum die anderen nicht in etwas beneiden (meistens ist es immer in seinen Gedanken verborgen), aufhören gedanklich Böses zu tun: jemandem Ränke schmieden, sich an ihm rächen, ihn intrigieren, erniedrigen, verspotten, Pläne des Zusammenbruchs oder der Vernichtung der Person austragen, die für sie unerwünscht sind, sündige Träume wegdrängen oder gedanklich jemanden beschimpfen, und so weiter in dieser Richtung.

Was die Emotionen und Gefühle angeht, die zur Befüllung der astralen Hülle mit negativen Energien führen, dann sind es Gefühle, die mit niedrigen Ergötzungen verbunden sind: Begierde, Sex ohne Liebe, Fresssucht, Alkohol, Drogen, Hass, Rachsucht usw. Mit positiven Energien füllen die feinen Hüllen Prozesse der Schöpfung, wahrhafte Liebe, Güte, Hilfe für andere, Zärtlichkeit und anderes. Energien, die man von niedrigen Ergötzungen bekommt, werden unbedingt aus der feinen Konstruktion gereinigt und anschließend durch den Menschen abgearbeitet (zum Beispiel, durch Krankheiten, den Verlust von Verwandten, schwierige Lebenssituationen).

Alle Ergötzungen kosten sehr viel, denn sie müssen durch unangenehme Prozesse abgearbeitet werden. Deshalb sollte der Mensch nachdenken – sollte man denn so unaufhaltsam danach streben. Zum Beispiel, Ergötzungen an Drogensucht werden sich mit einem kurzen Leben wenden, denn das Individuum verarbeitet die Lebensenergie unter der Einwirkung von Rauschgift in die Energie einer geisterhaften Glückseligkeit. Und nach dem Tod unterliegt solch eine Seele meist der Dekodierung – einem krankhaften, qualvollen Prozess. Für sexuelle Ergötzungen (wenn sie durch das Individuum bei der Verletzung von Normen des Verhaltens, die von oben festgelegt sind, auftreten) kann das Individuum mit schweren tödlichen Krankheiten im wirklichen Leben bestraft werden oder mit dem Einzug in den Körper eines Invaliden und einer Missgeburt in der nächsten Inkarnation. Durch Leiden der Seele, die in solch defekten Körpern verweilt, geschieht die Erzeugung von reinen Energien, die die Lebensenergien decken, die im vorherigen Leben für Ergötzungen verschwendet wurden.

Der Mensch befindet sich auf einer niedrigen Entwicklungsebene, es nicht begreifend. Er scheint sich selbst immer klug, gütig, anständig, mit einem Wort – außergewöhnlich zu sein (obwohl, es gibt ebenso Menschen mit einem geringen Selbstwertgefühl, aber solcherart gibt es – nur einige). Eine überhöhte Selbsteinschätzung – ist nur die eigene süße Illusion über sich.

Die Erziehung und Umerziehung solch eines Individuums hängt von seiner Entwicklungsebene ab. Eine niedrige Seele arbeitet auf niedrigen Vibrationen. Das Höchste ist für sie nicht zugänglich, und wie auch immer sie die Lehrer überzeugen, "das ist nicht gut" oder "das darf man nicht machen", - wird sie Fehler begehen und gegen den Rat der Erwachsenen handeln, bis sich ihr Bewusstsein unter der Einwirkung von Wissen oder Impulsen in Form von Krankheiten, Unglück verändert oder irgendwelcher Ereignisse, die mit einem Mal die Weltanschauung des Menschen wenden.

Die Menschen sind selbst an ihrem Unglück schuld. Und die Kräfte der Dunkelheit – sind Instrumente, mit Hilfe welcher die Einwirkung auf die Menschen geschieht, sie verwirklichen entweder eine Bewährungsprobe des Menschen oder geben ihm eine Bestrafung für seine vergangenen Taten. Darüber wird in der Bibel geschrieben. Solange die Menschen die Normen der Moral und die Gesetze des

Kosmos nicht befolgen werden, werden sie nicht im Wohl leben. Alles hängt von ihrem eigenen Verhalten ab.

Gott kämpft für jede Seele, versuchend sie auf den wahrhaften Weg des Wohls und der Gerechtigkeit zurückzubringen, alle zu sich zu kehren, die in Richtung des Satans abweichen. Für diese Ziele verwendet er das Gesetz des Karmas als eine Methode einer ständigen Regulierung der Bewegungsrichtung des Menschen auf dem positiven Weg. Der Mensch wendet wegen seiner Kurzsichtigkeit, ständig Fehler machend und sündigend, beharrlich, wie ein blindes Kätzchen, in Richtung des Satans ab, und Gott bringt mit dem Gesetz des Karmas geduldig ihn zu sich zurück, zwingend die begangenen Fehler zu berichtigen. Der Kampf für die Seele war immer aktuell und bleibt als solcher auch in der gegenwärtigen Zeit, und darin fortsetzend eine große Bedeutung die Begriffe des Guten und des Bösen zu spielen.

DAS BÖSE UND GUTE IN KRIEGEN

Den Vertretern der fünften Rasse ist solch ein Begriff wie Krieg gut bekannt – der Kampf der einen mit den anderen um die Territorien und das Wohl des Lebens, Macht. Die Menschen mochten es, andere zu erobern und eigenen Interessen unterzuordnen. All die letzten Jahrhunderte waren den Kriegen, Revolutionen, Unruhen gewidmet, was mit Tod, Schmerz, Leiden begleitet wurde. Kriege sind – das Böse, der Mensch versteht das sehr gut, aber der Wunsch besser zu leben auf Kosten der anderen zwingt ihn sich dem Bösen unterzuordnen und ihm als Werkzeug gegen andere zu dienen. Ein Krieg wird meist mit dem negativen System ausgelöst, welches dafür seine Vertreter vorrückt, die, zum Beispiel, Hitler, Napoleon, Dschingis Khan waren. Sie liefen nach strengen Programmen, die ihnen die Eroberung von großen Territorien sicherten, aber nur bis zu bestimmten Grenzen. Programme haben auch ihre Niederlage als einen Triumph der Kräfte des Guten über dem Bösen beinhaltet.

Die Höchsten, den Krieg in das Leben der Gesellschaft als eine Variante der Wahl und Entwicklung in harten Bedingungen einschließend, stellten dem Menschen unterschiedliche Ziele. Die Situationen des Krieges sucht der Mensch selbst aus, entweder getrieben von dem Wunsch, fremde Territorien zu erobern, oder besessen von der Idee der Weltherrschaft, sich alle und alles unterordnend; es irren sich ganze Gesellschaften, Partien. Unter den Einfluss von Jemandem fallend und falsche Schlussfolgerungen machend, treffen sie falsche Entscheidungen und mit der Gesamtheit ihrer Taten entwickeln sie Kriege.

Somit, Ambitionen, falsche Entscheidungen führen zum Krieg. Situationen, die an sie Menschen heranführen, sind Testsituationen, sie prüfen den Reifegrad der Seele, ihre Fähigkeit global zu denken, die Folgen der zerstörerischen Prozesse zu sehen.

Aber die Höchsten legen in Kriege auch besondere Ziele ein. Wenn die Gesellschaft eine Wahl im Programm in seine Richtung macht, dann müssen die Kriegsoperationen bestimmte Ziele in sich tragen: der Mensch muss verstehen, dass ein Krieg ein großes Übel ist, welches Tod, Zerstörungen und Leiden bringt. Der Krieg bringt dem Menschen bei, eben ihn zu verhindern, lehrt friedlich mit anderen zu koexistieren, ihre Interessen berücksichtigend. Er muss ihm beibringen Gewalt und Zerstörung zu hassen. Die Situationen von Kriegsoperationen üben eine große erzieherische Wirkung auf ihre Teilnehmer aus, feilen den Mut, die Beherztheit, den Willen, die Partnerschaft aus, lehren die Lage richtig zu bewerten und die Pläne des Gegners vorherzusehen, das Individuum, also, kann sich daraus die unterschiedlichsten Eindrücke machen. An Kriegssituationen nehmen meist junge Seelen teil. Hier gehen sie durch eine harte Schule des Lebens.

Der moderne Mensch ist gefühlvoller und friedlicher geworden, er träumt von einem Leben ohne Kriege, aber er weiß nicht, wie man es erreicht. Die Menschheit hat sich auch in dieser Frage in zwei Lager geteilt: die einen kämpfen gegen Kriege, d.h. für das Gute, und die anderen provozieren Kriege und nähren das Böse mit neuen Portionen von negativen Energien.

In unserem Universum existieren materielle Welten ohne Kriege, Gewalt und Morde. Ein Wesen - Anstifter zum Krieg wird von allen negativ angeschaut, sie versuchen ihn zu isolieren und an keine Befehlsstelle heranzulassen.

Die Welt und der gemeinsame Wohlstand werden mit den Bemühungen vieler erreicht, und die Kräfte des Bösen werden in seinem Keim blockiert und sich in keinem Daseinsplan äußern, außer dem mentalen, und nur dafür, damit die Wesen dieser Welt das Gute vom Bösen unterscheiden können, nicht auf irgendeine Seite rutschend, sondern die goldene Mitte haltend. Das Gute und Böse zu unterscheiden wird in vielen materiellen Welten beigebracht, daher ist der Mensch im Erlernen dieser Konfrontationen nicht einsam.

Nur die richtige Entwicklung der Seele in Übereinstimmung mit dem neuen Wissen wird der Menschheit helfen, sich von Kriegen und dem Leiden zu befreien. Die Ansammlung in die Matrix hoher Eigenschaften ermöglicht es, Fehler zu vermeiden und in der vorgeschlagenen Situation richtig zu handeln.

Der Mensch kann bis heute immer noch nicht verstehen, dass das Leiden von seinen falschen Handlungen und Gedanken kommt, er weiß nicht, wie man richtig lebt, wonach man streben soll und wählt das Böse aus, welches ihm dann als Rückprall zurückkommt, ihm Schmerz und Leiden zufügend. Und solange er dies nicht erkennt, werden die Höchsten ihm Programme erstellen, die, als Varianten, Entwicklungswege einschließen werden, die durch Kriege und Revolutionen gehen.

Der Mensch zum Beispiel, denkt, dass, damit Frieden herrscht, der Nachbar vor ihm Angst haben muss. Daher bestraft er ihn zuerst, zeigt seine Kraft und Übermacht, und wird danach ein friedliches Leben aufbauen. Aber seine Handlungen erzeugen beim Nachbarn Hass und Rachsucht, und anstelle des Friedens entfesselt sich wieder ein Krieg. Das ist ein Beispiel einer falschen Handlung. Die Entfesselung von Konflikten, Bestrafung – das ist die falsche Wahl, die der Mensch trifft. Eine friedliche Lösung des Problems mit der Beseitigung von Gründen, die das einige Leben behindern, ist die richtige Lösung der Frage. Aber dies ist – ein schematisches Beispiel.

Eine detailliertere Erlernung des Verhaltens des Menschen und seiner falschen Handlungen erfordert die Betrachtung von konkreten Situationen. Der Mensch muss selbst lernen seine Handlungen zu untersuchen: was er richtig macht, und was nicht. Die Einführung solcher Schulungen, zum Beispiel, in der Schule hätte dem Individuum beigebracht sich in möglichen Lösungen von Situationen auszukennen. **Dem Menschen muss man beibringen zu leben**, man muss beibringen die richtige Wahl zu treffen sowohl in Alltagssituationen als auch in sozialen Situationen. Die Realität hat gezeigt, dass eine junge und mittlere Seele immer die schlechteste Variante wählen wird, von denen im Programm von den Höchsten angeboten en. Dies ist mit dem Fehlen von entsprechendem Wissen bei ihnen und dem Vorhandensein von schlechten Charaktereigenschaften verbunden. All die Eigenschaften und das Wissen, die er in der Vergangenheit erlangt hat, ermöglichen es ihm nicht die Situation richtig zu lösen oder eine beliebige Aufgabe in Richtung des Guten und des Lichts. Das Böse vernichten ist – im Menschen das niedrige Verständnis zu vernichten, unter Einwirkung dessen er sündigt und sein Unwesen treibt. Den Menschen muss man so erziehen, dass er zum Guten, Liebe, Gerechtigkeit strebt; um das Unwürdige in sich unterdrücken zu können, sich auf das Notwendige beschränken zu können, dann wird auf der Erde das Gute über dem Bösen herrschen.

Worauf basieren die Gründe der Kriege? Auf negativen Eigenschaften derer, die sie entwickeln. Nennen wir einige von ihnen: die Jagd nach fremdem Naturreichtum und Territorien (also Habgier), die Gier nach Macht, Ruhm, der Wunsch sich andere unterzuordnen, Eitelkeit, Geiz, Rachsucht, Grausamkeit, Aggressionen und andere negative Eigenschaften. Diese Eigenschaften befinden sich im Inneren des Menschen, in Zellen seiner Matrix, und eben sie drängen ihn, Kriege zu entfachen.

Wenn jeder Mensch sich leiten lassen würde von positiven Eigenschaften seiner Seele, solche wie Barmherzigkeit, Erbarmen, Liebe, Gerechtigkeit, dann würde er die Wahl in die andere Richtung machen – in Richtung dés Guten und des gemeinsamen Wohlstands. **Eben die Eigenschaften im Inneren der Matrix des Menschen zwingen, die Wahl zwischen dem Guten und dem Bösen zu treffen. Positiver Inhalt der Matrix der Seele zwingt den Menschen, die Wahl in Richtung des Guten, des Lichts, der Liebe zu machen, und der negative – in Richtung Grausamkeit, Gewalt, Krieg.**

Die Höchsten werden solange den Menschen Programme mit Konflikten und Kriegen geben, bis der Mensch lernt die kontroversen Fragen auf dem friedlichen Weg zu lösen und seinen eigenen Stolz für das Wohl der anderen zu beschwichtigen. Jede Kriegssituation verfügt unbedingt über einige Varianten ihrer friedlichen Lösung, wenn die Frage nicht mit Bestrafung gelöst wird, sondern mit der Bereitstellung von Hilfe. Und solch eine Variante, wie die letzte, existiert unbedingt, und ihre Wahl zeugt bereits von einem hohen Bewusstsein derer, die sich mit der Lösung des Konflikts beschäftigen. Die Wahl der Wohltätigkeit anstelle des Krieges zeugt von einer Erarbeitung durch die Persönlichkeit von hohen geistigen Eigenschaften. Also genau davon, was sich im inneren des Menschen befindet, hängt die Wahl der positiven Lösung der Frage oder der negativen ab. Und wenn es so ist, dann ist es erforderlich in der Persönlichkeit solcherart Eigenschaften zu formen, die es nicht erlauben im Programm die Varianten der Grausamkeit, Gewalt und Aggressionen auszusuchen.

Nur die richtige Vervollkommnung der Seele wird dem Menschen helfen, sich von den Kriegen, dem Leiden, Karma zu befreien. Die höchsten Lehrer lassen eben dafür auf die Erde das Neue Wissen herab, damit die Untergelegenen sich mit den Wegen, die nach oben und unten führen auseinandersetzen.

Wenn der Mensch lernt die richtige Wahl zu treffen, werden die Höchsten die Variante im Programm mit den Kriegen weglassen. Und damit er dies lernt, muss er seine Seele lange vervollkommnen, das Niedrige ins Hohe transformieren. Hier läuft die eine Abhängigkeit aus der anderen heraus.

DAS GUTE UND BÖSE IM ZUSAMMENHANG MIT REICHTUM

Der Mensch hat immer danach gestrebt gut, satt, in Zufriedenheit und Wärme zu leben. Aber für dieses Streben haben viele Seelen gelitten, und ihre Schicksale verwandelten sich, zeitweise, in eine Fahrt auf einem Kopfsteinpflaster. Der Fehler bestand darin, dass sie hätten nicht daran denken sollen, **wie man das eigene Leben verbessert, sondern wie man die eigene Entwicklung beschleunigt**, um schneller in die Hierarchie Gottes zu gelangen, ihre erste Ebene würdig zu werden.

Gott interessiert der materielle Wohlstand des Menschen nicht, sein Leben in Ruhe und Glück. Das ist genau das, was die Seele verdirbt, was ihre Progression ständig für hunderte und tausende Jahre hemmt. Aber der Mensch möchte dies hartnäckig nicht verstehen. In seinem Kopf hat sich die Illusion fest verwurzelt, dass Gott davon träumt, ihn in der leeren Existenz glücklich zu machen und dafür versucht, ein Paradies auf der Erde zu schaffen, denn der Mensch, mit einer niedrigen Bewusstseinsebene, ist nicht fähig sich zu zwingen im Wohl zu arbeiten und seine Seele zu vervollkommnen. Er macht es nur bei Bedrohung seiner wohlhabenden Existenz oder für irgendwelche Perspektiven, wiederum, für ein besseres Leben.

Sobald die Materialebene solch eines Menschen steigt, stürzt er sich in Vergnügungen: isst viel, trinkt, guckt sinnlose Shows, reist, verbringt freie Stunden in einem leeren Zeitvertreib.

Gott braucht nicht den menschlichen Körper, Er braucht eine vollkommene Seele, und daher lässt er sie nicht degradieren durch Güter. Mit übermäßigen Gütern überschüttet das Individuum der Hierarch des negativen Systems, d.h. Satan, um die Seele zu verwirren, sie zum Regress zu führen, damit im Endeffekt er sie bekommt. Nur wenige sind fähig über Güter richtig zu verfügen, diese für die Vervollkommnung der Seele einsetzend, und nicht für Vergnügungen. Nur ein hohes Bewusstsein, das fähig ist sich zu kontrollieren und zielorientiert zu den höchsten Idealen zu leiten, kann keine Angst haben vor Armut, vor Reichtum: Überschuss setzt es für die Vervollkommnung der anderen ein, und ein Mangel wendet es in einen Weg der höchsten geistigen Vervollkommnung.

Ganz unerwarteter Reichtum, Erbe, Gewinne von großen Geldsummen und dergleichen kommt vom Satan, denn er verfügt über materiellen Reichtum auf der Erde und vor allem – über das Geld (die Ausnahme ist die Rückzahlung von Geld).

Gott verfügt über geistige Werte, deshalb beschenkt er die Menschen mit anderem, eben – mit Talenten, Fähigkeiten, mit Wegen, die zu hochgesinnten Zielen führen, zu Erhebung des Geistes des Individuums. Und dieses muss er fest ergreifen, weil er eine völlige Verwirrung in Begriffen hat: was Gott gibt, und was der Satan gibt. Der Mensch denkt nur selten darüber nach, bevorzugend in einer großen Summe, die er in der Lotterie gewonnen hat, das Wohlwollen Gottes zu sehen, und nicht die Machenschaften des Satans. Aber, von Gütern und materiellem Wohlergehen sprechend, darf man natürlich nicht völlig die Verfügbarkeit von materiellem Wohlstand beim Menschen ablehnen. Es wird den Seelen gegeben, die bereits ausreichende moralische Eigenschaften angesammelt haben und die fähig sind, materiellen Wohlstand nicht für das eigene Verderben zu verwenden, sondern für das Vorrücken in der Vervollkommnung.

Selbstverständlich müssen die notwendigen Lebensbedingungen gewährleistet sein, damit die Persönlichkeit nicht vom Entwicklungsstadium, zum Beispiel, des Intellekts zum Stadium des Kampfs ums Überleben und der Erarbeitung von Beharrlichkeit und Mut hinübergeht, die, sagen wir mal, bei ihr ausreichend entwickelt sind. In diesem Fall nämlich, wird das Individuum anstatt sich vorwärts zu bewegen, einige Schritte zurück machen. Daher müssen materielle Bedingungen immer dem Entwicklungsstadium der Persönlichkeit und ihrer Bewusstseinsebene entsprechen. Es muss eine gewisse Entsprechung zwischen Überschüssen und dem Mangel geben, die gleichermaßen die Entwicklung der Persönlichkeit verlangsamen: Überschüsse verderben, und der Mangel bremst ab.

Die Existenzbedingungen des Menschen in Armut und Reichtum wirken sich unterschiedlich auf seine Entwicklung aus. Und obwohl das Erste und das Zweite die Derivativen des Geldes sind: deren Mangel oder deren Überschuss, hat das Geld aber einen besonderen zersetzenden Einfluss auf die Seelen. Symbolisches Papier, bedingte Werte, die das Geld ist, hat eine Macht über den Menschen nur innerhalb der Grenzen der eigenen Zeit. Ändert sich die Zeit – und es verliert seinen Wert, verwandelt es sich erneut in einfaches Papier. Aber in der Periode, wenn es Wert hat, wird dafür getötet und viele Verbrechen begangen. Die Jagd nach Geld trägt der Erarbeitung durch die Seele von negativen Energien bci, die die unterschiedlichsten dunklen Eigenschaften bilden: Gier, Habgier, Verlogenheit, Hinterlist usw. Aber auch sie können zum Guten gewandt werden. Wenn einem kranken Kind hunderte von Menschen Mittel dafür einsammeln, um eine Operation durchzuführen, dann beginnen sie Gutes zu tun, und in ihren Seelen erscheinen positive Energien. Deshalb darf man über das Geld nicht eindeutig sprechen. Alles hängt davon ab, wie der Mensch darüber verfügt und wohin er es richtet.

Aber schauen wir uns die Analyse der Auswirkungen der Armut und des Reichtums auf die Entwicklung der Seele an. In jedem Fall gibt es eigene Nuancen. Es gibt immer eine Grenze, der Übergang, welcher auf die eine oder andere Seite beginnt die Entwicklung abzubremsen. In Armut entwickelt sich meist eine niedrige Seele. Aber wenn man in Armut eine mittlere oder hohe Seele versetzt, wird sie ihre Entwicklung hemmen, weil der Progress von unterschiedlichen Ebenen die Investition von bestimmten Mitteln erfordert.

Damit, zum Beispiel, der Mensch sich intellektuell entwickelt, eine Ausbildung im Institut nutzen kann, ist es erforderlich, ihm beizubringen in der ausgesuchten Richtung zu denken. Einem Flugzeugkonstrukteur muss man beibringen, über Zahloperationen, das Zeichnen, eine bestimmte Denkweise zu verfügen. Und wenn er einen neuen Flugapparat im Projekt schafft, dann werden weiteren Mittel gebraucht, um dieses Model in die Praxis umzusetzen. Die Mittel also, muss der Staat, das Land investieren, um die intellektuelle Ebene der Bürger zu steigern.

Um zu schulen, müssen Bildungseinrichtungen gebaut werden, Lehrer vorbereitet, die Produktion gestartet und Projekte ins Leben eingeführt werden. Für alles werden große Mittel gebraucht – und nur dafür, damit in der Gesellschaft eine Schicht von Intellektuellen existiert und sich entwickelt, also eine bestimmte irdische Schicht. Und je höher die Seele auf den Evolutionsstufen steigt, desto mehr Mittel erfordert sie für sich. Deshalb existiert eine gesetzmäßige Entsprechung zwischen den Entwicklungsebenen und deren (Ebenen) Versorgungsmaß. Die Güter, die der Entwicklung der einen Ebene beitragen werden, werden für die andere Ebene eine Bremse sein, sich in Überschuss verwandelnd.

Wenn man die Mittel ablehnt, die normale Bedingungen für die Entwicklung schaffen, dann wird es kein Progress in diesen Existenzbedingungen geben. Nehme man einen Einsiedler, der in einer Höhle lebt und der alle Güter der Zivilisation abgelehnt hat und der alle Tage in Gebeten verbringt. Wird er denn seinen Progress mit dem Asketismus beschleunigen? Zweifellos wird er sich entwickeln und Energien einer hohen Qualität von den Gebeten ansammeln. Aber seine Entwicklung wird einseitig sein. Er wird bloß die Eigenschaft der Religiosität, des Glaubens, Asketismus, und nicht mehr entwickeln. Sein Intellekt wird schwach entwickelt sein, da er kein neues Wissen erfasst, keine Bücher liest, nicht weiß was in anderen Ländern passiert, das Leben der Völker und ihre Interessen nicht vergleicht, den Umgang mit anderen Menschen nicht lernt. Ein Einsiedler erfährt nichts neues, deshalb wird er in den nächsten Inkarnationen viel arbeiten müssen, um das Verpasste aufzuholen und sich umfassend zu entwickeln.

Und wenn man dem Menschen viel Geld gibt, dann wird er entweder sich sehr langsam entwickeln, oder geht die negative Richtung. Auf diese Weise, gibt es zwei Extreme, die den Progress der Seele in der positiven Richtung behindern: überflüssige Mittel und deren Mangel. Dieses Problem wird individuell gelöst.

SOLLTE MAN FÜR WOHLTATEN BEZAHLEN

Betrachten wir noch eine Nuance, die mit der Bezahlung zusammenhängt. Alle wissen, dass der Mensch für seine Arbeit eine Zahlung in Form von einer bestimmten Geldsumme bekommen muss: Aber was ist mit der Zahlung für gute Taten? Darf und sollte man für das Begehen jeglicher Wohltaten bezahlen? Wenn ein junger Mann seinem Freund hilft, das Examen zu bestehen oder ihn von der Drogensucht rettet; wenn ein Mensch den anderen vor dem Hunger rettet, hilft das Auto zu reparieren, das auf dem Weg kaputt gegangen ist – wie sollte man sich in solchen Fällen verhalten? Sollte man für solcherart

Hilfetaten bezahlen? Natürlich kann der Mensch für das Gute mit Geld bezahlen, aber erinnern wir uns daran, dass es Karma gibt, also im Schicksal eines jeden Menschen funktioniert ein bestimmter Ursache-Folge-Mechanismus.

Auf seiner Grundlage kann er eine Belohnung für das Gute in Form von Rückhandlungen von anderen bekommen, und sogar nicht unbedingt von der gleichen Seele. Analoge Belohnungen kann er im gegenwärtigen Leben bekommen oder im nächsten. Aber uns interessiert nicht die Frage des Karmas, sondern die Bezahlung von guten Taten, deshalb schieben wir das ganze Negative in Form von Karma als Bestrafung beiseite und konzentrieren uns auf die Vergeltung für Wohltaten. Es gibt einen Glauben, dass man für gute Taten kein Geld und andere materielle Bezahlung nehmen darf. Versuchen wir zu verstehen – warum nicht, d.h. stellen wir uns die konkrete Frage: warum man für das Wohltun kein Geld nehmen darf?

Geld - ist immer ein Gegenwert der Abrechnung und Bezahlung für etwas. Wenn der Mensch gearbeitet hat, in seine Arbeit eine bestimmte Menge an persönlicher Energie investiert hat, dann muss er entsprechend seiner investierten Energie einen Gegenwert in Form von Geld bekommen, und dabei ist alles gesetzmäßig. Aber kann er denn Geld für Situationen oder Ereignisse nehmen, die jemandem einen Nutzen oder etwas Gutes in einer beliebigen Form bringen?

Zum Beispiel, ein Mensch rettet jemanden vor dem Tod, holt einen abgestürzten Bergsteiger aus einer Bergspalte heraus oder rettet jemanden vor Verbrechern. Er kann einem anderen helfen, einen Beruf zu erlernen, und dann mit der Zeit dafür eine Zahlung fordern. Er kann einem Fehlgetretenen helfen, sich aus einem Rechtsfall herauszuwinden, bezeugen, dass er unschuldig ist. Und der Gerettete im Zeichen der Dankbarkeit kann ihm selbst eine gewisse Geldsumme anbieten.

Wenn der Retter Geld für die gute Tat nimmt, dann kauft er sich automatisch von gleicher Menge an Gutem und Hilfe frei, die zu ihm in Zukunft kommen sollen, hauptsächlich in den nächsten Leben. Das ist ein gewöhnlicher karmischer Zusammenhang der Erarbeitung von positiven oder negativen Eigenschaften in der Matrix der Seele. Wenn er die Bezahlung der Wohltat ablehnt, dann erlangt seine Matrix positive Energien, und in Zukunft (oder in der nächsten Inkarnation) bekommt er eine analoge positive Mitwirkung von jemandem in einer anderen Situation.

Wenn der Mensch Gutes macht, macht er es erst uneigennützig, und dann überlegt er es sich anders und möchte Geld bekommen, dann sollte er daran denken, dass auf diese Weise er etwas Gutes im nächsten Leben oder im gegenwärtigen ablehnt. Geld neutralisiert die positive Rückgabe, reduziert sie auf nichts.

Auf dem feinen Plan ist Geld – ein mächtiger Energieumwandler, der nur in der materiellen Welt existiert. Er funktioniert auf der Energieebene, das Karma des Menschen in die positive oder negative Richtung verändernd.

Momentan (2000-2013 J.) erscheinen in der Literatur sehr viele Bücher, die beibringen, wie man große Geldsummen verdient. Wofür braucht man sie? Um danach dafür eine Menge an Vergnügungen zu bekommen? Das Spiel mit dem Geld ist sehr gefährlich.

Jeder Mensch, das Geld berührend, verändert bereits sein Karma mit eigenen Gedanken, die im Resultat der Wechselwirkung mit ihnen erzeugt werden, und Geld richtet die Gedanken direkt auf den negativen Weg: der Mensch überlegt, wofür er es ausgibt, wofür er es verbraucht. Somit, gedanklich projektiert er eine Konzeption von Zusammenhängen der Existenz von positiven und negativen qualitativen Erarbeitungen in der Grundlage seines Bewusstseins.

Bei Bestätigung dieser Gedanken durch Handlungen, also wenn die Theorie durch Praktik bestätigt wird, verwandelt der Mensch die nicht beständige Basis karmischer Bestandteile des Bewusstseins in eine beständige Plattform des Unterbewusstseins. So beginnt er innerlich sich umzuwandeln in Entsprechung mit Geld, woraus folgt, dass der Mensch bereits die gebildeten karmischen Schulden nicht meiden kann (oder die positiven Abgaben, wenn er das Geld für Wohltaten ausgibt). Alles hängt davon ab, wohin das Geld fließt: für das Wohltun und Hilfe für andere oder für die Anschaffung materieller Güter und die Begehung von schädlichen, negativen Handlungen. Zum Beispiel, die Schaffung von Casino, Spielotheken, Werken, die die Gesellschaft verderben, für die Schulung von Ermordung von Menschen durch Computerspiele usw. - ist die Entwicklung in die negative Richtung.

Geld muss der geistigen Erhöhung des Menschen dienen, und sich nicht in eine Quelle verwandeln, die die Seele zersetzt und die sie von einer weißen in eine schwarze verwandelt. Dies alles zeugt davon, dass der Mensch lernen muss sich damit auszukennen, was Böse ist, und was das Gute ist, und welche Folgen ihn von der Realisation des eigenen Geldes erwarten.

BASIERT DAS GUTE AUF DEM EIGENVORTEIL UND EIGENNUTZ

Gutes und Böses verbergen jede Menge an Feinheiten von Äußerungen. Schauen wir in den Sinn ihrer Prozesse hinein, die manchmal ein plötzliches Resultat geben.

Der Mensch ist noch nicht fähig vorherzusehen, wie die Folgen der einen oder anderen Handlung sein werden, die mit dem Guten oder Bösen verbunden ist. Böses erwartend von negativen Folgen, kann er Positives bekommen, und, umgekehrt, das, wovon er ein positives Resultat erwartet, gibt ein negatives. Zum Beispiel, das Gute kann mit dem Eigenvorteil und Eigennutz verbunden sein, und das Böse ist fähig einen Nutzen zu bringen.

Das Gute ist deshalb dem Menschen nützlich, weil es hilft zu leben, es vereinfacht schwierige Situationen und leitet ihn ins positive System. Und das Böse verbindet das Individuum mit Handlungen, die ihm Schmerz, Leiden bringen, die ein unerwünschtes Resultat tragen und die ihn hemmen das Angenehme und Nützliche zu erreichen. Aber wenn der Mensch nach etwas Gutem strebt, dann kommt heraus, dass er unterbewusst danach strebt vom Guten einen bestimmten Vorteil zu bekommen. Und ebenso ist es mit dem Bösen: wenn das Individuum versucht es zu umgehen, dann aus dem Grund, dass er vorhersieht, dass es (das Böse) ihm Schaden bringen könnte. Aber das, was auf der Oberfläche bleibt und positiv zu sein scheint, kann sich innerlich als negativ erweisen. Wenden wir uns dem inneren Sinn von Entwicklungsprozessen zu.

Wenn man abstrakt spricht, dann ist Eigennutz – eine Erhaltung einer zusätzlichen Einnahme nicht auf Grundlage eines Zufalls, sondern dank der Berechnung, die das Individuum macht. Er berechnet Geschäftssituationen und sucht für seine Tätigkeit nur die aus, die ihm eine Erhaltung des erwünschten Resultats versprechen, welches die vorherigen Aufwendungen deckt und ihm einen Gewinn geben. Der Mensch überlegt – was ist schlechter, was ist besser und sucht sich das Bessere aus. Eigenvorteil ist – immer ein Wunsch Besseres zu haben, als man hat. Und eben aus Eigenvorteil, bewusstem oder unbewusstem, werden auch jegliche Ansammlungen gemacht.

Der bewusste Eigenvorteil wird geplant, berechnet. Und der unbewusste ist in dem Fall vorhanden, wenn das Individuum noch schwach entwickelt ist und nicht fähig ist zu planen, aber in seinem Inneren lebt der Wunsch auch gewisse Ansammlungen zu bekommen, die das gewöhnliche Resultat überragen. Er kann nicht logisch urteilen, alle künftigen Züge seiner Tätigkeiten berechnen, aber unbewusst wird er sich immer wünschen, das Beste zu haben, das Gute zu haben.

Im Eigenvorteil ist ein negativer Anfang eingelegt, denn es ist mit Berechnung verbunden und erarbeitet im Individuum einen negativen Energietypen. Deshalb ergibt sich, dass man danach strebend für sich Gutes zu bekommen, das Individuum durch seine Handlungen seine Seele negativ baut, und das bedeutet, man fügt ihr Schaden zu.

Uneigennützigkeit bringt Gutes und, als ein Anfang, der dem Schaden gegengleich ist, erarbeitet sie in die Matrix des Individuums einen positiven Energietypen.

Eigenvorteil und Uneigennützigkeit sind einander oppositionell und tragen der Erarbeitung von Individuen entgegengesetzter Eigenschaften bei. Darin ist deren Unterschied.

Alles, was vom Menschen durch das Bekommen von Eigenvorteil getätigt wird, welcher materiell und geistig sein kann, gehört nicht zu den wahrhaft guten Taten. Und man sollte verstehen, was denn die guten Taten sind.

Bei der Verübung von Handlungen, die wir als die Ausführung von Wohl betrachten, wird der Prozess in zwei Richtungen geteilt, auf der einen befindet sich derjenige, dem das Gute gemacht wird, und auf der anderen – derjenige, der es macht.

Es passiert, dass die Umstände sich so wohlwollend für das Individuum ergeben, dass dieser einen Eigenvorteil bekommt unabhängig davon, ob er daran denkt oder nicht. Aber diese Variante wird, natürlich, von seinem Lebensprogramm geplant und ist entweder ein Bewährungsmoment, oder eine Wiederkehr in solch einer Form von karmischen Schulden. (Wenn er im vergangenen Leben jemandem materielle Mittel abgegeben hat, so wurden ihm im gegenwärtigen Leben diese durch irgendeine Situation zurückgegeben.) Die Lebensumstände können sich im Laufe der ganzen Existenz für einzelne Personen so ergeben, dass sie sich ständig in günstigen Bedingungen in Bezug zu anderen befinden werden. Dies zeugt davon, dass deren Programm so gebaut ist, um ihnen einen normalen Progress zu gewährleisten. Und dabei können für deren Entwicklung sogar überflüssige Mittel aufgewendet werden, aber in den folgenden Leben wird alles von ihnen abgearbeitet werden. Günstige Bedingungen werden dem Menschen als ein gewisser Vorschuss gegeben und werden danach in einem Umfang von einem Energiemehrverbrauch abgearbeitet.

Aber wenn man die Situation des Guten aus Sicht des Individuen betrachtet, der es macht, dann kann man sich die Frage stellen – geht er dabei von einem gewissen Nutzen für sich aus und was hat er von der Vollbringung des Guten für andere?

Gute Taten ausführend, wendet der Mensch immer entweder eigene Kraft auf, und das bedeutet, verbraucht persönliche Energie, oder macht jemandem gewisse Vermögensaufwendungen. Natürlich, nicht jeder kann es tun, nur einige, die eine bestimmte Vervollkommnnungsebene erreicht haben und die den positiven Weg gehen. Betrachten wir uns in diesem Fall diesen Menschentypen näher.

Stellen wir uns auf den ersten Blick solch eine komische Frage – Gutes vollbringend, sucht der Mensch denn irgendeinen Nutzen für sich? Natürlich, alles hängt von den qualitativen Charakteristiken der Persönlichkeit und von dem Vervollkommnungsgrad ab. Wenn die Ebene niedrig ist, dann möchte der Mensch, Gutes tuend, dafür irgendeinen Nutzen bekommen. Gibt einem Besitzlosen Geld, aber gegen Zinsen, oder hofft, dass Gott dies als eine besondere Leistung betrachtet. Oder gibt einige Sachen, und im Gegenzug möchte er andere bekommen, d.h. hier werden Austauschprozesse getätigt auf Grundlage von Eigennutz: der Mensch tut Gutes, möchte aber dafür ein bestimmtes Resultat bekommen. Zum Beispiel, er hilft einem Bekannten Sachen mit dem Auto zu transportieren, verlangt aber dafür Geld für Sprit; verlegt auf Wunsch ein Buch, aber den Gewinn nimmt er selber ein, wie es heutzutage heißt – wird ein Investor. Und solcherart Beziehungen, die auf dem Erhalt von Nutzen von Austauschprozessen aufgebaut sind, gibt es unter Menschen – eine unzählbare Vielzahl.

Eine niedrige Ebene von menschlichen Beziehungen wird nach der Formel gebaut: "Ich – dir, du – mir". Die Austauschprozesse in diesem Fall geschehen als auf dem materiellen, sowie auf den feinen Plänen. Wie äußert es sich auf dem feinen Plan? Wenn das Individuum einem anderen einen Sack an Kartoffeln abgibt, und als Gegenleistung möchte, dass ihm der Zaun repariert wird, so findet unter den Bestimmern, die diese zwei Menschen leiten, auch ein Austausch von Energien des gleichen groben Typen statt. Und der Austausch auf dem feinen Plan wird aus dem folgenden Grund ausgeführt.

Damit das Individuum den geplanten Sack an Kartoffeln angebaut hat, musste er viel physische Arbeit darein investieren. Und damit die Handlung geschieht, sondert der Bestimmer ihm eine bestimmte Menge an Energie aus, geht in einen Aufwand der groben Energieart ein, da es gewöhnlich Energien sind, die dem materiellen Plan nahe sind. Und wenn danach dieser Mensch dem anderen den Sack an Kartoffeln übergeben hat, dann ist ein Teil von der Energie, die der Bestimmer seinem Lehrling ausgesondert hat, also die Energie eben dieses Bestimmers zum anderen Menschen hinübergegangen, und folglich, auch zum anderen Bestimmer.

Aber auf dem feinen Plan laufen klare Austauschprozesse, und deshalb gibt der Bestimmer des zweiten Menschen ihm einen ähnlichen Energietypen durch Handlungen seines Lehrlings zurück: dieser, nehmen wir mal an, repariert den Zaun, und für die Vollbringung ähnlicher Taten wird durch den Bestimmer aus seinen persönlichen Reserven auch die erforderliche Energie ausgesondert. Wenn jedoch die Abmachung nicht stattgefunden hat, und der Mensch seine Schuldigkeit nicht abgearbeitet hat, und die Kartoffeln aufgegessen hat, so gibt der

Bestimmer trotzdem dem ersten Bestimmer die Menge an Energie, entsprechend den Aufwendungen für diesen Sack zurück, und zwingt danach seinen Lehrling später seine Schuldigkeit ihm durch andere Situationen abzuarbeiten. Und die ganze Energie vom Lehrling fließt dem Lehrer zu. Manchmal kann die Zurückgabe einer ähnlichen Schuldigkeit dem Lehrling in das nächste Leben übertragen werden. Auf diese Weise geschieht die Löschung der Schulden in der feinen Welt. Das sind – die Prozesse, die sich hinter den Alltagsbegriffen von Gut und Böse verbergen und die zwischen den höchsten und niedrigen Welten funktionieren.

Die Menschen reagieren unterschiedlich auf die Nichtlöschung der Schulden. Wenn es eine niedrige Ebene ist, dann antworten sie meist mit dem Bösen, mit Rache. Sie verzeihen keine Schulden und in diesem Fall bekommt das Gute ein negatives Resultat. Einem anderen Menschen etwas abgebend, möchten sie immer ein Resultat von der von ihnen vollbrachten Tat. Und wenn sie keine Zufriedenheit als eine positive Kompensation anstelle ihrer Aufwendungen bekommen, dann füllen sie sie mit einem negativen Faktor auf in Form von Übel und Rache. Also so ein Moment, wie die Erhaltung von dem, was sie wollten, ist ein Umschlag, der das Gute ins Böse transformiert.

Aber von Rache und Übel fühlen sich die Menschen auch zufrieden. In diesem Fall wird die Energie der positiven Tat durch die Energie des negativen Resultats neutralisiert.

Ein Persönlichkeit, die keine Rückgabe der Schuld getätigt hat, hat für das Gute, das ihr zugebracht wurde, gelitten, zuerst also hat sie Gutes von einem anderen Menschen bekommen, und danach, dafür, dass sie ihn nicht mit etwas adäquatem entlohnen konnte, bekam sie von diesem Menschen Böses, das Leiden durchmachend. Und Leiden – ist Energie, der Schuldner, also, hat doch mit dem anderen Menschen abgerechnet, aber mit seiner Energie abgerechnet. Ein Mensch, dem die Schuldigkeit nicht zurückgegeben wurde, der die Energie des Wohls nicht bekommen hat, hat seinen Schuldner gezwungen, ihm die Schuldigkeit mit der Energie des Leidens für das Gute zurückzugeben. Leidend, scheidet das Individuum Energie aus, die die Aufwendungen dessen kompensiert, der ihn verschuldet hat. Aber die Seele des gebenden Individuums selbst erarbeitet dabei in ihre persönliche Matrix eine negative Energie des Bösen, wenn sie beginnt sich zu rächen und dem Schaden zuzufügen, der bedürftig war und seine Schuldigkeit nicht löschen konnte. Die Energie des Leidens, die man vom Individuum bekommt, läuft in die Energiebank seines Bestimmers.

Faktisch geschieht die Übergabe der Energie auf dem feinen Plan von einem zum anderen, und in die entgegengesetzte Richtung folgte keine Abgabe. Der Prozess auf dem feinen Plan hat sich nicht geschlossen. Und dann unternimmt das Individuum zusätzliche Handlungen in Form von Vollbringung von Bösem für die Auffüllung eigener Aufwendungen. Solches Wohl stellt sich für das Individuum, der borgt, als eigennützig heraus, denn für ihn spielt es keine Rolle, auf welchem Weg er einen Vorteil für sein Wohl bekommt. Im Endeffekt stellt sich heraus, dass in der Grundlage seiner Tat der Eigennutz liegt. Er ist den Beziehungen von Individuen eigen, die sich auf einer niedrigen Entwicklungsebene befinden. Sie können einander nicht anders behandeln. Aber man sollte daran denken, dass im Menschen immer ein Mechanismus der Verarbeitung von Energie funktioniert. Und von seiner Wahl in Handlungen hängt ab – positive oder negative Energie wird er in seine Matrix der Seele erarbeiten.

Und ein völlig anderes Resultat wird die Seele bekommen im Falle von Vergebung der Schuldigkeit. Wenn das Individuum anstatt sich zu rächen für die Nichterhaltung eines Gegenresultats, die fremde Schuldigkeit verzeiht, dann wird die Energie der Vergebung, und das ist eine sehr starke Energie, die vorige Eigenschaft des Eigennutzes in positive Energien der neuen Eigenschaft des Guten transformieren, die auf einer höheren Stufe steht, als die vorige Eigenschaft, die auf einer eigennützigen Güte basiert.

Daher liegen vor dem Individuum, der eigennütziges Wohl macht und kein erwünschtes Resultat bekommt, zwei Varianten sich geistig zu verändern.

Die erste Variante – Rache und die Rückgabe der energetischen Schuldigkeit in Form von Leiden vom Schuldner. Aber die Seele erarbeitet dabei negative Eigenschaften, und folglich, der Mensch sammelt in der Matrix einen Energietypen an, der ihn zum Satan bringt.

Die zweite Variante – die Vergebung des Schuldners. Das Individuum verliert Energie, aber durch die innere Arbeit der Seele, durch die Erkenntnis und die Vergebung erarbeitet er in die Matrix eine positive Eigenschaft, die in die Hierarchie des Gottes führt. Darin besteht – deren wesentlicher Unterschied. Und nur von der Wahl des Menschen selbst hängt ab, was er in sich erlangt, welche Energien seine Matrix befüllen. Und dies kann zum Nutzen zugezählt werden. Das Individuum hat sichtbar etwas verloren, die Schuld wurde nicht zurückgegeben, aber er bekam durch die Vergebung eine positive Eigenschaft in der Seele, welche man zu dem großen Nutzen zuzählen kann, von dem das Individuum nichts ahnt.

Wenn das Individuum jedoch in seiner Entwicklung um einige Größenordnungen höher steigt, dann verändert sich sein Verhältnis zur Umwelt, und er beginnt Uneigennützigkeit und Edelmut in seinen Taten zu suchen. In diesem Fall steigt er vom Stadium des Eigennutzes zum Stadium des uneigennützigen Vorteils. Es verändern sich die eigenschaftlichen Bestandteile, die in die Matrix der Person gelangen.

UNEIGENNÜTZIGER VORTEIL

Worin besteht der uneigennützige Vorteil? Der Uneigennützigkeit impliziert die Abgabe von etwas materiellem oder die Vollbringung guter Taten ohne den inneren Wunsch etwas anderes im Gegenzug zu bekommen. Auf den ersten Blick scheint es, dass wenn die abgebende Person nichts materielles im Gegenzug verlangt oder die Durchführung irgendwelcher Rückhandlungen, dann bedeutet das, dass sie überhaupt nichts wünscht. Aber die Sache ist die, dass eine hohe Persönlichkeit bereits auf eine Ebene von feineren, höheren Energien hinübergeht, die nur die menschlichen Gefühle erzeugen können.

Die Persönlichkeit beginnt sich auf dem Stadium der Verfeinerung ihrer Gefühle zu entwickeln. Sie bekommt Freude von den guten und edelmütigen Taten, die sie selbst vollbringt, oder von den Minuten des Glücks und Freude, die sie anderen bereitet. Das Leben denen vereinfachend, die in eine schwierige Lage gekommen sind, helfend Schwierigkeiten zu überwinden, vor etwas oder jemand rettend, bekommt der Mensch eine Befriedigung von seinen Taten, obwohl er gar keine materielle Prämie/Förderung bekommt.

Er geht in das Stadium der Entwicklung eigener Empfindungen hinüber, in seiner Seele, also, beginnen höhere Mechanismen zu funktionieren, und die Matrix wird mit positiven Energien entsprechender hoher Eigenschaften befüllt.

Der Mensch macht Gutes, hilft und bekommt im Gegenzug eine Befriedigung in Form von Freude, und seine Matrix sammelt hohe und reine Energien an. Daher, wenn er Gutes tut, heißt das – er hat ein Bedürfnis an der Ansammlung entsprechender positiver Energien bekommen. Also auch in dieser Tätigkeit des Menschen kann man eine verschleierte eigennützige Tendenz für das Erhalten einer konkreten Energieart entdecken.

Jedoch erzeugen die weiteren Prozesse einer höheren Ordnung, die im Inneren der Persönlichkeit geschehen, die Verwandlung des Eigennutzes in die Uneigennützigkeit, weil die unbewussten Momente die Energie der Freude für gute Taten sie in solche Eigenschaftszustände umwandeln lassen, die den Eigenvorteil in einen Faktor der wahrhaften Selbstlosigkeit verwandeln.

Deshalb wird der uneigennützige Vorteil der Entstehung von Zuständen der erhöhten Gefühle entsprechen, also geschieht in der Seele aufgrund der Funktion von besonderen Mechanismen die Transformation der einen hohen Empfindungen in andere, die eine Größenordnung höher stehen.

Persönlichkeiten, die auf einer höheren Ebene stehen, kennen sich hervorragend in den laufenden Prozessen der Transformationen aus. Sie gehen von dem Stadium der Entwicklung der Tätigung von guten Taten zum Stadium der Regulation des Flusses von Prozessen mit Hilfe von Wissen über die höchste Moral und Ethik hinüber.

Höchste Moral und Ethik helfen der Seele die erforderlichen positiven Energien zu erarbeiten, deren Erhaltung und Abgabe regulierend. Dies geht in die Bedingung der Existenz von Persönlichkeiten hinein, und das Gesetz der Ursache-Folge-Verbindung, also die karmischen Abhängigkeiten regulieren die Erhaltung voneinander von Energien und deren Abgabe.

Bei diesem Mechanismus, wenn die Persönlichkeit uneigennützige Taten vollbringt, wird ihr Rating gesteigert, und es werden Möglichkeiten für die Verbesserung des künftigen Lebens geschaffen, weil solch eine Eigenschaft, wie Selbstlosigkeit, die höchsten Lehrer sehr schätzen. Und als Förderung können sie solch einem Individuum ein wohlwollendes Leben einprogrammieren, in dem die Situationen sich immer zu seinem Nutzen ergeben werden. Wenn das Individuum nach eigennützigem Vorteil strebt, und folglich, sich auf einem niedrigen Plan befindet, weil solche Wünsche nur auf einer niedrigen Entwicklungsstufe aufkommen, so funktionieren karmische Gesetzmäßigkeiten. Und das Individuum wird für seinen Eigennutz und die sich daraus ergebenen Folgen im nächsten oder gegenwärtigen Leben bezahlen. Gewöhnlich formt dies schwierige Situationen, Schicksalsschläge. Es wird ein schwieriges Programm geschaffen mit allmöglichen Abhängigkeiten.

Auf einer niedrigen Ebene vervollkommnen sich die Individuen nicht so stark, wie sie sich mit dem Kampf miteinander beschäftigen. Und Karma schlägt sie sehr krankhaft für all ihre Taten. Aber all diese Schwierigkeiten der Situationen, Probleme und die Schwere des Schicksals kommen von der nicht ausreichenden Entwicklungsebene der Individuen, die selbst mit ihren schlechten Taten, Worten, Gedanken das künftige Schicksal schaffen. Wenn sich ihre Gedanken und Handlungen verändern, wird sich auch die Welt um sie herum verändern. Sie wird schöner, und das Leben – glücklicher und interessanter.

Wenn der Mensch, danach strebend in der Entwicklung zu steigen, sich freut, wenn er eine gute Tat vollbringt, und traurig ist, wenn etwas nicht klappt, so fällt bei den höchsten Persönlichkeiten in der Hierarchie Gottes solch eine jede minütige Selbstbewertung von persönlichen Handlungen weg.

Sie haben in ihre Matrizen bereits solche hohe Eigenschaften aufgenommen, dass sie nicht fähig sind, niedrige Taten zu begehen. Die Schaffung von Gutem – das ist deren Lebensweise, daher können sie sich nicht ständig für ihre Taten freuen. Wenn es wie beim Menschen wäre, dann würde sich die Empfindung der Freude und des Glücks für ihre Taten bei ihnen in eine endlose Kette von ständigen Empfindungen verwandeln. Aber wenn das Gefühl in eine ständige Phase hinübergeht, hört es auf, merklich zu sein. Daher verschwinden die Gefühle bei den höchsten Persönlichkeiten, hinübergehend in eine andere Erscheinungsform – sie bekommen das Gefühl der Ausrichtung ihres Funktionierens auf das Gute.

Die Orientierung für die ständige Schaffung von Gutem ist ein Hauptprinzip der höchsten Persönlichkeiten und drückt die allgemeine Zielausrichtung ihrer Entwicklung aus.

Das Ziel der Schaffung von Gutem besteht nicht darin, um ständig Freude und Glück zu empfinden, also daraus einen ähnlichen Nutzen zu ziehen, sondern darin, um ständig in dieser Richtung immer weiter fortzuschreiten. Verallgemeinernd des oben genannten, kann man sagen, dass der Hauptsinn der Existenz von guten Taten darin besteht, dass mit Hilfe von ihnen die Regulierung von Reaktionen aller Austauschprozesse in der göttlichen Hierarchie geschieht. Auf ihrer Grundlage funktioniert der gesamte Umfang des Wesens reibungslos, denn eben solche Beziehungen ermöglichen große Resultate in allem zu erzielen. Gute Taten, also Handlungen, die auf die Behauptung des Lebens gerichtet sind, formen die Struktur des zukünftigen Resultats als Ergebnis der Bestrebungen von interagierenden Persönlichkeiten. Die Form des erhaltenen Resultats dient als ein Maßstab der Ebene, die die Persönlichkeit in der Entwicklung erreicht hat. Eben nach den Handlungen eines jeden Individuums kann man über seinen Platz auf den Stufen der irdischen, und göttlichen Hierarchien urteilen.

Das Böse vernichtet Leben, das Gute schützt es. Und da die ewige Existenz – ein ewiges Leben ist, so muss das Gute zu ihrer Hauptstütze und ewigem Schutz dienen.

Kapitel 3

OPPOSITIONELLE RICHTUNGEN

DIE ERLANGUNG POSITIVER UND NEGATIVER ENERGIEN DURCH DIE SEELE

Die Entwicklung von lebendigen Formen in Welten läuft nach zwei grundsätzlichen oppositionellen Richtungen, was mit dem Aufbau des Weltalls hervorgerufen ist. Einbezogen in diese Prozesse ist auch die Menschheit, d.h. die Anwesenheit von guten Menschen und bösen ist keine Zufälligkeit der Existenz, sondern drückt bestimmte globale Prozesse der Entwicklung aus, die in niedrigen Welten in den Zustand von Gut und Böse transformiert sind.

Von den allgemeinen Begriffen gehen wir zu den einzelnen hinüber, die zur irdischen Welt gehören, und stellen klar, worin sich die positiven und negativen Tendenzen der Entwicklung auf der Erde ausdrücken und welche Besonderheiten sie bringen. Das Leben des Menschen ist aus Sicht der höchsten Schöpfer – ein technologischer Prozess der Vervollkommnung der Seele und der Umwandlung der Welt. Der Mensch selbst nimmt das Leben als die Existenz für das Erhalten von Vergnügungen wahr, als die Jagd nach Glück und Freude. Er glaubte immer an die Zufälligkeit seines Erscheinens in der Welt. Aus unbekannten Gründen für ihn erschien er auf der Erde und, einen kurzen Augenblick existierend, verschwindet er wieder im Nichtsein, es würde scheinen, für immer. Solch eine Aufstellung der Sache scheint bedauerlich zu sein und verdammt den Menschen zur Hoffnungslosigkeit. Aber das neue Wissen, das die Höchsten geben, schenken dem Menschen grenzenlose Entwicklungsperspektiven und dabei nicht nur in der positiven Richtung, aber auch in der negativen.

Wenn früher gemeint wurde, dass die Entwicklung in der negativen Richtung unmöglich sei, so sagen jetzt die "Gesetze des Weltalls oder die Grundlagen der Existenz der göttlichen Hierarchie", die Gott der ganzen Menschheit durch uns gegeben hat, darüber, dass die Seele sich auch in die negative Richtung entwickeln kann, genauso unendlich, wie in die positive. Bei vielen kann solch eine Annahme eine Empörung hervorrufen. Kann man denn im Bösen ewig progressieren? Aber dies ist eine – Ebene des niedrigen Verständnisses von Weltprozessen, das ist der Fehler, den der Mensch meist macht: er verbindet die negative Entwicklungstendenz mit dem Bösen.

Aber das Böse herrscht nur in niedrigen Welten unter niedrigen Individuen, d.h. es ist den Hilfswelten Gottes und des Satans eigen. Höher als sie steigt es nicht. Das Böse und Gute teilt die Seelen auf der Erde in zwei oppositionelle Lager, zwei oppositionelle Entwicklungsströmungen formend.

In den höchsten Welten steht das Böse aus, dort tötet niemand niemanden, weil der Faktor des Todes bei ihnen fortbleibt, alle Seelen sind – ewig. Und der Begriff von "Zufügung von Schaden" irgendeiner Persönlichkeit bleibt aus, weil alle Wesen ein hohes Bewusstsein haben, das keine Handlungen der Ausübung von absichtlichem Schaden für jemanden zulässt.

Die negative Ausrichtung der Entwicklung äußert sich bei den Höchsten durch andere Mechanismen. In den Energiewelten Gottes existieren bestimmte Prozesse, die mit der Arbeit im Bereich von negativen Energien verbunden sind. Im menschlichen Verständnis gehören zu ihnen allmögliche Berechnungen, exakte Wissenschaften, die Programmierung, Konstruktion, Demontage von etwas, automatische Operationen; Arbeit, die mit unterschiedlichen Arten der Technik feiner Pläne verbunden ist, mit Computern, allmöglichen Mechanismen. In den höchsten Welten steigt die Anzahl an Arten ähnlicher Tätigkeiten stark an.

Je höher die Seele steigt, desto mehr Arbeit hat sie, desto mehr muss sie wissen, verstehen und können. Nur für das gute Benehmen kann keine oben aufgenommen werden. Alle brauchen hochentwickelte und hochgebildete Persönlichkeiten. Daher steigt die Verantwortung nicht nur für die begangenen Handlungen, aber auch für die Gesamtheit des erworbenen Wissens.

Auf der Erde, jedoch, sollte die negative Entwicklung in zwei Teile geteilt werden:

1. Die Entwicklung niedriger Individuen durch das Böse (Gewalt, Rache, Ermordungen, Zerstörungen, Ausschweifung, Intrigantentum, Krittelei usw.).
2. Die Entwicklung mittlerer und hoher negativer Seelen durch Prozesse, die der Erarbeitung der Seele von negativen Energien beitragen.

Wenn der Mensch von der Ebene der Entwicklung durch Schlägereien, wo er, zum Beispiel, die Willenskraft ausarbeitet, hinübergeht in die Ebene der Berechnungen, Erlernung von Physik, Mathematik, sich für Computer interessiert, dann geht er, vor allem, zur anderen Tätigkeitsart hinüber, höher werdend in der Ebene. Eine niedrige Ebene, wo die Entwicklung durch niedrige Handlungen lief – Schlägereien, - Kriege – ist durch eine höhere ersetzt worden, der schon völlig andere Prozesse eigen sind – Berechnungen, intellektuelle Aktivität. Und diese Verbildlichung im Wechsel des Charakters des Prozesses ist sogar in unserer Welt sichtbar. Und in den höchsten Welten verändert sich der Charakter der negativen Prozesse in einem noch größeren Maße.

Die Höchsten negativen Prozesse tragen in sich kein Negativ, tragen, aber, die Arbeit mit Minus-Energien einer höheren Ordnung. Deshalb können wir nicht sagen, dass die Erlernung von Mathematik oder Physik schlecht ist, obwohl sie die Matrix mit negativen Energien befüllen. Sie tragen wunderbar der Vervollkommnung der Seele bei... aber in der negativen Richtung. Der Mensch sollte selber aussuchen, was ihm besser gefällt. Aber man sollte modern genug sein und die Entwicklung der Weltprozesse im Kosmos richtig verstehen, um sich nicht in einen feigen Flegel zu verwandeln, heimlich sündigen und darauf hoffen, dass alles unbemerkbar bleibt und er zu Gott gelangt nach der Vergebung der Sünden. Solch eine Hoffnung ist mit dem Unverständnis der Prozesse verbunden, an denen er teilnimmt.

Jedoch passiert nicht immer, dass der Mensch sich in der Entwicklung das aussucht, was ihm gefällt. Seine Wahl ist mit den engen Grenzen begrenzt, die ihm von oben gegeben werden und was er durchleben muss, unabhängig von seinem Wunsch. Aufgrund seiner Unwissenheit ist der Mensch nicht fähig zu wissen, was für ihn gut ist, und was schädlich. Er sucht meist das aus, was einfacher und angenehmer ist. Daher müssen die himmlischen Lehrer ein Lebensprogramm erstellen, mit der Einschließung von dem, was für die Entwicklung der Seele notwendig ist, und nicht von dem, was sie will. Aus diesem Grund kommt es oft vor, dass die Seele abgesehen von ihrem Wunsch mit negativen Prozessen verbunden wird, zum Beispiel, das Programm wird so erstellt, dass der Mensch ein Mathematiker oder Konstrukteur, Programmierer oder Militär wird. Die Umstände würden ihn scheinbar zwingen sich damit zu beschäftigen, obwohl er sich etwas anderes aussuchen würde, zum Beispiel, eine künstlerische Tätigkeit.

Eine Zwangsaufnahme in die Matrix von negativen Energien ist mit dem dreieinigen Aufbau der Seele verbunden, also mit dem Erfordernis positive, und negative Bestandteile anzusammeln. Bei der Erlangung eines gewissen Maximums des positiven Teils der Seele, muss der negative ihm in seinen Machtkennwerten entsprechen. Deshalb wird das Individuum auch für eine gewisse Entwicklungsperiode an die negativen Prozesse zugeschaltet ohne die Berücksichtigung seines Wunsches.

Für die Anschaulichkeit führen wir solch ein Beispiel auf. Ein guter Mensch ist nicht fähig Böses zu tun, jemandem Schaden zuzufügen, er hat also, solch eine Vervollkommnungsebene erreicht, wenn er nicht fähig ist, durch niedrige Prozesse zu progressieren. Aber seine Seele muss eine bestimmte Menge von negativen Energien ansammeln. Und für dieses Ziel wird solch ein Mensch mit Hilfe von Lebensumständen zum Programmierer, Konstrukteur, Buchhalter gemacht.

Anders ist es, wenn der Mensch aussuchen kann. Zum Beispiel, ein ehemaliger Flugzeugkonstrukteur wird zum Schauspieler, Dichter, Künstler. In diesem Fall wird ihm das Recht der Wahl gewährt, weil in der Seele die erforderlichen Verhältnisse zwischen dem Positiven und Negativen eingehalten sind, und ihm wird das Recht der Wahl gewährt nach seinem Willen auszusuchen. Deshalb sollte der Mensch richtig verstehen, was gut, und was schlecht ist, zumal, dass seine Tätigkeitsart sich mit der Erhöhung seiner Vervollkommnungsebene erweitert.

Das erste Kennenlernen mit der Information darüber, dass Mathematik, genaue Wissenschaften und vieles andere mit der Erarbeitung der Seele von einem harten Energietypen verbunden ist, versetzt in einen Schock, und ruft danach eine brennende Empörung hervor. Aber bevor man sich empört, sollte man sich mit dem Kern der Prozesse auseinandersetzen, und sie nicht aus Positionen der mittelalterlichen Unwissenheit betrachten.

Ein anderer Fall ist es – zu bekennen, dass es negative Individuen gibt und ganze negative Systeme, die Gott gehören, und es gibt negative Individuen und Systeme, die dem Satan gehören, bereits auf unserer Erde. Sie gehorchen voll und ganz ihm, und daher erscheinen Wahnsinnige, grausame Mörder, gnadenlose Zerstörer und Intriganten.

Aber der Hauptunterschied solcher Individuen besteht in den Eigenschaften des Charakters und in Handlungen. Nur nach dem Verhalten des Menschen in unterschiedlichen und vor allem extremen Situationen kann man seine Zugehörigkeit zum einen oder anderen System aufdecken oder die vorherrschende Richtung in seiner Entwicklung bestimmen. Eigenschaftlich unterscheiden sich die negativen Menschen Gottes von den negativen Menschen des Satans. Zum Beispiel, ein Konstrukteur ist barsch, hochmütig, bissig, und ein anderer – ruhig, geduldig, hilfsbereit. Der erste von ihnen wird für den Satan arbeiten, und der zweite – für Gott.

"Aber wenn man sich erfolgreich in der positiven und negativen Richtung entwickeln kann, sollte man sich denn dann mit der ständigen Wahl zwischen dem Guten und dem Bösen quälen? Das Wichtigste ist, dass die Existenz weitergeht egal wo", so könnte ein sich nicht auskennendes Individuum denken.

Die positive Entwicklungsrichtung verwandelt die Persönlichkeit in einen Schöpfer, ihr immer eine größere und größere Wahlfreiheit bietet. Und im negativen System des Satans ist das Individuum robotisiert und erfüllt voll und ganz den Willen seines Herrschers. Er hat gar keine Freiheiten, ihm wird das Wahlrecht in Situationen nicht gegeben (deshalb tötet er ohne Grund und Ursache, er muss töten – und er tötet). Und sogar die Gedanken werden ihm von dem Herrscher der Dunkelheit aufgedrängt. Ein Individuum, das sich dem Satan unterordnet wird sein demütiger Sklave für Milliarden Jahre. Ihm wird nicht erlaubt seine Wünsche zu äußern, er erfüllt immer nur das, was der Vogt will.

Außerdem, der Vorzug des positiven Systems besteht noch darin, im Vergleich mit diesen harten Existenzformen, dass es immer die führende ist, da es die Fähigkeit hat die Impulse aus der höher-gelegenen Ebene zu empfangen, und das negative System hat keine ähnliche Gabe und ist deshalb gezwungen, alle Anweisungen für die Arbeit von dem positiven System zu bekommen, d.h. die Systeme des Satans bekommen Ziele von den Systemen des Gottes.

Zudem, nur das positive System entwickelt schöpferische Fähigkeiten bei seinen Mitgliedern und beherrscht die Fähigkeit der Vergeistigung, und das bedeutet, die Möglichkeit für sich lebendige Seelen zu erzeugen. Das negative System, das keine Seelen erzeugen kann, fällt in eine völlige Abhängigkeit von dem positiven noch aus diesem wichtigen Grund. Auf diese Weise, jedes positive System wird immer höher als das negative System der gleichen Ebene sein in der Führung und bei der Treffung von Hauptentscheidungen der Entwicklung.

Natürlich, das alles beherrschen wird der Mensch in ferner Zukunft, aber bereits jetzt, sich auf der Erde befindend, muss er darüber nachdenken, in welche Richtung er bevorzugt sich zu entwickeln.

Am Ende einer jeden Ebene muss die Seele mit solchen Erlangungen ankommen, die für diesen Plan eine abgeschlossene Form von Aufbauten schaffen. Jede Seele, die die obere Grenze der Ebene der menschlichen Hierarchie erreicht hat, muss eine konkrete Anzahl an qualitativen Messwerten haben, und für diese Ebene wird sie absolut. Die Erlangung solch eines qualitativen Zustandes zieht den Übergang mit sich auf eine höhere Entwicklungsstufe.

DIE POSITIVE UND NEGATIVE VERVOLLKOMMNUNG

Gott hat eine Vielzahl an Planeten, die sich mit der Aufzucht von Anfangsseelen beschäftigen. In diesem Fall stellt sich die Frage, warum darf man sie nicht in einer großen Welt heranziehen?

Der Grund der Bildung von Matrixen der Wesen auf unterschiedlichen Planeten, in unterschiedlichen Welten, besteht in der Erfordernis Gottes, Seelen unterschiedlicher Eigenschaften und Qualitäten zu bekommen. Wenn der Mensch im Kleingarten Möhren, rote Beete, Zwiebeln, Gurken, Petersilie anbaut, dann nur aus dem Grund, dass er Lebensmittel von unterschiedlichen Eigenschaften braucht. Obwohl es ein grober Vergleich ist, ermöglicht er aber die Wörter "Eigenschaft der Seele" zu klären.

Planeten einer Ebene werden sogar in einem Universum Seelen unterschiedlich in den Eigenschaften heranziehen, und folglich, auch in den Attributwerten. Das ist eine Art Ursprungsspezialisation für die Orientierung der Seelen für die Tätigung einer bestimmten Arbeit in der Zukunft. Alle Seelen müssen im Endeffekt in Maßen in einen streng bestimmten Umfang wechseln. Das sind die Perspektiven ihrer Entwicklung. Es ist also wichtig sich nicht einfach zu entwickeln, von Ebene zur Ebene wechselnd, sondern es ist erforderlich bestimmte Eigenschaften zu erlangen.

Unser Gott weiß im Voraus, was seine Welten brauchen, welcher Eigenschaft von Seelen sich in der Verarbeitung ihrer Energien beteiligen müssen, deshalb hat er die Möglichkeit ihre Anzahl und die Eigenschaften selbst zu planen. Somit existiert die Seele in seinen Welten zielgerichtet, und obwohl sie die Wahlfreiheit in der Entwicklung hat, wird sie aber ihr in Grenzen der bildenden Eigenschaft gegeben, die Gott für sie plant. Deshalb zieht auch die Erde Seelen einer bestimmten Eigenschaft heran. Der Satan zieht ebenso eigene Seelen heran, die der negativen Richtung entsprechen.

Aber da die Evolution im Weltall sich in zwei Energieströmungen bewegt, so muss alles, was in der Evolution irgendwann entsteht, direkt oder im Laufe einer gewissen Zeit sich in

Gegensätze teilen, diese Strömungen auffüllend. Aus diesem Grund werden fast alle Hilfswelten Gottes so gebaut, dass durch die Prozesse der Vervollkommnung die Seelen in positive und negative geteilt werden. Jedoch fehlen den Menschen die Begriffe, die fähig sind, diesen Prozess der Teilung ganz wiederzugeben, was eine Verwirrung in das Bewusstsein des Menschen hineinbringt.

Die Ausrichtung der Vervollkommnung zu Gott zählt als positiv, und zum Satan – als negativ. Im Weltall entsprechen diese zwei Entwicklungstypen den positiven und den negativen Evolutionsströmungen. Erzeugen wir eine weitere Detaillierung in ihnen, um in einer bestimmten Entwicklungsvariante zu sehen, was in jedem dieser Ströme geschieht. Die Hierarchie Gottes ist, ihrerseits, in einen positiven und negativen Teil geteilt.

Aber in der Hierarchie des Satans gibt es auch den einen und auch den anderen. Also wovon unterscheidet sich nun das Negative Gottes von dem Negativen von Satan, und ebenso – was ist der Unterschied zwischen dem Positiven bei dem einen und anderen?

Das Erste was sie unterscheidet ist – der Gegensatz der Eigenschaft. Das Negative Gottes ist dem Negativen von Satan in der Eigenschaft entgegengesetzt. Ebenso das Positive. Und da die Begriffe, die sie bei der Menschheit teilen, fehlen, so muss man solche Definitionen verwenden, wie "das Helle" und "das Dunkle" (oder "Schwarze"). In der Evolution, also, bewegen sich zwei Strömungen – heller und dunkler. Deshalb sind die negativen Energien in der Hierarchie Gottes – helle Energien, die die einen Eigenschaften haben, und negative Energien des Satans – sind dunkle Energien, die entgegengesetzte Eigenschaften erzeugen.

Die positiven Energien in der Hierarchie des Satans sind meist minimal, aber auch dunkel. Sie werden durch die robotisierte Ausführung des Programms erarbeitet, und in Seelen, die die Entwicklung auf der Erde fortsetzen, werden sie teilweise im Laufe der ersten zehn Leben erarbeitet, also bis zum Übergang in das negative System, und teilweise bereits – nach den harten Programmen des Satans. Jedoch werden auch die positiven dunklen Energien in den Zellen der Matrix andere Eigenschaften bilden, zum Beispiel, Berechnungsschöpfung, Erfindung, bei der das Neue nur mit Hilfe von

Zahlenberechnungen geschaffen wird, usw. - das ist eine andere Schöpfung, keine bildhafte. Sie läuft durch andere Prozesse. Bei Gott läuft die Schöpfung durch Bilder, abstraktes Denken, und beim Satan – durch Zahlenberechnungen. Alles wird mit Berechnung geschaffen, deshalb hat Mathematik für ihn eine besondere Kraft.

In der Hierarchie Gottes gibt es eine Vielzahl an Spezialisten, die sich mit der Arbeit mit negativen hellen Energien beschäftigen, und ebenso auch eine Vielzahl an Spezialisten, die sich mit positiven Prozessen beschäftigen. Die Programmierer Gottes in seiner Hierarchie erstellen Programme für ihre untergelegenen Ebenen der Hierarchie, dasselbe machen die Programmierer des Satans. Und nur in Hilfswelten, darunter auch auf der Erde, ist dem Satan und seinen Systemen erlaubt an der Erstellung von Programmen für die Anfangsseelen teilzunehmen. Genauer gesagt, die Programme für die Menschen erstellen die Programmierer des Satans, aber es geschieht unter Kontrolle des positiven Systems Gottes. Die gemeinsame Teilnahme an der Heranziehung von Seelen ist aus dem Grund der Erfordernis ihrer Teilung eingeführt. Deshalb hat Gott dem Satan erlaubt für die Hilfsplaneten solche Programme zu erstellen, die Erprobungen und Versuchungen einschließen, die ermöglichen in Seelen Untugenden und Defekte herauszufinden.

Wie sich ein Kristall in streng bestimmten Temperatur- und Feuchtigkeitsbedingungen bei Vorhandensein von notwendigen Komponenten des eigenschaftlichen Bestandes bildet, so wird auch eine qualitativ hochwertige Seele nur dann gebaut, wenn sie alle Fallen in Form von Versuchungen und Verführungen, die von Satan aufgestellt sind, umgeht und mit Würde alle Erprobungen, die Gott schickt aushält.

Satan hat seine eigene Systematisierung der Versuchungen und Verführungen für jede Entwicklungsebene des Menschen. Viele davon erfassen direkt einige Ebenen, also irgendeine Versuchung (in Form von Wein) ist fähig auf Menschen hin bis zur fünfzigsten Ebene der menschlichen Hierarchie einzuwirken. Ebenso die Versuchungen in Form von Schaffung von Schwierigkeiten existieren auch für jede Ebene eigene, weil das, was für ein niedriges Individuum eine schwere Erprobung sein wird, wird sich für ein hohes als ein einfaches Hindernis erweisen. Alles muss dem Potenzial der Seele entsprechen.

Die Klassifikation von Methodiken, die es ermöglichen die Individuen von dem direkten Weg seitwärts wegzuführen, ermöglicht es sie in Programme automatisch einzuführen. Aber der Satan erarbeitet ständig auch neue Versuchungen, er gibt sich mit dem Alten nicht zufrieden. Zum Beispiel, in den letzten Jahren hat sich solch eine Versuchung für niedrige Seelen weit verbreitet, wie Drogen. Mit der Erscheinung von Kinos, Fernsehen begann die Unzucht erzeugt zu werden durch erotische Filmstreifen, Horrorfilme mit Elementen von Gewalt und Grausamkeit.

Psychologische Abhängigkeiten, und folglich, Defekte in der Entwicklung, begannen sich zu offenbaren durch Begeisterung für Glücksspiele, übermäßige Bindung zu Spielautomaten und Computern, wenn für den Menschen alles in der Welt aufhört zu existieren, außer ihnen. Und dies ist immer noch – die gleiche Verderbtheit, die sich in einer neuen Form äußert. Junge Seelen, die den neuen Macheleien des Satans nachgeben, können einfach in das negative System kommen.

Die Hohen haben eigene Versuchungen. Sie lassen sich nicht durch materiellen Reichtum und niedrige Vergnügungen verführen, aber Satan kann sie zu sich locken, eine beschleunigte Entwicklung oder irgendwelche ungewöhnliche Eigenschaften, Beherrschung der Geheimnisse der schwarzen Magie, Macht über die Naturkräfte, materielle Unsterblichkeit versprechend. Hohe Seelen, also, beginnt er mit geistigen Werten und Wissen zu verlocken. Somit füllt sich seine Hierarchie mit neuen Methodiken zur Erzeugung von Defekten in Seelen.

Satan ist daran interessiert, dass die Seelen möglichst viele Defekte haben. Dies ermöglicht ihm für seine Hierarchie neue Vollzieher-Sklaven zu bekommen. Jedoch kann er die Versuchungen nur anbieten, sie aufzwingen durch Überredung, den Menschen mit Illusionen verlocken, aber die Wahl und das Treffen einer endgültigen Entscheidung bleibt immer beim Menschen selbst. Dabei sollte man immer daran denken, dass **der Satan zu den Menschen immer durch jemanden kommt, durch genauso einen Menschen, der versuchen, verlocken, überreden, verführen wird.** Das muss man sich merken.

Viele verwechseln die Versuchung mit Belohnung. Oft, wenn für jemanden eine bedeutsame Geldsumme abfällt oder eine unerwartete

Vererbung, dann freut sich der Mensch: "Da hat Gott mich dafür belohnt, dass ich an ihn glaube". Und in Wirklichkeit erweist sich das als eine Versuchung, die Satan schickt.

Alles, was der Mensch nicht mit eigener Arbeit verdient hat, erweist sich für ihn als ein süßer Köder des Satans. Nur in Einzelfällen kann es wirklich eine Belohnung für eine vergangene hochgesinnte Tat sein. Aber in jedem Fall, bei Erhaltung eines Reichtums von Satan oder Gott ohne besonderen Aufwand für sich, beginnt der Mensch weiter nach eigenem Ermessen darüber zu verfügen. Und von oben wird geschaut, wofür er es ausgibt: für die Vervollkommnung der Seele (der eigenen oder der anderen) oder für die Befriedigung der persönlichen niedrigen Gelüste und Wünsche. Jedoch sollte man jeden Menschen einzeln in Bezug auf Versuchungen und Verlockungen entsprechend seiner Entwicklungsebene betrachten. Uns, jedoch, interessieren die allgemeinen Tendenzen.

Wir erzählen so lange über die Methoden, die der Hierarch des negativen Systems (Satan) verwendet, weil ebenso auf dem Alltagsplan die Prozesse der Teilung in der irdischen Welt aussehen. Eben auf diese Weise geschieht die Teilung der Seelen in oppositionelle Teile und läuft die Bildung aus ihnen von positiven und negativen Evolutionsströmungen. In anderen Welten und bei anderen Göttern geschieht dies anders.

DIE KOMBINATION DES POSITIVEN UND NEGATIVEN IM BERUF

Ein gewöhnlicher Mensch entwickelt sich durch Handlungen in Situationen, professionelle Tätigkeit und der kleinste Teil sucht den Weg durch das Erfassen von Wissen aus.

Gewöhnlich vervollkommnen sich Individuen auf der Erde, beginnend mit einer bestimmten Ebene, in einigen Richtungen. Zum Beispiel, ein Individuum hat zuerst eine technische Hochschule abgeschlossen, und dann ließ er sich von der Poesie hinreißen und wurde zum Dichter. In diesem Fall vereinigt er die negative Entwicklungsrichtung, die technische, mit der positiven in der Schöpfung, es läuft eine harmonische Entwicklung. Und wenn man dazu Sport hinzufügt oder irgendeine physische Arbeit, dann ergibt sich eine Entwicklung in noch einer oder direkt einigen Eigenschaften. Es ist vorteilhaft, sich direkt in einigen Eigenschaften zu vervollkommnen. Es beschleunigt die allseitige Vervollkommnung der Persönlichkeit und bereichert ihre innere eigenschaftliche Zusammensetzung.

Gewöhnlich entspricht jede Ebene in der Hierarchie ihrer Tätigkeitsart. Aber für die Erde vereinigen sich einige Ebenen mit einer bestimmten Tätigkeitsart. Dies ist damit verbunden, dass für die Menschheit zehn Programmtypen entwickelt sind, und ein Typ vereinigt zehn irdische Ebenen. Für sie (zehn Ebenen) sind auch ähnliche Vervollkommnungstypen entwickelt. Zum Beispiel, die ersten zehn Ebenen eignen sich die physische Arbeit an, erlangen die Fähigkeit zu arbeiten. Die nächsten zwanzig Entwicklungsebenen beinhalten bereits Schöpfung in Form von Aneignung von Handwerk. Die noch höher stehenden zehn Ebenen (von 30sten bis 40sten) gehen in die Aneignung der Schöpfung einer höheren Ordnung hinüber, erlangen Fähigkeiten in der Schöpfung usw.

Schöpfung umfasst alle irdischen und hierarchischen Ebenen Gottes und geht ins Unendliche. Deshalb spielt die Erlangung von schöpferischen Fähigkeiten eine besondere Rolle in der Vervollkommnung jeder Persönlichkeit, die sich in der positiven Richtung entwickelt.

Negative Individuen Gottes neigen auch zur Schöpfung. Und die Mündel des Satans haben kein abstraktes Denken und wenn sie etwas Neues schaffen, dann nur mit Hilfe von Berechnung. Dabei geben die Form selbst ihnen gewöhnlich die positiven Individuen-Schöpfer, und das Berechnungssystem des Satans berechnet und konstruiert.

Abgesehen davon, dass die Individuen auf der Erde sich in der Teilnahme an schöpferischen Prozessen unterscheiden, sollte man noch das niedrige Stadium der Individuen von dem hohen negativen System des Satans unterscheiden. Niedrige Individuen beschäftigen sich auch nicht mit Schöpfung, weil ihr Entwicklungsgrad noch so gering ist, dass er es nicht erlaubt, ihnen sich mit diesen Prozessen zu beschäftigen.

Jedoch spielt in ihrer Entwicklung eine wesentliche Rolle die Nachahmung und die Heranführung in die Kunst. Zum Beispiel, Hören von Musik, das Anschauen von Bildern von Künstlern auf Ausstellungen, hochgesinnten Filmen usw. trägt der Orientierung des Individuums in Kunst bei. Das Individuum sucht selbst aus, was ihm besser gefällt, was nicht. Es läuft eine Geschmacksbildung. Deshalb ist es wichtig in diesem Moment seine Orientierung in der Kunst richtig zu bilden. Wie, zum Beispiel, geschieht die Entwicklung von Gesangsfähigkeiten?

In den ersten Stadien beschäftigt sich das Individuum nur mit dem Hören der ihm gefallenden Musik. Dabei geschieht die Entwicklung des musikalischen Gehörs. Zuerst ist das Individuum nicht fähig selbst eine einfache Melodie wiederzugeben. Und dies kann nicht nur ein Leben so weitergehen. In einigen Leben, bei allen unterschiedlich (bei jemand in drei Leben, bei jemand in dreißig), beginnt das Individuum eine einfache Melodie wiederzugeben, ist also, fähig teilweise richtig ein Lied zu singen. Weiter wird wieder drei bis fünf Leben gebraucht, in denen sich das Individuum ausschließlich mit der musikalischen Bildung beschäftigen muss. Dies ermöglicht ihm bereits richtig ein beliebiges Lied wiederzugeben. Noch zwei Leben wird er brauchen für die Aneignung des Gesangs in einer Bildungseinrichtung. Und auf diese Weise, um ein beliebiges Lied zu singen oder sogar eine Arie, wird er einige Leben brauchen, um ein Profi zu werden.

Und um ein Dirigent oder ein Komponist zu werden, sind noch mehr Leben erforderlich. Deshalb erscheinen keine Talente von alleine, sondern werden durch das Individuum selbst von Leben zu Leben erarbeitet. Das sind seine Bemühungen. Gott jedoch, bietet seinen Individuen die Möglichkeit sich schöpferisch zu entwickeln, jedem ein gesondertes schöpferisches Programm gebend. Deshalb, je mehr der Mensch lernt, desto talentierter wird er einst erwachen in irgendeinem seiner folgenden Leben.

Die Seele des Menschen sollte harmonisch sein, und deshalb wird ihr das Recht geboten in sich die unterschiedlichsten Eigenschaften zu erarbeiten. Der Mensch ist vielfältig in seinen Interessen und am häufigsten läuft direkt die Aneignung von unterschiedlichen Energiearten. Dies ist der progressivere Entwicklungsweg. Er beschleunigt den Erwerb von Eigenschaften durch die Seele, die Ansammlung unterschiedlicher Energiearten in die Matrix.

Somit, womit sich der Mensch auch beschäftigt, vervollkommnet er sich entweder in der positiven Richtung, oder in der negativen Richtung. Aber dabei ist es natürlich interessant zu sehen, auf welcher Entwicklungsstufe der ein oder andere Mensch steht, in wie weit er sich dem Gipfel der irdischen Hierarchie genähert hat und wie viele Ebenen er noch vor sich hat, um danach in die ewige Existenz hinüberzugehen. Wenn der Mensch wenigstens seinen annähernden Platz in der irdischen Hierarchie erfährt, möglicherweise, möchte er seine Vervollkommnung beschleunigen, und wird maximale Anstrengungen unternehmen, um in diesem Leben so hoch wie möglich zu kommen.

Deshalb geben wir für die Orientierung des Menschen in seinen Tätigkeiten eine ungefähre Gradation der Entwicklungsebenen des Menschen bei Ausübung der einen oder anderen Tätigkeit (Tabelle Nr. 1).

Die Erlernung eigener Handlungen aus Sicht der Durcharbeitung der Menschen von Energien hat gezeigt, dass sie sich meistens einen sehr niedrigen Energiebereich aneignen. So, zum Beispiel, arbeiten Artisten ziemlich niedrige Energiefrequenzen durch. Ihr Bereich ist – der astrale, und das ist der Kampf der Wünsche, Drang nach einem schönen Leben, Ruhm, Aufmerksamkeit und Liebe einer Menschenmenge, das sind siedende Leidenschaften, und Leidenschaften sind – sehr niedrige und dreckige Energien. Aber unter Artisten gibt es auch eine eigene Gradation, jemand steht höher, jemand niedriger. Menschen, die dem gleichen Beruf angehören, werden immer auf unterschiedlichen Entwicklungsebenen stehen,

Tabelle 1

Was führt zu Gott	Was führt zum Satan
Den spirituellen Lehrern folgen (Spitze der Hierarchie)	Individuen, die vielen Menschen Schaden zufügen (Spitze der Hierarchie)
Liebe zum Menschen	Gesetzesverstöße
Selbstlosigkeit, Barmherzigkeit	Geiz, Habgier
Leidenschaft für Höchstes und kosmisches Wissen, das von Oben gegeben wird	Gemeinheit aller Art
	Rachsucht
Philosophie	Kritik, Verunglimpfung anderer
Religion auf der Ebene eines Geistlichen	List, Täuschung
Anderen helfen	Stolz, Arroganz
Wissenschaft	Schlechte Angewohnheiten
Architektur, hohe Schöpfung	Rauchen, Grobheit
Design, Erfindung	Obszönes Fluchen
Musik komponieren, Filme machen	Übermäßiges Horten
Schriftstellerische Tätigkeit	Faulheit, Müßiggang
Malerei von Künstlern	Geläster
Aufführung von Liedern, Popmusik	Unmoralische Handlungen
	Übermäßiger Sex
Künstlerische, poetische Tätigkeit	Verlangen nach nackten Menschen, FKK
Journalistische Tätigkeit	Drogenabhängigkeit, Alkoholismus
Religion auf der Ebene gedankenloser Anbetung	Casino, Geldspiele
	Diebstahl
Designertätigkeiten	Ringen, Boxen mit niedrigen Absichten verbunden
Individualsport	
Ringen, Boxen beim gleichzeitigen Streben nach edlen Zielen	Masochismus
	Stierkampf
Sport- und Religionsfanatismus (Unterseite der Hierarchie)	Tötungen (unten in der Hierarchie)

deshalb können sie nicht gleich schlau sein, gleich talentiert. Professionelle Angaben beeinflusst der Entwicklungsgrad der Persönlichkeit. Sogar Professoren und Akademiker unterscheiden sich im unterschiedlichen Entwicklungsgrad.

Im aufgeführten Tabelle auf ziemlich niedriger Stelle befinden sich die Journalisten. In diesem Fall wurde die übliche mittlere Ebene des Professionalismus genommen, obwohl es natürlich, unter ihnen auch ziemlich hohe und gelehrte gibt. Aber die Schemen beziehen sich nur auf die mittlere Ebene und nur für die Gegenwart, weil die **Zeit das Kräfteverhältnis unbedingt verändert**.

Journalisten, zum Beispiel, arbeiten momentan (2000-2013 J.) auf Ebene der Alltagsbeziehungen und politischer Unruhen, Wirtschaftsklatsch, und das ist nichts anderes, als die Gestaltung niedriger Begriffe in eine gebildete Form gut verarbeiteter in der Stilistik Artikel und Notizen. Aber nicht jeder viel Sprechender ist fähig zu denken und nicht jeder Absolvent des Instituts erhebt sich über dem Alltag. Sie haben bis zum Automatismus die Beherrschung des Wortes ausgearbeitet, aber nicht das Denken selbst. Es ist bei ihnen sehr oberflächlich und ist nicht fähig, den Kern vieler Erscheinungen und Prozesse zu begreifen. Daher haben Beobachtungen, Treffen mit ihnen es uns erlaubt, sie einer ziemlich niedrigen Ebene zuzuschreiben.

Jeder Mensch sucht normalerweise den Beruf nach Wunsch aus (der die Wahl im Programm hat) oder nach Umständen, dies bedeutet, dass das Programm ihn zwingt irgendwelche Eigenschaften fertig zu bringen und die Schulden wiederzugeben. Zum Beispiel, dem Menschen gefällt es zu malen, aber um seine Familie materiell zu versorgen, muss er als Konstrukteur arbeiten, da dieser Beruf besser bezahlt wird, und seine Gemälde geben ein mageres Einkommen.

Berufe helfen irgendeine (oder einige Eigenschaften) in der Matrix hierarchisch zu bauen. Zum Beispiel, perspektivisch zeigt sich die Aneignung des Berufs des Konstrukteurs (von Flugzeugen, Gebäuden und Anlagen, Schiffen usw.). Diesen Beruf kann man nicht in einem Leben bis zur Vollkommenheit bringen. Man benötigt mindestens 5-10 Leben, um irgendeine Konstrukteursabteilung zu leiten und sich voll und ganz in allen Details des zu schaffenden Objektes auskennen zu können. Geniale Konstrukteure, Erfinder, Physiker und Mathematiker –

sind alles Seelen, die sich in ihrem Beruf auf einige oder sogar viele Leben spezialisieren. So sollte es zumindest klar sein, dass wenn jemand sich in etwas gut auskennt, so hat er eine Lernerfahrung davon in vergangenen Inkarnationen gehabt. Hieraus folgt auch das andere – der Mensch sollte verstehen, dass es keine unfähigen Seelen gibt: alles ist überwindbar, aber dafür sind einige Leben und Mühe erforderlich.

DIE AUFTEILUNG DER MENSCHEN IN POSITIVE, NEGATIVE UND NEUTRALE

Lassen sie uns auf die Seelen eingehen, die sich negativ in zwei oppositionellen Richtungen auf der Erde entwickeln.

Die Menschen Gottes – positive Richtung:

1. Junge Seelen bis 10 Inkarnationen, die sich durch Gehorsam und das Gute entwickeln.
2. Mittlere und hohe Seelen, die den Weg der Berechnung und der genauen Wissenschaften gehen.
3. Mittlere und hohe Seelen, die sich durch Schöpfung, hohes Wissen, Religion, spirituelles Wissen der Welt entwickeln.

Menschen des Satans – negative Richtung:

1. Junge Seelen bis 10 Inkarnationen, die sich durch das Böse und niedrige Handlungen entwickeln.
2. Mittlere und hohe Seelen, die sich durch Berechnungen, genaue Wissenschaften, das Programmieren, Intrigen, List entwickeln.

Menschen des Medizinischen Systems:

1. Positive Entwicklungsrichtung.
2. Negative Entwicklungsrichtung.

Taten des Menschen, seine Gedanken, Wünsche wirken sich auf die Energien aus, die die Seele im Laufe der Inkarnationen erlangt.

Führen wir ein Beispiel auf, wie unterschiedlich auf niedriger Ebene der Mensch seine Aufgaben lösen kann. Zwei Individuen ist das Ziel gesetzt – Geld zu verdienen. Das eine Individuum geht den positiven Weg, findet eine Stelle als Lader und verdient Geld ehrlich, im Umfang seiner Seele positive Energien erarbeitend, die den positiven Teil der Matrix füllen. Und das zweite Individuum klaut jemandem den Geldbeutel oder wird dem Geld mit dem betrügerischen Weg habhaft und auf diese Weise bekommt er sie unehrlich. Aus diesem Grund wird mit den neuen Energien der negative Teil seiner Seele gefüllt.

Zu einem Ziel gingen zwei Menschen entgegengesetzt, weil sie bei der Lösung dieser Aufgabe in sich oppositionelle Prozesse eingeschaltet haben, eigenschaftlich unterschiedliche Wege gehend. Daher haben sich auch ihre Seelen mit entgegengesetzten Energien gefüllt.

Aber die gleiche Aufgabe kann man auch auf anderen Wegen lösen. Einer, aufgrund der Tatsache, dass es eine junge wenig entwickelte Seele ist, wird, nehmen wir an, genauso handeln, wie der erste (wird als Lader arbeiten), und der andere geht in eine Fabrik oder auf eine Baustelle. In diesem Fall haben beide für das gesetzte Ziel positive Wege ausgesucht, unterschiedliche, aber nicht entgegengesetzte. Die Lösung der Aufgabe war nicht gleich, aber ihre eigenschaftliche Ausrichtung war gleich, da ihre Seelen positive Energien erarbeitet haben. Dies zeugt davon, dass es in der positiven Entwicklungsrichtung hilft, viele Wege zu gehen, dem Menschen ist eine große Wahl gegeben. Und obwohl sie das Erreichen des Ziels auf seine eigene Weise mutmaßt, aber die Eigenschaft der erworbenen Energien bleibt positiv. Die Entwicklung läuft in Richtung Gott.

Junge Seelen bis 10 Inkarnationen, die noch Gott gehören, werden oft für negative Individuen gehalten aus dem Grund ihres negativen Verhaltens, aber man sollte sie von den mittel-entwickelten negativen Persönlichkeiten trennen, die bereits beständig an das negative System des Satans befestigt sind.

Junge Seelen sind einfach aufzudecken durch den niedrigen Entwicklungsgrad, durch einen geringen Wissensumfang, über den sie verfügen, durch das Fehlen vieler Begriffe und jeglicher praktischer Fertigkeiten (normalerweise, womit sie sich auch immer beschäftigen, klappt nichts oder klappt nur sehr schlecht). Viele von ihnen, den negativen Individuen nachahmend, beginnen sich ähnlich zu verhalten: zu trinken, rauchen, sich zu schlagen, den Übergeordneten zu widersprechen; ihnen beginnt es zu gefallen zu zerstören, andere anzupöbeln, zu fluchen, zu lügen usw. sie übernehmen sehr schnell schlechte Manieren. Aber das alles ist das Ergebnis ihrer kleinen Lebenserfahrung und des Unverständnisses des Unterschieds zwischen dem Guten und dem Bösen.

Wenn der Mensch sehr aktiv negative Charaktereigenschaften zeigt, zeichnet sich aber mit einem hohen oder mittleren Intellekt aus, dann kann man über seine Zugehörigkeit zum negativen System des Satans reden. Einige Menschen verwechseln es und halten seine negativen Züge für die Eigenschaften, mit denen man kämpfen muss, daher versuchen sie ihn umzuerziehen. Aber er progressiert in seiner negativen Richtung, und ihn umzuerziehen, und umzuorientieren auf etwas Positives wird unmöglich. Hier sollte man die Frage nicht über die Erziehung der Persönlichkeit stellen, sondern über die Richtigkeit ihrer Orientierung in der Progression.

In der negativen Ausrichtung kann man in Richtung Gott und in Richtung Satan progressieren. Diese zwei unterschiedlichen Wege wird der Nichtvorhandensein des Bösen auf dem einen und seinem Vorhandensein auf dem anderen unterscheiden. Die Handlungen, in denen das Böse vorhanden ist, und das Zufügen von Schaden einem anderen Menschen oder Wesen, führen zum Satan. Das ist der Hauptunterschied negativer Prozesse, die zu Gott und zu Satan führen. Böses macht Handlungen negativ und eben alles Negative, als das Schlechte, führt die positiven Seelen sowie die negativen auf den Weg in die Hierarchie des Satans. Das ist die unerwünschte, für das positive System, Tendenz, die ihr die Seelen wegnimmt.

Für das positive System sind jegliche Handlungen, die in das negative System führen, negativ. Aber für das negative System sind alle negativen Handlungen erwünscht, da sie ihrer Vervollkommnung in negativen Eigenschaften beitragen.

Nachdem die irdische Seele zehn Leben gegangen ist und für die weitere Existenz im positiven System behalten wird, bleibt weiterhin die Bedrohung ihrer Übergabe in die Hierarchie des Satans bestehen, da sie im Laufe ihrer weiteren Entwicklung progressieren kann, sowie degradieren. Für die Degradation folgt ihr die Bestrafung durch Lebenssituationen oder die Herabsetzung in der Ebene, was sich auf eine Verschlechterung der Existenzbedingungen reduziert und für sie eine Bestrafung ist. Das positive System wird aktiv für sie mit seinen Methoden kämpfen.

Das Verhältnis der negativen Vertreter aus dem System Gottes und aus dem System Satans wird ungefähr durch Proportion eins zu zwei (½) ausgedrückt. Dieses Verhältnis hat die Menschheit zum Jahr 2000 erreicht, aber, natürlich, ändern sich diese Zahlen ständig mit der Zeit. Junge Seelen bis 10 Inkarnationen sind nicht in diesen Zahlen enthalten. Das angegebene Verhältnis bilden Seelen nach ihrer ersten und zweiten Zuteilung, hauptsächlich sind es – mittlere und hohe Individuen.

In der Tat sind die einen Individuen, die für Gott arbeiten, und die anderen, die für Satan arbeiten, - negativ, weil sie mit negativen Prozessen verbunden sind. Aber dies sind schon Prozesse einer höheren Ordnung, als die, an denen niedrige Individuen teilnehmen. Auf einer höheren Entwicklungsebene können die negativen Individuen von beiden Hierarchien an Rechenoperationen, am Konstruieren, an der Computerisierung und an vielem anderen teilnehmen, was negative Eigenschaften gibt, und deshalb ist es schwierig, sie zu erkennen. Der Mensch hat sich daran gewöhnt zu glauben, dass jeder Führer positiv sein muss, deshalb werden einige seiner negativen Eigenschaften als die Strenge seines Charakters, als Zählheit, Verantwortung, Durchsetzungsvermögen wahrgenommen. Und das, dass einige von ihnen vom negativen System arbeiten und absichtlich die Untergeordneten drücken, wie man sagt, aus ihnen Blut saugen, ahnt er nicht.

Ihr Hauptunterschied besteht in den Charaktertypen.

Negative Individuen des Gottes sind herzensgut, anständig, bescheiden, helfen anderen. Sie haben einen – gefälligen, netten, geduldigen Charakter. Ein negatives Individuum Gottes wird über Anständigkeit, Ehrlichkeit, Duldsamkeit, Menschlichkeit und viele andere positive Eigenschaften verfügen. Ihnen ist Liebe eigen, Strebung nach Schöpfung.

Negative Individuen des Satans sind bösartig, aggressiv, obwohl sie diese Eigenschaften auch verbergen können, sind hinterlistig, skandalös, prinzipienlos, sagen das eine, machen das andere; sind fähig anderen Böses zuzufügen, verfolgen ihre Ziele mit beliebigen Wegen, d.h. sie kennen sich mit den Mitteln, um sie zu erreichen, nicht aus. Das Individuum des Satans wird ungeduldig, jähzornig, unhöflich, heuchlerisch sein, normalerweise gefällt es ihm andere fertig zu machen, an anderen zu "nagen", Ränke, Intrigen zu schaffen, ist schadenfroh, ihm gefällt es andere zu verletzen. Ist nicht fähig zu lieben, Liebe ersetzt tierisches Instinkt, manchmal wenn es eine reichlich hohe Seele ist, wird sie durch das Programm mit einem einzigen Partner verbunden.

Er wird also nicht aus Liebe zu ihm leben, sondern es wird das Programm von ihm erfordern, ihn auf einer bestimmten Tätigkeit (eines Politikers, Führers, Physikers) konzentrierend.

Die Charaktertypen, also, bei beiden negativen Individuen sind nicht einfach unterschiedlich, sondern entgegengesetzt. Der eine wird die anderen verteidigen, der andere wird sie ständig angreifen; der erste wird schöpfen, und der zweite – zerstören.

Jedoch wenn Individuen jemandem Schaden zufügen, dann kann es sowohl eine junge Seele tun, als auch eine Seele, die bereits dem System des Satans angehört. Nur nach Eigenschaften des Charakters kann man sich noch irgendwie zurechtfinden, wer zu wem gehört. Man muss sich reichlich in allen Verhaltensnuancen des Menschen auskennen, um genauer zu bestimmen – zu welcher Hierarchie das eine oder andere Individuum gehört. Aber meistens erkennen Menschen, die sich der hundertsten irdischen Ebene nähern, diesen Unterschied bereits frei.

Schwieriger ist es sich in Prozessen einer anderen Art zurechtzufinden, solche wie Rechenoperationen, Programmierung, Politik, Kriegsführung. Individuen, die Gott und Satan angehören, werden nur die Charaktereigenschaften unterscheiden.

Somit, die Entwicklung trägt immer die Bedrohung ein ewiger Vollzieher der Wünsche des negativen Hierarchen zu werden. Ihn erwarten, also, in der irdischen Welt zwei Gefahren: solange das

Individuum noch keine zehn Leben durchdauert hat, steht vor ihm immer die Bedrohung der Dekodierung; und wenn er wohl behalten diese schreckliche Grenze überschreitet, so erscheint im weiteren eine andere Bedrohung – der Eintritt auf den Weg, der in die Hierarchie des Satans führt.

Die medizinische Entwicklungsrichtung.

Aber Gott hat noch eine selbstständige, große Hierarchie, die sich auf der medizinischen Versorgung aller Wesen, die den anderen Hierarchien Gottes gehören, spezialisiert, auch die Wesen des Satans einschließend. Das medizinische System leistet ebenso anderen Systemen und Wesen Hilfe. Obwohl es als neutral gilt, wird es ebenso in eine positive und negative Entwicklungsrichtung geteilt.

Dorthin führt nicht der Gleichstand der positiven und negativen Teile der dreieinigen Seele, sondern ein besonderes Verhalten, das der Erarbeitung besonderer Eigenschaften beiträgt: Verteidigung, Hilfe für andere, Wohltätigkeit, Rettung, Kampf ums Leben von jemanden, Kampf für eine normale Existenz usw.

Die neutrale Hierarchie bilden, ihrerseits, zwei kleinere Systeme: das medizinische System und das System der Hilfe für andere Wesen, und genauer, allen vergeistigten Formen und Zuständen Gottes und des Satans.

Vom menschlichen Plan in das medizinische System führt die Arbeit des Arztes, der Entwickler von medizinischen Geräten, medizinischer Ausrüstung. Es gelangen Bakteriologen, Forscher der biologischen Materie dorthin, und ebenso Menschen, die anderen helfen möchten, die diejenigen retten, die nicht nur einen Unfall haben, aber auch irgendeine schwierige psychologische Lage. Also Psychologen, die aufrichtig den Menschen unterstützen möchten, die ihm helfen aus einer schwierigen Lage herauszukommen, können sich auch dort entwickeln, aber das ist - nach ihrem Wunsch. Sie können die Vervollkommnung auch in der Hierarchie Gottes in einer anderen Eigenschaft fortsetzen. Hilfearten für den Menschen und andere Wesen gibt es – eine Vielzahl. Dorthin, jedoch, können Menschen kommen, die für das Recht der Tiere und anderer Wesen kämpfen.

DER SELBSTAUSDRUCK VON POSITIVEN UND NEGATIVEN INDIVIDUEN

Die Entwicklung in die positiven und negativen Richtungen trägt der Erlangung unterschiedlicher Eigenschaften durch die Seele bei, die Besonderheiten ihres Verhaltens, Charakters, Angewohnheiten bilden. Die Eigenschaften beeinflussen den Selbstausdruck der Persönlichkeit, bilden ihre Individualität, Eigenart. Aber dabei wird sich der Selbstausdruck von positiven Persönlichkeiten von dem Selbstausdruck der negativen unterscheiden.

Als Basis für den Selbstausdruck dient der Bestand des Individuums, also die Gesamtheit seiner eigenschaftlichen Charakteristiken, enthaltenen in der Matrix der Seele. Der Bestand formt den Charakter der Persönlichkeit, gibt ihr die Besonderheit von Empfindungen und des Verständnisses der Welt. Je mehr Eigenschaften, desto größer wird der Grad des Verständnisses dessen, was umhergeht und desto leuchtender kann sich die Persönlichkeit bezeigen.

Selbstausdruck – ist die Gesamtheit individueller Eigenschaften, abweichenden von anderen Handlungen, die es ermöglichen dem Individuum sich in etwas Abgesondertes hervorzuheben angesichts ähnlicher. Aber Handlungen, die es ermöglichen dem Individuum sich auszuzeichnen und sich abzusondern, hängen nicht so sehr von seiner Erfindung, wie von dem energetischen Bestand seiner Matrix ab. Wenn die Energieansammlungen klein sind und hart, dann ist es die eine Äußerung; und wenn der Mensch bereits geschafft hat, große positive Erfahrungen in vergangenen Leben zu erlangen, dann werden seine Äußerungen auch anders sein. Und unbedingt werden die positiven Ansammlungen die Persönlichkeit zwingen sich anders auszudrücken als eine negative. Ebenso wird ihn (den Selbstausdruck) die Entwicklungsebene beeinflussen.

Zum Beispiel, ein Junge, der sich irgendwie vor dem Mädchen beweisen möchte, dass er mag, beginnt sie an den Zöpfen zu ziehen, zu schubsen, mit einem Buch auf den Kopf zu hauen. So drückt sich eine sehr niedrige Seele aus, die in der Matrix ein Arsenal von groben und niedrigen Energien hat. Er ist nicht fähig sich anders auszudrücken, weil er die entsprechenden hohen positiven Erfahrungen nicht angesammelt hat. In seiner Seele sind nur niedrige Energien, nur Grobheit und Niederträchtigkeit, die er selbst als die besten Methoden des Selbstausdrucks wahrnimmt.

Und ganz anders wird sich ein Junge verhalten, dessen Bestand der Seele mit hohen und wunderbaren Erfahrungen vergangener Leben angereichert ist. Er wird etwas Nettes tun wollen derjenigen, die ihm symphatisch ist: hilft ihr die Schultasche zu tragen, fügt einen Schokoladenriegel bei, solange das Mädchen es nicht sieht, schreibt ihr ein schönes Gedicht, wird sie vor den niedrigen Äußerungen anderer beschützen. Bei ihm in der Seele, also, sind ganz andere Eigenschaften angesammelt, deshalb drückt er sich auch mit anderen Methoden aus.

Oder ein anderes Beispiel. Eine junge Frau hat von ihrer Oma geträumt, die gesagt hat, dass sie sie mitnimmt. Die Enkelin stand sanftmütig und war still. Plötzlich hat sich das Gesicht der Oma verzerrt vor Wut, sie stürzte sich auf sie und begann sie zu ersticken. Diesen Traum hat sie mir (Ljudmilla Leonovna Strelnikova) erzählt, mit der Bitte um Erklärung, wozu das Ganze. Ich habe gefragt, welchen Charakter die Verwandte hatte während ihrer Lebenszeit. Die junge Frau sagt, dass sie gutherzig war, und sie sah sie niemals mit einem vor Wut verzerrten Gesicht. Die Oma konnte traurig sein, aber niemals – boshaft, wutentbrannt und, schon gar nicht, jemandem Schaden zufügend. Aus dieser Erzählung konnte man die Schlussfolgerung ziehen, dass als Verwandte irgendein negatives Wesen gekommen ist und begann die Enkelin zu ersticken, versuchend sie zu vernichten und zugleich ihre helle Erinnerung an ihre verwandte Person. In diesem Fall ist es anschaulich sichtbar, wie die äußerliche Form gleich sein kann, aber das Verhalten zweier Seelen (der vergangenen in diesem Körper Verwandten, und der gekommenen in einem ähnlichen, Wesen) eigenschaftlich unterschiedlich. Die eine Oma war gütig, die andere böse. Der Selbstausdruck dieser Seelen war entgegengesetzt. Und das hat es möglich gemacht zu bestimmen, wo die verwandte Seele ist, und wo das negative Wesen, das die Körperform eines lieben Menschen angenommen hat. Zwei ähnliche Phantome können durch Gesichtsausdrücke unterschieden werden, durch einen netten oder boshaften Augenausdruck, durch Gesten und, das wichtigste ist, durch

Handlungen. Es gab einfach einen Astralangriff auf die junge Frau eines negativen Wesens.

Und was ist eine Eigenschaft? Das sind Energien eines bestimmten Typen, die sich bei der Vollbringung von Handlungen eines Menschen in den Zellen der Matrix ansammeln. Jede Eigenschaft hat ihren Aufbau, die die Handlungen des Individuums bildet, die dieser Eigenschaft entsprechen.

Je mehr das Individuum hochgesinnte Taten vollbringt, desto mehr positive Energien werden sich in den Zellen seiner Matrix ansammeln. Bei einer bestimmten qualitativen Menge von Energien des gleichen Typen wird eine beständige Eigenschaft geschaffen, die bereits beginnt die Handlungen des Menschen zu leiten. Daher, wenn er in sich eine Eigenschaft aus positiven Energien gebaut hat, dann wird sie ihn zwingen, positiv zu handeln. Solch ein Mensch wird nicht fähig sein jemanden zu verletzen, zu schlagen, eine Gemeinheit zu tun. Und umgekehrt, wenn der Mensch in der Vergangenheit negative Eigenschaften angesammelt hat, dann werden sie im gegenwärtigen Leben negativ zum Ausdruck kommen.

Die innere Gesamtheit der Energieeigenschaften gibt dem Individuum die Möglichkeit die Umwelt in besonderer Weise zu sehen, sich auf eigene Art und Weise auszudrücken und eine eigene Sichtweise auf jede beliebige Erscheinung zu haben. Eben die Energien, die in der Matrix angesammelt sind, schaffen dem Menschen ein besonderes Gamma von Empfindungen. Je mehr Energien in der Matrix unterschiedlicher Typen angesammelt sind, desto reicher sind seine Wahrnehmung der Welt und das Verständnis der Wirklichkeit, desto genauer orientiert er sich in den laufenden Ereignissen und ist fähig die Wahrheit hinter Falschheit und Täuschung zu sehen. Gleichzeitig ist eine wenig entwickelte Seele, die eine sehr begrenzte und primitive Aufnahme von Energien in der Matrix hat, nicht fähig sogar einen Scherz von der Wahrheit zu unterscheiden und nimmt die Lüge als die Wahrheit wahr.

Übrigens, junge Seelen, die ihre Evolution im Körper des Menschen gerade begonnen haben und deshalb einen armen Bestand haben, verstehen keinen Humor, ihre Seele ist dafür noch nicht entwickelt. Und einer hochentwickelten Seele wird der Humor schon uninteressant, weil das Individuum aufgrund seiner Reife den Primitivismus des Humors selbst sieht, er ist ihn als ein Entwicklungsstadium durchgegangen. Aber dafür versteht ihn eine mittlere Seele sehr fein und ist fähig ihn zu schätzen, und ebenso einen hohen Humor vom niedrigen zu unterscheiden. In diesem Fall beeinflussen die Wahrnehmung die Entwicklungsebenen. Und wenn man über die entgegengesetzte Wirkung der Eigenschaften spricht, dann sollte man darauf achten, welches Resultat die Handlungen ergeben.

Ein positives Individuum wird auf freundliche Art und Weise scherzen, und ein negatives beginnt sarkastisch zu werden, den anderen anzunagen, und bereits darin beginnt sich der Unterschied positiver und negativer Eigenschaften zu zeigen. Ein netter Scherz ruft ein Lächeln herbei, und Bissigkeit fügt der Seele Schmerzen zu.

Somit, Energien, die man in der Matrix ansammelt, zwingen die Persönlichkeit sich unterschiedlich zu zeigen. Aber wenn die Eigenschaften aus Begehung von Bösem gebaut wurden, dann werden sie es auch weiterhin unbedingt erzeugen (bis zu einer bestimmten Ebene, nach der die Überführung der Persönlichkeit auf andere Entwicklungsprozesse geschieht). Somit sind sie zu der Schlussfolgerung gekommen, dass der Selbstausdruck voll und ganz von den inneren energetischen Ansammlungen der Persönlichkeit abhängen. Aus Positionen des Neuen Wissens über den Selbstausdruck kann man über die Empfindungen des eigenen eigenschaftlichen Bestandes sagen – eines positiven oder negativen, niedrigen oder hohen. Wie sich das Individuum empfindet, so drückt er sich in der Außenwelt aus. Seinen inneren Zustand überträgt er in die umgebende Wirklichkeit.

Der Selbstausdruck ist die Empfindung des eigenen Bestandes, der es ermöglicht die innere Grundlage der eigenen Konstruktion zu fühlen und diesbezüglich die Wünsche der eigenen Seele zu realisieren, und nicht des physischen Körpers.

Der Selbstausdruck ist immer mit der geistigen Welt der Persönlichkeit verbunden, mit den Wünschen der Seele sich auf bestimmte Art und Weise der Welt darzubringen, sich in der gewünschten Richtung zu realisieren. Selbstausdruck – ist das Bedürfnis der Seele, aber nicht des physischen Körpers. Und das muss man unterscheiden können. Jeglicher Selbstausdruck des Individuums hängt von der Aufnahme von Energien durch die Matrix ab.

Der Bestand des Individuums ermöglicht ihm seinen inneren Aufbau zu empfinden, die Gesamtheit erworbener Energieeigenschaften, das eigene "ich" und geht in Handlungen von ihnen aus, und nicht von den Bedürfnissen des Körpers. Da uns die Vervollkommnung der Seele interessiert, und nicht des Körpers, so werden wir uns die uns uninteressante Frage nur aus ihrer Position betrachten, obwohl unter Menschen auch der Selbstausdruck des Körpers verbreitet ist (Bodybuilding).

Die materiellen Körper sind - nicht die beständigen Konstruktionen, sondern nur der Apparat für die vorübergehende Vervollkommnung der Seele. Aber das Individuum muss klar den Unterschied zwischen dem Bedürfnis des Selbstausdrucks erkennen, der aus dem inneren der geistigen Grundlagen kommt und von dem materiellen Körper. Zum Beispiel, das materielle Gehirn ist fähig vieles zu diktieren, und das Individuum wird das, was es ihm aufzwingt, als das Bedürfnis der Seele wahrnehmen. Natürlich, eine wenig entwickelte Persönlichkeit kann das eine von dem anderen nicht unterscheiden. Aber eine Seele, die genügend Erfahrungen in der Vergangenheit gesammelt hat, ist bereits fähig die Nuancen der auftauchenden inneren Bedürfnisse zu analysieren und das physische vom geistigen zu trennen.

Das Gehirn wird dem Menschen für ein Leben gegeben, aber sein Entwicklungsgrad wird wiederum durch die Seele diktiert, da nur das Unterbewusstsein in sich die Erfahrung vergangener Leben und Wissen verbirgt, den Entwicklungsgrad der Persönlichkeit bestimmt und die Besonderheiten ihres Verhaltens. Daher stellt auch der Selbstausdruck der Seele das größte Interesse dar.

Aber, natürlich ist die Seele nicht fähig sich ohne den Körper auf dem irdischen Plan auszudrücken, deshalb ist es ein Hilfsapparat, mit Hilfe dessen sie fähig ist, sich auszudrücken auf der irdischen Ebene. Und in diesem Fall hat eine Bedeutung, wie genau in den Konstruktionen des Menschen die materiellen und feinen Aufbauten vereint sind, durch welche die Empfindungen der Seele geleitet werden. Je besser diese Verbindungen arbeiten, desto feinere Empfindungen der Seele können durch den Körper wahrgenommen werden, und das trägt auch zu ihrer besseren Realisation bei. Die eigenschaftlichen Verbindungen ermöglichen dem Körper die Bedürfnisse der Seele wahrzunehmen und zu empfinden und sie genauer auszudrücken.

Der Selbstausdruck hilft der weiteren Vervollkommnung der Seele, der Bereicherung ihres Bestandes mit neuen Bestandteilen. Und dies spricht, seinerseits, über die Bedeutung der Vereinigung der Materie und des Geistes, deren gegenseitige Bereicherung, denn die physische Materie gestaltet sich im Endeffekt auch um, aber nicht selbst, sondern künstlich durch die höchsten Kräfte. Sie sind gezwungen die Materie zu vervollkommnen, weil sie eine bestimmte Entsprechung in allen physischen Parametern mit den Verbindungen mit ihr der feinen Konstruktionen aushalten muss. Und wenn das Potenzial der Seele, dank dem Ansetzen der Energieeigenschaften, ständig anwächst, dann, damit die äußerliche Hülle davon nicht platzt, wie ein Luftballon, muss sie dem Potenzial der Seele entsprechen. Die selbstständige Vervollkommnung der Seele trägt zur künstlichen Vervollkommnung der Materie bei.

WODURCH SCHREITET DIE SEELE ZUM ERFORDERLICHEN ZIEL FORT

Die Eigenschaften der Seele beeinflussen den Selbstausdruck der Persönlichkeit. Aber das ist – die Einwirkung dessen, was in der Seele bereits aufgebaut ist. Aber sie muss sich weiterentwickeln, die vergangenen Eigenschaften weiter aufbauen, neue aufbauen. Und darin helfen ihr die Wünsche. Den Selbstausdruck der Persönlichkeit, also, beeinflussen ihre Wünsche.

Die Wünsche werden normalerweise mit den Bestrebungen der Seele begleitet. Aber jede von ihnen – hat ihre Wünsche und Bestrebungen, sich unterscheidend von den anderen. Und danach kann man sogar den Entwicklungsgrad beurteilen. Den einen Seelen sind niedrige Wünsche eigen, die nicht über die Bedürfnisse des Körpers hinausgehen, bei anderen erscheinen bereits einige geistige

Erfordernisse, aber auch ursprünglich auf einer niedrigen Ebene (zum Beispiel, das Verlangen nach Rockmusik oder Gefängnislyrik), bei dritten entstehen hohe geistige Erfordernisse. Das alles spricht davon, dass, bedingungslos, die Wünsche und Bestrebungen der Seele mit ihrer Entwicklungsebene verbunden sind, und folglich, es spiegelt sich immer auf dem Programm des Individuums wieder. In Verbindung damit teilen sich die Bestrebungen der Seele in zwei Arten ein.

1. Die einen Bestrebungen basieren auf dem Programm, welches die Höchsten dem Menschen erstellen. Das sind unbewusste Bestrebungen, die auf Prinzipien der Vervollkommnung basieren und mit den Zielsetzungen verbunden sind, die das Programm diktiert.

Jede Zielsetzung als ein Impuls zur Handlung wird sich im Individuum als Wunsch, dies und das zu machen, äußern. Aber das ist durch das Programm vorgesehen und darin eingeschlossen. Man kann sagen, dass solch eine Zielsetzung, die aus dem Programm kommt, sich auch als ein Wunsch des Menschen äußert. Zum Beispiel, bei ihm im Programm ist der Eintritt in das Institut eingeschlossen. Entsprechend bekommt er den Wunsch sich an einer höheren Bildungseinrichtung einzuschreiben. Und wenn das Individuum einer niedrigen Entwicklungsebene ist, dann wird der Eingang ins Institut nicht in das Programm eingelegt, und deshalb kommt kein ähnlicher Wunsch auf. Der erste Typ von Bestrebungen ist sozusagen aufgezwungen von oben, nicht eigener.

2. Die zweite Vielfalt von Bestrebungen basiert auf persönlichen Wünschen der Seele, ist bewusst, verständlich. Sie erscheint bei entwickelteren Seelen, wenn das Individuum selbst beginnt zu verstehen, was er braucht, um weiter fortzuschreiten, ein bestimmtes Ziel zu erreichen. In diesem Fall beginnt das Individuum schon besser zu fühlen, was er im Inneren hat, und was noch fehlt und welche Energieansammlungen gemacht werden müssen.

Aber da jeder Mensch sich nach dem Programm entwickelt, so sind diese zwei Bestrebungsarten meist vereint, d.h. dem Individuum wird ein Programm gegeben, aber es wird erlaubt die inneren Wünsche wahrzunehmen und sie auszudrücken. Im negativen System des Satans wird der Seele eben nicht erlaubt, die persönlichen Wünsche zu empfinden und sie auszudrücken.

Wenn man über die anfängliche Bestrebung spricht, dann ist ihre unbewusste Bekundung primär. Die unbewusste Bestrebung flechtet sich geschickt in das Programm ein an Stellen, wo dem Individuum die Wahlfreiheit geboten wird. Nach seinen inneren Wünschen kann ein Individuum im Programm das aussuchen, was seiner Seele am nächsten ist.

Fehler begehend oder richtig handelnd, sammelt das Individuum Erfahrungen, entwickelt das eigene Bewusstsein und schafft auf diese Weise Vorbedingungen für das Erarbeiten einer bewussten Ausrichtung der Seele.

Von den Bestrebungen hängt auch der Charakter des Selbstausdrucks der Persönlichkeit ab. Aber eine neu geschaffene Seele hat noch keine persönlichen Wünsche. In sie wird ein Entwicklungsprogramm von oben eingelegt und die ersten künstlichen Wünsche, die ihr helfen zu leben. Ferner hilft das Programm der Seele Eigenschaften zu erarbeiten, dabei hilft das Sujet zukünftiger Ereignisse. Ins Programm werden die Ereignisse eingeschlossen, die ihr helfen die erforderlichen Energien zu erarbeiten für den Aufbau entsprechender Eigenschaften.

Das Anfangsprogramm für unterschiedliche Anfangsseelen wird nicht gleich sein in dem Sinne, dass sie an unterschiedlichen Ereignissen teilnehmen werden, deshalb werden die Seelen in die Matrix unterschiedliche Energietypen aufnehmen und individuelle Eigenschaften erwerben, und folglich, auch Charaktereigenschaften. Zumal dass es in jeder Seele einen Mechanismus gibt, der sie auf die Individualität orientiert. Deshalb, selbst aus der gleichen Situation werden die anfänglichen Seelen unterschiedliche Energietypen schöpfen.

Nach der ersten Inkarnation hat die Seele bereits eigene Energieansammlungen und schafft einen Anfangsbestand der Persönlichkeit. Noch ist er sehr arm im quantitativen Ausdruck, und nach dem eigenschaftlichen Bestand. Die Anlegung der Energien in die Zellen der Matrix beginnt mit einem niedrigen Bereich, mit groben Energien, die die Fundamentgrundlage für die weitere Erarbeitung von Energien einer höheren Ordnung sind, also der Bereich welcher sich höher befindet als die Energien des physischen Plans.

Jegliche Entwicklung erfordert ihre Richtsätze, und ihre Verletzung droht mit einer Zerstörung der sich aufbauenden Konstruktion selbst, darunter auch der Seele. Die einzige Abweichung besteht hier darin, dass die Seele ihre Entwicklung nicht mit der Ebene der Erde beginnen kann, sondern mit einer niedrigeren Welt, aber trotzdem beginnt das Erarbeiten der primären Energien mit niedrigen Energien und geht weiter im zunehmendem Maße. ES wird eine strenge Abfolge der Erlangung von Energien nach Ebenen eingehalten. ES gibt kein Springen über eine Ebene, da ein Glied in der Kette der Progression entfällt, und das kann zu einer totalen Zerstörung der Konstruktionen führen. Deshalb läuft die Entwicklung nur nach dem Programm und nach einer strengen Abfolge.

Anfängliche Seelen schaffen durch die Varianten der positiven Programme und Wahlfreiheit unterschiedliche Kombinationen von Energien, die die Eigenschaften der Seele bilden. Und die anfänglichen Seelen haben mehr Identität untereinander, als die mittleren und die hohen irdischen Seelen. Je höher die Seele steigt, desto individueller wird sie, desto mehr Charaktereigenschaften hat sie, also unterschiedliche Energiekombinationen, die sie von den anderen unterscheiden. Je höher, desto mehr kann die Seele unterschiedliche Eigenschaften variieren. Und für die anfänglichen Seelen, zum Beispiel, gibt es auf dem irdischen Plan eine begrenzte Anzahl an Programmtypen, und die Wahl in ihnen ist auch begrenzt, deshalb sind auch die Seelen nach vielen ihrer Eigenschaften ähnlich. Und dies führt dazu, dass sie sich auch gleich ausdrücken.

In anfänglichen Seelen funktionieren mehr die Programmaufstellungen, die ihnen die Wünsche aufzwingen. Aber, die Möglichkeit habend im angegebenen Programm eine Variante für den Entwicklungsweg zu wählen, erarbeitet das Individuum positive Energien oder negative, und auf diese Weise erlangt er Erfahrungen und entwickelt sein Bewusstsein. Auf dieser Entwicklungsetappe spielt das Programm die führende Rolle in der Ansammlung von Energien. Daher – die Unvermeidlichkeit des Verhängnisses und Unerbittlichkeit des Schicksals. Wenn das Individuum in die Zelle der Matrix Energien aufnehmen muss, zum Beispiel, des Typen "a", so wird irgendeine schwierige Situation sich in einigen Leben solange wiederholen, bis er die erforderliche Menge an Energie erlangt.

Wenn die Zelle befüllt ist, werden dem Individuum andere Situationen ins Programm eingeschlossen, mit Hilfe derer ein anderer Energietyp für die nächste Zelle erarbeitet wird, usw. mit Hilfe von Erzwingung, also durch den Durchgang von schwierigen Situationen, macht das Individuum erforderliche eigenschaftliche Ansammlungen. In diesem Fall drückt sich eben die unbewusste Bestrebung des Individuums aus.

Wenn es viele innere Energieansammlungen gibt, also sich der Bestand des Individuums bereichert, dann beginnt die bewusste Bestrebung zur Geltung zu kommen. Das Erscheinen des eigenen Bewusstseins beim Individuums mit der Wahl im Programm ermöglicht ihm außerplanmäßige Ansammlungen zu machen, und dies erweitert den Bestrebungsbereich der Seele. Je höher die Seele in der Entwicklung ist, desto mehr Bestrebungen hat sie.

All die zusätzlichen Energien, die das Individuum bei der Wahlfreiheit erlangt, erweitern die eigenschaftliche Faktur der Matrix, bereichern ihren Bestand. Und diese eigenschaftlichen Komponenten erweitern die Möglichkeiten der Persönlichkeit und bilden die unterschiedlichsten Bestrebungen. Eben die Erhältlichkeit der Wahlfreiheit, wenn das Individuum nicht den Hauptentwicklungsweg wählt, sondern seine Varianten, formt auch die Individualität der Persönlichkeit.

Die Wahl bereichert den Bestand des Individuums, macht ihn einzigartig. Und der innere geistige Reichtum als Vielfalt von Energieansammlungen gibt bestimmte Besonderheiten dem Bewusstsein und eine Individualität den Bestrebungen der Persönlichkeit. Deshalb sagt man auch: "Disteln sind dem Esel lieber als die Rosen". Jede Seele sucht sich das aus, was ihrem Bestand am nächsten ist. Und eben der innere Energiebestand gebärt neue und neue Bestrebungen.

Wenn das Individuum im vergangenen Leben eine bestimmte Anzahl an Bestrebungen hatte, so wird er im nächsten Leben durch die in der vorherigen Inkarnation erworbenen Energieansammlungen noch mehr davon haben. Neues Wissen, die die Seele angesammelt hat, trägt der Entstehung bei ihr ungeplanter Bestrebungen bei, die bereits zur zweiten Variante der Bestrebungen gehören, also zu den bewussten.

Aber, außer den unplanmäßigen Bestrebungen hat die Seele noch planmäßige, weil in der Hierarchie des Gottes und in jeder seiner Welten eine planmäßige Entwicklung existiert. Also, ob er will oder nicht, er muss jede Ebene durchgehen und auf jeder eine normative Menge an Energie des erforderlichen Bereichs ansammeln. Und solange er in seine Matrix die normative Komposition und die erforderliche Menge nicht erlangt, wird er nicht auf die nächste Ebene steigen. Und die Planmäßigkeit besteht eben darin.

Jedes Entwicklungsstadium muss das Anwachsen des Energiepotenzials des Individuums für eine entsprechende Größe sichern, da eben das Energiepotenzial der Seele ermöglicht auf die höhergelegene Ebene zu steigen, denn jeder Welt entspricht ihr energetisches Potenzial. Je höher die Welt ist, desto größer ist bei ihr das Energiepotenzial. Die Ebenen der Hierarchie befinden sich entsprechend dem Anstieg der Potenziale der Welten von unten nach oben. So läuft folgerichtig die Entwicklung der Energien, aus denen die Welten bestehen, also die Ebenen, und genauso fortlaufend muss sich auch alles in ihnen entwickeln, um nach oben zu steigen.

Dem Potenzial einer jeden Welt entspricht das Potenzial der Seele. Außerdem, die Seele kann niemals in einer Welt existieren, wenn ihr Energiepotenzial dem Energiepotenzial dieser Welt nicht entspricht. Sie wird entweder nach unten herabsteigen, oder nach oben steigen in Abhängigkeit von ihrer Angemessenheit. Eben solch ein Aufbau der Welten ruft die Erfordernisse der Einführung von planmäßiger Entwicklung der Individuen hervor.

Aber da die Persönlichkeit, sich auf der untergelegenen Ebene befindend, nicht weiß welche Eigenschaften sie erarbeiten muss für die höhergelegene Welt, so wird das alles in ihr Programm durch die höheren Persönlichkeiten eingeführt. Sie legen in das Programm solche Situationen ein, die der Erarbeitung in die Matrix des Individuums von erforderlichen Energiekomponenten beitragen. Und so – von Ebene zu Ebene. Deshalb erscheinen planmäßige Ansammlungen, die das Individuum machen muss ohne Berücksichtigung eigener Wünsche. Und das, was er außer dem Plan erlangt, das sind schon seine zusätzlichen

Ansammlungen. Das Letztere gibt es nur bei progressierenden Persönlichkeiten, und wenn die Persönlichkeit degradiert, dann geschieht hingegen die Zerstörung, der Verlust der energiebildenden Eigenschaften.

Im negativen System geschieht eine Zwangsaufnahme der erforderlichen Energien, die die Seele für die Hierarchie des Satans bauen werden. In deren Programmen spielen ebenso die Bestrebungen eine große Rolle, die das Programm selbst diktiert. Persönliche Wünsche des Individuums werden voll und ganz aus dem Programm ausgeschlossen, ihr wird alles von oben aufgezwungen von ihrem unmittelbaren negativen Hierarchen oder seinen Helfern. Und alle Eigenschaften in erforderlichen Kombinationen werden von dem negativen System bis hin zur Mitte der Hierarchie des Satans künstlich aufgebaut.

Zwangsansammlungen nach dem Programm führen im positiven System, und im negativen zum Wachstum des Bewusstseinsfaktors der Persönlichkeit. Je mehr sie weiß, desto mehr versteht sie, sieht das Entwicklungsziel und erkennt, wohin sie fortschreiten muss. Zwangsansammlungen führen zum Aufbau von bewussten Bestrebungen.

Zu den unbewussten Bestrebungen gehören die, die durch das Programm diktiert werden und die dem Individuum nicht bewusst sind, woher sie aufkommen. Meistens nimmt er es als Umstände wahr, die ihn zu gewissen Handlungen zwingen. Zum Beispiel, die Umstände ergeben sich so, dass der Mensch heiraten muss oder ist gezwungen die Arbeit zu verlassen, in ein anderes Land zu ziehen usw. Die gegenwärtigen Umstände also, werden durch das Programm diktiert, und das Individuum kann nicht verstehen, warum er sich den auftretenden Ereignissen unterordnet und ist nicht fähig dem zu widerstehen. In solchen Situationen wird dem Menschen keine Wahl gewährt, deshalb kann er in den auftretenden Situationen nichts ändern. Seine Bestrebung kommt voll und ganz von seinem Programm.

Somit, die innere Welt des Individuums, seine Eigenschaften, von denen der Selbstausdruck der Persönlichkeit abhängt, bilden sich aus zwei Zuständen: dem planmäßigen, diktiert durch das Programm, und dem zusätzlichen, der aus den vergangenen Ansammlungen erzeugt wurde.

Die eigenen Energieansammlungen, die den Bestand der Persönlichkeit bilden, erwecken in ihm neue Wünsche und Bestrebungen. Je reicher der Bestand, desto mehr Bestrebungen hat die Persönlichkeit und desto höher werden sie in ihrem Wesen gemacht. Niedrige Bestrebungen wachsen allmählich in hohe hinaus. Wünsche, als solche, verschwinden, sie beginnen voll und ganz durch die Bestrebungen ersetzt zu werden, die von einer hohen Komposition der Matrix kommen, von einer hohen Geistigkeit.

Die Persönlichkeit kann hohe Bestrebungen empfinden, aber nicht immer findet sie Wege für ihre Realisation. Dafür kann es ihr an Intellekt fehlen oder an eigenen Kräften. Jedoch, wenn die Persönlichkeit selbst Wege findet für die Verwirklichung persönlicher Bestrebungen im Leben, dann wird es eine ideale Variante der Vervollkommnung, weil die Fähigkeit eigene Bestrebungen zu realisieren den Handlungen entsprochen wird, die im Programm eingelegt sind, und wird gleichzeitig die Bedürfnisse der Seele befriedigen. Der richtigen Orientierung in der Entwicklung helfen die Gesetze der Entwicklung. Der Mensch muss die Gesetze kennen, um jede seiner eigenen Handlungen als zum Progress führenden oder zum Regress zu bewerten. Das Kennen von Gesetzen hilft der Persönlichkeit eigene Bestrebungen richtig auszurichten.

DER SELBSTAUSDRUCK IM NEGATIVEN SYSTEM

Betrachten wir den Selbstausdruck im negativen System. Zu den Entwicklungsbesonderheiten in ihr gehört das Wegbleiben der Wahlfreiheit auf niedrigen Ebenen der Hierarchie bis hin zu ihrer Mitte.

Das Wegbleiben der Freiheit sagt darüber aus, dass das Individuum sich auf keine Weise ausdrücken kann, das harte/strenge Programm lässt es ihn nicht machen. Er ist fähig nur das zu tun, was ihm zur Verantwortung zugeschrieben wird, was seiner negativen Führer von oben planen. Aber da er jedoch kein Roboter ist, hat er innere Selbstempfindungen, die sich von den Selbstempfindungen anderer Individuen unterscheiden und von der Gesamtheit in seiner Matrix von Energiekomponenten abhängen.

Variationen dieser Energiekomponenten schaffen die Individualität der Persönlichkeit und die Einzigartigkeit im Berechnungssystem. Aber diese Ansammlungen, im Unterschied zur Entwicklung im System des Gottes, macht das Individuum ohne die Teilnahme des Bewusstseins, ohne Bewertung der Situationen, deren Analyse und Wahl. Nur die unbewusste Befolgung seines Programms führt ihn zur Aufnahme der Energien in die Matrix, die von dem Programm geplant werden. Er ist nicht fähig zusätzliche Ansammlungen zu machen. Deshalb fühlt das Individuum von dem Berechnungssystem seine Individualität und Abgesondertheit von den anderen, kann sich aber nicht ausdrücken, da er keine Handlungsfreiheit hat. Aber der Selbstausdruck läuft bei ihm durch das Programm, welches sein Wesen manchmal verbergen kann, ihn hinter anderen Eigenschaften versteckend: Schmeichelei, Heuchelei, Lügenhaftigkeit. Deshalb können andere in ihm das wahre Gesicht nicht sehen und deshalb erscheint im normalen aus Sicht der anderen Menschen unerwartet ein gnadenloser Mörder oder ein heimtückischer Tyrann. Jeglicher Selbstausdruck wird durch das Programm ersetzt, genau diktierend, wie man sich verhalten soll in der einen oder anderen Situation. Eine vollständige Unterordnung in dem Programm geschieht bis zur bestimmten Entwicklungsebene.

Aber da er die Berechnungsmethoden beherrscht, so ist er fähig vieles in sich und seinen Handlungen zu berechnen. Deshalb wird bei ihm der Selbstausdruck durch die **Selbstbestimmung ersetzt, also mit der Fähigkeit die eigenen Möglichkeiten und Kräfte zu ermitteln in Hinblick auf irgendwelche bevorstehenden Handlungen.** Durch ihre Bestimmung, kann er seine Dienstleistungen in der einen oder anderen Arbeit anbieten, was als sein Selbstausdruck in der gegenwärtigen Realität erscheinen kann. Ebenso ist das Individuum des negativen Systems fähig, die Energien zu ermitteln, die er in der einen oder anderen Situation erworben hat. Er bemüht sich also alles mit Hilfe von

Berechnungen zu erreichen und drückt sich dadurch aus, genauer gesagt – verwendet die Selbstbestimmung, weil alles durch Zahlen läuft.

Aber ähnliches wird nur bis zur Mitte der Hierarchie des Satans vorkommen. Es wird dafür gemacht, damit ein instabiles in seinen Handlungen Individuum unbewusst in seine Matrix solche negativen Charaktereigenschaften aufnimmt, die sein Wesen voll und ganz eigenschaftlich verändern, und er, wenn ihm die Wahlfreiheit gewährt wird, selbst nicht in Richtung des positiven Systems abwendet. Er verändert sich eigenschaftlich dermaßen, dass er fähig ist nur im negativen System zu existieren, d.h. sein Charakter, Weltanschauung werden unvereinbar mit dem Charakter und der Weltanschauung von positiven Individuen werden, und ihm selbst wird seine Lebensweise gefallen.

Eben für diese Ziele wird das Individuum künstlich in der Zusammensetzung von Energien in der Matrix so geformt, damit er bestimmte Erfordernisse der Höchsten negativen Instanzen zufrieden stellt.

Aber da von der Mitte der negativen Hierarchie des Satans die Wahlfreiheit erscheint, so bekommt die Persönlichkeit eben von diesem Moment an auch die Möglichkeit sich auszudrücken. Aber dies wird sich wiederum in sehr begrenzten Möglichkeiten äußern, und eben, nur in Empfindungen.

Basierend auf dem oben genannten, kann man bereits die Hauptunterschiede im Selbstausdruck der Persönlichkeiten der zwei entgegengesetzten Systemen des Gottes und des Satans finden. Der Hauptunterschied besteht darin, dass die positive Persönlichkeit von dem schöpferischen System Gottes vom Moment der Schaffung das Recht der Wahl der Entwicklungswege bekommt, und mit dem Moment der Erlangung der ersten Energien in der Matrix kann sie sich bereits ausdrücken. Bei Gott ist jedes Individuum – ein zukünftiger Schöpfer. Deshalb bringt Gott allen seinen Individuen die Schöpfung bei, daher trägt auch sein System den Namen Schöpfungssystem. Bei Satan beschäftigen sich alle Individuen mit Berechnungen, deshalb heißt sein System auch Berechnungssystem. Also jeder Haupthierarch erzieht seine Untergeordneten in der eigenen Richtung.

Aber als primär gilt in jeder Anfangsseele die Selbstbestimmung als ein Zustand, der es ermöglicht sich von der Welt herum hervorzuheben, sich abzusondern und zu empfinden, dass "du du bist", und nicht jemand anders, das eigene "ich" zu empfinden. Die Empfindung des eigenen "ich" ermöglicht auch die Entwicklungstendenz zu bestimmten, das Individuum beginnt zu verstehen, was er braucht, und macht erste Energieansammlungen in die Matrix. Und wenn die ersten Energiekomponenten erscheinen, die den Anfang der Eigenschaften bilden, dann ermöglichen sie dem Individuum sich auszudrücken. Deshalb ist die Selbstbestimmung primär in Bezug auf den Anfangsmoment, und der Selbstausdruck – zweitrangig.

Im negativen Berechnungssystem hat das Individuum nur dann das Recht sich auszudrücken, wenn er die Mitte der Pyramide der Hierarchie des Satans überquert. Und das bedeutet, dass er das Recht dazu Milliarden von Jahren später bekommt, als die Individuen des Gottes, also in diesem Fall beeinflusst auch die beschleunigte Entwicklung im System des Satans nicht die schnelle Erlangung des Selbstausdruckrechts. In jedem Fall werden die Individuen des Satans in dieser Hinsicht von den Individuen des Gottes zurückbleiben.

Aber da jede Seele von Gott geschaffen wird und das Recht sich auszudrücken von dem Moment der Schaffung bekommt und nur dann, wenn sie in die Hierarchie des Satans kommt, diese Eigenschaft verliert und in sich eine andere Eigenschaft entwickelt, und eben die **Selbstbestimmung**, so ist das letztere die **Folge**, und der Selbstausdruck ist die Ursache. Aber das, nur wenn man sie von dem Moment des Übergangs der Seele in die Hierarchie des Satans betrachtet.

Aber wie funktioniert die Selbstbestimmung?

Um das zu verstehen, muss man auf der Tatsache anhalten, dass sie einen bestimmten Prozess ausdrückt, der nur den Individuen des negativen Systems eigen ist. Und wenn man genauer spricht, dann ist die **Selbstbestimmung – ein "Prozess der Ermittlung eigener Möglichkeiten" mit Hilfe von Berechnungen**. Erfüllt wird er auf Grundlage der energetischen Ansammlungen, die die Seele in der Vergangenheit gemacht hat. Ohne jegliche Ansammlungen in der Matrix ist das Individuum nicht fähig diese Operation zu verwirklichen. Ebenso, zum Beispiel, muss auch der Mensch, um die Geometrie zu begreifen erst eine bestimmte Wissensebene in der Mathematik ansammeln, und um sich die höchste Mathematik anzueignen, muss er in seinen eigenen Rechenkenntnissen noch eine Ebene höher steigen, also noch mehr Ansammlungen in der entsprechenden Richtung machen.

Daher müssen auch die Individuen des negativen Systems eine bestimmte Wissensebene haben, um sich mit der Berechnung der eigenen Situationen und der persönlichen Bewertung irgendwelcher Energieeigenschaften beschäftigen zu können.

Nach dem Entwicklungsmaße im negativen System bereichert sich das Individuum mit neuem Wissen und auf jeder Ebene erschließt er immer schwierigere Informationen, und dementsprechend geschieht seine Ebenenentwicklung. Auf jeder Ebene füllt er die Zellen seiner Matrix mit bestimmten Energietypen, sich eigenschaftlich formend in der negativen Richtung.

Eine negative Persönlichkeit kann nach Größe genauso ein Energiepotenzial haben, wie eine positive, aber sie werden sich in den Zeichen unterscheiden. Das Anwachsen der negativen Eigenschaften trägt ebenso dem Anwachsen aller energetischen Indikatoren der Seele des negativen Individuums bei.

Aber da die Seelen des Satans ihre primäre Entwicklung mit den Welten des Gottes beginnen, seine Schöpfungen darstellend, und erst nach zehn Inkarnationen gelangen sie zum negativen Hierarchen, so beginnen sie mit der Selbstbestimmung, und der Selbstausdruck wird bei ihnen in solch einem Fall sekundär sein. Die Seelen des Satans kann man also zwiespältig betrachten: als Anfänger von Null auf in den Welten des Gottes und als Seelen, die erstmals beginnen sich im negativen System zu entwickeln.

Eine Anfangsseele, sich selbst hervorgehoben als "ich", beginnt nach dem angegebenen Programm, die Wahl in Situationen benutzend/verwendend, die einen oder anderen Energien in die Matrix anzusammeln. Und danach helfen diese Energien als Eigenschaften des Individuums sich auszudrücken. Deshalb ist die Selbstbestimmung immer primär, und der Selbstausdruck – sekundär.

GEWÖHNUNG UND GEWOHNHEITEN IN OPPOSITIONELLEN SYSTEMEN

Die Seele des Menschen, in der Welt inkarnierend, muss sich jedes Mal ihr anpassen, sich an sie gewöhnen, da die Zeit die Welt und die Existenzbedingungen verändert. Und das Leben in der Gesellschaft lässt die Seele gewisse Gewohnheiten erlangen, die ihr helfen sich in ihrer Existenznische Fuß zu fassen. Aber sind denn die Gewöhnungstendenzen bei positiven und negativen Individuen gleich oder gibt es einen Unterschied in den Gewohnheiten?

Die Gewöhnung basiert auf Beständigkeit. Je länger die Gewöhnung andauert, desto mehr beginnt das Individuum von der Beständigkeit abzuhängen, d.h. sich an etwas gewöhnend, arbeitet er in sich eine Gewohnheit als Eigenschaft aus, die bestimmte Exsiten Bedingungen erfordert.

Solch eine Eigenschaft des Individuums, als Gewöhnung, ist eine Notwendigkeit der Existenz und gehört zur Funktion der Adaption zur Umwelt. Um in irgendeiner Umgebung zu leben, muss man sich an sie gewöhnen, um zu wissen, wie man sich verhalten soll, worauf man reagieren soll und worauf nicht. Es betrifft nicht nur den Menschen. Es gibt eine unzählige Anzahl an Verstandsformen, entsprechend den Typen von Lebensformen. Aber uns interessiert nur der Mensch.

Wenn der Mensch sich nicht an die Umgebung gewöhnen konnte, dann beginnt sie ihn auszustoßen, weil seine Handlungen, Taten den Reaktionen der Umgebung selbst nicht entsprechen werden, d.h. solch ein Individuum wird zu einem Fremdkörper in ihr, sie wird ihn abstoßen. Die Gewöhnung wird hingegen in eine Gewohnheit werden bei einer anhaltenden Dauer des Prozesses der Adaption.

Aber die Gewöhnung nimmt die Wurzeln von der Funktion der Beständigkeit, da das Individuum immer nach einem Zustand der Unveränderlichkeit strebt. Sich an etwas gewöhnend, möchte er in diesem Zustand solange wie möglich bleiben, weil er auf Grundlage der Gewöhnung eine gewisse Angewohnheit bekommen hat. Je länger er sich gewöhnen wird, desto größere Angewohnheit in der Macht wird er in sich ausarbeiten und durch diese Gewohnheit gelangt er in eine Abhängigkeit von der Beständigkeit.

Das Individuum strebt ständig danach, im Laufe der Entwicklung einige seiner Bestrebungen in eine Gewohnheit zu versetzen. Dieses Bedürfnis erscheint in Verbindung damit, dass die Tätigkeit der Gewöhnung auf eine Neutralisierung einer bestimmten Empfindungsart des Individuums gerichtet ist. Meist ist es mit den Empfindungen von den sich immer wiederholenden Handlungen verbunden. Das Individuum muss die gleichen Funktionen ausführen, und folglich, sein Bewusstsein erzeugt die gleichen Berechnungen für die Verwirklichung von Wiederholungshandlungen. Dies wird dann ökonomisch nicht mehr vorteilhaft im System seines Organismus. Und, als eine schützende und vorteilhafte Maßnahme, führt der Organismus eine Gewöhnungsfunktion ein. Sie ermöglicht dem Individuum seine Aufmerksamkeit nicht auf der Ausführung der gleichen Operationen zu fixieren, sondern sie maximal auf die Erkenntnis des ganzen Neuen zu richten. Das Alte wird infolge der Gewohnheit automatisch ausgeführt, und das Denken befreit sich für die Aneignung neuer Rechenoperationen.

Gewohnheiten werden beim Individuum automatisch von der Arbeit im inneren von ihm eines besonderen Rechensystems als Funktion geformt.

Je kleiner die Kraft der Gewohnheit ist, desto weniger neutralisiert ihr Energiepotenzial die Empfindung der inneren Unzufriedenheit in irgendetwas. Und umgekehrt, je größer die Kraft der Gewohnheit sein wird, desto mächtiger wird sie die auftauchenden unangenehmen Empfindungen neutralisieren. Eben deshalb sagt man, dass Gewohnheiten das Gute, und das Schlechte nicht bemerken. Es geschieht eine Neutralisierung bestimmter Gefühle. Auf diese Weise, Gewöhnung wirkt auf den Grad der Sinneswahrnehmung der Welt durch den Menschen.

Je länger der Mensch sich an etwas gewöhnen wird, desto mehr wird die Macht der Kraft der Gewohnheit. Und diese Macht wird dem Totalverlust der Sensibilität des Individuums für etwas Gewisses beitragen. Deshalb führt das Anwachsen der Macht der Gewöhnung im

Endeffekt zum Verlust einer Empfindung im Gamma der Sinneswahrnehmung der Umgebung.

Macht gewinnend in der Gewöhnungsphase des Individuums an etwas, erlangt die Gewohnheit die Fähigkeit einer mechanischen Ausführung, d.h. der Mensch macht automatisch die erforderliche Handlung, nicht vorher nachdenkend, wie man etwas Bestimmtes machen muss. Zum Beispiel, ein Fahrer mit großer Arbeitserfahrung ist fähig das Automobil automatisch zu führen, sich in Gedanken vertiefend an etwas anderes. Ein Mensch der viel raucht, zündet in einer schwierigen Situation maschinell eine Zigarette an, weil ihm die Kraft seiner Gewohnheit diktiert es zu machen, die Macht welcher er bis hin zu bedeutenden Größen gesteigert hat.

Bei der Ausarbeitung des Automatismus befreit sich das Individuum von der überflüssigen geistigen Arbeit. Das ganze Wissen desselben Typs, das er ständig für ähnliche Situationen anwenden muss, versetzt ihn auf ein anderes Arbeitsregime, ein ökonomischeres. Das Vorhandensein von einer Angewohnheit, also, zwingt das Individuum immer genauso zu handeln, wie früher. Einerseits ist das gut, und andererseits – schlecht. Gut ist das, dass die Angewohnheit dem Menschen hilft etwas automatisch zu machen, nicht nachdenkend, keine Zeit verschwendend für das Treffen einer Entscheidung.

Aus diesem Grund verwandelt sich das ganze begriffene Wissen in sein beständiges Kapital. Hierauf beruht insbesondere auch die Erwerbung von Virtuosität einiger Eigenschaften, die entsprechendes Wissen im Laufe einiger Leben ansammeln. Zum Beispiel, ein vierjähriges Kind schreibt Gedichte, obwohl es ihm keiner beigebracht hat. Aber dafür hat er im vergangenen Leben sich oft im Dichten geübt, und das Dichten ist in den Automatismus hinausgewachsen, das im neuen Leben in einem sehr jungen Alter zum Ausdruck kommt.

Im Darbietungsgeschick vieler Musiker ist der gleiche Funktionsautomatismus der erarbeiteten in der Vergangenheit Eigenschaften sichtbar. Sie bringen oft getätigte Handlungen, zum Beispiel, in Übungen des Spielens auf Instrumenten oder des Tanzes, bis hin zu solch einem Zustand, dass sie das gleiche ausführen können, schon nicht mehr nachdenkend, sich nicht mehr anstrengend, rein automatisch. Die Persönlichkeit, also, verwendet das angesammelte

Informationsgepäck, ohne sich dessen bewusst zu werden, aber auf Grundlage der verfestigten Kraft der Gewohnheit. Einige Funktionen verwandeln sich bei der Ansammlung eines bestimmten Umfanges an Wissen in automatische. Für Menschen, die sich auf unterschiedlichen Entwicklungsebenen befinden, unterteilen sich die erworbenen Angewohnheiten in zwei Arten:

1. instinktive – für die niedrige Entwicklungsebene;
2. automatische – für die hohe Entwicklungsebene.

Alle Menschen haben die Fähigkeit sich an etwas zu gewöhnen. Es mag scheinen, dass dieser Prozess gleichartig ist, aber in Wirklichkeit bringt jedes Individuum seine Besonderheiten hinein, die von seinem Charakter kommen, von der Lebensweise und anderen individuellen Merkmalen.

Man kann eine Vielzahl an Gewohnheiten haben, aber sie sind alle unterschiedlich und die Gewöhnungsweisen unterscheiden sich auch voneinander. Dies beeinflussen die Besonderheiten des Charakters der Persönlichkeit selbst, die die Angewohnheit gebärt. Aber jede Gewohnheit als eine getrennte Art sammelt in sich einen gleichartigen Typen von Energien, und folglich, auch von Eigenschaften.

Die allgemeine Klassifikation teilt die Gewohnheiten in zwei Haupttypen: positive, die dem Progress der Persönlichkeit beitragen, und negative, die zur Degradation führen oder in das System des Satans. In Bezug auf einander unterscheiden sich die Gewohnheiten durch Macht, die einen von ihnen sind schwächer, andere – stärker. Es ermöglicht sie nach der Energie eigenschaftlichen Aufladung zu klassifizieren.

1. **Erster Typ.** Es gibt selbstständige Entwicklungsgrundlagen, die in sich positive und negative Anfänge vereinen. Das sind Verteilungen von sich vervollkommnenden Individuen. Sie sind außergewöhnlich in ihrem Energie eigenschaftlichen Inhalt. Deshalb gehören die Gewohnheiten nicht zu den Progressionsarten – sich ewig entwickelnden Funktionen.
2. **Zweiter Typ** bildet Progressionen, die in sich entweder den positiven Anfang enthalten, oder nur den negativen. Aber ähnliche Zustände mit einem Zeichen erfordern für ihre Existenz das Vorkommen von einem Gegensatz. Das heißt also, dass wenn der Gegensatz innen fehlt, dann muss es einen von außen

geben. Zum zweiten Typen gehören eben die Zustände der Angewohnheiten, d.h. dieser Zustand ist entweder positiv, oder negativ, was auf seine gleichartige Struktur hinweist. Zum Beispiel, wenn ein Sänger einen Mechanismus der automatischen Beherrschung der Stimme erarbeitet, dann gewinnt er eine positive Gewohnheit. Und im Gegensatz dazu wird die Gewohnheit zu rauchen aus negativen Bestandteilen gebildet. Beide Gewohnheiten sind gleichartig in ihrer Struktur, aber sie sind entgegengesetzt in ihren Eigenschaften.

Somit ist die Entwicklung des Menschen sehr komplex, und dieses Wissen öffnet bloß einen kleinen Teil darüber, was zur Vervollkommnung des Menschen gehört.

Außer den angegebenen Entwicklungsbesonderheiten hat der Zustand der Gewohnheiten noch eine, die ihre Faktur betrifft, die sich in zwei eigenschaftliche Grundlagen teilt – vorübergehende und dauerhafte.

1. Vorübergehende, unbeständige Gewohnheiten, die infolge des Zusammentreffens von Umständen für eine kurze Dauer entstehen. Aber ohne sie kann er gut auskommen und liquidiert sie mit der Willenskraft, oder sie verschwinden mit der Veränderung der Umgebung, weil sie in den einen Bedingungen notwendig waren, und in anderen sind sie nicht mehr erforderlich. Und da, das Individuum noch nicht in eine psychische Abhängigkeit von ihnen verfallen ist durch ihre kurze Dauer, so ist es einfach, diese loszuwerden. Und die Gewohnheit des Drogenkonsums, zum Beispiel, wird eben auf der psychischen Abhängigkeit der niedrigen Seele von chemischen Stoffen gebildet, die ein höheres Energiepotenzial haben und deshalb das kleinere Potenzial einer jungen Seele unterdrücken, was der Gewohnheit ermöglicht, in eine beständige Eigenschaft über zu schreiten. Eine junge Seele, die noch ein kleines Potenzial erarbeitet hat, ist nicht fähig, psychisch dem zu widerstehen, was stärker ist als sie.

2. Die folgenden Gewohnheiten sind – beständige. Sie sind verbunden mit irgendeiner wichtigen Lebensseite des Menschen, sie helfen ihm zu existieren und sich zu entwickeln. Das ist die Kategorie der notwendigen, obligatorischen Gewohnheiten, auf die man kein Wahlrecht hat, d.h. das Individuum kann nicht überlegen – lohnt es sich sie zu erwerben oder nicht, er muss sie

einfach erarbeiten, um schneller weiter zu progressieren. Zum Beispiel, zu dieser Kategorie gehören berufliche Gewohnheiten, Selbsterhaltungsgewohnheiten, moralisch-ethische Gewohnheiten, usw. Sie schaffen Abhängigkeiten des Menschen von seinem vergangenen angesammelten Wissen und Erfahrung.

Vorübergehende Gewohnheiten, die für eine kurze Dauer wirken, erlangen eine geringe Macht und, da sie keine besondere eigenschaftliche Seite erreichen, werden sie ganz einfach mit der Veränderung der Lebensweise des Individuen zerstört, keine weitere Anreicherung mehr habend. Aber sie haben dennoch für die Entwicklung des Individuums eine bestimmte Bedeutung und werden in sein Programm eingeschlossen mit dem Ziel die Möglichkeit zu geben, sich den funktionellen Automatismus auf dem Anfangsstadium der eigenen Schulung anzueignen.

Fertigkeiten einer bestimmten Art helfen gleichartige Eigenschaften von den Prozessen der sich wiederholenden Faktoren zu erlangen. Zum Beispiel, wenn der Mensch in seinen vergangenen Leben die unterschiedlichsten Arbeitsfähigkeiten erlangt hat, was man als die Erlangung von vorübergehenden Gewohnheiten betrachten kann, dann wird er sich im neuen Leben als ein geschickter Mensch zeigen, der zur physischen Arbeit fähig ist. Die Gewohnheiten in der Vergangenheit zur unterschiedlichen mechanischen Arbeit haben ihm ermöglicht den Automatismus in verschiedenen Aktionen er erarbeiten, deshalb brennt, wie man sagt, in seinen Händen alles, alles klappt bei ihm, woran er sich auch immer macht.

Und wenn man ihn mit einer jungen Seele vergleicht, die vor kurzem aus der Tierwelt gekommen ist, die noch nicht geschafft hat einen ähnlichen Funktionsautomatismus durch die vorübergehenden Gewohnheiten zu erlangen, dann wird er die Schaufel am falschen Ende anfassen und mit dem Hammer nicht den Nagel einschlagen. Über solche Menschen sagt man meist: "Seine Hände sind mit dem falschen Ende angebracht". Eben bei jungen Seelen ist das Fehlen gewisser menschlicher automatischer Fertigkeiten gut sichtbar, weil sie noch nicht geschafft haben, ähnliche vorübergehende Gewohnheiten sich anzueignen.

Wenn man sich jedoch den beständigen Gewohnheiten zuwendet, dann ist ihre Bedeutung, unbedingt, groß, aber, wie es sich herausstellt, sie bilden eigene Progressionen als funktionierende Modelle einer Funktion des Individuums aus vorübergehenden Gewohnheiten. Die Sache ist die, dass sie nicht alle aus Nutzlosigkeit zerstört werden, sondern nur die, die das Individuum absichtlich zerstört nach eigenem Wunsch. Die vorübergehenden Gewohnheiten jedoch, die in der Zukunft keine weitere Entwicklung erhalten haben, bleiben in der persönlichen Datenbank des Individuums erhalten und werden in einen gleichartigen Mechanismus der Progression der beständigen Phase gruppiert. Die alten Erfahrungen gehen nicht verloren, sondern gehen in einen neuen eigenschaftlichen Zustand hinüber. Und die beständige Gewohnheit überholt in der Macht die vorübergehenden, sie mit einem höheren Potenzial vereinend und sich die kleineren unterordnend.

Es gibt noch eine Einteilungsgruppe, bezüglich welcher die einen Individuen positive Eigenschaften ansammeln, und andere – negative. Und dementsprechend werden auch die Gewohnheiten, vorübergehende und beständige, in zwei Gruppen unterteilt.

Die beständigen Gewohnheiten zeugen von der Erlangung durch die Persönlichkeit von festem Wissen einen Typen, das die Form von idealistischen Vervollkommnungsprinzipien tragen kann. Es gibt meist viele Prinzipien des Idealismus. Und, damit sich eine ganzheitliche Richtung im inneren einer Persönlichkeit bildet, ist es erforderlich, die sich widerstehenden Basen des negativen und positiven Bestandes zu verbinden.

Ein Fluss des Idealismus beinhaltet in sich beide Gegensätze, aber bei dem einen Individuum sammelt sich mehr von den einen Eigenschaften, und beim anderen – von den anderen. Und das Überragende des positiven oder des negativen Zeichens in Gewohnheiten der Persönlichkeit wird ihre idealistische Zugehörigkeit beeinflussen. Das heißt also, dass, wenn in ihr der positive Bestand von Eigenschaften mehr überwiegt, dann gehört sie dem positiven System, und umgekehrt.

Die idealistische Ausrichtung spiegelt sich unbedingt auf der Erlangung steigend positiver oder negativer Gewohnheiten wider, was auch die Eigenschaften der Persönlichkeit bilden wird und der

Hauptkennwert sein wird, nach dem das Individuum zur Hierarchie des Gottes oder des Satans zugeschrieben wird. Daher spielen die Gewohnheiten, die auf Basis des Idealismus gebildet werden, eine besondere Rolle im Schicksal der Persönlichkeit.

Zum Beispiel, der sozialistische Idealismus hat der Erzeugung in einigen Generationen vieler wunderbarer Gewohnheiten beigetragen: gegenseitige Hilfe, Selbstlosigkeit, Liebe zu allen Lebewesen, brüderliche Freundschaft zwischen allen Nationen, usw. Und das alles sind – positive Eigenschaften.

Faschistischer Idealismus hat dem Erarbeiten in Individuen von anderen Grundlagen beigetragen: die Gewohnheit die eigene Nation als die wichtigste zu betrachten, und sich – als den ersten, die Gewohnheit andere Nationen zu hassen und sie zu unterdrücken; die Gewohnheit gnadenlos, nicht überlegend, alles Lebendige zu töten, andere zu vernichten, usw. Klar ist, dass wer in sich ähnliche Gewohnheiten erarbeitet hat, der wird der negativen Hierarchie zugezählt und gerät unter die Führung von Satan.

Daher, die einen oder anderen Gewohnheiten aneignend, sollte der Mensch verstehen, dass sie ihn unter die Macht des Gottes oder Satans führen können.

Wir haben herausgestellt, dass gleichermaßen die Individuen fähig sind Gewohnheiten zu erlangen, die bis zu 10 Reinkarnationen noch nicht irgendeiner Hierarchie zugerechnet sind, und die, die bereits in das System Gottes oder des Satans hinübergegangen sind. Aber hier gibt es einen Unterschied: **Gewohnheiten, die die Individuen auf niedrigen Daseinsplänen erlangen, dienen als die eigenschaftlichen Kennwerte, nach denen sie danach unterteilt werden, sie entweder in die Hierarchie des Gottes, oder in die Hierarchie des Satans zuweisend.** Man kann sagen, dass das Aufteiler – Gewohnheiten sind. Und wenn die Individuen bereits in die Hierarchien selbst hinübergegangen sind, dann setzen sie fort sich neue Gewohnheiten anzueignen, aber bereits der Hauptausrichtung, der sie im Resultat der durchgeführten Aufteilung zugeteilt wurden.

In der positiven Hierarchie können die Individuen ihre Gewohnheiten variieren, da ihnen die Wahlfreiheit gewährt wird.

Auf niedrigen Stufen, wo das Individuum durch die Wahlfreiheit entweder positive, oder negative Gewohnheiten ansammelt, sucht er auch die Ideologie aus, der er folgt. Eben auf niedrigen Entwicklungsstufen kann er auf eigenen Wunsch auf den Weg hinübergehen, der zu Satan führt. Also das Individuum sollte sich dessen bewusst sein, dass, wenn er in sich nur negative Gewohnheiten ansammelt, kann er zum Herrscher der Dunkelheit gelangen, denn diese Gewohnheiten bilden einen Idealismus, der der negativen Hierarchie eigen ist. Aber, wenn er nicht dahin kommen möchte, dann hat er bis zu seiner Befestigung an irgendeine Hierarchie noch die Möglichkeit das eigene Leben, die Gewohnheiten noch einmal zu überdenken und sie in Richtung der göttlichen Entwicklung zu ändern.

Zum Beispiel, Machenschaften, die sich riesige Geldsummen aneignen, haben die Angewohnheit alle Individuen, die mit ihnen in Kontakt kommen zu plündern, sich an jedem zu bereichern. Geiz entwickelt die Gewohnheit niemandem etwas zu geben, usw. Solch eine Menschenkategorie hat viele Gewohnheiten, die sie zum Satan führen. Aber wenn der Mensch sich rechtzeitig besinnt, seine Handlungen begreift und auf den Weg, der zu Gott führt abwiegen will, dann wird er ernsthaft an sich arbeiten müssen. Und beginnen muss man bei Wohltätigkeit, Mitgefühl für andere. Solch einem Menschen werden unbedingt Chancen für den Übergang in die positive Hierarchie gegeben. Gleich sind die Perspektiven für einen korrupten Menschen.

Der Aufbau von Gewohnheiten.

Somit, an der eigenen Seele arbeitend, erarbeitet der Mensch durch die Gewohnheiten bestimmte Energiearten in die Matrix, macht innere Ansammlungen.

Beim Aufbau von Gewohnheiten wird verwendet: Wiederholung, Ordnung, Zusammenhang, Abhängigkeit von der Beständigkeit.

1. **Wiederholung** als ein Aufbauprinzip der Gewohnheit. Ihre eigenschaftliche Grundlage kann in zwei Varianten gebildet werden:

a. Wiederholung, die auf der Verwendung der gleichen Handlung basiert. Sie wird oft in Fabriken verwendet, zum Beispiel, ein Arbeiter beschäftigt sich mit dem Stempeln von gleichen Teilen. Von Tag zu Tag wiederholt sich immer die gleiche Operation. Die Faktur solch einer Gewohnheit wird sich durch die Eintönigkeit, Monotonie unterscheiden;

b. **Wiederholung**, die einige unterschiedliche Tätigkeiten beinhaltet, die einen Zyklus schaffen.

In diesem Fall kann man zur Wiederholung nicht nur eine Handlung zurechnen, sondern einen ganzen Zyklus. Zum Beispiel, ein Arbeiter fertigt einen Tisch. Zuerst bereitet er einzelne Teile vor, dann baut er sie zusammen, und danach lackiert er das fertige Erzeugnis. Daraufhin wird dieser Fertigungszyklus der Erzeugung nochmal ganz wiederholt, d.h. der Zyklus der Fertigung von einem Tisch wiederholt sich.

2. Jede Gewohnheit hat ihren konkreten Aufbau, ihr ist die **Ordnung** in der konstruktiven Grundlage ihrer Form eigen. Als Eigenschaft entsteht die Gewohnheit nicht willkürlich und beliebig, sondern wird in Entsprechung mit ihren Aufbaugesetzen gebildet, da ihrem inneren Inhalt die Ordnung eigen ist.

Es gibt zwei Ordnungsarten:

a. Die Ordnung gehört zur allmählichen Wiederholung der gleichen Tätigkeit. Dies schafft die gleiche Faktur des Zustandes;

b. der zweite Ordnungstyp wird in zwei Zustände unterteilt, die gleichzeitig arbeiten;

c. Ordnung, die innerhalb des sich wiederholenden Zyklus aufgestellt wird, der auf die Gewöhnung an gewisse Handlungen berechnet ist. Der Zyklus beinhaltet einige getrennte Handlungen oder ihre Gruppe, die mit einem gewissen Resultat vereint sind. Ordnung stellt die Reihenfolge aller Handlungen auf, die innerhalb eines jeden Zyklus geschehen. Die Wiederholung eines ganzen Zyklus erweitert die Erfahrungsfertigkeiten des Individuums. Es läuft das Erschweren der sich aneignenden Handlungen, und folglich gewöhnt sich das Individuum an komplexere Prozesse;

d. Ordnung, die die Abfolge der äußeren Zyklen der sich wiederholenden Faktoren aufstellt.

3. **Zusammenhang** von erzeugenden Handlungen trägt dem bei, dass die Gewöhnung entweder schnell oder langsam geschehen wird. Sie bestimmt die Ordnung der erzeugenden Handlungen und setzt die vorübergehenden Gewohnheiten in feste Eigenschaften der beständigen Gewohnheiten um.

Der Zusammenhang hilft die Gewohnheitskraft für lange Zeit zu erhalten und sie unabhängig von anderen Einwirkungen und Faktoren zu machen.

4. **Gewohnheiten hängen ab von der Beständigkeit.** Dies äußert sich darin, dass jegliche vorübergehende Gewohnheiten danach streben einen Status von beständigen zu bekommen. Aber, damit die unterschiedlichen Gewohnheiten in eine feste beständige Eigenschaft hinübergehen, ist eine unterschiedliche Dauer der Erarbeitung von erforderlichen Kennwerten nötig. Dadurch verlängern die vorübergehenden Gewohnheiten ihre Existenz, und ihre eigenen Machtkennwerte wachsen an, was ihnen auch hilft ihre Individualität in der Eigenschaft der vorübergehenden Zustände zu bewahren.

Durch das Anwachsen der eigenen Macht der Gewohnheiten, also die Größe ihrer energetischen Potenziale, wird auch die Schwierigkeit des Kampfes mit ihnen erklärt. Wenn das Individuum für den Kampf mit der Gewohnheit den Faktor heranzieht, dessen Potenzial kleiner ist als die vorübergehende Gewohnheit, dann wird er sie niemals zerstören können. Sie kann nur ein Faktor mit einem größeren Potenzial liquidieren.

Zum Beispiel, es gab solch einen Fall. Ein Individuum konnte das Rauchen nicht aufhören. Er hat versucht die eine Gewohnheit durch eine andere zu ersetzen: einen Bonbon zu lutschen, Sonnenblumenkerne essen. Das hat nicht geholfen, da die versuchten Faktoren ein viel kleineres Potenzial hatten, als die erworbene Gewohnheit zu rauchen, das Potenzial welcher er jahrelang erarbeitet hat. Aber ein bekannter Arzt, nach dem Prinzip handelnd "Ein Keil wird mit einem anderen ausgetrieben", beschloss zu sagen, dass er Lungenkrebs hat, und das Rauchen ist für ihn strengstens verboten. Stress hat ihm geholfen sich von dieser schädlichen Sucht zu befreien. In diesem Fall hat der Arzt unwillkürlich solch einen Faktor ausgesucht, die Macht dessen die Macht der Gewohnheit übertroffen hat, sie mit der Zeit ganz vernichtend.

Aber, natürlich ist alles individuell. Und bei einem Individuum kann eine gleichartige Gewohnheit ein kleineres Potenzial haben, und beim anderen − ein größeres. Daher müssen auch die Faktoren der Gegenwirkung unterschiedlich sein.

5. Eine der wichtigsten Grundlagen im Aufbau ist die Beständigkeit, die das letzte endgültige Entwicklungsstadium der Gewohnheiten darstellt und deren Übergang in eine feste Form.

Eine beständige Gewohnheit kann unendlich dauern, und ihre weitere Existenz wird bereits durch das Individuum bewusst unterstützt, als eine Eigenschaft, die für seine eigene Existenz notwendig ist. Zum Beispiel, die Gewohnheit eine beliebige Sache zu einem endgültigen Ende zu führen ist eine bemerkenswerte Eigenschaft, die das Individuum auf einem beliebigen Entwicklungsstadium erfordert. Und deshalb wird solch eine Gewohnheit bewusst unterstützt und weiter entwickelt.

Und wir sollten uns den Moment der Perspektiven der Entwicklung von Gewohnheiten im negativen System betrachten. Wenn das Individuum nach dem primären Moment der Aufteilung von Seelen unter die Macht des negativen Systems gelangt, wie geht es dann weiter mit seinen Gewohnheiten? Werden sie dort weiter fortsetzen sich zu entwickeln, und auf welche Weise?

Denken wir daran, dass die Persönlichkeiten des negativen Systems sich streng nach dem Programm entwickeln, dermaßen streng, das ihre Handlungen robotisiert sind, d.h. in der Tat stellen sie mit sich automatische Bewegungen dar. Alles, was die Individuen ausführen, ist im Voraus berechnet, überdacht und all ihre Funktionen tragen einen automatischen Charakter. Deshalb kommen bei ihnen die vorübergehenden Gewohnheiten aufgrund ihrer Nutzlosigkeit nicht zum Vorschein. Und solch eine Entwicklungsausrichtung, wie **das Hinauswachsen der vorübergehenden Gewohnheiten in beständige, bleibt im negativen System aus.**

Die beständigen Gewohnheiten erlangen sie nicht durch die erzeugende Wahl der Seele, die hier fehlt, sondern durch die mechanische Ausführung des Programms. Eben der Ausführungsautomatismus zwingt das Individuum beständige Fertigkeiten zu erlangen, die dem Satan erforderlich sind. Er ist es, der seinen Untergeordneten zwanghaft zwingt die ihm erforderlichen Eigenschaften zu erarbeiten. Aber Eigenschaften, die durch die mechanische Ausübung erlangt werden, darf man nicht als Gewohnheiten bezeichnen, weil die Gewohnheit auf Grundlage des

Wunsches der Persönlichkeit selbst erlangt wird, ihrer Wahl von Situationen. Und wenn die Eigenschaft durch die Individuen nach dem Wunsch des Satans selbst erlangt wird, denn formt er in seinen Untergeordneten die Eigenschaften, die ihm recht sind, dann darf man sie nicht zur Kategorie von Gewohnheiten bringen, denn sie haben andere Ursprungswurzeln.

In negativen Systemen bleibt die Gewöhnung der Persönlichkeit an etwas aus: an die Welt, in die sie gekommen ist, an die Arbeitsbedingungen, an andere Individuen, usw. Deshalb kann man im Ganzen sagen, dass **in der negativen Hierarchie die vorübergehenden und beständigen Gewohnheiten ausbleiben**.

Und nur in der positiven Hierarchie wird die Gewöhnung und die Gewohnheitsformung für die Vervollkommnung der Persönlichkeit verwendet. Außerdem, die Erarbeitung von Gewohnheiten dient als ein Aufteilungsmechanismus von Individuen auf Anfangsstadien der Existenz: Gewohnheiten, in die Matrizen von Individuen positive oder negative Energien als positive oder negative Eigenschaften erarbeitend, teilen sie in diejenigen, die in die positive Hierarchie Gottes hinsteuern, und in diejenigen, die in die negative Hierarchie des Satans gelangen.

Kapitel 4

DIE ENTWICKLUNG IM POSITIVEN SYSTEM

WAS TRÄGT BEI DER ENTWICKLUNG IN DIE POSITIVE RICHTUNG BEI

Der Mensch strebt in seiner Vervollkommnung sich an die höchsten Persönlichkeiten zu nähern, die sich in der Hierarchie des Gottes befinden. Aber es ist schwer für ihn ihre Existenzweise zu verstehen, da sie sich in einer anderen äußeren Form befinden, als der Mensch, Sie haben völlig andere Beziehungen unter einander. Zum Beispiel, sie haben die allgemeine Liebe, und der Mensch hat über ihr wahrhaftes Wesen noch keine Ahnung, weil er immer noch nicht gelernt hat, seine Frau zu lieben, seine Kinder, seine Verwandten. Die menschliche Psyche verzerrt die höchsten Begriffe, und deshalb wird alles Hohe auf niedrigen Plänen entweder verzerrt, oder bleibt unverstanden.

Deshalb ist es sehr wichtig das Bewusstsein des Menschen in Richtung der höchsten Begriffe zu verändern. Dafür wird dem Menschen Wissen seiner Ebene gegeben, Und vor ihm steht die Aufgabe – alles was notwendig ist auf diesem Stadium zu begreifen, und nicht versuchen das zu verstehen, was er niemals geschen hat und noch zweitausend Jahre nicht sehen wird.

Für das Individuum, das sich in der positiven Richtung entwickeln will, ist es wichtig den Weg des Wohltuns zu gehen. Jedoch muss jede Gutmütigkeit ihre Grenzen haben und die Folgen ihrer Wirkung bestimmen. Sie muss dem Progress beitragen, aber nicht der Degradation. In vielen Fällen rettet die Gutmütigkeit und hilft der Vervollkommnung in der positiven Richtung, aber wenn auf ihr die Kräfte des Übels und der Zerstörung beginnen zu wachsen, dann wird solch eine Gutmütigkeit aus einem positiven Grund in eine negative Folge Abarten, was die Seele beginnt in Richtung der Opposition wegzuführen.

Diese Eigenschaft im Menschen zu entwickeln hilft der Schönheit, Sinn für Ästhetik. Die höchsten Lehrer haben sich um seine ästhetische Erziehung gesorgt und für diese Ziele ein bestimmtes Vervollkommnungsprogramm entwickelt. Die ersten Menschen hatten den Begriff der Schönheit nicht. Aber für eine vielseitigere eigenschaftliche Aneignung von Energien einer bestimmten Ebene, in diesem Falle des astralen Planes, war es den Lehrern erforderlich in die Verhaltensstruktur des Menschen neue Manieren einzuführen, ihm wurde der Sinn für Wunderschönes beigebracht. Er entwickelt sich nicht von alleine, sondern nach einem speziellen Programm. Nehme man, zum Beispiel, solche irdischen Wesen, wie Fische, Vögel, Insekten, Tiere. Der Sinn für Wunderbares ist bei ihnen nicht vorhanden, weil sie sich noch nicht auf einem gehörigen Entwicklungsstadium befinden. Und in Entsprechung mit der Einführung des ästhetischen Programms, begann man dem Menschen von oben entsprechende Impulse zu schicken. Er begann seine Kleidung, Behausung, sich zu schmücken; begann als Schmuck Edelsteine (Opal, Türkis, Malachit) zu verwenden, Metalle (Gold, Silber) und anderes.

Wundervolles führt das Individuum zur Schöpfung, zu positiven Entwicklungsprozessen. Schöpfung und Schönheit tragen der Entwicklung in der Seele der Eigenschaft der Liebe bei. Deshalb existiert zwischen dem Wundervollen, der Schöpfung und Liebe ein enger Zusammenhang. Sie alle helfen der Seele in die positive Hierarchie zu gehen.

Der wichtigste Moment der Opposition gegen die Mächte des Bösen auf dem materiellen Plan wurde die Einführung der Religion in unsere Zivilisation. Sie, als ein erforderliches Attribut der Entwicklung der Persönlichkeit, erschien mit einer bestimmten Entwicklungsebene der Zivilisation. Die Gesellschaft begann danach zu streben in jeder Persönlichkeit den Glauben an Gott, an die höchsten Mächte zu bilden. Die Religion wurde deshalb erforderlich, weil ohne den Glauben an das, dass über dem Menschen ein höchstes Wesen existiert, das allmächtig ist und im beliebigen Moment ihn bestrafen kann, beginnt der Mensch zu verrohen und zu degradieren, seine Straflosigkeit und Freizügigkeit fühlend. Solch eine Grenzlosigkeit konnte man zu den Zeiten nur mit dem Glauben an Gott, an den höchsten Verstand, an deren gerechten und herben Gericht anhalten.

Die Religion hat immer versucht, den Menschen auf den Weg des Guten und der Liebe zu leiten, und ebenso hat sie die ersten Grundlagen der Moral in Form von biblischen Geboten gegeben, den Begriff der Sünde und der Beichte, was den Individuen beigebracht hat eigene Handlungen in positive und negative zu teilen. Deshalb hat sie im Laufe von vielen Jahrhunderten ihre Mitglieder erfolgreich zu Gott geführt.

Jede Zeit erfordert die Einführung ihrer Entwicklungsmethoden in der positiven Richtung. Diese Methoden sind mit der Erarbeitung der Seele von bestimmten Eigenschaften verbunden. Zum Beispiel, um im Menschen die Eigenschaft der Liebe zur Frau zu entwickeln, muss man ihm edelmütige Methoden den Hof zu machen und der Sorge um sie mit Hilfe von Kunst, Kino, künstlerischen Werken beibringen; und um die Liebe zur Heimat beizubringen, ist es erforderlich die Methoden der Propaganda in der Gesellschaft, in der Presse, Schule einzuführen. Außerdem, die Steigerung der Entwicklungsebenen erfordert die Erarbeitung der Persönlichkeit von höheren Eigenschaften, als vorher, und das trägt auch der Einführung von Veränderungen in das Leben der Gesellschaft bei, der Erarbeitung wiederum von gewissen moralischen, ethischen, erzieherischen und anderen Normen.

Zum Beispiel, ein niedriges Individuum unterscheidet sich oft von dem hohen durch das Fehlen eines Bewusstseins. Das ist die Eigenschaft, die die Menschen zwingt sich auf verschiedene Weise zu verhalten. Ein niedriges Individuum macht alles für sich, und ein hohes – macht oft durch sein Bewusstsein das, was für die anderen vorteilhaft ist, und, vielleicht, für ihn selbst unvorteilhaft ist.

Ein hohes Bewusstsein entwickelt eine andere hohe Eigenschaft – das Pflichtgefühl. Das ist eine besondere Eigenschaft. Es ergreift mit dem Begünstigungsfaktor alles, d.h. der Mensch muss Nützliches für die Gesellschaft, Familie, den Kosmos nicht aus Angst vor den "Vorgesetzten" tun, nicht vor Furcht, dass er bestraft wird oder er gewisse Güter entzogen bekommt für die Nichtausführung, sondern einfach wissend, dass es für den anderen notwendig ist. Das ist die Äußerung des höchsten Bewusstseins.

Zwischen dem hohen Bewusstsein, das einem hohen Individuum eigen ist, und der Geistigkeit existiert eine direkte Abhängigkeit. Ein hoher Mensch wird in seinen Handlungen sich von anderen Emotionen leiten lassen, von höheren, als ein niedriger. Geistigkeit beinhaltet in sich ein hohes Bewusstsein, Freude vom Nutzen für andere. Deshalb, obwohl es für den Menschen vielleicht unvorteilhaft ist, was er für die Umstehenden macht, aber er freut sich, er empfindet eine geistige Befriedigung, einen geistigen Auftrieb. Solch ein Individuum arbeitet für die Abgabe, für die Gesellschaft. Nützlich sein für die anderen – ist wichtiger für seine Entwicklung, als, zum Beispiel, wenn jemand nützlich ist für ihn. Wenn der Mensch dieses Bewusstsein noch nicht hat, dann hat er eine niedrige Geistigkeit. Eine hohe Geistigkeit trägt der Entwicklung der nächsten hohen Eigenschaft bei – Uneigennützigkeit.

Die Uneigennützigkeit ist den Menschen extra gegeben, für deren Entwicklung in den höchsten Eigenschaften. Die Erarbeitung also, von den einen hohen Eigenschaften trägt immer der Erarbeitung im Folgenden von anderen bei. Um die positive Entwicklung erfolgreich fortzusetzen, hat ein geistiger Mensch voll und ganz das Recht die Interessen der Gesellschaft zu ignorieren, die seiner Geistigkeit und Selbstentwicklung zum Nachteil gehen, da die Gesellschaft nicht immer Recht hat.

Die Uneigennützigkeit, sowie die weitere hohe Moralität, muss man jedem Menschen beibringen. Diese Kategorien der Moralität tragen der Entwicklung eben auf der Erde bei und sind für sie gegeben. Solche Eigenschaften, wie Güte, Barmherzigkeit, Selbstlosigkeit, Nächstenliebe, Edelmut – das sind alles höchste Eigenschaften, die für den irdischen Plan der Existenz gegeben sind. Es gab sie und sie bleiben, fortsetzend in die neue goldene Rasse der Menschheit zu schreiten. Und nur ein hoch-geistiger Mensch ist fähig sie in einem vollen Maße zu erfassen, denn sie werden zu seinen persönlichen Charakteristiken. Eben am Vorhandensein beim Menschen dieser Eigenschaften geschieht seine Bewertung durch die Höchsten, und die Persönlichkeit bekommt das Recht die Reihen der Wesen in der Hierarchie des Gottes zu füllen.

Und umgekehrt, deren Fehlen bei Individuen dient als Grundlage für ihre Übergabe in die negative Hierarchie. Die aufgelisteten höchsten Eigenschaften öffnen den Weg in die göttliche Welt. Ihr Fehlen führt die Individuen in das negative System.

Diejenigen, die in das positive System kommen wollen, sollten daran denken, dass die Auswahl in das System anspruchsvoller ist, als in die negativen Systeme: nur einer von sechs kommt in das positive System Gottes. Die Hauptmerkmale der Auswahl in das System sind: Güte, Barmherzigkeit, Nächstenliebe, Liebe zu allen Lebewesen, hohes Bewusstsein, Geistigkeit, Pflichtgefühl, Erfassen von Schöpfung. Je höher die Gesellschaft wird, desto sorgfältiger wird die Auswahl in sie geführt. In die goldene Rasse kommen die besten Vertreter der fünften Rasse. Deshalb ist die Einnahme von positiven hohen Eigenschaften für den gegenwertigen Menschen besonders wichtig.

Alle höchsten moralischen und ethischen Werte der gegenwertigen Gesellschaft bleiben für die nachfolgende Menschheit. Außerdem, sie werden verfeinert. Unbedingt müssen sich die Beziehungen zwischen den Menschen vervollkommnen, oft bleiben sie weiterhin wild. Der Mensch muss in sich die "Hochachtung der Höhergelegenen und Liebe zu den Niedergelegenen" erziehen.

Er soll sich nicht überflüssig fühlen, sollte danach streben notwendig; nützlich für den anderen Menschen oder einer ganzen Gesellschaft zu sein. Er muss selbst begreifen, dass ihn jemand braucht. Vielleicht braucht jemand schutzloses seine Unterstützung, oder ein Kollektiv braucht ihn als Spezialisten. Der Mensch, also, sollte lernen für jemanden notwendig zu sein, und das bedeutet – lernen für jemanden zu arbeiten, bevormunden, helfen, all die besten eigenen Eigenschaften heranziehend. Aber auch das Kollektiv muss lernen solch einen Menschen wertzuschätzen, ihm mit Gegenseitigkeit zu erwidern.

Jeder positive Weg ist richtig. Jeder drückt seine eigenschaftliche Ausrichtung als Individualität der Entwicklung aus. Der positive Weg kann nicht eintönig sein; er ist wie ein Regenbogen, der sich aus vielen Farben bildet. Aber jeder **positive Weg** ist mit den gleichen Verhaltensnormen begrenzt: **töte nicht, beachte eine hohe Moral und die Gesetze, tue Gutes**. Ebenso hält auch jeder negative Weg an seinen entgegengesetzten Verhaltensnormen fest: töte, verletze die Moral und die Gesetze, sei unmoralisch, tue Böses, reche dich usw. Zu Gott führen viele Wege, aber zum Satan führen noch mehr davon.

DIE AUFTEILUNG DER SEELEN NACH WELTEN

Die fünfte Rasse durchläuft an der Wende des Wechsels von Epochen eine schwierige Aussonderung. Nach erworbenen Eigenschaften geschieht die Aufteilung der Seelen und eben die Eigenschaften bestimmen ihr weiteres Schicksal. Die Aufteilung der gegenwärtigen Menschheit, die als fünfte Rasse bezeichnet wird, wird wie folgt sein:

1. Seelen, die eine hohe geistige Vollkommenheit erreicht haben, kommen auf die erste Ebene der Hierarchie des Gottes (nach der Bibel werden solch einen Übergang 144 Tausend Seelen machen). Sie haben ihren Entwicklungszyklus in der physischen Welt abgeschlossen.
2. Hohe Seelen, die ihren Entwicklungszyklus nicht abgeschlossen haben, setzen ihre Vervollkommnung in der goldenen Rasse fort. Die Größe der sechsten Rasse wird ein Drittel von der gegenwärtigen Bevölkerungsgröße bilden.
3. Ein Teil der Seelen, die sich auf Medizin und Hilfe für andere spezialisieren, kommen in die medizinische Hierarchie.
4. Zehn Prozent von der ganzen Anzahl der Seelen, die sich auf der Erde entwickeln, werden dekodiert, d.h. es wird ein Brack abgesondert, das vernichtet wird.

Die gebliebenen Seelen, die die normativen Kennwerte der Entwicklung nicht erreicht haben, werden auf folgende Art und Weise aufgeteilt:

5. Ein Teil der Seelen, bei denen der negative Teil vorherrscht, werden dem Satan übergeben.

6. Seelen, bei denen der positive Teil überwiegt, werden in die niedergelegenen Welten des Gottes übergeben, wo sie ihre Vervollkommnung fortsetzen. Aber sie werden in der Entwicklung schon für einen ganzen Zyklus zurückbleiben.

Somit, die Erlangung von Eigenschaften durch die Seele ist das Wesentliche in ihrer Aufteilung nach Welten und hierarchischen Systemen. Die Erde zieht Seelen für unterschiedliche Hierarchien heran, einschließlich der neutralen, zu der die Medizinische gehört. Und jede Hierarchie hat ihre eigenschaftliche Entwicklungsausrichtung der Seelen: für die eine werden Seelen der einen Eigenschaft benötigt, für eine andere – einer anderen.

In den Hierarchien selbst werden die Seelen nach den hierarchischen Systemen aufgeteilt, die sich in ihrer Tätigkeit auf eine bestimmte Arbeit spezialisieren. Diese Systeme nehmen sich die Seelen, die ihnen in den Eigenschaften am meisten passen, also Eigenschaften, die die Seele in der Vergangenheit erarbeitet hat, und die weiter fortsetzen ihre Aufteilung schon innerhalb der Hierarchie selbst zu beeinflussen.

Eigenschaften teilen die Seelen untereinander auf. Aber für die Bildung dieser Eigenschaften existieren eigene Mechanismen, von denen die grundlegenden sind, die die Seelen in positive und negative teilen. Die Hauptmechanismen der Aufteilung von Seelen auf der Erde sind:

1. Freiheit und Wahl;
2. die Beziehung zu Gut und Böse;
3. Liebe, Schöpfung und Verrechnung.

Der Hauptmechanismus der Teilung von Seelen ist – die Freiheit. Sie beinhaltet eine Wahl von etwas. **Der freie Wille – ist das Wesentliche, was die Entwicklung der Seelen im System des positiven Hierarchen und im System des negativen Hierarchen unterscheidet.** Gott braucht bewusste Schöpfer und liebende Nachfolger. Das alles kann dem Individuum nur das freie Bewusstsein für das, was passiert und die freiwillige Wahl von der Seite, die er bevorzugt geben. Die Freiheit der Wahl ist – **ein Teiler der Seelen** auf dem irdischen Plan. Aussuchend, kommt die Seele im Endeffekt entweder zu Gott oder zum Satan. Aber die Freiheit verlängert den Weg der Seele, da sie den Individuen erlaubt Fehler in der Wahl zu machen, und deren Ausbesserung erfordert Zeit und zusätzliche Reinkarnationen.

Das Gute und das Böse, die als ein Trennmechanismus von Seelen wirken, stützen sich ebenso in ihrer Grundlage auf die Wahl, die der Mensch zwischen ihnen macht.

Liebe und Schöpfung stehen in gegenseitiger Verbindung. Schöpfung kann nicht etwas ohne Liebe schöpfen, das Individuum liebt immer das, was er schafft. Und wenn er versucht etwas zu schaffen die Berechnung verwendend, dann wechselt er zur Arbeit mit negativen Energien hinüber. Überall gibt es eine Wahl, ein Programm und eine komplexe Struktur der menschlichen Seele, die im inneren von ihr komplexe energetische Prozesse bilden.

Von gewöhnlichen auf den ersten Blick – Freiheit, Wohl, Liebe – geschieht der Übergang zu den Energieprozessen, die die Seele bilden. Das "Gute", "Freiheit" - sind nicht einfach Begriffskategorien, dahinter verbergen sich Mechanismen, die Arbeit welcher zur Gewinnung eines konkreten Resultats führt, in diesem Fall – zum Aufbau einer gewissen Eigenschaft, die bei der Erreichung ihrer Vollkommenheit beginnt automatisch zu funktionieren.

WIE KANN MAN DIE ENTWICKLUNG BESCHLEUNIGEN

Zuvor wurde gesagt, dass der Mensch seine Entwicklung nicht beschleunigen kann, da er mit seinen Aufbauten verbunden ist, die eine bestimmte Festigkeit und die Erreichung von erforderlichen Kennwerten benötigen. Zudem wird die Entwicklungsgeschwindigkeit mit dem

Programm eingegeben. Jedoch wird der Mensch immer nach der Beschleunigung seiner Vollkommenheit streben.

Egal wie gut der Mensch auf der Erde lebt, wird er immer danach streben, schneller in die höchste Welt zu kommen. Er glaubt, dass nur ein rechtschaffenes Leben bei ständigen Gebeten in der Kirche ausreichen – und das Tor öffnet sich.

Aber die Aufstiegsleiter der Seele zu Gott geht hinter den Horizont fort und noch ist ihr Ende nicht in Sicht. Sich auf dem irdischen Plan befindend, muss die Seele hundert Entwicklungsebenen durchlaufen, und es dauert tausende Jahre. Unzählig ist die Anzahl der Inkarnationen und Reinkarnationen; ermüdend flimmern die kurzen im Vergleich mit der Ewigkeit Leben.

Aber wann wird der Mensch wenigstens der ersten Ebene der göttlichen Hierarchie würdig sein, wann öffnet sich vor ihm die Ewigkeit, und er hört auf tausendmal zu sterben und aufzuerstehen? Wie kann man den Aufstieg der Seele des Menschen beschleunigen, wie kann man seine Qualen auf der Erde vermindern?

Deshalb sollte man herausfinden, wo er seine Tätigkeiten aktivieren kann und wodurch er fähig ist, sich dem Gipfel der Hierarchie des Menschen zu nähern.

Uns ist bereits bekannt, dass die Freiheit den Entwicklungsweg verlängert, deshalb kann man die Vervollkommnung der Seele durch die Reduktion der Freiheit und die Verwendung von strengen Einzelvarianten-Programmen beschleunigen.

Das sind – Programme ohne Einschluss in ihnen von der Freiheit der Wahl, da die Verlangsamung der Entwicklung eben von der Bereitstellung der Handlungsfreiheit für den Menschen geschieht. Der Vollzieher verwirrt sich ständig zwischen dem, was er braucht, und dem, was er möchte; geht ständig nicht in die Richtung, die erforderlich ist, und wird durch das Reinkarnationssystem und das Karma zu einem gewissen Ausgangspunkt zurückgebracht. Die Zurückstellung hält die Seele in der Zeit deutlich auf.

Die Seele, sich nach Einzelvarianten-Programmen entwickelnd, erwirbt die Eigenschaften, die ihr das Programm diktiert. Ob es das Individuum möchte oder nicht, aber es führt genau das aus, was in seinem Programm steht und es ist ein Plus für ihn.

Die Erwerbung von Eigenschaften in die Matrix geschieht folgendermaßen: die Höchsten schauen, welche Energien in der Matrix bereits angesammelt sind und welche dieser Ebene nach aufgenommen werden müssen. Danach suchen sie Situationen aus, die bei ihrer Durcharbeitung dazu beitragen der Seele Energien des erforderlichen Typen zu erarbeiten. Das alles trägt im Endeffekt der Beschleunigung der Entwicklung bei, aber diese Programme werden nur in der Hierarchie des Satans verwendet.

Aber Gott wollte das System der beschleunigten Entwicklung nicht verwenden. Er hielt es für unannehmbar für sich, da der freie Wille das Wichtigste ist, was die Entwicklung der Seelen in seinem System unterscheidet. Deshalb wird Gott diese Möglichkeit nicht ganz für die Beschleunigung seiner Seelen verwenden, obwohl es teilweise im positiven System angewendet wird. Im System Gottes also, bilden 30% die Wahlfreiheit im Programm und 70% des Programmes läuft nach einer strengen Variante. Dies erfordert das Karma und die Notwendigkeit bestimmte Eigenschaften zu entwickeln. Und im System des Satans läuft das ganze Programm zu 100% nach einem strengen Schema.

Den Prozess der Entwicklung beschleunigen die Schwierigkeiten des Lebens und der Mangel an finanziellen Mitteln. Das Überwinden von Hindernissen und die Suche nach dem Fehlenden trägt der Vervollkommnung bei. Und materielle Güter, ruhiges Leben, hingegen, bremsen den Progress der Seele ab. Luxus schafft Bedingungen für die Untätigkeit, für das Gedeihen von Untugenden und der Degradation, weil der Mensch, da er eine niedrige Bewusstseinsebene hat, nicht fähig ist sich zu zwingen im Wohl zu arbeiten und seine Seele zu vervollkommnen. Er tut es nur bei Bedrohung seiner wohlhabenden Existenz oder für irgendwelche Perspektiven für ein besseres Leben.

Alles von dem oben genannten ist eine künstliche Beschleunigung, die von oben geschaffen wird. Aber jedes bewusste Individuum ist fähig innerhalb einiger Grenzen seinen Progress zu aktivieren. Dies kann er durch eine richtige Organisation des persönlichen Lebens im Alltag machen, durch die Verwendung seiner freien Zeit für schöpferische und intellektuelle Tätigkeiten.

Der Beschleunigung der Entwicklung trägt die Intuition bei, die hilft das eigene Programm zu fühlen und es richtig zu erfüllen. Aber, leider, nicht alle haben sie und nicht jeder kann sie verwenden.

Der kürzeste Weg zu Gott – ist der Weg eines Gerechten. Derjenige, der nicht sündigt, keine Fehler macht, sich bemühend die Gesetze einzuhalten, die die Gesellschaft akzeptiert, beschleunigt seine Entwicklung. Deshalb hat die Kontrolle des Menschen über sich selbst eine große Bedeutung in seiner positiven Entwicklung.

Aber auch die Gesellschaft sollte danach streben die Persönlichkeit nicht einfach zu entwickeln, sondern nach Möglichkeit sich bemühen diesen Prozess zu beschleunigen. Sie muss ein niedriges Individuum mehr mit unterschiedlichen tragbaren Beschäftigungen beschäftigen, da es selbst nicht fähig ist, sich mit etwas nützlichem zu beschäftigen. Und einem hohen Individuum sollte mehr Freiheit geboten werden für eine maximale Realisation all seiner schöpferischen Pläne. Die Gesellschaft, also, ist verpflichtet alle Bedingungen für die Beschleunigung des Progresses der Persönlichkeit zu schaffen, und hat kein Recht ihr Hindernisse in der Beschulung zu setzen. Sie (die Gesellschaft) ist verpflichtet ihre (der Persönlichkeit) Entwicklung direkt in einigen schöpferischen Richtungen zu fördern. Aus diesen Gründen wächst die Rolle der Lehrer, Mentoren.

Die allgemeine Beschleunigung der Entwicklung jeder einzelnen Persönlichkeit führt im Endeffekt zur Beschleunigung der geistigen Vervollkommnung der ganzen Menschheit.

DIE NEGATIVEN STÖREN AUS DEM FEINEN PLAN

Die Entwicklung der Persönlichkeit können auf der irdischen Welt die Wesen des feinen Planes behindern. Zum Beispiel, Besessenheit, dem vor allem die anfänglichen Seelen mit einem geringen Energiepotenzial ausgesetzt sind. Unsichtbar seiend, sind diese Wesen fähig eine Seele zu zwingen negative Handlungen zu begehen oder zum negativen Verhalten, das die Gesellschaft verurteilt. Sie hetzen den Menschen oft auf, der sich in einer alkoholischen Trunkenheit oder im Drogenrausch befindet negative Handlungen zu begehen, das Individuum ist in solch einer Situation sogar fähig einen anderen zu töten. Die Wesen verwenden dafür die Einflößung. Niedrige Menschen haben ein geringes Energiepotenzial, deshalb geben sie schnell einer Einflößung nach, besonders unter Einfluss von Alkohol und Drogen, die ihren psychischen Schutz zerstören. Deshalb ist die Erlösung von ihnen eine aufrichtige Lebensweise, das Lesen von Gebeten und die Potenzialsteigerung mit Hilfe von Wissen, Beschäftigungen mit Tätigkeiten, die für die Gesellschaft nützlich sind.

Aber die negativen Wesen übermannen ebenso die mittelentwickelten Seelen, vor allem wenn diese auf den Weg des Aufstiegs treten. Diesen Wesen gefällt es gar nicht, wenn der Mensch den Verbindungskanal mit dem himmlischen Lehrer öffnet und beginnt seine geistige Ebene zu steigern. Die negativen Wesen, danach strebend die Entwicklung solch einen Menschen aufzuhalten, versuchen verstärkt ihn zu behindern. Sie überdecken seinen Verbindungskanal oder gehen selbst in den Kanal hinein und geben falsche Informationen von sich. Dem Menschen gelingt es schwer selbst zu bestimmen, von wem kommen die Informationen zu ihm: vom Lehrer oder von denen, die diesen Kontakt behindern möchten. Aber solch ein Einmischen jedoch, bringt dem Menschen viel bei. Er beginnt das erhaltene Wissen zu analysieren, es mit anderem Wissen zu vergleichen, versucht etwas von seinen kaum fassbaren Empfindungen zu erkennen, die er bei verschiedenartigen Informationen bekommt.

Niedrige Wesen kämpfen mit dem Menschen, und er zieht einen Nutzen für sich daraus, bereichert sich mit bestimmten Kommunikationserfahrungen mit der feinen Welt und mit Bekundungen seiner verschiedenen Vertreter. Er ist also fähig, die negative Einwirkung für die Steigerung seiner persönlichen Erfahrungen zu verwenden, und das bedeutet, zu seinem eigenen Wohl.

Oft ist der Grund des Eindringens solcher Wesen in das Leben eines Menschen seine Absicht nach oben zu steigen. Die Wesen aktivieren deren Angriffe, versuchen ihn einzuschüchtern, zu verwirren.

Und sobald der Mensch den Aufstieg aufgibt, hören sie ihre Einwirkung auf ihn auf. Aber das Aufgeben suchen sich die Schwachen aus. Wenn doch der Mensch aufhört sie zu beachten, würdigt sie solch einer Ehre nicht und setzt fort nach oben zu steigen, dann ist es ein Weg eines Starken im Geist.

Wenn man aufhört die Provokationen der negativen Wesen zu beachten, dann wird es, eine Art, uninteressant, langweilig für sie und sie gehen fort. Wenn der Mensch versucht verstärkt mit ihnen zu kämpfen, dann beweist er damit, dass sie ihn stören, was ihnen gefällt. Deshalb beginnen sie ihn noch mehr anzugreifen, in dem Maße, dass sie sein Leben in einen Albtraum verwandeln können. Es ist wichtig, wirklich keine Angst vor ihnen zu haben und es sich nicht ansehen zu lassen, dass sie stören. Verborgene innere Angst eines Menschen sehen sie auf dem feinen Plan sehr gut nach der Farbe der Energie, die bei dieser Emotion des Menschen herausgelöst wird, deshalb ist es wichtig ihnen die eigene Angst nicht zu zeigen. In solch einem Fall wird unbedingt ein Moment kommen, wenn sie es satt haben werden den Menschen anzugreifen, der sie nicht beachtet, weil er keine Angst vor der feinen Welt hat.

Natürlich kann solch ein Treffen bei jedem Menschen auf seine eigene Weise geschehen, mit einer Reihe von individuellen Besonderheiten, und man kann nicht eindeutig sagen, wie man mit ihnen kämpfen sollte. Aber es ist wichtig sie nicht zu beachten und keine Angst zu haben ohne dabei die Wachsamkeit zu verlieren. Sobald die Angst weg ist beim Menschen, werden auch sie sofort verschwinden. Alles wird zur Prüfung gewisser Eigenschaften des Individuums gegeben. Zum Beispiel, noch hat sich kein Mensch mit einem mächtigen Energiepotenzial beschwert, dass ihn Wesen der feinen Welt übermannen. Der Grund liegt darin, dass diese Wesen bis zu einer bestimmten Ebene existieren, d.h. sie können auf einen Menschen mit einem schwachen Potenzial einwirken. Und weiter sammelt sich beim Menschen solch ein Energiepotenzial an, dass sie automatisch von ihm abprallen.

Je höheres Energiepotenzial die Seele hat, desto höheren Energieschutz hat sie, der automatisch wird. Deshalb ist das beste Mittel sich von den Parasiten und Belästigungen zu befreien – ein eigenes mächtiges Potenzial zu bekommen. Man kann es auf unterschiedliche

Art und Weise aufbauen: Yoga, Sport treiben, die Erhöhung der Wissensebene, geistige Arbeit an sich, das Lesen von religiösen Texten und Informationen hoher Kontakteure, Meditation usw.

Wenn das Individuum seine positiven und negativen Seiten erkennt, muss es lernen den einen Eigenschaften der Freiheit zu geben, und andere zurückzuhalten. **Das Lernen über sich selbst zu herrschen – ist eines der wichtigsten Punkte einer beliebigen Vervollkommnung**. Mit der Fähigkeit sich beherrschen zu können wird kein einziges Wesen dem Menschen irgendwelche kriminelle Handlungen aufhetzen können, angeblich seine negativen Eigenschaften verwendend. Wenn sie dennoch periodisch unter Einfluss dieser Wesen herausdringen, das bedeutet, dass diese Eigenschaften noch nicht die ausreichende Aufbaukraft erreicht haben und man sollte sie in positive umarbeiten. Und das Letztere wird nur bei ständiger Kontrolle über sich verwirklicht, dem Heranziehen der Willenskraft.

Das beste Rezept, also, vor all den Angriffen der Wesen der feinen Welt – ist die Vervollkommnung der Persönlichkeit, so schnell wie möglich die hohen menschlichen Entwicklungsebenen zu erreichen. Die Entwicklungsebene versetzt die Individuen automatisch in die Situationen, die für einen Angriff auf ihn von Wesen einer ähnlichen Art unzugänglich sind. So, zum Beispiel, kann einen Obdachlosen jeder Hund angreifen, weil er in solchen Situationen lebt, wo solche Angriffe möglich sind. Und wenn man einen Minister nimmt, er lebt in anderen Situationen dank seiner hohen Entwicklungsebene, daher sind Angriffe auf ihn jeglicher streunender Hunde ausgeschlossen. Für seine Ebene existieren bereits keine ähnlichen niedrigen Situationen mehr. Analog ist es auch für die Wesen des feinen Planes, die den Menschen angreifen. Eine hohe Entwicklungsebene ermöglicht der Persönlichkeit sich in solchen Situationen zu befinden, die keine Einwirkung auf sie von negativen Wesen aus dem feinen Plan zulassen. Daher ist der beste Schutz für den Menschen die Erhöhung seiner eigenen Ebene.

NEGATIVE UND POSITIVE HANDLUNGEN

Den Menschen von einer negativen Vervollkommnung auf positive Prozesse hinüberzuführen bedeutet mühsame Arbeit mit seinem Bewusstsein, die Fähigkeit ihm die Vorteile der positiven Entwicklung über der negativen zu beweisen.

Gut hilft dieser Umgestaltung die Umstellung des Individuums auf Prozesse der Schöpfung, die wunderbar auf viele Seelen einwirkt. Deshalb muss man die Möglichkeit geben sich künstlerisch auszudrücken nach Möglichkeit jeder jungen Seele, d.h. einer niedrigen Seele (durch schauspielerische Tätigkeit, ein entfaltetes Netz von selbsttätigen Kollektiven, durch Poesie, erfinderische Kunst, Handwerk). Sogar in Gefängnissen sollte man den Menschen Schöpfung beibringen. Das ist eine lange erzieherische Arbeit, aber sie gibt positive Keime.

Der zweite Weg – ist, wenn man eine junge Seele (Hooligans, schwierige Jugendliche) von Positionen der Zerstörung auf die Tätigkeit mit Technik hinübergeführt wird: zuerst wird sie in Computerspiele einbezogen, danach wird ihr geholfen sich schwierigere Operationen anzueignen, mit Autokenntnissen begeistern, deren Zusammenbau, Reparatur. Oder von Positionen der Zerstörung des Menschen führt man sie zum Sporttreiben, zur Truppenkunde hinüber. Nehmen wir an, ein Jugendlicher beginnt aus Untätigkeit Kinderspielplätze zu zerstören, seine Kraft demonstrierend; Fußballfans realisieren ihre Emotionen in Zerstörungen von Geschäften, fremden Autos. Aber deren Energie sollte man auf nützliche Tätigkeiten ausrichten, früher war es der Komsomolbau, Entwicklung von jungfräulichen Böden usw. Daher gab es im Sozialismus zehnmal weniger Straftaten, als sie zum Jahr 2012 geworden sind.

Einige Anfangsseelen können ganz einfach Mörder werden, weil viele von ihnen – die Seelen vergangener aggressiver Tiere sind. Aber wenn man in ihnen, sich bereits in der menschlichen Form befindend, die Aggression bemerkt, dann ist es wichtig sie rechtzeitig mit solchen Sportarten zu begeistern, wie das Boxen, Ringen, Sambo, Stuntarbeit, in denen die Eigenschaft der Aggression fähig ist, sich in positive Eigenschaften zu transformieren: Willenskraft, Beharrlichkeit beim

Erreichen des Ziels, Furchtlosigkeit, die Fähigkeit sich beherrschen zu können. Solch eine Überleitung von niedrigeren Energien auf höhere trägt immer dem Progress der Seele bei.

Aber, natürlich ist es unmöglich alle Anfangsseelen auf positive Prozesse hinüberzuführen, weil die Freiheit der Wahl vorherrscht, und sie begünstigt die Entwicklung junger Seelen in der negativen Richtung, und dies ist mit der ganzen Existenzpraktik der Menschheit bestätigt.

Jedoch sollte man die niedrigen negativen Prozesse von den hohen negativen Prozessen unterscheiden. Und sollte man sich denn so vor den hohen negativen Prozessen fürchten? Man sollte beachten, dass sogar in der Hierarchie des Satans, in seinen höchsten Welten, niemand sich gegenseitig tötet, das sie bereits eine andere Bewusstseinsebene haben, und sie verstehen, dass alle vereint sind, und das Gesamtergebnis von ihnen allen abhängt. Sie haben auch schon lange in ihrem Bewusstsein die Grenze des Tötens überschritten und entwickeln sich nach bestimmten Gesetzen des Satans, für ein gemeinsames Ziel des Gesamtvolumens der Welt arbeitend, in dem sie gemeinsam mit Gott existieren.

In den negativen Systemen Gottes gibt es erst recht keine ähnlichen niedrigen Taten. Mit Tötungen auf der Erde, ihrer Planung, ihrem Programmieren und der Einführung ins Leben beschäftigen sich niedrige negative Systeme des Satans, die an die Menschheit gebunden sind. All das Töten von sich ähnlichen und anderen Lebensformen existiert nur auf der Erde und in Welten, die unter ihr liegen. Höher in Welten des Gottes geschehen bereits ähnliche Situationen nicht mehr. Jedoch außerhalb von physischen Welten des Gottes unter anderen kosmischen Systemen einer niedrigen Ebene können sie auch passieren.

Was die Erde angeht, so können hier mit Tötungen Seelen von Individuen des Gottes bis zur fünfzigsten Ebene verbunden sein. Und Individuen, die vom System des Satans arbeiten, können zu jeder Ebene der Erde gehören, bis hin zur hundertsten. Natürlich, dem Menschen sich zurechtzufinden, wer zu welchem System angehört, ist es schwierig aufgrund der Tatsache, dass er ein kleines Wissensvolumen hat.

Lasst uns die Vorzeichen unterschiedlicher Handlungen durchnehmen.

1. Positive Handlungen einer niedrigen Ebene: Sport treiben (außer aggressiven Sportarten), Beschimpfungen, Beschäftigungen in der Landwirtschaft und Tierhaltung auf einer niedrigen Ebene ohne die Verwendung von wissenschaftlichen Errungenschaften, Konsumverbrauch von Technik, Aneignung von Handwerk usw.
2. Positive Handlungen der mittleren Ebene: das Erfassen von professionellem Wissen, Beschulung in speziellen Einrichtungen und Hochschuleinrichtungen, Schulung von Kunst und Schöpfung, die Leitung von Unternehmen, Städten, Kollektiven nach Interessen usw.
3. Positive Handlungen einer hohen Ebene: die Entwicklung von paranormalen Fähigkeiten, die für den Nutzen anderer verwendet werden, das Erfassen vom höchsten Wissen, das dem Menschen durch die hohen Kontaktpersonen gegeben wird, die Steigerung der eigenen Geistigkeit, Arbeit für das Wohl der Menschheit usw.
1. Negative Handlungen der niedrigen Ebene: Töten, Zerstörungen jeglicher Art, Rache, Intrigantentum, Störtätigkeiten; das Treiben von negativem Sport (Boxen, Kampf ohne Regeln, Stierkampf).
2. Negative Handlungen der mittleren und hohen Ebene: sich mit Mathematik, Physik, Astrologie und anderen genauen Wissenschaften beschäftigen, mit Erfindung, dem Konstruieren. Medizinische Experimente, der Anbau von biologischen Waffen.
3. Negative Taten einer hohen Ebene: sich mit parapsychologischen Experimenten beschäftigen, die Entwicklung in sich von Supermächten, die darauf ausgerichtet sind, andere zu unterdrücken und sie zu steuern; geistige Entwicklung in besonders hohen negativen Prozessen, das Aneignen der Entmaterialisierung mit Hilfe des Gedanken usw.

Dieses Wissen ermöglicht es sich in Ebenen der Menschen und deren Entwicklungsausrichtung zu orientieren. Zum Beispiel, jeder irdische Richter sollte wissen, dass Serienmörder – die Vertreter des negativen Systems des Satans sind, und diejenigen, die zufällig töten oder aus gewissen Umständen, könnten Individuen des Gottes sein, die sich in ihren Taten verwirrt haben. Serienmörder folgen robotisiert den strengen Programmen des Satans. Sie wissen nicht, warum sie töten, und dennoch begehen sie ihre Gräueltaten, weil sie nicht fähig sind, sich dem persönlichen Programm nicht unterzuordnen. Diese Menschen haben kein Wehleid, kein Mitleid, keine Angst, wie es sich für einen Roboter gehört. Es ist sinnlos bei ihnen Überredungen oder pädagogische Maßnahmen anzuwenden. Im Moment der Ausführung des Mordprogramms kann ihn nur eine Kugel aufhalten.

Natürlich können die Diener des Satans physisch sehr stark sein, weil der Satan ihnen für die Begehung bestimmter Handlungen zusätzliche Energie schickt. Deshalb muss man immer annehmen, dass jeder Diener des Satans einen normalen Menschen oder sogar einen ausgebildeten Sportler physisch vielfach überragen kann. Dies müssen diejenigen berücksichtigen, die sich mit Ermittlungen von Verbrechen und mit der Gefangennahme der Vertreter des negativen Systems des Satans beschäftigen. Die Letzteren können ebenso sehr aalglatt, hinterlistig, heimtückisch sein.

Es ist genauso dumm einen Wahnsinnigen für psychisch nicht normal zu halten und die Zeit für allerlei medizinische Expertisen zu verschwenden. Ein Wahnsinniger, der für den Satan arbeitet, ist absolut normal, aber es ist bereits eine andere Geistesform – ein negativer Verstand, deshalb gefällt ihm das, was er macht. Von Ermordungen bekommt er ein Vergnügen, eine Befriedigung und sammelt in die Matrix den Energietypen an, der es ihm ermöglicht in die negative Hierarchie zu steigen.

All diese ähnlichen Entwicklungsfeinheiten der Menschen, die zwei oppositionellen Systemen angehören, muss jeder kennen, um deren folgende Handlungen vorhersehen zu können.

In niedrigen Welten, solchen wie, die irdische, sieht die gemeinsame Existenz von zwei oppositionellen Systemen oft unangenehm aus, da die einen im bestem Falle die anderen terrorisieren, und im schlimmsten – töten sie sie. In den höchsten Welten gibt es solcherart Taten nicht mehr, weil dort andere Prozesse laufen. Beziehungen werden durch die Führung von den negativen Systemen von Demontier- und Berechnungsarbeiten aufgebaut. Es gibt auch andere Prozesse, die hinter der Grenze des Verständnisses des Menschen bleiben.

Aber da kommt die Frage auf: wenn Gott allmächtig ist, warum hat er das Böse nicht vernichtet und warum erlaubt er vielen Seelen auf den negativen Entwicklungsweg abzubiegen?

Die Sache ist die, dass Gott und Satan zwei entgegengesetzte Teile der dreieinigen Grundlage eines in der Ebene höheren Weltvolumens bilden. Ein beliebiges geschlossenes Volumen ist fähig, normal zu funktionieren nur wenn positive und negative Prozesse in ihm vorhanden sind. Die Letzteren sind genauso erforderlich, wie, zum Beispiel, das Vorhandensein von Energien des physischen Plans "Yin" und "Yang" für die Arbeit des materiellen Körpers des Menschen erforderlich ist. Wenn man im menschlichen Organismus nur die positiven Energien "Yang" behält, wird er sterben, weil die Zirkulation von Energien aufhört.

Ebenso ist es in größeren Maßstäben. Zwei Entwicklungsausrichtungen gewährleisten die Zirkulation von Energieaustauschprozessen im Organismus des Absoluten, und jeder von ihnen erfüllt seine Funktionen. Daher muss einer bestimmten Menge des Positiven eine bestimmte Menge des negativen entsprechen. Aus diesem Grund ist es nicht möglich allen entweder nur positiv oder nur negativ zu sein. In beiden Fällen wird eine Selbstvernichtung durch den Stillstand der Bewegung, den Stillstand der Entwicklung geschehen. Ohne das Vorhandensein von Gegensätzen hört die Bewegung in jedem geschlossenen Umfang auf. Und der Stillstand, Stau – sind die Stadien, nach denen die Vernichtung beginnt, wenn, natürlich, die vorbeugenden Maßnahmen nicht rechtzeitig unternommen werden.

Aber hier ging es nur um niedrige Entwicklungsebenen auf der Erde in der negativen Ausrichtung. Jede niedrige Ebene setzt unbedingt auch ein Entwicklungssystem in der positiven Richtung voraus. Die Anfangsseelen, aus der Tierwelt kommend, sind nicht fähig sich zu mühen, daher geschieht auf den ersten Ebenen meist die Anlernung der groben physischen Arbeit, die Aneignung der einfachsten professionellen und anderen Fertigkeiten. Natürlich, dass wenn beim Individuum, wie man sagt "alles in den Händen brennt", alles einfach und gut klappt, dann hat sich seine Seele, folglich, diese Fertigkeiten in einigen vorherigen Leben angeeignet. Deshalb hat keiner das Recht eine junge Seele zu beschuldigen, dass sie die einfachsten Arbeitsoperationen nicht hinbekommt; man sollte verstehen, dass, möglicherweise, sie erst ihr erstes oder drittes Leben hat, daher sind Geduld und Zeit erforderlich, damit sie alles lernt. Solch einer Seele sollte man helfen diese primitiven Operationen anzueignen.

Natürlich neigen sehr niedrige positive Ebenen des Menschen noch nicht zur geistigen Arbeit, unter den Anfangsseelen kann es keine Intellektuelle geben. Jedoch sollte man danach streben, ihr Denken entsprechend ihrer Ebene zu entwickeln. Die ersten Entwicklungsstadien der Seelen werden niemals die Intellektuellen verstehen, weil ihre Seelen keine Sinn- und Bildbegriffe angesammelt haben, mit denen die Besserwisser operieren.

Zur gleichen Zeit werden die "Besserwisser", trotz deren Intellekts, niemals einen hochspirituellen Menschen in seinen Handlungen und Bestrebungen verstehen, wenn bei ihnen selbst noch kein entsprechendes geistiges Gepäck angesammelt ist. Somit, jede Erziehung, Beschulung sollten die Entwicklungsebenen beachten und von der ersten Ebene nicht das abfragen, was eine dreißigste Ebene wissen sollte, und von einem negativen nicht das fordern, was ein positiver machen sollte. Was die eine Seele fähig ist zu erfassen durch ihre gegenwärtige Ebene, ist für eine andere noch zu früh.

Jedoch sollten die irdischen Erzieher ein Maximum an Bemühungen geben, die Seelen von den niedrigen Stufen auf höhere heraufzuziehen. Niemand hat das Recht, jemandem zu verweigern, der lernen will, denn zu verweigern – heißt die Entwicklung des Gottes selbst aufzuhalten, ungerechtfertigt zusätzliche Mittel in folgenden Leben ausgeben, um die Individuen hochzuziehen. Auch aus rein wirtschaftlichen Gründen sollte man der maximalen Entwicklung von Seelen in einem Leben beitragen.

Wenn das Individuum jedoch lernen möchte, und er wird aus gewissen Gründen abgestoßen, dann entspinnen sich hier Ursache-Folge-Verbindungen für denjenigen, der diese Seele davon abhält in der Entwicklung Fortschritte zu machen. Man sollte daran denken, dass für jedes zusätzliches Leben zusätzliche Mittel, zusätzliche Energie aufgewendet werden. Und je weniger das Individuum zurückkehren wird ins Leben für die Liquidation seiner vergangenen Fehler, je erfolgreicher er fortschreiten wird in einem Leben, desto ökonomischer wird sein Weg sein. Aus diesem Grund können bei der Persönlichkeit die Energieschulden verschwinden. Und der richtige Durchgang des Weges durch die Persönlichkeit hängt nicht nur von ihr ab, sondern auch von ihrer Umgebung, von dem Wunsch der anderen dem nächststehenden zu helfen. Positive Persönlichkeiten helfen anderen Seelen sich zu vervollkommnen, und negative behindern sie. Diese Einstellung zu anderen Individuen dient als ein Teiler von Seelen auf oppositionelle Lager.

EMPFEHLUNGEN FÜR DIE ENTWICKLUNG DES MENSCHEN

Das Verhalten des Menschen in der einen oder anderen Situation wird mit den Eigenschaften der Seele bestimmt, die sie in den vergangenen Inkarnationen erworben hat, deshalb haben die Handlungen des Menschen eine besondere Bedeutung: sie charakterisieren das innere Wesen des Individuums, und ebenso mit ihrer Hilfe erarbeitet er neue Eigenschaften der Seele. Deshalb weisen wir auf die positive Richtung in einigen Handlungen hin.

1. Ein Leben zum eigenen Vergnügen – ist eine verschwenderische Vergeudung der von oben gegebenen Energie fürs Leben. Dafür folgt eine Bestrafung und oft – eine sehr harte.
2. Jede höhergelegene irdische Ebene muss sich um die Entwicklung und um das normale Dasein der untergelegenen Ebene kümmern.
3. Kein einziger Mensch sollte in der Gesellschaft überflüssig sein. Der Mensch sollte sich nicht verlassen, einsam, nutzlos fühlen.
4. Die Gesellschaft sollte jedem, der will die Möglichkeit bieten zu lernen.
5. Der Lehrer sollte geduldig sein, daran denkend, dass junge Seelen, die aus der Tierwelt gekommen sind, keine Arbeitsfähigkeiten haben, und es braucht nur Zeit, damit sie sie erwerben. Geduldig sie an die Disziplin, Verantwortung für eigene Handlungen und Taten angewöhnen, die neuen für sie Produktions- und Sozialbeziehungen beibringen.

6. Der Mensch sollte das ganze Leben lang lernen und hat kein Recht dazu zu glauben, dass das Alter oder eine Krankheit Hindernisse für das Lernen sind. Aber die Initiative sollte von dem Menschen selbst kommen. Zwang sollte nicht sein.

7. Es bleibt in Kraft die Pflege von älteren Menschen, Kranken, Einsamen, Kindern. Dies trägt der Ansammlung von positiven Energien durch die Seele bei, d.h. hilft der Persönlichkeit sich in der positiven Richtung zu entwickeln.

8. Die Gesellschaft sollte für jede Entwicklungsebene ihre Beschäftigungs-, Tätigkeitsart finden. Maximal die schöpferischen Neigungen unter Berücksichtigung der Entwicklungsebenen entwickeln.

9. Kein einziger Mensch sollte ohne Aufmerksamkeit der Gesellschaft bleiben. Aber die Aufmerksamkeit sollte nicht entspannen, nicht der Entwicklung von Parasitismus im Mündel beitragen, sondern in der Entwicklung leiten, die Selbstständigkeit beibringen, die Fähigkeit sich beschäftigen zu können. Und das Letztere ist sehr wichtig, denn der Mensch tritt auf den Weg von Verbrechen, weil er nicht fähig ist, sich mit etwas Nützlichem zu beschäftigen. Die Aufmerksamkeit der Gesellschaft sollte die Individuen unterstützen und in der Entwicklung richtig ausrichten.

10. Und das Wichtigste ist – der Mensch sollte daran denken, dass jede Handlung, Tat, Wort, Gedanke, Emotion, Gefühle zur Aufnahme in seinen Hüllen einer bestimmten Energieart führen. Deshalb formt sich der Mensch selbst eigenschaftlich, und diese Eigenschaften wirken auch auf den Aufbau seines Schicksals durch das Programmieren von Ereignissen.

DIE VERWANDLUNG DER AGGRESSION IN EINE GUTE EIGENSCHAFT

Für den Menschen drückt sich die Aggression in aktiven Handlungen aus, die jemandem einen moralischen oder physischen Schaden zufügen. Die Aggression ist immer auf jemanden und gegen jemanden gerichtet. Das ist eine Form des Angriffs und der Verteidigung, eine Existenzform in niedrigen Welten und eine Form des Protests gegen etwas in höheren Welten. Das ist das übliche Verständnis dieser Eigenschaft.

Sie kommt von den niedrigen Plänen und wird in der irdischen Welt durch die Transformation der Eigenschaften neutralisiert. In die Hierarchie des Gottes werden Individuen mit ähnlichen Neigungen nicht durchgelassen. Auf dem irdischen Plan muss die Seele die Aggression, die Bosheit in sich auslöschen und anstelle von ihnen andere Eigenschaften erwerben, die der Existenz in den höchsten Welten würdig sind. Was die Hierarchie des Satans betrifft, so ist sie eben auf die Entwicklung analoger Eigenschaften ausgerichtet. Deshalb führt beim Fortschreiten der Aggression auf dem irdischen Plan diese Eigenschaft die Seele in das negative System (zum Satan).

Aus der Tierwelt kommend, und ebenso aus den untergelegenen Welten auf den irdischen Plan, muss die Aggression durch die Seele des Individuums in andere Eigenschaften verarbeitet werden. **Das Individuum muss sie in sich unterdrücken oder die Energie dieses Typen auf den Kampf mit naturgegebenen Bedingungen ausrichten, auf harte körperliche Arbeit, Erzielung von sportlichen Siegen usw.** Mit anderen Worten, in der irdischen Welt gibt es viele Prozesse, die helfen diese Energie in positive Charaktereigenschaften zu verarbeiten. Das Ziel einer jeden Persönlichkeit ist – sich von der Aggression zu befreien, sie in positive Eigenschaften der Beharrlichkeit, Willenskraft, Fleiß, Schöpfung transformierend usw.

Aber da die Aggression – eine Eigenschaft ist, so, folglich, drückt sie das Vorhandensein in der Zelle der Matrix der Seele Energien eines bestimmten Typen aus. Nicht alle Seelen, die aus der Tier- und untergelegenen Welten kommen, sind aggressiv. Die Mehrheit von ihnen enthalten überhaupt keine ähnliche Eigenschaft, da sie von friedlichen Tieren stammen: Antilopen, Schafen, Kühen usw. Also nur ein Teil der Seelen enthält diese Energien in sich, und eben sie müssen verstärkt auf dem menschlichen Existenzplan arbeiten. Wenn eine Seele aus der einen Welt in eine andere hinübergeht, muss sie unbedingt mit vorigen niedrigen Gewohnheiten kämpfen und neue erwerben, die der höheren Ebene entsprechen.

Seelen von aggressiven Tieren und anderen Wesen, in die irdische Welt kommend und ein neues Entwicklungsprogramm in einer andere Form bekommend, setzen jedoch fort, ihre Eigenschaften zu bezeigen, die sie in der Vergangenheit erlangt haben. Sie können sich noch nicht zurückhalten, und die Aggression äußert sich in neuen Zuständen: verbale Angriffe auf jemanden, Begehung von Gemeinheiten, in Intrigen, obwohl auch direkte Formen ihrer Äußerung vorkommen: Kriege, Schlägereien, Ermordungen. Negative Eigenschaften arbeiten weiterhin in Seelen, für sich Opfer suchend in der menschlichen Gesellschaft. Wenn negative Energien in vergangenen Leben angesammelt wurden, werden sie sich aktiv im Laufe vieler zukünftiger Inkarnationen äußern. Daher, wenn das Individuum sich wünscht sie ins positive zu verarbeiten, dann wird er lange und beharrlich an sich arbeiten müssen, da in ihm in unterschiedlichen Lebenssituationen die Bosheit und Aggression in unterschiedlichen Äußerungsformen periodisch erwachen werden.

Im Individuum ist nicht nur die Aggression anwesend, aber auch andere Energien des negativen Planes, und jede von ihnen hat eine eigene Entwicklungstendenz und Funktionsfähigkeit. Das liegt aber alles im besonderen Aufbau der Eigenschaften, die ihre weiteren Funktionen diktieren, denn die Transformation geschieht durch eine Reihe bestimmter für diese Eigenschaft Handlungen.

Es ist unmöglich aus einem bösen, aggressiven Menschen direkt gütig, ruhig zu werden. Diese Verwandlung ist nur nach einer Reihe an Prozessen und einer Vielzahl an Reinkarnationen möglich. Zum Beispiel, das Leiden der Seele in einigen Leben können die Aggression zuerst in das Verstehen des Leidens von anderen transformieren, danach in ein Mitgefühl, danach – in eine Bestrebung Schwache zu beschützen, und, zum Schluss, - in eine Eigenschaft der Güte. Es ist ein recht langer Weg von Verwandlungen der Aggression in das Gute. Daher **hilft das Leiden der Transformation von negativen Eigenschaften in positive.** Obwohl, natürlich, das geschieht nicht bei allen Seelen. Einige, hingegen, härten noch mehr aus und wählen den Weg des Bösen.

In Abhängigkeit davon, welche Wahl das Individuum auf niedrigen Entwicklungsebenen macht, werden die Besonderheiten seiner Minus- Erarbeitungen gebildet. Jede Seele mit Energien der negativen

Typen arbeitet auf eigene Art, deshalb erlangt auch die Aggression ein breites Spektrum an Schattierungen. Im Individuum bildet sich ein ganzer Bereich ihrer unterschiedlichen Ausrichtungen heraus: Aggression in der führenden Tätigkeit, im Alltag, in der Gesellschaft, Schreibtätigkeit, Poesie (Extremismus), Militärgeschäft usw. Bei jedem – das eigene.

Das gleiche Individuum bekommt von der Anfangseigenschaft der Aggression eine ganze Reihe von Umgestaltungsfunktionen, die neue negative Eigenschaften schaffen. Das heißt also, dass die weitere Eigenschaft sowohl positiv sein kann, als auch negativ; aber was ein Mensch daraus macht, hängt von ihm selbst ab. Zum Beispiel, wenn solch einer Eigenschaft, wie die Fähigkeit andere führen zu können, das Individuum die Eigenschaft der Aggression zugibt, dann wird sie negativ werden. Das wird eine brutale Unterdrückung von Untergeordneten, ihre Erniedrigung. Wenn man der Führungsfähigkeit jedoch positive Eigenschaften der Gerechtigkeit, Hilfsbereitschaft, die Fähigkeit die Arbeit richtig organisieren zu können zugibt, wird sie positiv werden. Deshalb hängt alles von der Wahl der Persönlichkeit ab.

Aber da es unmöglich ist die Aggression direkt in eine positive Eigenschaft zu verarbeiten, so wird das Individuum im Laufe einer Reihe von Inkarnationen fortsetzen die Eigenschaft in unterschiedlichen Richtungen zu entwickeln und neue Ansammlungen zu machen. **Tabelle 2 zeigt**, durch welche Wege sich die Eigenschaft der Aggression in der gegenwärtigen Gesellschaft entwickeln kann. Die Seele, also, kann an unterschiedlichen Situationen teilnehmen, die derzeit in der Gesellschaft verfügbaren Tätigkeitsformen durchkommend. Das Schema ist ungefähr, aber es zeigt, wie, die Vervollkommnungsstadien durchgehend, ein Soldat oder Schutzgelderpresser im Endeffekt bis hin zum hochrangigen Leiter kommen kann. Aber dafür wird er jedes Stadium vielfach abarbeiten müssen, um jedes Mal niedrige Energien der entsprechenden Ebene in hohe umzuwandeln, die es ihm ermöglichen auf die nächste Entwicklungsetappe zu kommen.

Tabelle 2

Wie entwickelt sich die Qualität der Aggression?		
Stadium	**Eigenschaft**	**Handlung**
1. Tierwelt	Aggression äußert sich in der Tötung von Lebewesen	Töten um zu überleben (Nahrung, Selbstverteidigung)
2. Menschenwelt (niedriges Stadium)	Aggression äußert sich darin, dass man seinesgleichen tötet	Soldat, Henker (Mord wird durch eine Idee verdeckt), Gauner, Mörder, Viehschlächter, häusliche Schlägereien, Streitereien
3. Menschenwelt (mittleres Stadium)	Aus Aggression wird Konfrontation	Kampfkunst, Ringen, Boxen; Tiertraining; Vorgesetzte in Justizvollzugsbehörden; Kommandeure in der Armee
4. Menschenwelt (hohes Stadium)	Aggression unterdrücken, sie auf kreative Prozesse und Arbeit richten, Aggression in Beharrlichkeit, Willen entwickeln	Hochrangige Leiter, Lehrer, kreative Arbeiter, Spezialisten in verschiedenen Bereichen

Alle Arten der Eigenschaften, die auf der Aggression aufbauen, schaffen im Endeffekt ihre Macht. Aber den Vorrang bekommen diejenigen, die am häufigsten vom Individuum in Lebenssituationen verwendet wurden. Sie gewinnen die meiste Kraft. Zum Beispiel, Bissigkeit – ist die transformierte Form solch einer tierischen Eigenschaft, wie der Wunsch zu beißen. Das ist eine neue Form einen anderen mit dem Wort zu verletzen. Wenn dem Individuum solch eine

Eigenschaft gefällt, und er verwendet sie in unterschiedlichen Situationen nur, weil jemanden "beißend" er daran Freude oder Zufriedenheit bekommt, dann erarbeitet er negative Ansammlungen der Aggression eben dieser Art (wenn man sie mit anderen negativen Ansammlungen vergleicht). Aber wenn er jedoch dem positiven Weg folgen möchte, dann kämpft er mit seiner Bissigkeit, lernt sich zurückzuhalten oder wenn er das Zeichnen lernt, dann kann er die Bissigkeit in freundschaftliche sanfte Köper verarbeiten.

Die Aggression lässt sich wunderbar in die Willenskraft zum Sieg, Beharrlichkeit verarbeiten, die erforderlich ist in der Erreichung der Ziele, in die Eigenschaft der Arbeitsamkeit, die Fähigkeit beliebige Schwierigkeiten überwinden zu können.

DIE FUNKTION DER POSITIVEN EIGENSCHAFTEN DER PERSÖNLICHKEIT

Positive Eigenschaften bekommen die Individuen auf dem Weg der Erarbeitung von positiver Energie, die man erhält in Folge von der Verwirklichung von Handlungen, gekennzeichnet durch die Wachstumsgeschwindigkeit und den Progress der Seele. Und negative Eigenschaften des Individuums auf der niedrigen Ebene behindern seine Entwicklung.

Handlungen bestimmen den Kern des Werdens und die Zugehörigkeit der Seele des Individuums zu den positiven oder negativen Systemen. Daher entscheidet die Gewissheit der Erzeugung von konkreten Handlungen (Hilfe, Mitleid, den anderen Freude bereiten usw.) die Hauptausrichtung und das Entwicklungsziel.

Die Entwicklungsrichtungen von Individuen werden in positive und negative unterteilt. Und in Abhängigkeit davon, welchen Weg er auf der Erde aussucht, in solch ein System wird er letzten Endes kommen, dies wurde oben erwähnt.

Aber was ist eigentlich Entwicklung? Aus neuen Positionen besteht die Entwicklung des Individuums in der Ansammlung in der Matrix der Seele von Energien eines bestimmten Typen, die die Eigenschaften der Persönlichkeit bilden. Dementsprechend schaffen positiven Energien positive Eigenschaften, und negative Energien bilden negative Eigenschaften.

Die Ansammlung von Energien geschieht durch Handlungen und Prozesse. Die einen oder anderen Handlungen ausübend (den anderen helfend, gewissenhaft seine Arbeit erledigend oder, im Gegenteil, andere unterdrückend, etwas zerstörend), verarbeitet das Individuum Energien des physischen Plans in Energien des feinen Plans, und in Abhängigkeit von dem Charakter der Handlungen erzeugt er einen positiven oder negativen Energietypen, der teils in seiner Matrix angesammelt wird, und teils in die höhergelegenen Strukturen übergeben wird. Analog, gut oder schlecht über jemanden denkend, teilnehmend an Denkprozessen der Schöpfung (plant die Schaffung eines Bildes, den positiven Schöpfungsprozess bildend) oder der Zerstörung (plant, wie er seinen Feind vernichtet), sammelt er positive oder negative Energien an, die für den Aufbau entsprechender Eigenschaften zugehen.

Absolut alle Prozesse, Progressionen, Funktionen, jegliche Bewegungen, die das Individuum erzeugt, tragen in sich entweder eine positive Ladung, oder eine negative in Abhängigkeit davon, wie das Endresultat wird. Daher, daran teilnehmend, macht das Individuum in seiner Seele positive oder negative Ansammlungen. Und um sie zu regulieren, sollte man wissen, an welchen Prozessen man teilnimmt, und was man davon bekommt.

Alle Existenzsituationen in der irdischen Welt sind so aufgebaut, dass, an ihnen teilnehmend und die Wahl tätigend in Richtung des Guten oder des Bösen, der Schöpfung oder Zerstörung, baut sich die Persönlichkeit so auf, dass ihre Energieansammlungen es dann ermöglichen über die vorherrschenden in ihnen Eigenschaften zu urteilen und sie entweder in die positive Hierarchie des Gottes einzuteilen, oder in die negative Hierarchie des Satans.

Die Wahl ist – ein Hauptmechanismus, der es dem Menschen ermöglicht auf den positiven oder negativen Weg überzutreten durch die Erfüllung von Taten in unterschiedlichen Situationen.

An der gleichen Situation teilnehmend, machen zwei Individuen entgegengesetzte Ansammlungen, wenn der eine das Negative aussucht, und der andere – das Positive. Die Situation ist gleich, aber man kann sie unterschiedlich lösen, und davon wird die Aufnahme von Eigenschaften in die Matrix des Menschen abhängen. Nehmen wir solch ein einfaches Beispiel: ein Kind ist ausgerutscht und in eine Pfütze gefallen. Zwei Schüler, vorbeigehend, haben unterschiedlich auf seinen Fall reagiert. Einer hat angefangen zu lachen, beiseite stehend, und der zweite ist zum Gefallenen hingerannt, hat ihm geholfen aufzustehen und sich abzuklopfen. Es scheint, was ist schon dabei? Die Schüler haben an einer Situation teilgenommen, aber an unterschiedlichen Prozessen, und haben deshalb Energien einer entgegengesetzten Eigenschaft aufgenommen. Das Auslachen des anderen – ist ein negativer Prozess, der der Erzeugung und Ansammlung von negativer Energie in der Seele beiträgt. Und Hilfe für den anderen – ist ein positiver Prozess, und der Mechanismus seiner Wirkung trägt der Erarbeitung von positiven Eigenschaften bei, also Energien.

Somit, alle Handlungen werden in positive und negative unterteilt, und die Teilnahme in ihnen trägt der Ansammlung durch die Individuen von entsprechenden Energiearten bei, und, folglich, auch Eigenschaften. Eine riesige Rolle in der Ansammlung von positiven oder negativen Energien spielt die Wahl. Sie schließt in die Konstruktionen des Menschen einen Mechanismus ein, der die äußeren Handlungen in die inneren Prozesse umsetzt, die der Entwicklung von positiven oder negativen Tendenzen der Persönlichkeit beitragen.

Ständig die Wahl treffend in unterschiedlichen Situationen im Laufe des ganzen Lebens, macht der Mensch bestimmte Ansammlungen in der Seele. Nicht die ganze Energie, sondern nur ein Teil der Energie geht in die Matrix ein: wenn das Individuum eine schlechte Energiequalität ansammelt, setzt sie sich in den vorübergehenden Hüllen ab und wird mit ihnen zusammen nach dem Tod des Menschen entfernt. Jegliche Energie, die in die Matrix durchgelassen wird, muss die normativen Kennwerte haben, also bestimmten Anforderungen entsprechen und die Parameter haben, die für diese Entwicklungsebene festgelegt sind.

Eine allmähliche Ansammlung unterschiedlicher Energietypen (Energien des Guten, der Liebe, Zärtlichkeit, Gerechtigkeit oder, im Gegenteil, der Aggression, Eifersucht, Lüge und Bosheit) formen die Eigenschaften der Persönlichkeit und ihren Charakter. Bei der Ansammlung eines ausreichenden Energieumfanges gehen diese Eigenschaften in einen stabilen Zustand hinüber und beginnen bereits selbst die Individuen zu steuern. Zum Beispiel, ein gütiger Mensch kann nicht an einem Armen gleichgültig vorbeigehen, um ihm kein Geld zu geben. Er kann manchmal selbst nicht erklären, was für eine Kraft ihn anzieht seinen letzten Rubel dem um Hilfe bittenden abzugeben. Die Eigenschaften der Güte, also, sind bei ihm in eine beständige Form hinübergegangen und haben begonnen seine Handlungen zu steuern bereits ohne die Hinzuziehung des Wahlfaktors, denn solch ein Mensch braucht nicht mehr auszusuchen: er sieht, dass jemand Hilfe braucht – und hilft, nicht daran denkend, "geben oder nicht geben".

Positive Energien tragen dem Progress der Persönlichkeit bei, da sie einen bestimmten stimulierenden Effekt haben. Das ist in ihre Eigenschaft eingelegt. Sie aktivieren die Prozesse und stellen die Persönlichkeit auf eine optimistische Stimmung ein.

Negative Eigenschaften, die das Individuum erwirbt, im Gegenteil, haben die Fähigkeit die Geschwindigkeit des Progresses zu verlangsamen, jegliche Entwicklung (es wird nur über den irdischen Plan gesprochen) zu hemmen. Daher, wenn die Seele des gleichen Menschen die einen, und die anderen Eigenschaften ansammelt, dann werden sie miteinander in Widerstreit treten: das eine, Positive, wird den Mensch zum Lernen erziehen, und das andere, Negative, wird ihn zwingen faul zu sein, verantwortungslos den Aufgaben von Lehrern gegenüberzutreten, so dass sich gute Noten beginnen mit den Schlechten abzuwechseln. Solch ein Mensch wird ständig in Konflikt sein in seiner Seele: er wird eine gute Tat zu tun wollen, er nimmt sich vor eine Sache zu planen, aber etwas wird ihn unaufhaltsam in seinem Inneren stören und einen inneren Kampf verursachen. Darin äußert sich eben auch die Wirkung von negativen Eigenschaften seiner Seele, die versuchen seinen vorgenommenen Plan zu behindern, ihn zu verlangsamen oder seine Entscheidung für das Entgegengesetzte zu verändern. Negative Energien erzeugen Zweifel, Schwankungen, zwingen den Menschen sich hin und her zu werfen. Das alles hindert ihn daran, zu progressieren.

Solche Widersprüche kommen in Seelen auf, bei denen fast gleichermaßen positive und negative Eigenschaften angesammelt sind (Bild 6, Var. 1). Sie haben ungefähr gleiche Potenziale, kein Teil hat einen eindeutigen Vorteil gegenüber dem anderen, und deshalb treten sie in Kampf miteinander.

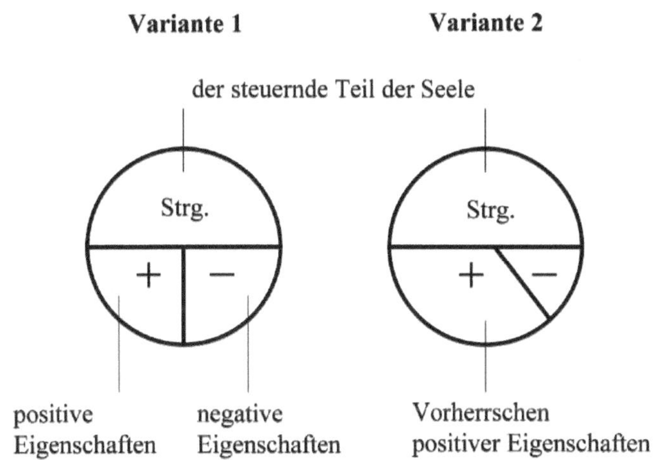

**Bild 6. Ansammlung positiver und negativer
Eigenschaften in der Matrix**

Aber dies geschieht nur in den Situationen des Programms, die dem Individuum das Wahlrecht bieten. Das gleiche Programm gibt eine Vielzahl an Situationen ohne Wahl, und das bedeutet, dass das Individuum planmäßige Energien erarbeiten muss, die ihm ermöglichen sein Energiepotenzial aufzubauen und auf die höhergelegene Stufe zu steigen.

Wenn jedoch in der Seele positive Energien eindeutig über den negativen vorherrschen (Bild 6, Var. 2), dann geschieht bei solch einer Persönlichkeit die Wahl von positiven Tendenzen und, als Folge, läuft die Aktivierung der Kräfte des Progresses.

Die überwiegende Wahl von negativen Prozessen und Handlungen trägt der Aufnahme der Seele von negativen Eigenschaften bei. Die Vorherrschaft von negativen Eigenschaften trägt der Ausrichtung des Individuums in das negative System bei, was unerwünscht ist für das positive System.

Auf dem irdischen Plan ist das Übergewicht der einen oder anderen Eigenschaften erforderlich, um zu bestimmen, in welche Hierarchie die Seele weiter ausgerichtet werden sollte. Deshalb wird den Individuen in Situationen immer die Wahl der positiven oder negativen Handlungsrichtung geboten oder die Teilnahme an positiven oder negativen Prozessen nach eigenem Ermessen. Aber wenn die angesammelten Eigenschaften es ermöglichen zu bestimmen, im welchen System – des Gottes oder des Satans – das Individuum sich entwickeln sollte, dann wird hinter ihm die beständige Entwicklungstendenz in der positiven oder negativen Richtung fixiert.

Die Tätigkeit von positiven Eigenschaften ist auf die Schöpfung und das Gute ausgerichtet, wo eine wichtige Rolle die Verantwortung des Individuums spielt, die mit jeder Ebene anwächst.

Positive Energien, die in der Matrix angesammelt werden und die die Eigenschaften der Persönlichkeit bilden, existieren im inneren in bestimmten hierarchischen Aufbauten. Die Energie kann nicht einfach aufbewahrt werden, wie das Wasser in einem leeren Gefäß. Wenn sie in der Seele angesammelt wird, dann wird sie auf bestimmte Weise gebaut dank konkreten Aufbaumechanismen, die in der Matrix ursprünglich von ihrem Moment der Schöpfung eingelegt sind. Positive Energie hat den einen Aufbau, die negative – einen anderen, einen eigenen Wirkmechanismus schaffend.

Jede Charaktereigenschaft wirkt auf das Verhalten des Individuums, weil sie ihren Wirkmechanismus ausbaut, der in einem automatischen Regime arbeitet, und somit die Bewegungsautomatik formt. Zum Beispiel, die Eigenschaft der Barmherzigkeit baut ihren Mechanismus, der die Individuen zwingt streng auf bestimmte Art und Weise zu handeln, und die Eigenschaft der Arbeitsamkeit baut ihren Mechanismus auf, der es der Persönlichkeit ermöglicht anders zu handeln, aber auch positiv. Diese Mechanismen, also, werden eigenschaftlich individuell gebaut. Jedoch damit solch ein Mechanismus ständig arbeitet, muss er auch einen bestimmten Lebensraum haben, bestimmte Existenzbedingungen, die sein ewiges Funktionieren aufrechterhalten. Das sind sehr strenge Anforderungen, deshalb **baut jede Eigenschaft auch ihre eigene Umgebung auf, die den Anforderungen ihrer ewigen Existenz entspricht**. Deshalb die positiven Eigenschaften umgebende Wirklichkeit – ist ausschließlich in ihrem Aufbau und Inhalt. Sie aktiviert die Dynamik der Eigenschaft. Und die Umgebung, die für die Aufrechterhaltung des Mechanismus der negativen Eigenschaften geformt wird, wird anders sein.

Jede Eigenschaft hat bestimmte Kennwerte für ihre Inbetriebsetzung und das Ausschalten im richtigen Moment. Die Funktion einer Eigenschaft wird aus ihrer zielgerichteten Ladung gebildet, die in die Wirkungszone ausgerichtet ist, die ein kleineres Potenzial ist.

Jede positive Eigenschaft ist fähig nur in Systemen des Guten und der Schöpfung zu arbeiten, wo solch eine wichtige für die Entwicklung Eigenschaft funktioniert, wie die Verantwortung für alles: für sich und andere, für die Umgebung. Die Verantwortung ist eine kontrollierende Eigenschaft. Man kann sagen, dass Verantwortung eine der Haupteigenschaften der Steuerung von anderen positiven Eigenschaften ist.

DER PROGRESS IN POSITIVEN EIGENSCHAFTEN

Positive Seelen entwickeln sich nach göttlichen Programmen, die in sich das Element des Guten beinhalten. Bei ihnen ist alles wahlweise: Wünsche (die einen kann sie realisieren, die anderen unterdrücken nach eigenem Wunsch), Gedanken, Versuchungen, Taten, jegliche Handlungen, die Entwicklung der Gefühle. Das Individuum kann über das eine und das andere denken, was dem ersten entgegengesetzt ist.

(Und Individuen des negativen Hierarchen werden nur darüber denken, was in ihr Programm eingelegt ist und was nur dem Satan recht ist).

Bei Seelen, die sich im positiven System entwickeln, sind die Emotionen auch wählbar, weil sie von Taten abhängen, die der Mensch in unterschiedlichen Situationen aussucht. Wenn er nach Wahl ein klassisches Musikkonzert besucht, fangen darin positive Emotionen und Gefühle an zu arbeiten; und wenn er einen Kampf angucken geht, erwachen darin negative Gefühle und Emotionen der Aggression. Und so sind alle positiven Seelen fähig nach eigenem Verständnis und Willen zu handeln. Und ein negatives Individuum wird niemals ein klassisches Konzert besuchen, weil bei ihm im Programm die Erziehung anderer Emotionen eingetragen ist, deshalb wird es besser einen Thriller oder einen Horrorfilm gucken, das Boxen genießen oder Hardrock hören. So diktiert es ihm das Programm.

Durch die getätigte Wahl nehmen die einen Seelen in ihre dreieinige Matrizen mehr positive Energien auf, andere – negative.

Beim Übergang von Ebene zu Ebene verhalten sich Seelen, die sich unter Vormundschaft des göttlichen Systems befinden, unterschiedlich. Die einen, direkt an sich erfahrend auf den unteren Ebenen die Kraft des Bösen, der Grausamkeit und Ungerechtigkeit, vergessen diese Erfahrung niemals und versuchen mit allen Kräften sich an allem Positiven festzuhalten. Das Ziel ihres Lebens wird die Wahl von positiven Tendenzen der Vervollkommnung in der Vielfalt von Lebenssituationen. Sie hören auf die Anweisungen der älteren Seelen, vergleichen, stellen gegenüber, decken die Folgen der einen oder anderen Taten auf, und suchen für sich das aus, was sie nur positiv baut.

Sie lernen gewissenhaft einen Beruf, der zu ihrer materiellen Versorgung im Leben beiträgt, und deshalb werden sie auch bei der Arbeit weiterhin fleißig, ausübend sein. Wenn sie ungerecht behandelt werden, erdulden sie alles still und versuchen den Grund dieser Ungerechtigkeit zu verstehen. Sie leiden selbst, versuchen aber keinen Schmerz und Schaden den anderen zuzufügen.

In der Familie sind solche Seelen fügsam, friedlich, fürsorglich. Sie bringen den eigenen Familienmitgliedern das Gute, die Liebe, Anstand bei. Wenn ihnen in die Familie schwer erziehbare Kinder gegeben werden, versuchen sie auf friedliche Art und Weise für ihre richtige Entwicklungsrichtung zu kämpfen. Das sind – große Schaffende in allem.

Freie Zeit versuchen sie auch schöpferisch oder in gerechter physischer Arbeit zu nutzen. Viele von ihnen kann man nicht vom Grundstück reißen, da sie es lieben Gemüse, Obst, Blumen anzubauen, auf der Erde zu arbeiten.

Die höheren positiven Ebenen des Menschen versuchen in der freien Zeit selbst etwas zu basteln, zu dichten (viele schreiben Gedichte, Erzählungen, Musik für sich und Verwandte), zeichnen Bilder, beschäftigen sich mit Kleinkunst, lernen die Technik und beschäftigen sich mit der Erfindung. Einige schwärmen für höhere Sportarten: Leichtathletik, Eiskunstlauf.

Sport ist auch nach Ebenen unterteilt. In der Grundlage der Teilung liegt die Schwierigkeit der Aneignung der Bewegungen, die Fähigkeit eigene Handlungen mit den Partnern abzustimmen. Der Mensch eignet sich erst einfache Bewegungen an, und dann immer komplexere. In einem Leben Meisterin der rhythmischen Gymnastik zu werden ist unmöglich selbst bei einem sehr guten Trainer. Denn der Trainer wählt für sich als Schüler immer die fähigsten Kinder zur Bewegung aus. Und deren Fähigkeit den eigenen physischen Körper beherrschen zu können und schnell komplexe Bewegungen sich aneignen zu können kommen von der vergangenen Erfahrung. Je mehr sich die Seele in vergangenen Inkarnationen die unterschiedlichsten der Schwierigkeit nach Bewegungen angeeignet hat, desto begabter wird sie im gegenwärtigen Leben.

Wenn man sich an den Ursprung solcher Fähigkeiten wendet, dann sollte man wieder mal in die Tierwelt herabsteigen. Die Seele, die durch die Form der Panther gegangen ist, wird graziös sein und eigenartig in Bewegungen; nachdem sie in der Form eines Damhirschs gewesen ist, wird sie unbedingt weiterhin schnell laufen und springen im Körper des Menschen, und in der Form des Bären gewesen oder des Esels, wird sie unbeholfen sein und wird mit Schwierigkeiten sich das Tanzen aneignen. Über solche sagt man - "Tollpatsch". Alle herrlichen Fähigkeiten haben ihre anfängliche Grundsteinlegung in der Tierwelt.

Aber teilen wir die Sportarten in drei Hauptebenen.

Solche Arten wie das Laufen über eine beliebige Entfernung, Skisport, Schlittschuhlaufen, Sprünge jeglicher Art – in Länge und Höhe, mit einer Stange; Speerwerfen, Diskuswurf, Schwimmen, Boxen, Gewichtheben, Fallschirmspringen – gehören zur niedrigen Ebene.

Alle Sportarten, die Menschen in Gruppen vereinen, gehören zur mittleren Ebene, denn solche Spiele bringen bei, ständig seine Handlungen mit den Handlungen anderer Menschen abzustimmen, bringen Verantwortung bei und Zusammenhalt. Ebenso gehören hierher Sportarten, die ein Erschweren in der Aneignung der Bewegungen geben: gewöhnlicher Tanz, Tanzen auf Schlittschuhen, Springen auf einem Trampolin und ins Wasser mit Elementen der Gymnastik, Skispringen und andere mit Elementen des Erschwerens von Bewegungen.

Zur hohen Sportebene gehören: alle Arten der Gymnastik, einschließlich Zirkusgymnastik, Ballett, Kunstfliegen. (Das Letztere – sind komplexe Bewegungen, die mit der Steuerung der Maschine verbunden sind, und das ist noch schwieriger, als die Steuerung des eigenen Körpers.)

Und wie oben angegeben, in Abhängigkeit davon, auf welchen Gefühlen und Emotionen der Mensch sich konzentrieren wird im Sport, wird er von ihnen positive oder negative Eigenschaften erarbeiten. Wenn er sich an solchen niedrigen Sportarten erfreut, wie das Boxen und Kämpfen, die Aufmerksamkeit auf der Aggression und der Vernichtung des Gegners konzentrierend, dann wird er die einen Energien aufnehmen, und wird er sich auf hochgesinnten Sportarten und auf der ehrlichen Errungenschaft des Sieges konzentrieren – beginnt er andere Energien aufzunehmen.

Ebenso, wenn man im Sport beginnt unehrliche Tricks zu verwenden, um die ersten Plätze zu erhalten: Doping, Intrigantentum, Lügen, dann beginnt der Mensch anstatt der positiven Eigenschaften negative zu erarbeiten. Die Elemente der Moral beginnen die Taten des Menschen in positive und negative Eigenschaften zu teilen, weil, wenn der Mensch ehrlich handelt, wandelt er das physische Energiespektrum in eine positive Eigenschaft um, und wenn unehrlich – in eine negative. Dieser Mechanismus ist in der Matrix der Gesetze eingelegt und niemanden, außer sich selbst, wird der Menschen täuschen können.

Sport gibt eine positive Entwicklungsausrichtung für die jungen Seelen. Besonders für die Jugend ist er gut. Eroberung der Berggipfel, Reisen mit dem Kanu entlang der Flüsse, Fallschirmspringen, Schwimmen unter Wasser – das sind alles seine neue Arten, die erst im zwanzigsten Jahrhundert geboren sind und direkt für Millionen von Menschen zugänglich geworden sind. Sie entwickeln hervorragend die Willenskraft, Ausdauer, die Eigenschaft das Ziel zu erreichen/Erreichung des Ziels, Mut, das Gefühl der Einheit mit anderen Menschen.

Außerdem, für hohe Menschenebenen bleibt Sport immer ein Weg zur Stärkung und Erhaltung der Gesundheit des physischen Körpers, Entspannung, Stress und Anstrengung abzubauen. Und das bleibt wichtig für jeden Menschen, solange er es nicht mit anderen Methoden zu tun gelernt hat.

Methoden der Vervollkommnung der Seelen in der positiven Richtung, außer Sport, - gibt es eine Vielzahl. Aber unbedingt schließen sich ihnen **die Normen der Moral und Ethik** an. In unterschiedlichen Kombinationen ihrer rechtlichen Mechanismen kann das Gleiche die Seele positiv oder negativ entwickeln. Dies gilt für alle Bereiche, Tätigkeitsseiten des Menschen und seine beliebige Handlungen.

Sogar, wenn ein Individuum die Straße entlang läuft, entweder er hält sich an die menschlichen Normen, oder nicht. Er kann sich beeilen, Menschen überholen, sie anstolpern bei Unaufmerksamkeit, kann auf den Boden spucken, und damit kulturelle und hoch geistige Menschen beleidigen. Während er von zu Hause zur Arbeit oder zum Institut geht, ist er fähig die Regeln der normalen Beziehungen mit den Fußgängern hunderte Male zu brechen. Zum Beispiel, ein Mensch, der in Paris gewesen ist, hat erzählt, dass dort, wenn dich einer draußen überholt, sich entschuldigt. Es scheint, als würde er dich mit seinem dergleichen Handeln –dem Überholen beunruhigen, schafft eine Nervosität im Bewegungsstrom von Menschen und kann potenziell eine Gefahr für Fußgänger schaffen, denn niemand ist gegen ein Zusammenstoß versichert.

Aber Entschuldigungen sagen über die Höhe der Kultur solch einen Menschen aus, er versteht, dass er bestimmte Normen bricht und entschuldigt sich dafür im Voraus. Er hat eine sehr wichtige: Erkenntnis der Verletzung bestimmter Gesetzmäßigkeiten. Und die Mehrheit anderer Menschen hat solch eine Erkenntnis noch nicht, für sie ist die Norm die niedrigste Verhaltensebene – unflätiges Fluchen oder sehr lautes Sprechen, schreien, draußen zu spucken usw. Und das alles kommt von – der Wildheit der Sitten, von der Niedrigkeit ihrer Entwicklungsebene. Sie werden noch 20 Leben brauchen, um das Verständnis des sich entschuldigen beim Überholen von Menschen zu erreichen.

Niedrige Individuen haben keine Ahnung, dass sogar das Aufhalten draußen die Verwendung von Regeln und Verhaltensnormen erfordert. Und wenn sie sie nicht anwenden, dann erarbeiten sie dreckige Energien in die vorübergehende Hülle. Dadurch wird ihnen die Chance gegeben sich zu verbessern und die eigenen Fehler zu erkennen, denn die vorübergehenden Hüllen werden abgeworfen werden, und die Seele bleibt rein. Aber wenn ähnliche Verletzungen sich von Leben zu Leben wiederholen werden, dann beginnen sie im Individuum negative Eigenschaften auszuarbeiten, was eine Gefahr der Übergabe des Verletzenden in das negative System schafft.

Oder nehmen wir ein anderes Beispiel. Nehmen wir an, ein Mensch übt künstlerische Tätigkeiten aus. Solange er alles nach Gesetzen der höchsten Moral, ehrlich erfüllt, wird seine Matrix mit positiven Energien befüllt werden. Aber sobald er sich in Intrigen verwickelt, um eine bessere Rolle, hohes Gehalt zu bekommen (oder, wenn es eine Frau ist, kann sie beginnen mit dem Regisseur zu flirten, sich als Geliebte aufdrängen), dann wird solch eine Seele beginnen, in ihre Matrix negative Energien zu erarbeiten. Und diese negativen Energien beginnen einen Aufbau in der Matrix solcher Eigenschaften, wie Unehrlichkeit, Unzüchtigkeit, Neid, Gier nach Geld, Karrierismus, Ruhmsucht, Stolz, Selbstliebe, das Gefühl der eigenen Überlegenheit usw.

Und sollte man nur die Normen der Moral verletzen – so entstehen so viele negative Anfänge im Menschen, dass man mit ihnen später nicht nur ein Leben wird kämpfen müssen.

Und wenn der Mensch fortsetzt auch in den folgenden Inkarnationen analog die Normen der Moral zu verletzen, dann setzen diese negativen Eigenschaften fort zu progressieren und, letzten Endes, bringen die Individuen in das negative System.

Man sollte daran denken, dass Unehrlichkeit, Intrigantentum, Gemunkel, Gier, Unzüchtigkeit, Hass zum Gegner, Eigennutz, Egoismus, wenn man mit ihnen nicht kämpft, zum Satan bringt, denn das sind die Eigenschaften des negativen Systems. Sie werden auf dunklen Energien gebaut und werden, infolge, unvereinbar mit den göttlichen Welten. Somit nach einer Reihe von Inkarnationen kommt bei solch einem Menschen die Gefahr auf, sich von dem positiven System zu trennen und für immer sich dem Lager des Feindes anzuschließen.

Auf diese Weise sind Regulatoren, die den gleichen Prozess zwingen, positive oder negative Energien für die Seelen zu erzeugen, moralisch-sittliche Verhaltensnormen des Menschen. Sie erinnern an eine Mischarmatur: macht man den roten Hahn auf – kommt heißes Wasser, macht man den blauen auf – kaltes.

Ein ähnlicher Mechanismus befindet sich in der feinen Konstruktion des Menschen, aber selbst er (der Mensch) ist sich immer noch nicht dessen bewusst, welchen "Hahn" er aufmacht: ob es der rote ist, ob es der blaue ist, ob in die Seele helle Energien fließen, oder die dunklen. Daher ist es erforderlich von Kind an dem Kind einzuprägen, dass hohe Moral, die Einhaltung der Entwicklungsgesetze – die Öffnung des roten Hahnes mit dem heißen Wasser ist: und in die Seele fließen positive, göttliche Energien; und niedrige Moral, bezeichnet als Unmoral, Amoralität, - ist die Öffnung des blauen Ventils mit den negativen Energien.

Führen wir noch ein Beispiel auf, der die Nuancen der Wirkungsmechanismen der Moral des Menschen aufdeckt, und die seine Aufnahme von oppositionellen Energien in die Matrix der Seele beeinflussen. Nehmen wir an, zwei Künstler üben eine Tätigkeit aus – Bilder zeichnen. Einer gibt ehrlich seine Arbeiten in einem Geschäft ab und sucht Sujets unter der Natur und Menschen. Der Zweite entnimmt sich die Sujets beim Ersten, verarbeitet sie mit kleineren Veränderungen und gibt sie als eigene aus. Außerdem sehnt er sich nach Ruhm, deshalb beginnt er beharrlich in regionale Ausstellungen einzudringen und besticht dafür entsprechende administrative Arbeiter, und wenn jemand dorthin einen gewissenhaften Künstler vorrückt, dann beginnt der Zweite ihn zu kritisieren, die Würde seiner Arbeiten und ihn selbst zu beeinträchtigen, beginnt also dem ehrlichen Schaffenden zu schaden. Er überschreitet die Grenze zwischen dem, was die positive von der negativen Entwicklung trennt durch die Verletzung von bestimmten moralischen Normen und tritt auf den Weg der Erarbeitung von negativen Eigenschaften. Somit sollte der Mensch öfter über seine Handlungen nachdenken und sich bemühen deren Folgen zu sehen.

Eine wunderbare Methode, den Menschen auf dem positiven Weg beizubehalten, ist die Schöpfung. Die Höchsten wenden eine besondere Bedeutung ihrer Einführung in die menschliche Umgebung an. Sie versuchen ihre neuen und neuen Arten und Genres zu erfinden. Deshalb progressiert die Kunst auf der Erde intensiv, beginnend mit dem elementaren Trommelwirbel der Wilden und den Tontöpfen primitiver Gemeinschaften und endend mit elektronischen Instrumenten und Kristallwaren der modernen Zeit. Alles hat das Gesicht der Schöpfung gewonnen, hat sich in ihr neues Genre transformiert. Die Modelle der Autos und Brücken über den Flüssen, das Interieur von Produktionsgebäuden und Kinderspielplätze auf den Höfen, Möbel und Kleidung – alles hat sich in Designkunst verwandelt, in eine besondere Schöpfungsart, in ihren neuen Entwicklungszweig.

Aber bevor etwas auf der Erde erscheint, arbeitet vorher der Gedanke der höchsten Schöpfer daran, die daran denken, wie man mit schöpferischer Arbeit immer neue und neue Entwicklungsebenen der menschlichen Seelen mitreißen kann, wie man den Intellekt einer jungen Seele in schöpferische Prozesse einbeziehen kann.

Aber kehren erneut zu den Seelen zurück, die mit allen Kräften versuchen sich auf dem positiven Weg zu halten. Bei ihnen erscheint solch eine standfeste Eigenschaft, wie die Intuition – die Sicht des Positiven. Und egal, wie viele Möglichkeiten man ihnen anbietet, werden sie aus dem Satz des Positiven und Negativen immer das Positive oder Neutrale aussuchen.

Aber die Seele ist dreieinig. Sie besteht aus dem positiven Teil und dem negativen, die nach den Entwicklungsgesetzen unter einander bestimmte gesetzmäßige Verhältnisse der Energiepotenziale einhalten müssen. Deshalb schließen die Höchsten manchmal auf strenger Grundlage für eine harmonische Entwicklung der Seele und den richtigen Aufbau der dreieinigen Grundlage der Matrix solchen positiven Seelen Prozesse ein, mit Hilfe derer ihre Erarbeitung von negativen hellen Energien in den negativen Teil der Matrix der Seele geschieht. So, ist die Erlernung oder die weitere Verwendung der Trigonometrie, Geometrie, Physik, Mathematik, und ebenso des Programmierens, Konstruierens, das Unterrichten dieser Fächer und ihre weitere Ausarbeitung, mit der Aufnahme von negativen Energien in die Zellen der Matrix verbunden. Das sind – hohe Technologien, auf Grundlage derer die göttlichen Seelen auf mittleren und weiteren Ebenen sich entwickeln.

Aber durch die gleichen Technologien vervollkommnen sich auf der Erde auch Seelen, die dem negativen Hierarchen gehören. Sie müssen auch hochentwickelt, intellektuell sein, müssen die umher einhergehenden sozialen und weltumspannenden Prozesse verstehen können. Der Unterschied in der Vervollkommnung ergibt sich durch die Entwicklung in anderen gesetzgebenden Prozessen und der Verwendung von Berechnungsmechanismen in den feinen Körpern selbst, die die Umwandlung der Energien von den Handlungen und der geistigen Aktivität des Menschen durch eine vielfache Reihe von Zahlenoperationen führen. Der feine Aufbau der positiven und negativen Individuen unterscheidet sich untereinander, und die Umwandlungen fallen unterschiedlich aus. Geistige Prozesse arbeiten bei ihnen durch die **zahlenmäßige Aktivität, und bei den positiven Individuen – durch bildliche Auffassungen.**

Welche Unterschiede führt das negative System noch ein, um seine Mündel in seiner Unterordnung zu halten? Denn wenn nicht einige Begrenzungen eingeführt werden, dann werden auch die negativen Individuen auf bestimmten Entwicklungsetappen in das positive System zurückkehren wollen.

Das negative System erstellt für ihre Individuen solche Programme, die es nicht ermöglichen, einen Schritt in Richtung des positiven Systems zu machen. Und ebenso legen die Vertreter des negativen Systems in die vorübergehenden Hüllen Mechanismen ein, die es ermöglichen die junge Seele in Energien zu bilden, die die negative Hierarchie erfordert. Dies wird für die Rückversicherung gemacht, um eine junge Seele nicht unwillkurlich helle Energien (beim Anschauen von Fernsehsendungen oder bei der Anhörung von Konzerten im Radio) aufnehmen zu lassen.

Eine Seele, die in das negative System übergeben wurde, setzt fort neben negativen Energien auch positive zu enthalten. Und geistige Prozesse arbeiten bei ihr für eine gewisse Zeit bildhaft, und sie müssen auf eine nummerische Basis umgestellt werden. Daher muss der negative Hierarch die negative Denkweise künstlich, zwanghaft formen bei jungen Seelen, die eigenen Rechenmechanismen in ihren zukünftigen Verstand einfügend. Ein Programm reicht nicht aus für die Bildung der negativen Denkweise. Somit werden auf den mittleren und hohen Entwicklungsebenen für die negativen Individuen besondere Technologien verwendet, die in die Prozesse der Schulung in die Programme des Lebens und den feinen Aufbau (nur für die Erde) eingeführt werden.

Somit sind die vorübergehenden und beständigen Hüllen bei positiven und negativen Individuen unterschiedlich gebaut, was zwei entgegengesetzte Denktypen und Eigenschaften der Seele formt.

Der negative Hierarch sorgt sich um den hohen Professionalismus seiner Seelen, aus diesem Grund müssen sie viel lernen und arbeiten. Deshalb sollen sich die Faulenzer keine Hoffnung machen, dass, wenn sie in das negative System übergegangen sind, sie fortsetzen zu faulenzen und sich zu amüsieren. Sie werden fünfmal mehr arbeiten müssen, als eine positive Seele.

Aufgrund der Tatsache, dass der negative Hierarch variantenlose Programme verwendet, überholen seine Individuen im Progress die positiven Individuen, die ihren Start gleichzeitig mit ihnen beginnen (nach der Teilung der Seelen in oppositionelle Systeme). Der Satan schaltet bereits auf der Erde für seine Seelen die Mechanismen der beschleunigten Entwicklung ein.

Wir erinnern daran, dass die positiven Individuen beginnen zurückzufallen in der Entwicklung aufgrund der Verfügbarkeit von Freiheit der Wahl in ihren Programmen, und die Wahl, die sie normalerweise treffen, ist nicht richtig, machen viele Fehler, sündigen, und deshalb bauen sie sich falsch. Deshalb müssen sie durch das Karma zu den vergangenen Situationen solange zurückgebracht werden, bis sie die richtigen Aufbauten in ihrer Matrix machen. Der Mechanismus des

Karmas hilft die feinen Aufbauten der Seele eines positiven Menschen zu korrigieren, zu diesem sein Bewusstsein anziehend – das Bewusstsein dessen, was geschieht.

Wie oben erwähnt, müssen die positiven Seelen periodisch auch "gezwungen" werden, negative Energien für ihre dreieinige Seele zu erarbeiten nicht nach eigener Wahl, sondern nach dem Programm, das sie hart einbezieht in bestimmte Umstände des Lebens.

Aber einige Individuen, die Erfordernis in der Aufnahme der einen oder anderen Eigenschaften in erforderlichen Proportionen nicht begreifend, versuchen sich nur mit dem Positiven zu beschäftigen, darin den einzig möglichen Weg für die Vervollkommnung sehend. Sie nehmen einen großen Umfang an positiven Energien auf, die das Energiepotenzial des positiven Teils der Seele schaffen, der für das Gleichgewicht ein entsprechendes Wachstum des negativen Potenzials des oppositionellen Teils erfordert. Daher müssen die Lehrer das Individuum extra "zwingen" an hohen Prozessen der Aufnahme von negativen Energien teilzunehmen. Das Individuum, also, wollte sich damit nicht beschäftigen, aber die Umstände ergeben sich so, dass er, zum Beispiel, sein ganzes Leben lang fremdes Geld Zählen muss, als Buchhalter arbeitend, oder neue Arten von Mordwaffen entwickeln, als Konstrukteur in einer Militärfabrik.

Jedoch sind ähnliche Perioden vorübergehend. (Und bei negativen Individuen wirkt das harte System der Einbeziehung im Laufe ihres ganzen Lebens.) Und dabei werden bei den Positiven die Freiheiten bei der Wahl anderer gewisser Handlungen nicht aufgehoben.

Harte Momente in der Entwicklung der positiven Individuen muss man richtig verstehen, denn Gott braucht für seine Welten auch Konstrukteure, und Entwerfer, und Programmierer, die seine wundervollen Welten, Planeten, Galaxien, Sternen- und andere Systeme schaffen, es sind, also, Spezialisten eines breiten Profils erforderlich. Daher ist Gott gezwungen im Voraus zu planen, welche Spezialisten er für die eine oder andere Welt braucht, um im Voraus anzufangen in den feinen Hüllen erforderliche Aufbauten zu machen. Fast bis zur Mitte der Hierarchie der Menschheit sind die Individuen noch nicht fähig zu begreifen, was sie sich aneignen müssen und in welchem Umfang, deshalb muss auch das positive System die Elemente der harten Entwicklung für seine Seelen einschalten.

Außerdem, kann das positive Individuum gezwungen werden negative Energien zu erarbeiten noch aus dem Grund, dass sie in sich unterschiedliche Eigenschaften tragen. Zum Beispiel, gibt die Erlernung der Mathematik, Chemie, Physik, des Programmierens der Matrix unterschiedliche hohe Eigenschaften, die auf negativen Energien aufgebaut sind. Und jedes Individuum, das in die Hierarchie hinübergeht, muss eine vielseitig entwickelte Persönlichkeit sein, es muss in der Matrix eine bestimmte Aufnahme an positiven und negativen Eigenschaften haben. Dies schafft eine volle, harmonische Persönlichkeit. Aber, sich von dem niedrigen Negativen befreiend, geht das Individuum zur Aneignung des hohen Negativen hinüber, es nimmt also, nicht an Situationen von Ermordungen, Schlägereien, Intrigantentum teil, aber stürzt sich in die Erlernung der Mathematik, Physik, Chemie. Somit, der Mensch wird auf der Erde das niedrige Negative los, erarbeitet aber, dass hohe Negative, das ihm den Übergang in die Hierarchie des Gottes sichert.

Aber wenn sich bei den Seelen im ausreichenden Maß das höchste Bewusstsein und Verstand entwickeln, der fähig ist die Perspektiven der Weltentwicklung zu sehen, dann wird ihnen selbst das Recht der Wahl der weiteren Tendenzen der Vervollkommnung in einigen negativen Eigenschaften geboten. Aber diese Eigenschaften werden aus hellen Energien gebaut.

Hier sollte man die Aufmerksamkeit des Lesers auf solchen Feinheiten fixieren, die eine Verwirrung in den Begriffen schaffen. **Nicht alle negativen Energien sind negativ.**

Die negativen Energien sind auf den niedrigen Ebenen der irdischen Hierarchie von solchen Handlungen negativ, wie Ermordungen, Sadismus, Verhöhnung, Gier, Gemeinheit, Rachsucht, Zerstörungen und anderes ähnliches, und auf mittleren Ebenen werden die negativen Energien von den Beschäftigungen des Menschen mit dem Programmieren, Konstruieren und anderen nützlichen Taten positiv sein. Sie sind mit der Erwerbung des Individuums von Eigenschaften und Beschaffenheiten, die Gott gefällig sind, verbunden.

Ein beliebiger schöpferischer Beruf ist mit einem bestimmten Verhaltenstypen des Menschen verbunden. Und diese Eigenschaften sind ihm längst bekannt. Das sind die Tugend, Edelmut, Ehrlichkeit, Großzügigkeit, Zärtlichkeit, Liebe, Arbeitsamkeit, Diszipliniertheit, Treue, Wehleid usw.

Wenn wir sagen, dass der Mensch solch eine Eigenschaft erarbeiten muss, wie Tugend, dann ist klar, dass er an Situationen wird teilnehmen müssen, die ihm die Möglichkeit bieten werden Gutes anderen zu tun, ihnen in schwierigen Minuten des Lebens zu helfen. Und wenn der Mensch die Eigenschaft der Ehrlichkeit erarbeiten muss, dann werden ihm Situationen geboten, in denen er mit fremder Güte, großem Geld in Versuchung geführt wird, er kann sich als ein Zeuge in einem kriminellen Fall erweisen, und vor Gericht. Und trotz der Bedrohung seines Lebens, wird er ehrlich bleiben müssen. Die Erarbeitung, also, der erforderlichen Eigenschaft zwingt den Menschen, erstens, an konkreten Situationen teilzunehmen, und zweitens, muss er sich in ihnen streng auf bestimmte Art und Weise verhalten, sonst wird die Eigenschaft nicht aufgebaut werden.

Kapitel 5

DIE ENTWICKLUNG IN DER NEGATIVEN AUSRICHTUNG

DER ÜBERGANG DER SEELEN IN DAS NEGATIVE SYSTEM

Der Grund der Erscheinung der negativen Richtung in der Entwicklung von Seelen ist die Erhältlichkeit im Weltall des Minus-Zweiges der Evolution. Die negative Hierarchie des Satans spiegelt diese Tendenz wieder. Auf den ersten Ebenen der Hierarchie des Gottes und des Satans befinden sich negative Systeme, die eine Auffüllung ihrer Gemeinschaften mit Persönlichkeiten entsprechender Eigenschaften benötigen. Diese Systeme brauchen eben, dass die Seelen der Menschen Minus-Energien erarbeiten.

Die Möglichkeit ihre Reihen mit Seelen zu füllen existiert bei ihnen nur in Hilfswelten, die die Anfangsseelen heranziehen; zu ihnen gehört auch unsere Erde. Wesen, die sich in der Hierarchie des Gottes befinden, können keinen Übergang in die Hierarchie des Satans machen, denn sie haben sich eigenschaftlich bereits so aufgebaut, dass sie unvereinbar mit den Welten des Satans werden. Wenn eine helle Seele sich der dunklen Welt des Satans nähert, wird sie nicht in sie treten können angesichts der Unvereinbarkeit ihrer "Materien": ihrer und seiner Welt. Außerdem, sie wird eine unüberwindliche Abstoßung und Grauen vor der Finsterkeit des sich vor ihr öffnenden Umfangs erleben.

Alle Übergänge der Seelen aus dem positiven Sektor in den negativen können nur bis zur ersten Ebene der Hierarchie des Gottes getätigt werden. Die Entnahme der Seelen geschieht von den Planeten, die in der Entwicklung niedriger als die Erde liegen und höher als sie, und ebenso, die ihr gleich sind. Solange die Seelen nicht in die Hierarchie des Gottes eingetreten sind, hat der Satan das Recht, sie zu verlocken und zu verführen, sie für sich abzuwerben und moralische und andere Fallen aufzustellen.

Der Hauptlieferant von Seelen in das negative System ist das Böse, die Unfähigkeit des Menschen Unterschiede zwischen den guten und negativen Taten zu machen. Gewalt erzeugt immer nur Gewalt, und Böses erzeugt immer nur Böses, obwohl der letzte Begriff relativ ist, denn oft das, was Böse ist für den einen, kann Gutes für den anderen sein, und umgekehrt. Die Begriffe des Guten und Bösen tragen in sich solche Feinheiten, die schwer zu unterscheiden sind, und was als Falle für die Seelen dient.

Meistens wird der Mensch bei der Nichterfüllung von moralischen Verhaltensnormen eingefangen, glaubend, dass es Vorurteile und Forderungen des Landes sind. Deshalb sollte man sie erneut in die gehörige Höhe erheben, sonst wird achtzig Prozent der Seelen der heutigen Menschheit die Hierarchie des Satans füllen.

Die Nichterfüllung der Gesetze, die von der Gesellschaft angenommen sind, verwirft die Seele auf den negativen Weg.

Die Jagd nach Versuchungen, Vergnügungen des Lebens, die Befriedigung seiner niederträchtigen Wünsche, Raffsucht nach materiellen Werten anstatt nach geistigen – das alles führt in die negative Hierarchie. Das Streben zu vernichten, zu zerstören, Schaden zuzufügen, moralischen als auch materiellen den Menschen in der Umgebung, darunter auch den Nahestehenden, trägt der Erarbeitung von negativen Energien bei, die das Karma erzeugen. Vor allem bahnen den Weg in das System des Satans Ermordungen von sich ähnlichen und sogar von Tieren beim Vorhandensein bestimmter Empfindungen (Hass, Bosheit, das Erhalten von Zufriedenheit, Rachsucht und anderen). Alles das wirkt sich negativ auf die Seele aus, fügt ihr einen nicht wieder gutzumachenden Schaden zu.

Somit, Gründe, die dem Übergang der Seelen auf den negativen Entwicklungsweg beitragen, gibt es eine Vielzahl.

Die Erde und ihr ähnliche Planeten zählen zu gemischten Welten, die Seelen heranziehen sowohl für die positive Hierarchie, als auch für die negative. Deshalb wird in solchen Welten eine doppelte Führung geführt: es wird eine Führung durch Gott und durch den Satan verwirklicht.

Der Satan also führt nicht nur seine Hierarchie, aber auch alle anderen negativen Systeme in den Hilfswelten Gottes. Auf der Erde führt er sie nur innerhalb des irdischen Plans. Und die negativen und neutralen Systeme in der Hierarchie des Gottes steuert der Schöpfer selbst, der Satan hat keinen Zugang zu ihnen. Er sagt das hier darüber: "In den negativen Systemen Gottes ist alles so, wie er es sich wünscht, und in meinen, so wie ich es möchte".

Der Satan ist nicht fähig, selbst Seelen zu erschaffen noch aus dem Grund, dass er die Eigenschaft der Vergeistigung nicht hat. Eine Matrix kann er nur durch einen rechnerischen Weg erschaffen, aber sie zu vergeistigen ist er nicht fähig. Das macht ihn abhängig von Gott, deshalb ordnet er sich ihm unter und erfüllt streng das, was Gott ihm befehlt. Ungehorsam ist in ihren Beziehungen unzulässig. Das ist – eine andere Ebene von Beziehungen. Sollte man es Gott nicht recht machen – so wird die Belieferung von Seelen in die negative Hierarchie aufhören, und das bedeutet, dass sie ihre Entwicklung aufhört, da die Seelen – die Kraft und Macht von jedem Hierarchen sind. Jedoch kann die Hierarchie nicht sterben, deshalb wird einfach der Wechsel der Leitung geschehen, d.h. der Satan wird durch eine andere hochentwickelte Persönlichkeit abgelöst werden. Somit droht der Ungehorsam und die Beendigung der Belieferung in seine Hierarchie von neuen Seelen mit einem totalen Zusammenbruch für den Satan. Daher ist der Gehorsam für ihn eine Notwendigkeit der wohl behaltenen eigenen Existenz.

Was die Seelen angeht, die dem Satan nach den zehn Inkarnationen übergeben wurden, so existiert für sie kein Rücklauf in das positive System. Nur aus dem positiven System wechseln die Seelen in das negative auf der Erde und anderen Hilfswelten.

Jedoch nimmt er sie nicht direkt in seine Hierarchie auf, sondern schleppt sie durch seine niedrigen, groben Welten, die sich unterhalb der ersten Ebene seiner Hierarchie befinden. Und mit Erreichung des entsprechenden Entwicklungsgrades, gelangen sie auf die erste Ebene seiner Hierarchie. Man kann sagen, dass der Satan keine Narren und zu nichts fähige Seelen auch nicht braucht. Unter dem Ausschuss sucht er die aus, die etwas können oder der Beschulung unterliegen. Nach der Wahl von Seelen und ihre Aufnahme in das eigene System, beginnt der Satan sie in Eigenschaften zu formen, die ihm gefällig sind. Es läuft die "Erziehung" mit harten Methoden. Die Seelen werden zur Reife gebracht, die für den Übergang auf die erste Ebene seiner Hierarchie erforderlich ist. Somit wird von jeder Seele der Durchgang von bestimmten Entwicklungsstadien erfordert und der Erhalt eines konkreten Reifegrades. Bis die Seele die normativen Energiekennwerte nicht erreicht hat, wird sie nicht auf der ersten Ebene der negativen Hierarchie aufgenommen werden.

(Über das Schicksal nach ihrer ersten Teilung siehe Kapitel 13, Artikel "**Das Schicksal der Seele nach 10 Leben im System des Satans**".)

Wir haben gesagt, dass die Individuen des Satans die Schöpfung nicht beherrschen. Jedoch tragen die Momente des Übergangs aus dem positiven System in das Negative in sich bestimmte Besonderheiten, die die Schöpfung angehen.

Die ständige Abwanderung von Seelen aus dem positiven System Gottes, von den hohen Ebenen der menschlichen Hierarchie, erklärt die Tatsache, dass viele von den Untergeordneten des Satans auf der Erde die Schöpfung beherrschen. Die Seele, sich vervollkommnend im positiven System des Gottes, zum Beispiel, hat sich virtuell das Spielen auf einem Musikinstrument angeeignet oder hat gelernt Gedichte zu schreiben, zu zeichnen, das hat sie aber nicht daran gehindert ihren Gegnern Gemeinheiten in der Schöpfung anzurichten, sie zu erniedrigen, zu buben, den Stolz zu erhöhen. Einige schöpferische Menschen, eine Reihe an Wettbewerben gewinnend, trinken viel, degradieren, treten auf den Weg der Laster. Deshalb beginnen in solch einer Seele die dunklen Energien vorzuherrschen, und sie wird in das negative System übergeben.

Natürlich ist, dass für den Satan solche Seelen sehr wertvoll sind, weil sie die Talente in sich behalten, und es sehr schwer zu bestimmen ist, dass sie bereits dem negativen Hierarchen angehören.

Wenn der Satan Seelen bekommt, die bereits schöpferisch entwickelt sind, ist es sehr bequem für ihn sie als Menschen Gottes zu maskieren. Es gelingt ihnen lange Zeit unbemerkt zu bleiben unter den positiven Individuen und sie langsam zu zerlegen. Oder bei einigen von ihnen kann sich unerwartet ein hartes Programm zur Ermordung einschalten, und dann verwandeln sie sich in Serienmörder oder noch irgendwelche Träger des Bösen. Das bedeutet, dass solch eine Seele bereits dem Satan übergeben wurde, und für einige Zeit hat er sie als eine positive Persönlichkeit maskiert, und hat danach solche Handlungen eingeschaltet, die sie schon vollständig als eine negative erzeugt haben. Somit ist der Grund, dass die Diener des Satans auf der Erde die schöpferischen Fähigkeiten haben, ihre vorherige Entwicklung im positiven System Gottes. Das sind – Seelen, die den zweiten und nachfolgende Siebüberläufe nicht durchgekommen sind. Aber danach stellt der Satan sie eigenschaftlich um, sich konzentrierend auf die Entwicklung seiner Eigenschaften.

Nach dem Durchgang von hundert Ebenen auf der Erde kommen die Seelen, die sich nach Linienprogrammen des Satans entwickeln, auf die erste Ebene seiner Hierarchie.

Aber sie durchkommen ihren Vervollkommnungszyklus auf der Erde viel schneller, als Seelen, die dem Gott angehören, da sie kein Karma haben: Menschen des Satans leben auf der Erde ohne Karma (daher die Freizügigkeit). Sie machen keine Fehler in der Verwirklichung des persönlichen Programms, sondern erfüllen es genau im Resultat seines besonderen Aufbaus, deshalb schreiten sie schnell auf Ebenen der irdischen Hierarchie vorwärts und beenden schneller ihr Durchkommen, als die Individuen des Gottes.

Und positive Individuen berichtigen ständig ihre Fehler, sind gezwungen vielfach die gleichen Situationen zu durchkommen, was ihren Aufstieg stark verlangsamt. Deshalb inkarnieren sie auf der Erde mehrere Male, als die negativen Individuen (wenn die einen und anderen einen gleichen Anfangsstart bei der Einlassung der Seelen in die Evolution hatten).

Zum Satan kommen die Seelen von Mördern, Verleumdern, Aggressoren, Wüstlingen, also von denen, die den niedrigen Untugenden unterliegen, wer den anderen Gemeinheiten anrichtet, versuchend manchmal sich hinter hohen lügenhaften Ideen zu verstecken. Alle, die die Gesetze, die Moral und Sittlichkeit brechen, die ein Abkommen mit dem Gewissen treffen kommen zu ihm. Ebenso gefühllose, seelenlose Menschen – sind Anwärter in seine Hierarchie. Menschen mit dem Fehlen von Liebe zu anderen und der Welt bahnen sich ebenso den Weg in sein System. Auf hohen Ebenen erscheinen neue Mechanismen, die die Menschen teilen. Zum Beispiel, Menschen können sich dem Satan verkaufen für materielle Güter, aber auch für magische Eigenschaften, für das Öffnen in ihnen von paranormalen Fähigkeiten. Unaufhaltsamer Drang des Menschen höher als die anderen zu sein im Wissen, in außergewöhnlichen Fähigkeiten zwingt ihn in bestimmte Abmachungen mit den dunklen Kräften zu treten, was ihn automatisch auf den negativen Entwicklungsweg zurückwirft.

DIE AUFNAHME VON NEGATIVEN EIGENSCHAFTEN

Seelen, die aus den untergelegenen Welten in die Form des Menschen kommen, sind in ihrer Mehrzahl neutral. Ihre Eigenschaften kann man nicht für die Grundlage halten, die direkt die anfängliche Ausrichtung der Entwicklung aufgibt. Eine Seele, die das Stadium des Löwen oder des Panthers durchgekommen ist, hat die Eigenschaften der Aggression, aber diese Seelen kann man nicht direkt als negative bezeichnen. Man muss sie bedingt den neutralen zurechnen, da sie sich in der Form des Menschen das erste Mal befinden und man weiß nicht, was aus ihnen eigenschaftlich wird nach neun Inkarnationen. Deshalb, bevor man sie in positive und negative teilt, wird ihnen die Möglichkeit gewährt zehn Leben in der menschlichen Gestalt zu leben, und von dem, was sie beginnen auszusuchen in Handlungen, wird die Richtung ihrer folgenden Vervollkommnung abhängen – beginnen sie sich im Guten zu entwickeln oder bevorzugen sie das Böse.

Die Seele eines ehemaligen Löwen kann eine positive Richtung aussuchen, und eine Seele, die das Stadium eines Schafes gegangen ist, - eine negative. Obwohl es auch umgekehrt sein kann. Alles hängt von ihrer Wahl während der Probezeit ab. Und aussuchen werden die Seelen Vergnügungen, Versuchungen, aufrichtige und nicht aufrichtige Wünsche, Handlungen, werden lernen über eigenes und fremdes Eigentum, fremdes Geld zu verfügen. Alles das wird sich auf die Eigenschaften der Energien auswirken, die in die Zellen ihrer Matrix kommen, was nach einiger Zeit das Vorherrschen des positiven oder negativen Teils der Seele hervorruft.

Jede Seele ist fähig erfolgreich sowohl in negativen, als auch in positiven Eigenschaften sich zu vervollkommnen. Aber wie geschieht es und wovon hängt es ab, schauen wir uns unten an. Und nun lasst uns über die Ebenen reden.

Auf der Erde gehören zur gleichen Entwicklungsebene die positiven Individuen, und auch die negativen.

Die Größe des Energiepotenzials der Seele enthält kein Zeichen, sie ist neutral, aber die Eigenschaft der Seelen kann dabei entgegengesetzt im Zeichen sein. Deshalb **kann ein positives Individuum genau das gleiche Energiepotenzial in der Größe haben, den ein negativer Mensch hat, und sie werden einer Ebene der menschlichen Hierarchie angehören.**

Jedoch, sich in einer Welt befindend, werden sie sich unterschiedlich entwickeln, nach Programmen von oppositionellen Systemen, deshalb wird ihre eigenschaftliche Seite der Seelen unterschiedlich sein (grob gesagt, die Befüllung der einen wird hell sein, und der anderen – dunkel). Die Individuen, also, einer irdischen Ebene angehörend, werden nach den Programmen des Gottes und des Satans entgegengesetzte Eigenschaften ansammeln.

Ebenso sich auf der ersten Ebene der Hierarchie des Gottes befindend und auf der ersten Ebene der Hierarchie des Satans, können sie die gleichen Potenziale in der Größe haben, werden aber entgegengesetzte Energien erarbeiten, da sie beginnen werden an unterschiedlichen Prozessen teilzunehmen.

Aber stellen wir uns die Frage: kann denn ein herausragender oder einfach guter Mathematiker in die Hierarchie des Satans kommen, wenn er gewissenhaft, eifrig ist und nichts, außer seiner Arbeit, weiß? Natürlich kommt solch ein Mathematiker in die Hierarchie des Gottes, weil er sich mit hohen Prozessen beschäftigt und hat sich von dem niedrigen Negativen in ihm befreit.

Und nehmen wir einen anderen Mathematiker. Er beschäftigt sich auch mit Berechnungen, arbeitet also mit negativen Energien, aber er ist mehr an der Karriere, am großen Geld, Ruhm interessiert, deshalb ist er voll und ganz mit Neid auf die Arbeiten des anderen durchdrungen, macht Intrigen, verleumdet einen erfolgreichen Kollegen und begeht in seinem Leben eine Vielzahl an Gemeinheiten. Solch ein Individuum kommt in die negative Hierarchie des Satans. Im Verhalten der Persönlichkeit gibt es immer eine Vielzahl an Nuancen, die die einen zu Gott führen, und die anderen – zu Satan. Zwischen dem Guten und dem Bösen – ist eine feine Grenzlinie, die man lernen sollte zu fühlen, um nicht zufällig ins unerwünschte System zu geraten. Somit, die Teilnahme an negativen Prozessen eines hohen Plans trägt der Evolution sowohl der positiven Seele bei, als auch der negativen, aber eigenschaftlich bleiben diese Seelen oppositionell. In der irdischen Welt muss der Mensch sich von dem Niedrigen befreien und nach dem Hohen streben.

Die irdische Welt ist zum leichteren Verständnis bedingt in drei Hauptebenen geteilt: niedrige, mittlere und hohe. Und jede davon nimmt Energie in die Matrizen durch ihre Handlungen auf.

Auf niedrigen Ebenen gewinnt der Mensch negative Eigenschaften durch niedrige Handlungen: Gemeinheit, Ermordungen, Schlägereien, Bedrängnis, Gewalt, Fluchen, Unflätigkeiten, Habgier, Eigennutz, Rache, Neid, und ebenso die automatische Ausführung von Handlungen, die die Persönlichkeit zur Robotisierung führen. Zum Beispiel, die Ausführung der gleichen Operationen auf einer Maschine ohne die Einbeziehung der Gedankenarbeit.

Aber wenn das Individuum die mittleren Ebenen erreicht (des irdischen Plans), dann schaltet sich in die Arbeit der Intellekt ein, und deshalb beginnt er an solchen Prozessen des mentalen Plans teilzunehmen, die auch der Aufnahme der Seele von negativen Eigenschaften mit Hilfe von Denkprozessen beitragen. Das sind aller Art

Errechnungen, Berechnungen, das Konstruieren, Programmieren, und ebenso die Erstellung von eigensüchtigen Plänen, Verschwörungen, Intrigen schaffen, die Vernichtung des Gegners mit Hilfe des Gedanken. Der Gedanke, also, kann Negatives tragen oder an Prozessen teilnehmen, die der Erarbeitung von negativen Energien beitragen. Wenn das Individuum ausbrütet, wie man seinen Konkurrenten an den Bettelstab bringt, wie man einen guten Menschen in Verruf bringt, dann wird sein Gedanke Negatives tragen, das auf dunklen negativen Energien aufgebaut wird. Und wenn er unmittelbar mit Errechnungen beschäftigt ist, dann darf man die Arbeit mit Zahlen nicht für Negatives halten, das man ablehnen muss.

Die menschliche Psyche hat sich daran gewöhnt den Begriff "negativ" als "schlecht", "schädlich", als etwas verbotenes, aber nicht Erforderliches wahrzunehmen. In diesem Plan sollte der Mensch seine Beziehung zu den hohen negativen Eigenschaften ändern. Er muss den Unterschied zwischen den niedrigen Prozessen und hohen klären. **Ablehnend muss das niedrige Negative sein, und fördernd das hohe Negative.** Wenn der Mensch etwas Nützliches zerstört oder einen Schwachen beleidigt– dann ist das das niedrige Negative, das er in sich beseitigen muss. Und wenn er großes Wissen in der Mathematik, Physik erreicht – ist es das hohe Negative, es ist Respekt würdig und er muss es in sich weiterhin entwickeln. Dank der Verwendung von Zahlenoperationen und des Konstruierens werden Welten, Räume, Planeten und Galaxien gebaut. Durch die gleichen Operationen entwickeln sich die Individuen selbst.

Keine einzige Welt, Lebensform, Persönlichkeit sind fähig ohne des Positiven und Negativen zu progressieren, das sich in ihnen in gesetzmäßigen Proportionen befindet. Die Aufnahme von positiven Energien erfordert eine entsprechende Ansammlung von negativen Energien für ihre harmonische Koexistenz. Wenn das aufgestellte Verhältnis zwischen ihren Potenzialen nicht aufrechterhalten wird, dann führt es zur Zerstörung der dreieinigen Grundlage der Existenz, und das bedeutet, zur Vernichtung der Form selbst. Deshalb ist die Aufnahme von negativen Eigenschaften auf hohen Entwicklungsstufen auch eine gesetzmäßige Notwendigkeit, die der Progression der Seele in ihrer ewigen Bestrebung zur Vollkommenheit beiträgt.

Aber in niedrigen Welten, solchen wie die irdische, existieren Handlungen, die die negativen Eigenschaften durch das Negative erarbeiten, also durch niedriges Verfahren: Ermordungen, Schlägereien, Aggression, Habgier, Unzucht usw.; und durch hohe Verfahren: Rechenoperationen, Programmieren, mechanisches Konstruieren, automatische Prozesse und andere Handlungen, die in sich keine Elemente der Schöpfung enthalten. Dem Menschen wird beigebracht die niedrigen Handlungen sich abzugewöhnen und sich auf das hohe umzuschalten.

Es ist verständlich, dass es schlecht ist einen anderen zu schlagen, erniedrigen, beleidigen, sich zu rächen, zu beneiden. Das alles ist – das Negative, das niemals in die höchsten Welten durchgelassen wird. Durch alle angegebenen Handlungen erarbeitet der Mensch negative Eigenschaften eines niedrigen Planes. Und solch ein Individuum kann dekodiert werden, wenn in seinem Bewusstsein kein Umdenken der Begriffe geschieht. Aber damit im Weiteren der Mensch von dem Niedrigen zum Hohen hinübergeht bei der Aufnahme von negativen Eigenschaften, muss er sich genaue Wissenschaften, das Programmieren, Konstruieren, Erfindungswesen usw. aneignen. Mit ihrer Hilfe wird er beginnen an hohen Prozessen teilzunehmen und wird erforderliche für die dreieinige Grundlage der Seele negative Energien eines hohen Plans aufnehmen können.

DAS FUNKTIONIEREN VON NEGATIVEN EIGENSCHAFTEN DER PERSÖNLICHKEIT

Reden wir **über Prozesse**, die den Menschen in der negativen Richtung formen.

Ursprünglich erscheinen die negativen Eigenschaften in der Seele durch die Tätigung einer Wahl durch die Persönlichkeit in Richtung der negativen Handlungen und Prozesse. Aber nachdem die Seele ihre bestimmte Menge ansammelt, die ihre positiven

Eigenschaften weitaus übertrifft, geschieht die Übergabe des Individuums in das negative System, und seine weitere Entwicklung wird bereits durch dieses System aufgegeben.

Das negative System stellt seinen Individuen strenge Programme bereit, die aus Situationen gebaut werden, die ihrer weiteren Ansammlung von negativen Energien beitragen. Für niedrige Ebenen sind es – Situationen, die Zerstörung, Vernichtung, das Zufügen von Schaden für andere; und auf höheren Ebenen sind es – Berechnungsoperationen, das Programmieren, Konstruktionserarbeitungen **ohne Elemente der Schöpfung und der Wahl**, die mit negativen Prozessen in der Hierarchie des Satans verbunden sind. Analoge höchste Prozesse, in denen es **Schöpfung und Wahl** gibt, gehören zur Hierarchie des Gottes. Alles hat, also, seine eigenen Besonderheiten, die eine große Rolle im richtigen Verständnis der Information spielen.

Negative Eigenschaften bei Individuen, die zum negativen System befestigt sind, äußern sich niemals nach ihrem eigenen Wunsch, sondern nur nach Aufstellungen des Programms. Die Individuen handeln in strenger Entsprechung mit ihrem persönlichen Programm, keine Wahlfreiheit besitzend, erfüllen also das, was erforderlich ist, robotisiert. Die Haupttätigkeit niedriger Individuen ist mit der Zerstörung irgendwelcher Konstruktionen verbunden. Das sind nicht unbedingt materielle Aufbauten, die mit dem Auge des Menschen sichtbar sind; in ihren meisten Fällen zerstören sie auch feine Konstruktionen.

Zum Beispiel, wenn ein negatives Individuum einen positiven zur Begehung von Taten provoziert, die diesen zur Degradation (zum Beispiel, Trunksucht, Drogensucht) führen, so zerstört er damit die Eigenschaften des positiven Individuums, seine feine Konstruktionen. Wenn ein negatives Individuum Intrigen spinnt und die Tätigkeit der positiven Persönlichkeit behindert, dann zerstört er auch die feinen Konstruktionen der Gedankenbilder, die das positive Individuum plant. Somit bleiben viele Zerstörungen für den Menschen unsichtbar, existierend auf dem feinen Plan, deshalb ist die Tätigkeit der negativen Individuen schwer aufzudecken.

Irgendwelche Zerstörungen des physischen Plans oder des feinen Plans begehend, sammelt ein negatives Individuum von den getätigten

Handlungen eine schwere, harte Energie an. Wenn das Individuum einfach niedrig ist und sich damit nicht auskennt, was gut und was schlecht ist, und den negativen Individuen nachahmend, auch zerstört, dann sammelt er in die Matrix auch die gleiche harte und schwere Energie an, die in ihrer Eigenschaft den Energien der Schöpfung entgegengesetzt ist. Diese schwere Energie beginnt die Energien der Schöpfung in seiner Seele zu unterdrücken, die das Individuum früher erarbeitet hat. Deshalb ziehen ihn die schöpferischen Prozesse nicht mehr an, sie werden ihm gleichgültig. Zu ihrer Ablösung kommen die Faulheit und das Streben nach Erhalt von niederträchtigen Vergnügungen als Zwischenzustände zwischen der Aktivität und totaler Untätigkeit (ersetzt). Danach beginnt es, solch einem Individuum zur Vollbringung von negativen, niedrigen Handlungen zu ziehen (übel zu fluchen, zu trinken, rauchen, schlagen, zerstören usw.).

Negative Eigenschaften, ein niedriges Potenzial habend, das der physischen Materie nahe ist, werden von ihr besser wahrgenommen, deshalb äußern sie sich deutlicher und sind klarer ausgeprägt. Junge Seelen, es noch nicht erkennend, was für sie vorzüglicher ist und wohin sie die Aufnahme von negativen Eigenschaften führen kann, geben dem nach, was für sie spürbarer ist. Den negativen Individuen nachahmend, die in die Umgebung von positiven Individuen extra mit dem Ziel sie zu verderben geschickt werden, erarbeiten die jungen Seelen negative Eigenschaften schon nach eigenem Willen, nach eigener Wahl und der Unwilligkeit auf die positiven Persönlichkeiten zu hören, und letztendlich nehmen sie so ein Gepäck von negativen Eigenschaften auf, dass sie zu Satan kommen.

Aber wenn man die negativen Eigenschaften aus Sicht des Progressierens in der negativen Richtung betrachtet, dann kann man sagen, dass auch sie dem Progress der negativen Persönlichkeit nicht beitragen. Diese Energien also, die das Gegenteil von den positiven Eigenschaften sind, bremsen, halten aufgrund ihrer besonderen Konstruktion das Progresssieren sowohl der positiven als auch der negativen Persönlichkeiten an. Deshalb werden in der negativen Hierarchie bis hin zu ihrer Mitte harte Linienprogramme verwendet, die die Individuen zwingen sich robotisiert in den Eigenschaften zu vervollkommnen, die dem Hierarchen des negativen Systems recht sind.

Somit, das Progressieren ist bis zur Mitte seiner Hierarchie – zwanghaft. Und die ganze Beschleunigung der negativen Entwicklung ist mit dem Programm der Persönlichkeit verbunden.

Dass die Handlungen des Menschen mit der Erzeugung von negativer Energie begleitet werden können, ist voll verständlich, aber warum erzeugen die Rechenoperationen negative Energie, die von der Seele des Individuums angesammelt wird und die in ihr bestimmte Eigenschaften baut?

So ist die Natur der Berechnungsprozesse, solch eine Energie trägt die Arbeit mit Zahlen, so ist ihre Konstruktion. Wie, zum Beispiel, der Organismus der Kuh für die Erzeugung von Milch gebaut ist, und die Prozesse der Erdölraffinerie zum Erhalt von Benzin führen; so ähnlich sind die Berechnungsprozesse auf die Erzeugung von negativer Energie orientiert, also auf die Produktion einer bestimmten Eigenschaft.

Die angesammelten negativen Eigenschaften in der Matrix funktionieren nur deshalb, weil die Energien des Berechnungstypen ihre Tätigkeit unter Einfluss des Programms zeigen. Sie selbst würden nicht funktionieren wegen ihrer Trägheit, aber das Programm zwingt sie zu arbeiten.

Die Energie der Berechnungseigenschaften unter Wirkung der Aufstellung des Programms (die Aufstellung orientiert auf das Ziel, also auf das, wohin sich diese Energie bewegen soll) wirkt auf andere Formen so ein, dass sie zwingt sich ähnliche Energie freizusetzten (irgendeinen ihren Typen), und danach zieht sie diese freigesetzte Energie an sich heran. Dadurch geschieht die Auffüllung ihrer negativen Eigenschaften.

Schauen wir uns ein Beispiel der Steigerung von negativen Energien an. Nehmen wir an, ein Mensch hat jemanden mit seinem Willen unterdrückt, hat ihn gezwungen etwas zu machen. Dadurch hat sich beim sich Unterordnenden negative Energie herausgelöst, die derjenige aufnahm, der ihn moralisch unterdrückt hat. Natürlich, dass dabei negative, und nicht positive Energie ausgeschieden wird, weil das Individuum sich nicht dem eigenen Wunsch unterordnet, sondern der Notwendigkeit, aufgrund einiger Umstände, aber seine Seele weigert sich dabei, widersteht dieser Unterordnung. Wenn die Unterordnung nach eigenem Wunsch geschieht, wird keine negative Energie ausgeschieden.

Das Funktionieren von negativen Energien ist auf den Erhalt gleicher Energion von unterschiedlichen Typen ausgerichtet, und sie gibt es – eine unendliche Anzahl. Positive Energien brauchen sie nicht, deshalb provozieren sie die Individuen nicht auf die Vollbringung von Prozessen, die mit der Ausscheidung von positiven Energien (zum Beispiel, der Liebe, des Guten) begleitet werden. Deshalb, wenn, nehmen wir an, das Individuum negativ ist, provoziert es den guten Menschen auf einen Ausbruch von Wut, Gereiztheit, durch die er für sich negative Energietypen bekommt.

Somit, das Ziel der negativen Eigenschaften ist der Widerstreit, Zerstörung. Es gibt eine Vielzahl von negativen Eigenschaften, und jeder Entwicklungsebene sind ihre Typen (negativer Eigenschaften) eigen, deshalb bilden sie die Hierarchie des negativen Systems. Das Ziel von negativen Eigenschaften ist – den positiven Eigenschaften zu widerstehen, ihrer Degradation beizutragen, zu zerstören, ihre Menge zu verkleinern, um die eigene Ausrichtung vorherrschend zu machen.

Aber nicht immer entwickeln sich in der negativen Richtung nur Individuen aus der Hierarchie des Satans. Die positiven Individuen müssen auch vorübergehend an hohen Minus-Prozessen teilnehmen. Dazu verpflichtet sie der dreieinige Aufbau der Seele.

Ein positives Individuum muss eine vielseitig entwickelte Persönlichkeit sein, die fähig ist Welten in der Hierarchie des Gottes zu bauen, ihren "Alltag" einzurichten, was Erfindung und das Konstruieren erfordert. Es muss seinen Besitz vor den dunklen Hierarchen schützen, die es reichlich im Weltall gibt, und das bezieht das Individuum auch in die Arbeit mit negativen Energien ein. Die Gesetzmäßigkeiten des Aufbaus des negativen Teils der dreieinigen Seele erfordern ihre Befüllung mit entsprechenden Energien, deshalb ist es dem Menschen des Gottes erforderlich in sich **hohe** negative Eigenschaften aufzubauen, die **niedrigen** vermeidend. Schlecht ist es sich zu schlagen, zu töten, zu lästern, zu buben, zu heucheln, da dies auf niedrigen negativen Energien aufgebaut wird; aber gut sollte man die höchste Mathematik, Kybernetik, Wirtschaft, Mechanik, die Elastizitätstheorie, Materialbeständigkeit erlernen und anderes, was mit Berechnungen verbunden ist, die in der Seele hohe negative Eigenschaften aufbauen. Wichtig ist es, alles niedrige, Negative zu umgehen und am hohen Negativen teilzunehmen, was **nicht tötet und nicht zerstört, sondern hilft Neues aufzubauen.**

Der Hauptunterschied von Menschen besteht in den Eigenschaften ihres Charakters (in der Grundlage des Aufbaus derer das Gute-Böse liegt), und von diesen Eigenschaften hängen die Handlungen und Taten des Menschen ab.

NEGATIVE INDIVIDUEN

Es ist seit langem festgestellt worden, dass die einen Menschen seit der Geburt eine ausgezeichnete Gesundheit haben, und andere – eine schlechte. Und das ist auch mit der Entwicklung verbunden und wird oft mit den Aufgaben verbunden, die vor einer konkreten Persönlichkeit gestellt werden.

Sehr oft wird eine gute Gesundheit denjenigen gegeben, die für das Minus-System arbeiten. Sie sind daran interessiert, dass ihre Untergeordneten physisch stark sind und schnell ihr Programm erfüllen.

Positive Individuen sind öfter krank, können bis zum Lebensende eine schwache Gesundheit haben, bekommen öfter physische Körperschäden, deshalb scheint es, dass das positive System nicht an der Erhaltung der Gesundheit seiner Individuen in der Norm interessiert ist.

Aber hier hängt alles von der Frage der Erziehung ab. Wenn es dem Menschen gut geht, denkt er an nichts, als an Ergötzungen und an Vergnügungen. Das geht seit undenklichen Zeiten. Beim Menschen im Kopf – ist eine komplette Leere oder irgendeine Narrenposse, wenn man keine Sorgen hat, umher alles ruhig ist und er satt ist. Und wenn es ihm schlecht geht, wenn er physischen oder seelischen Schmerz fühlt, dann beginnt er über etwas Ernsthaftes zu denken, versucht über das Leben zu denken, zu philosophieren. Die Beobachtungen der Höchsten haben gezeigt, dass bei einem guten und wohlhabenden Leben keine Entwicklung beim Menschen geschieht. Es läuft eine totale Degradation und das Einhandeln von Karma. Daher, um ihn zu zwingen seine Seele zu vervollkommnen, musste das positive System Elemente einer harten Erziehung einführen. Aus diesem Grund begann bei Ihnen die Vervollkommnung der Seele des Menschen auf dem Leiden und auf Krankheiten zu basieren. Von ihnen begann beim Menschen eine große spirituelle Entwicklung. Solche leidenden Seelen entwickeln sich viel schneller, als gesunde und zufriedene mit dem Leben.

Ein guter, anständiger Mensch ist nicht fähig absichtlich jemanden zu kränken und dadurch ein Vergnügen zu bekommen. Grobe und Schamlose belästigen gute Menschen, einen emotionalen Energieausbruch erzielend. Aber um jemanden zu belästigen, muss man auch eine gute Gesundheit haben. Wenn man, zum Beispiel, eine negative Persönlichkeit physisch schwach, krank macht, dann hört sie auf in der negativen Richtung zu progressieren, da sie sich auf sich konzentriert, und kann sogar beginnen mit anderen mitzufühlen, was für sie bereits die Degradation ist. Und solch ein von der Krankheit leidendes negatives Individuum kann das Minus-System sogar verlieren. Deshalb spielt die Regulierung der Gesundheit unterschiedliche Rollen in Minus- und Plus-Systemen.

Aber was ist die Rolle der negativen Individuen in der menschlichen Gesellschaft? Sie schaffen Situationen, in denen die Eigenschaften anderer Menschen zum Vorschein kommen. Deshalb muss man solche niedrigen Individuen nicht für ihre persönlichen Eigenschaften schätzen, sondern für das Negative, das sie in anderen Menschen erzeugen, entblößen ihre Mängel in der Entwicklung.

Persönlichkeiten aus dem System des Satans sind so zerstreut unter den positiven Menschen Gottes, sind so mit ihnen vermischt und verflechtet in ihren Wechselbeziehungen, dass junge Seelen und auch die positiven Individuen selbst einfach nicht ahnen, wer sich neben ihnen befindet und wofür. Auf der Erde sind die positiven und negativen Persönlichkeiten in allen Tätigkeitssphären vermischt und überall konfrontieren sie einander. Man kann sie nach einzelnen Äußerungen unterscheiden, nach Möglichkeiten der Positiven das zu machen, wozu die Negativen nicht fähig sind, und umgekehrt.

Zum Beispiel, nehmen wir einen positiven Schauspieler und einen negativen. Beide können gut bestimmte Rollen spielen. Der Mensch aus dem positiven System Gottes kann bei der Verfügbarkeit von Fähigkeiten und des Talents wunderbar sowohl einen Bösewicht, als auch einen Helden spielen. Und der Mensch aus dem negativen System des Satans wird es nicht können, den gleichen Beruf habend, einen positiven Helden so spielen, um die feinen Saiten der Seelen vieler Zuschauer zu berühren, weil in ihm die besonderen Energien der Liebe und des Mitleids fehlen, die die Rückgefühle in Seelen der Zuschauer wecken.

Gleiche Energien müssen resonieren, und wenn der Artist keine Eigenschaften der Liebe und des Mitleids hat, dann wird der Zuschauer nicht mit ihm in Resonanz treten können, deshalb wird der Eindruck von seinem Spiel für ihn ganz anders sein. Er kann, also, ganz gut spielen, aber der Eindruck von seinem Spiel wird bei positiven Menschen negativ sein.

Nehmen wir die negative Vervollkommnung durch den Beruf des Lehrers. Zwei Menschen werden Lehrer in der Schule. Einer unterrichtet eine Fremdsprache, der andere – Mathematik. Daher erarbeitet der erste über die Jahre seiner Arbeit im Beruf des Lehrers ein bedeutendes Gepäck von positiven Energien, und der zweite erarbeitet im gleichen Beruf negative Energien.

Wenn man jedoch ihr Verhalten im Alltag und in der Gesellschaft betrachtet, um zu bestimmen, zu welchem System jeder von ihnen gehört, dann kann man sehen, dass sie sich beide in der Familie und in Schulkollektiven anständig, gerecht verhalten, versuchen nach den Gesetzen der Moral der Gesellschaft zu leben. Dieser Verhaltenstyp zeugt davon, dass sie beide dem göttlichen System angehören, Menschen Gottes sind. Beide arbeiten mit dem Bereich der hellen Energien.

Jedoch gehören sie zur gleichen Ebene, aber eigenschaftlich entgegengesetzt dieser Hierarchie, Menschen, die sich dem negativen Hierarchen unterordnen. Sie können auch genau das gleiche quantitative Energiepotenzial haben, aber da es aus dunklen Energien gebaut wird, so werden diese Individuen bereits eigenschaftlich völlig anders sein. Auf der Erde kann man sie nur schwer von den Menschen Gottes unterscheiden.

In der menschlichen Gesellschaft in der Produktion arbeiten die positiven und negativen Individuen gemeinsam. Unterscheiden kann man sie nach dem Charaktertypen oder nach der Verfügbarkeit der positiven Eigenschaften bei den einen und ihrem Fehlen bei den anderen. Nimmt man gebildete Menschen, die die mittlere Entwicklungsebene erreicht haben. Es stellt sich heraus, dass alle Wissenschaftler und Erfinder, solange sie sich auf der Erde befinden, für das negative System arbeiten und gemeinsam mit ihnen, also den Vertretern des Systems des Satans, da alle Individuen, die Berechnungsoperationen beherrschen, die Konstruktionen errechnen und erfinden, zum negativen System gehören. Jedoch ist so eine Vereinigung nur der Erde eigen. Nach Beendigung der Vervollkommnung in der menschlichen Hierarchie und dem Durchgang ihrer letzten hundertsten Ebene geschieht die Teilung von ihnen allen auf negative Menschen, die auf die erste Ebene Gottes gehen, und negative Individuen, die auf die erste Ebene der Hierarchie des Satans hinübergehen.

Aber wie kann man sie in der irdischen Welt unterscheiden? Der Unterschied bei diesen zwei Typen von negativen Individuen besteht in der Eigenschaftlichkeit ihrer negativen Energien. Bedingt bezeichnen wir diese Energien als "helle" und "dunkle". "Helle" negative Energien verleihen Seelen die einen Eigenschaften, die Gott braucht, und "dunkle" negative Energien verleihen die Seele mit anderen Eigenschaften, die der Satan braucht.

Deshalb unterscheiden sich die Wissenschaftler, Erfinder (und ebenso Konstrukteure, das Militär usw.) selbst bereits jetzt in ihren Hauptmerkmalen des Charakters. Über den einen sagt man, dass das ein "menschlicher Mensch" ist, und über einen anderen werden sie sagen, dass er ein – "nüchterner Zahlenmensch" ist, hart und unerbittlich.

Zur Tätigkeit der Wissenschaftler gehören unterschiedliche Aufgaben. Zum Beispiel, einige von ihnen haben gelernt sich in die Psyche von Menschen einzumischen, auf die Situationen im Programm eines anderen Menschen einwirkend, aus dem Wunsch sich die anderen unterzuordnen. Die Entstehung des Karmas bei solch einem Menschen wird von seinen Bestrebungen abhängen oder, wie man sagt, von den inneren Motiven. Eine große Bedeutung hat das, welches Ziel oder Wunsch der Wissenschaftler selbst hat, etwas schaffend. Wenn er etwas schafft aus dem Wunsch sich andere unterzuordnen, dann handelt er sich in diesem Fall Karma ein. Und wenn sein Ziel die Schöpfung ist oder einfach der Wunsch sich zu mühen und nützlich für die Gesellschaft zu sein, dann ist hier alles anders. Karma wird derjenige abarbeiten, der sich einem anderen unterordnen möchte auf Grund seiner Erfindung. Und wer einfach arbeitet und Progress für die Wissenschaft wünscht, für die Menschen und das Gemeinwohl arbeitet, der wird kein Karma haben. Viele Wissenschaftler sehen ihr Ziel nur in der Schöpfung. Und diejenigen, die sie führen und ihre Erfindungen für eigene Zwecke verwenden, handeln sich persönliches Karma ein.

DER PROGRESS DER EIGENSCHAFT DES TÖTENS

Auf der Erde gibt es viel Böses. Der Mensch hat immer geglaubt, dass man mit ihm kämpfen muss und letztendlich kann man es vollständig ausrotten. Aber zum ersten Mal haben die Höchsten darauf hingewiesen, dass der Mensch fähig ist nicht nur in positiven Eigenschaften zu progressieren, sondern auch in negativen. Sie haben zwei entgegengesetzte Gesetze gegeben: "Das Gesetz der Vervollkommnung im Guten" und "Das Gesetz der Vervollkommnung im Bösen" (Buch "Die Gesetze des Weltalls oder die Grundlagen der Existenz der göttlichen Hierarchie"). Das letzte Gesetz ist nicht dafür gegeben worden, um den Seelen den Weg zum Satan zu zeigen, sondern um den Menschen vor gefährlichen Folgen seines ersten negativen Schritts zu verwarnen, der in die negative Hierarchie führt.

Analysieren wir, wie ein niedriges Individuum in solch einer negativen Eigenschaft progressieren kann, wie die Tötung, das ist also die Progression im Bösen, was er selbst nicht ahnt.

Die Reihenfolge der Entwicklungsstadien dieser Eigenschaft ist folgende.

1. Auf der niedrigsten Entwicklungsstufe ist der Mensch fähig einen anderen zu töten wegen einer Kleinigkeit: jemand hat etwas Falsches gesagt, etwas Falsches gemacht, hat ihn mit etwas

gekränkt. Töten, ohne über etwas nachzudenken, sich dem ersten Trieb unterordnend.

2. Eine höhere Ebene des Mordes ist – nach Auftrag: der Auftragsmörder tötet für eine große Bezahlung, d.h. er setzt vor sich schon irgendein Ziel, und tötet niemanden einfach so.

3. Eine noch höhere Ebene des Mordes ist, wenn er aus egoistischen oder anderen Gründen geschieht, zum Beispiel, Eifersucht, Habgier, Hass. Der Mensch wendet Zeit für die Austragung des aufgetretenen Problems in sich auf. Der Mord wird mit gewissen inneren Sorgen des Individuums begleitet.

4. Ferner geht die Tötung mit der Entwicklung der Seele in eine neue Form des Bewusstseins hinüber. Der Mensch tötet niemanden in Friedenszeiten, ist aber dazu fähig bei besonderen Umständen, zum Beispiel, in Kriegen, Revolutionen, Rebellionen. Sie töten den Feind, die Heimat verteidigend. Das ist ein patriotischer Mord, der mit dem Schutz einer anderen Person verbunden ist.

Das Bewusstsein verändert sich. Der Mensch tötet nicht dafür, um etwas zu bekommen oder aus eigenen egoistischen Veranlassungen, sondern einen anderen oder andere rettend. Das ist schon eine andere Existenzebene.

5. Das Individuum geht in die höchste Bewusstseinsform hinüber und kommt zu der Schlussfolgerung, dass er kein Recht hat jemanden zu töten, hat kein Recht über ein fremdes Leben in keinen Situationen zu verfügen. Er kommt, also, bewusst zum Gebot Gottes - "Du sollst nicht töten".

Und in allen fünf Fällen progressiert die Seele in der positiven Richtung, da sie von der einfachen Tötung wegen einer Kleinigkeit letztendlich sich bis zum Verständnis dessen entwickelt, dass sie überhaupt kein Recht hat niemanden unter keinen Umständen zu töten.

6. Und separat muss man sagen, dass wenn das Individuum tötet und davon ein Vergnügen erhält oder irgendeine Befriedigung, dann zeugt es davon, dass er entweder bereits dem System des Satans angehört oder auf dem Weg zu ihm ist. Denn diese Seele wird so gebaut, dass darin, worin die anderen eine Abstoßung sehen, sie eine Befriedigung sieht, d.h. wird auf Eigenschaften aufgebaut, die den Göttlichen entgegengesetzt sind. Diese Seele entwickelt sich bereits im Bösen, das ist der Weg des Progresses in der negativen Richtung. Der Unterschied ist hier in Gefühlen der Mörder: die Positiven sorgen sich um ihre Tat und bereuen es, und die Negativen erhalten eine Befriedigung.

Das alles zeugt davon, wie gefährlich in der erzieherischen Hinsicht Filme, Bücher, Aufführungen und andere Vorstellungen sind, wo eine Vielzahl von Ermordungen und Szenen der Gewalt sind. Junge Seelen, sich das anschauend, lassen sich unbewusst von den Szenen der Ermordungen hinreißen und beginnen Freude von solchen Vorstellungen zu bekommen, die sich in eine Unterhaltung verwandeln, und das ist der erste Schritt in die negative Richtung. Letztendlich kann sich bei ihnen eine negative Eigenschaft entwickeln, es wird unbemerkt ein Erwerb von einer negativen Eigenschaft geschehen, sie werden beginnen ein Vergnügen vom Anschauen von Filmen mit einer Reihe von Morden zu bekommen, und ferner kann das zu ernsthaften Folgen führen. Solche Seelen kann das positive System einfach verlieren.

Filme, die auf Ermordungen aufgebaut sind, bilden aus jungen Seelen Anwärter in die Hierarchie des Satans. Daher ist der Kampf mit dieser Art blutrünstiger Schauspiele – ein Kampf um Seelen. Niemals sollte der Mord eines Menschen oder eines Tieres als eine Vergnügung für die niedrigen Seelen dienen, der Entwicklung in ihnen des Tötungsinstinktes. Über was für eine geistige Niedrigkeit der Regisseure und Schriftsteller sagen Filme, in denen ein Mord durch einen anderen Mord abgewechselt wird! Nur geistige Armut ist fähig Mord zur blutrünstigen Unterhaltung vorzustellen.

Und die Menschen alle in ihrer Unwissenheit setzen fort zu glauben, dass wenn ein Buch geschrieben, und der Film gestellt ist, dann zeugt es von einer hohen Entwicklungsebene des Menschen. Nein, es zeugt eben von dem entgegengesetzten: entweder der Schriftsteller oder Regisseur haben eine sehr niedrige Geistigkeit, oder sie arbeiten vom System des Satans, um unerfahrene Seelen zu verderben, zu schänden. Einige Individuen, die sich auf der Erde von dem System des Satans befinden, haben eben solch ein Ziel. Sie können intellektuell sehr hoch entwickelt sein, und geistig auf einer sehr niedrigen Ebene stehen. Ein gewöhnlicher Mensch, jedoch, verneigt sich vor fremdem Intellekt und beachtet niemals solch einen Messwert, wie die Geistigkeit, und hält daher für eine Autorität nicht die richtigen Persönlichkeiten.

Das höchste Bewusstsein des Menschen sollte verstehen, dass Mord überhaupt nicht als Lösungsform von Streitfragen oder als Beweis von etwas sein soll. In das positive System Gottes kommen eben

Persönlichkeiten mit solch einem Bewusstsein, d.h. gütige, nicht aggressive, die alles loyal lösen können und jede Streitfrage in Richtung des Friedens wenden können.

Situationen mit Ermordungen existieren nur bis zur fünfzigsten Ebene der irdischen Hierarchie, d.h. der Mensch ist bis zur fünfzigsten Ebene noch fähig zu töten. Höher in der Ebene lehnt er jede Tötung ab, nicht nur des Menschen, aber auch von Tieren, Vögeln, eines jeden Lebewesens.

Man sollte daran denken, dass jeglicher Mord den Menschen zum Satan führt. Aber Gott gibt einer jungen Seele eine Chance sich durch das Karma zu berichtigen, d.h. er verzeiht den Mörder nicht, sondern zwingt ihn für seine Schuld mit eigenem Blut zu büßen, in der Rolle des Opfers zu sein. Wenn ein Mensch jemanden getötet hat, dann wird er im gegenwärtigen oder im nächsten Leben auch getötet werden. Aber sogar das ist nicht ausreichend, um zu Gott zurück zu gelangen: die höchsten Richter werden die Gefühle des Menschen im Moment des Mordes und sein Bewusstsein für die Straftat in den folgenden Lebensjahren unbedingt analysieren, es wird geprüft – bereut es der Mensch, bedauert das Geschehene, quält ihn das Gewissen oder glaubt er, dass er richtig gehandelt hat. Das Letztere dient als Grund für eine Reihe anderer Prüfungen der Seele, nach denen entschieden wird – soll denn diese Seele im positiven System bleiben oder in das negative übergeben werden.

Aus dem gesagten sieht man, wie wichtig es ist die Seelen in der Richtung richtig zu orientieren. Selbst wenn eine junge Seele aus eigener Unwissenheit in die Matrix viele negative Energien aufgenommen hat, ist es niemals zu spät für sie in den Kampf zu treten und ihr zu helfen von den negativen Handlungen auf positive oder auf negative einer höheren Ebene hinüberzugehen.

DER PROGRESS IN NEGATIVEN EIGENSCHAFTEN

Die ersten Ebenen der Hierarchie des Gottes und des negativen Hierarchen, wie bereits erwähnt, haben Individuen mit gleichen Potenzialen, aber ihre Matrizen sind auf entgegengesetzten Energietypen (hellen und dunklen) aufgebaut, was den Aufbau von oppositionellen Eigenschaften erzeugt. Zum Beispiel, entgegengesetzte Eigenschaften: gütig-böse, habgierig-großzügig, barmherzig-mitleidlos und andere entgegengesetzte Eigenschaften.

Ein negatives Individuum Gottes unterscheidet sich von dem negativen Individuum des Satans durch die Verfügbarkeit in den Matrizen von hellen und dunklen Energien, die positive und negative Eigenschaften des Menschen bilden.

So kommt bei positiven Individuen Liebe zu Menschen, Wehleid, Mitleid zum Vorschein, sie helfen den Bedürftigen selbstlos. Den negativen Individuen mit dunklen Eigenschaften sind Hass, Gleichgültigkeit eigen, ihre Hilfe ist immer habsüchtig und hat das Ziel – den Menschen weiterhin in eigenen Interessen auszunutzen. Bei ihnen wird das Gefühl der Liebe durch die Befriedigung von tierischen Instinkten ersetzt, das egoistische Streben den Menschen zu beherrschen, ihn in eigenen Zielen für die eigenen Vergnügungen auszunutzen. Wenn sie in einer gemischten menschlichen Gesellschaft leben, ahmen sie die Menschen Gottes nach, sich an sie anpassend. Ähnliches führt der Satan in ihr persönliches Programm ein mit dem Ziel ihrer Maskierung unter den positiven Individuen. Die Maskierung lässt sie die jungen und mittleren Seelen nicht erkennen, so dass im Ergebnis sie sich unter ihrer Einwirkung erweisen.

Der Hierarch des negativen Systems verwendet unbedingt jeden seiner Individuen nicht nur für die Erfüllung bestimmter Arbeiten auf der Erde, aber auch für das Verderben der Menschen Gottes. Sie verwirren sie in Lebenssituationen, schaffen Probleme, führen sie in Versuchungen, versuchen sie mit Ergötzungen, treiben an Gesetze zu brechen und unmoralische Handlungen zu begehen.

Zu jedem positiven Individuum werden im Laufe seines ganzen Lebens mehrfach Menschen des Satans angestellt mit Ziel sie in Versuchung zu führen, sie vom wahrhaften Weg zu führen, zur Begehung von Fehlern anzutreiben. Je niedriger in ihrer Ebene die Seele ist, desto mehr Versucher wird sie haben, die in den Lebensjahren aufgestellt sind von Jugend an bis zu den letzten Lebenstagen. Der beste Freund eines Menschen kann sich als Diener des Satans erweisen, der an ihn angestellt wurde für seine Demoralisierung. Wenn dieser Freund ihn ständig versuchen wird: ihm anbieten zu rauchen, jemanden zu schlagen, jemanden zu einer Gemeinheit anzustiften, eine Flasche Wein auszutrinken, wird ihn mit Wohlstand verlocken und so weiter in der gleichen Richtung, dann bedeutet das, dass er mit allen Kräften versucht ihn von dem wahrhaften Weg zu führen. Das sind die Methoden der Abwerbung von Seelen zu sich bei dem negativen System. Das ist – ein Kampf zweier oppositioneller Hierarchien für Kader.

Wenn der Mensch in Folge der Anstiftungen viele Fehler macht oder sucht solche Handlungen aus, die seine Matrix mit vorherrschenden dunklen Energien befüllen, dann wird solch eine Seele dem Satan übergeben im Moment der Teilung von Seelen nach zehn Testinkarnationen.

Zählen wir noch eine Reihe an Eigenschaften auf, die den Menschen des Satans eigen sind und auf dunklen Energien aufgebaut werden. Zu ihnen gehören: Grausamkeit, Rachsucht, Intrigentum, der Mangel an Zärtlichkeit, an Mitleid für andere, Lügenhaftigkeit, Gemeinheit, Habgier, Eigennutz, Absicht, Heuchelei, Egoismus, Verstellung, List, Arroganz, Hochmut, Verachtung der Menschen, Erreichung der Ziele mit allen Mitteln usw.

Die negativen Individuen Gottes können gütig, anständig sein, leisten den anderen Hilfe und so weiter in der gleichen Ader. Die negativen Individuen des Satans sind boshaft, aggressiv, obwohl sie diese Eigenschaften verbergen können, sind fähig den anderen Böses zuzufügen.

Aber gleichzeitig können sie sehr klug, erfinderisch, erstklassige Spezialisten in unterschiedlichen Bereichen sein, die mit Berechnungen, dem Programmieren und technischem Wissen verbunden sind. Sie unterscheiden sich durch große Fähigkeiten in Prozessen und Schöpfung, die durch Berechnungsoperationen laufen.

Unter ihnen gibt es sehr kluge Wissenschaftler, Oberste, Politiker, Führer und Persönlichkeiten des öffentlichen Lebens. Aber sie werden sich eigenschaftlich immer von den Menschen Gottes unterscheiden. Und um sie aufzudecken, braucht man eine Beobachtungsgabe und die Kenntnis der Eigenschaften, die dem negativen System eigen sind. Es ist zu beachten, dass viele von ihnen gar nicht wissen, zu welchem System des Kosmos sie selbst gehören. Aufdecken kann man es nur basierend auf Beobachtungen von ihnen und dem Gegenüberstellen mit dem bekannten Wissen.

Junge und mittlere Seelen, den Unterschied zwischen dem Guten und dem Bösen nicht verstehend, ahmen oft den negativen Menschen des Satans nach, deshalb kann man sie mit den letzteren verwechseln.

Niedrige Seelen, die sich noch in nichts auskennen, werden vor sich falsche Ziele setzen (materiellen Wohlstand, Geld, große Gewinne usw.), sich auf die im Leben erfolgreichen negativen Individuen orientierend. Und falsch ausgesuchte Ziele verlängern ihre Durchgangszeit der Entwicklungsstadien, also die Aufenthaltsfrist der Seele auf der Erde. Die Nachahmung der jungen Seelen von negativen Individuen führt dazu, dass sie selbst für negative gehalten werden.

Alle jungen Seelen bis zehn Inkarnationen entwickeln sich nach gleichen Programmen des Gottes. Der Unterschied in ihrer Entwicklung beginnt nach dem Durchgang dieser zehn Leben, also nach ihrer Teilung nach den aufgenommenen in den vergangenen Inkarnationen Eigenschaften. Diejenigen von ihnen, die Gott bei sich behält, werden sich nach Mehrfachvarianten-Programmen entwickeln und die Wahlfreiheit haben; und diejenigen, die Gott dem Satan für unverwerfliches Verhalten und die vorherrschende Aufnahme in der Matrix von negativen Eigenschaften übergibt, verlieren vollständig die Wahlfreiheit und werden beginnen sich nach harten Einzelvariantenprogrammen zu entwickeln.

Das negative System in der Person des Satans drängt dem Individuen nicht nur Handlungen auf, sondern auch Gedanken, die der Erarbeitung in die Matrix von negativen Eigenschaften beitragen sollen. Deshalb sollte man von einem negativen Individuum nicht erwarten, dass er etwas bereut (und das ist eine positive Handlung), sich besinnt, sich zum Besseren verändert. Er wird niemals zu einer positiven Handlung ohne die innere Gier oder der eigenen Maskierung fähig sein.

Man kann von ihm keinen Edelmut, Wehleid erwarten. Wenn er angeblich beginnt jemanden zu bemitleiden, dann wird dahinter der Eigennutz, persönliche Interessen stehen oder der Wunsch in den Augen der anderen Menschen so auszusehen, dass sie ihm vertrauen. Das alles wird ihm in das Programm eingelegt. Ob er es möchte oder nicht, aber er wird in einer bestimmten Situation denken, wie man einen Freund unter einen Schlag setzt und selbst seinen Platz einnimmt oder seine materiellen Sachwerte habhaft wird: sein Auto, Wohnung, Safe mit einer großen Geldsumme.

Ähnliche negative Individuen arbeiten ein System des Betrugs der Gesellschaft aus (da sie erstklassige Berechner sind), das sind sogenannte sich am Ende des 20. Jahrhunderts – Anfang des 21. Jahrhunderts ausgebreitete finanzielle und andere Pyramiden, das Ziel welcher das Berauben von leichtgläubigen Menschen ist. Durch einen unehrlichen Weg, Lügen verwendend, schaffen sie es in kurzer Zeit große Vermögen heranzuschaffen.

In negativen Individuen erscheinen Emotionen, Gefühle, die dem Satan eigen sind, da er sich über ihre Ausarbeitung von den Eigenschaften sorgt, die sein System braucht: Habgier, Herzlosigkeit, kalte Absicht, Heuchelei, List, Fähigkeit das Verhalten anderer Menschen zu berechnen für einige Schritte im Voraus. Ihnen werden bestimmte Situationen gegeben, in denen das Programm sie zwingt hart (also ohne das Recht der Wahl) das zu machen, was in ihnen Emotionen und Gefühle hervorruft, die den Individuen des negativen Systems eigen sind. Wenn es jemandem weh tut, kommt bei den Negativen das Gefühl der Befriedigung auf, sie freuen sich fremde Qualen zu sehen; und bei den Positiven kommt Wehleid, Mitleid auf. Wenn ein Mensch hinfällt, wird er es lustig finden (eine junge Seele wird es ebenso lustig finden, aber aus Dummheit), und ein positives Individuum wird sich erschrecken und eilt, um beim Aufstehen zu helfen. Von ein und demselben werden sie entgegengesetzte Gefühle haben. Und das sollte man lernen zu sehen. Führen wir noch ein Beispiel auf. Ein negatives Individuum nimmt eine Führungsposition ein. Sein Untergeordneter, ein positiver Mensch, führt etwas falsch oder unpünktlich aus. Der Führer beginnt wutschämend mit ihm zu schimpfen. Aus ihm strömt die Aggression, Bosheit, und der Untergeordnete ist – gedemütigt, niedergewälzt. Dafür hat der Vorgesetzte in die Matrix außer der Eigenschaft der Aggression das Gefühl der Überlegenheit über den anderen (das ist auch eine Eigenschaft der Negativen) erarbeitet. Er fühlt einen Kraftsprung, weil er von dem Untergeordneten die ihm erforderliche Energie abgesaugt hat.

Er hat das gemacht, was in seinem Programm eingetragen wurde, und hat die Eigenschaften erarbeitet und die Art des Denkens, die dem negativen System erforderlich waren. Und die junge Seele erhielt eine Lehre, dass man besser arbeiten soll oder diszipliniert sein soll. Jeder hat aus der Situation für sich nützliche Eigenschaften gezogen.

Und wenn auf der Stelle des negativen Führers ein positiver wäre, hätte er sich anders verhalten. Er hat das Recht der Wahl in seinen Handlungen. Und das lässt ihn nachdenken, wie man in solch einer Situation handeln sollte: (1 Variante) sanft auf die Mängel in der Arbeit des Untergeordneten hinweisen und ihm raten, wie man sie liquidiert; (2 Variante) ihm vorübergehend einen Betreuer stellen, der ihm in einer freundlichen Form hilft seine Qualifikation zu steigern und die Lücken in der Arbeit zu beseitigen; (3 Variante) man sollte ihn verwarnen und mit einer Verweigerung der Prämie drohen, wenn dieser sich zu einer gewissen Frist nicht verbessert. Aber in jedem Fall wird der positive Führer keine für den anderen tödliche Bosheit ausströmen und davon eine Befriedigung erhalten. Und wenn er wegen der Nervosität auch außer sich gerät und er jemanden anschreit, dann wird er sich die ganze Nacht darüber sorgen machen und wird versuchen im nachfolgenden seine Nichtbeherrschung wieder gut zu machen, kann sich dafür (für die Nichtbeherrschung, aber nicht für den Hinweis der falschen Handlungen des Untergeordneten) entschuldigen.

Manchmal sind an der Spitze zweier Staaten zwei negative Führer, und der eine wird gegen den anderen gerichtet, einen Krieg entwickelnd. Sie beide entwickeln sich dabei in negativen Eigenschaften, da alles in ihrer Tätigkeit auf die Vernichtung des Gegners gerichtet sein wird, also der Menschen. Aber es gibt einen Unterschied: einer verteidigt sein Volk, sein Territorium, und der andere will Fremdes habhaft werden, seinen Besitz erweitern. Deshalb tritt einer als Verteidiger auf, und der andere – als Aggressor. Eben in den Feinheiten des Verhaltens des Menschen, moralisch-sittlichen Nuancen verbirgt sich der Hauptmechanismus, der die Seelen der einen Menschen mit heller Energie befüllt, und die anderen mit – dunkler.

Gott hat auch eigene Krieger, ein Verteidigungssystem. Deshalb wird ein sich **verteidigendes** negatives Individuum immer dem göttlichen System angehören, und ein **angreifender** Aggressor – dem satanischen. Der Unterschied besteht darin, dass das Individuum des Gottes niemals als erstes einen anderen angreifen wird (diese Eigenschaft ist bei ihm nicht vorhanden), und ein negatives Individuum des Satans wird immer als erstes angreifen. Negative Menschen provozieren gerne alle zu etwas: Streit, Schlägereien, Kriege, falsche Handlungen.

Was die Handlungen der Verteidigung angeht, so trägt sie der Erarbeitung der Persönlichkeit von negativen, aber hellen Energien bei, und der Angriff – von negativen dunklen Energien. Wenn jedoch das Individuum den Angriff des Gegners vorhersehen kann und ihn mit gewissen friedlichen (wirtschaftlichen oder anderen Methoden) vorbeugen kann, dann wird er bei der Verteidigung positive Eigenschaften erarbeiten. Somit, zwischen dem Verhalten der positiven und der negativen Individuen existieren Feinheiten, die den einen auf dem Weg des Gottes beibehalten, und den anderen – auf dem Weg des Satans.

DIE NUANCEN DER NEGATIVEN ENTWICKLUNG

In das negative System gelangen Seelen aus unterschiedlichen Ebenen der menschlichen Hierarchie. Der negative Hierarch berücksichtigt sie und ihre bereits erworbenen Eigenschaften. Er hat - sein eigenes Aufbausystem von Lebenssituationen. Jeder Mensch wird in Abhängigkeit von seiner Ebene auf seine Art des Verbrechens programmiert. Deshalb gibt es diejenigen, die dazu neigen gedankenlos bis hin zur 20sten Ebene zu töten, sich in negativen Eigenschaften entwickelnd. Später wird der negative Hierarch es nicht mehr erlauben zu machen, da ferner der Intellekt entwickelt werden muss. Deshalb wird der Satan ihm solch ein Programm erstellen, in dem er beginnt gegen seinen Gegner feinsinniger zu handeln, wird positiven Individuen zu irgendwelchen Bösartigkeiten, Gemeinheiten anstiften, wird ihre Arbeit auf unterschiedliche Art stören, Provokationen anrichten usw. Er wird also auf diese Weise auf negativen Energien einer höheren Ordnung arbeiten. Noch höher steigend auf den Entwicklungsebenen, wird das Individuum die Taktik ändern und wird in der Presse jemanden mit Schmutz bewerfen, wird Tatsachen unterstellen, sie verzerren usw. Negative Eigenschaften kann der Mensch bei beliebigen Verstößen der Gesetze und der moralischen Normen aufnehmen. Wenn das Individuum Drogen verkauft, die Menschen mit selbstgebranntem Schnaps zu Trinkern macht, Sex, Unzucht propagiert, dann entwickelt er sich auch in negativen Eigenschaften, weil, einerseits, sein Ziel – Geld mit allen Mitteln ist, und andererseits, er ruiniert die Gesundheit der Menschen und trägt ihrem moralischen Zerfall bei. Ebenso kann er extra ähnliche Missionen der Verderbnis anderer haben, unmittelbar von Satan arbeitend.

Es gibt sehr viele scheinbar schöne junge Frauen, die vom negativen System kommen. Ihr Ziel ist es – junge und instabile Seelen zu verführen, unter ihnen Amoralität zu verbreiten, der Unzucht einen Status von normalen Beziehungen verleihend. Sie können auch Intrigen verbreiten und die einen Partner gegen die anderen richten, in ihnen die Rachsucht, Aggression, Hass erweckend. Negative Individuen arbeiten in der Gesellschaft auf der Provozierung eines positiven Individuums und die Erweckung in ihm von negativen Eigenschaften und Instinkten, die aus der Tierwelt kommen.

Das Ziel eines positiven Individuums ist – die Entwicklungsebenen hoch zu steigen, und das Ziel der negativen ist – diese Steigerung zu behindern.

Jedoch können die negativen Wesen, die sich auf dem feinen Plan befinden, für ihre Ziele auch positive Individuen verwenden, hauptsächlich junge Seelen. Zum erzieherischen Zweck und der Prüfung von Eigenschaften erlauben die höchsten Lehrer Provokationen von positiven Seelen zu veranstalten, die Menschen zu verwirren, damit sie denken, bewerten, aussuchen können. Das alles wird mit dem Ziel der Prüfung der Reaktion des Menschen auf unverständliche Erscheinungen gemacht, oder des Verhaltens eines anderen Menschen, auf seine Fähigkeit das Unsichtbare zu verstehen und für sich und andere zu kämpfen. Der Mensch öffnet sich nur in schlechten, kritischen Situationen vollständig, seine Laster und Mängel aufdeckend, und in einem guten, ruhigen Leben ist es manchmal unmöglich etwas Schlechtes in ihm zu sehen.

Zum Beispiel, zwei Freunde begeben sich in eine Reise auf einem Schiff. Das Schiff sinkt, und der eine Freund nimmt dem anderen den Rettungsring weg, um sich selbst zu retten. Letztendlich ertrinkt der andere. Das, was unter ihnen passiert ist, scheint als hätte es kein einziger Mensch gesehen. Aber Zeugen davon sind die himmlischen Lehrer dieser Menschen, das wurde auf dem Band des Lebens aufgenommen.

Man kann den Höchsten die Frage stellen: "Warum haben Sie das Schiff und so viele Menschen ertränkt?" Vielleicht, antworten sie: "Nur um eine kritische Situation zu schaffen und die Niedertracht in einem von ihren Lehrlingen aufzudecken". Im gewöhnlichen friedlichen Leben würde er sich niemals als der Grund für den Tod seines Freundes erweisen, aber in einer kritischen Situation hat er es aus Angst um sein Leben gemacht.

Die Höchsten betrachten das Leben und den Tod anders, als der Mensch. Sie wissen, dass seine Seele ewig ist, deshalb zeigen sie ihm viele Situationen mit einem tödlichen Ausgang, damit er lernt keine Angst vor dem Tod zu haben, die richtige Wahl zu treffen, lernt sich in anderen auszukennen. (Denn ein Ertrinkender hätte den Rettungsring dem Freund geben können, sich selbst opfernd und anstatt einer Gemeinheit eine edle Tat begehend, hat es aber nicht gemacht).

Deshalb ist es den negativen Wesen nicht unbedingt notwendig den Menschen vom feinen Plan zu provozieren, manchmal reicht es aus eine Prüfungssituation für zwei positive Persönlichkeiten zu schaffen und die Handlungen des einen können sich gegen den anderen wenden.

Zum Beispiel, einer unserer Leser hat sich beschwert, dass sobald er sich hinsetzt unsere Bücher zu lesen, beginnt seine Frau ihn direkt mit irgendeiner Aufgabe zu belästigen: entweder den Reißverschluss am Stiefel zu reparieren, oder den Müll herauszubringen, oder ein Regal aufzuhängen. Und da es eben beim Lesen unserer Bücher geschah, begann er zu vermuten – ist seine Frau vielleicht vom negativen System, wenn sie die Arbeit der Bildung und Erleuchtung behindert? Bis dahin hielt er sie für positiv, anständig. Was ist also los? Wie soll man solche Provokationen richtig bewerten? Es stellt sich heraus, dass ein positives Individuum beginnt den anderen zu behindern.

Wenn man die Situation aus Positionen von altem Wissen betrachtet, dann kann man den Menschen direkt abstempeln: "Ja, die Frau ist von den dunklen Kräften, wenn sie den Mann behindert sich mit eigener Bildung zu beschäftigen".

Aber die Frau dieses Menschen ist in Wirklichkeit positiv und ein positiver Bestimmer führt sie, aber ihm (dem himmlischen Lehrer seiner Frau) ist die Aufgabe gegeben – zu überprüfen, was ihr Mann denn in dieser Situation höher stellt: die Bitte der Frau etwas im Haushalt zu machen, oder das Lesen der geistigen Literatur. Bei der Bewertung der Situation werden unbedingt die Gedanken dieses Menschen analysiert werden.

Es ist verständlich, dass die Frau sich für die Bücher nicht interessiert, für sie war das Heim, Familie wichtig, deshalb hat sie wegen einer niedrigeren Entwicklungsebene das Lesen von Büchern als eine Schrulle, Selbstunterhaltung betrachtet. Deshalb war es für sie wichtiger den Mann von der "leeren" Beschäftigung abzulenken und ihn zu zwingen etwas Nützliches für die Familie zu tun. Sie hat den Bestimmer für die Provokationen des Mannes mit einem guten Zweck verwendet – herauszustellen, was denn dieser bevorzugen wird. Wenn der Mann direkt auf die Bitte der Frau reagiert hat und ohne Vorwürfe all ihre Aufgaben ausgeführt hat, dann, folglich, hat er nach Ruhe in der Familie gestrebt, nach Erhaltung von friedlichen und herzlichen Beziehungen. Das hielt er für erstrangig. Und das sind – wunderbare Eigenschaften eines familiären Menschen.

Wenn er sich jedoch von den Bitten abgewinkt hat und gesagt hat, dass er die Aufgabe erledigt, wenn er das Kapitel zu Ende gelesen hat, dann hat er die persönliche geistige Erhöhung höher geschätzt. Aber in diesen beiden Fällen ist er in keinen Konflikt geraten, hat nicht geschimpft, und das ist an sich schon positiv. Im ersten Fall, und im zweiten Fall hat der Mensch richtig gehandelt. Aber dabei haben sich unterschiedliche Eigenschaften gezeigt: im ersten Fall herrschten die positiven Eigenschaften eines Friedensstifters und des Gehorsam vor, und im zweiten – die Eigenschaft der Strebung zur Erhöhung der persönlichen Geistigkeit.

Es war noch eine dritte Variante möglich, wenn der Mann sich mit der Frau zerstritten hätte, hätte sie beschuldigt, dass sie ihn daran hindert die Welt zu erkunden, und in Rache hätte er ihre Bitten nicht ausgeführt. In diesem Fall hätte sich in ihm die Eigenschaft des Egoismus durchgesetzt.

Aber was in solchen Situationen die Höchsten prüfen, ist nur ihnen bekannt. Jedoch können sie für die Aufdeckung gewisser Feinheiten in der Beziehung der Ehepartner oder die Bestimmung der Vorherrschaft gewisser Eigenschaften vollkommen die eine positive Persönlichkeit gegen die andere verwenden. Aber das bedeutet nicht, dass sie vom negativen System arbeiten. Sie handelt von den Höchsten. Durch eine einfache Lebenssituation decken die himmlischen Lehrer im Menschen die am meisten charakterlichen Züge für ihn auf.

Somit können die durchaus positiven Seelen auch für die Prüfungen der Charaktereigenschaften anderer Menschen verwendet werden.

Als ein Entwicklungsbeispiel in der positiven und negativen Richtung auf der ersten Ebene der Hierarchien kann die Arbeit der himmlischen Lehrer – Bestimmer dienen.

Ein positiver Bestimmer, der seinen Lehrling durch das Leben führt, sorgt sich um ihn, fühlt mit, wenn dieser in schreckliche Situationen kommt, und versucht gewisse Hinweise zu geben: durch Vorzeichen, die dem Lehrling gut bekannt sind, durch Träume, mit Hilfe der Erlassung von Ideen für ihn.

Im Gegensatz zu dem positiven hat der negative Bestimmer gar kein Mitleid oder Sympathie zum geführten Lehrling. Als ein Vertreter des Systems des Satans, hat solch ein himmlischer Lehrer eine Reihe von Eigenschaften, die diesem Seelentypen entsprechen. Und solche

Eigenschaften, wie Mitleid, Sorgen um den anderen, sind in der Matrix seiner Seele nicht vorhanden.

Aber das bedeutet nicht, dass er völlig gleichgültig bleibt zu seinem Mündel. Er ist an seiner Progression an negativen Eigenschaften interessiert, und hat Freude daran, wenn dieser Bosheit, Unbarmherzigkeit in Bezug zu anderen ausstrahlt. Er macht sich keine Sorgen, wenn der Lehrling in Unfälle gerät und in einem schweren Zustand auf einem Krankenhausbett liegt, aber er wird dabei ein Maximum an Anstrengungen seinerseits unternehmen, damit sein Lehrling gesund wird, weil er sein Lebensprogramm weiterhin ausführen muss.

Der Bestimmer wird dem geführten Menschen auf der Erde gegenüber alles machen, damit dieser das Programm ausführt und dabei möglichst viele negative Eigenschaften aufnimmt. Ihm ist es wichtig auch für sich möglichst negative Energien zu bekommen, da sie dem Reichtum gleichwertig ist. Deshalb wird er auch in dieser Richtung mit dem Lehrling arbeiten.

IN DER GOLDENEN RASSE

Die folgende nach unserer fünften Rasse – sechste – wird als Goldene bezeichnet. Sie wird einen neuen Konstruktionsaufbau und andere Funktionen haben, da sie beginnen wird, den nächsten Energiebereich durchzuarbeiten in Verbindung mit dem Übergang der Erde auf eine höhere Entwicklungsebene. In Verbindung mit solchen Veränderungen kommt die Frage auf – setzen denn die negativen Menschen ihre Entwicklung in der goldenen Rasse fort?

Zu Beginn der Existenz der sechsten Rasse werden die negativen Individuen ihre Entwicklung noch fortsetzen. Aber ganz am Ende wird sich solch eine Menschheit bilden, und dabei zum ersten Mal in dieser Welt, wenn die negativen Persönlichkeiten endgültig aus der Gesellschaft verschwinden werden. Verschwinden werden Aggressive,

Böse, Gemeine, Grausame. Das Böse wird die Erde verlassen. Die Menschheit ist müde von Dummen und Grausamen, Gierigen und Prinzipienlosen, die selbst nicht fähig sind, anständig und glücklich zu leben und das Leben allen vergiften, die mit ihnen in Kontakt kommen. Negative Individuen werden aus der irdischen Welt verschwinden.

Wir erklären, warum die Diener des Satans keinen Platz mehr in der goldenen Rasse haben werden. Zum Ende ihrer Entwicklung werden sich bei Menschen überragende Fähigkeiten öffnen, sie werden Situationen ihres Lebens vorhersehen können und dank einer entwickelten Intuition werden sie viele ungünstige Umweltfaktoren und gefährliche Ereignisse vermeiden. Die Intuition wird sagen, mit welchem Wesen es sinnvoll ist zu kommunizieren, und von wem man sich besser fernhalten sollte. Da viele die Hellsichtigkeit haben werden, werden sie sehen können, welches innere Wesen – dunkles oder helles – der ein oder andere Mensch hat. Es wird unmöglich sein sie zu täuschen, gegen sie Ränke zu schmieden.

Außerdem, man sollte nicht das Wichtigste vergessen – Menschen werden aufhören mit Hilfe von Sprache, Wörtern zu kommunizieren, die Kommunikation wird auf Grundlage der Telepathie geschehen, die Menschen werden lernen die Gedanken von einander zu lesen. Es wird unmöglich sein vor jemandem das zu verbergen, was du denkst. Zweifellos, in solch einer Gesellschaft wird ein negatives Individuum nicht existieren und gegen jemanden Verschwörungen anrichten, Intrigen spinnen können. Alles wird durch die positiven Mitglieder der Gesellschaft gelesen werden, und, natürlich, solch ein Mensch wird früher isoliert werden, als er etwas unternehmen kann. Ein negatives Individuum wird auf keine Weise unter Menschen mit einer entwickelten Intuition, Telepathie und Hellsichtigkeit existieren können.

Die goldene Rasse wird aus hoch-bewussten, hoch-geistigen Persönlichkeiten mit einer hohen Moralität und Pflichtgefühl gebildet werden. Die anderen werden nicht in sie gelangen infolge der Auswahl, die bereits jetzt geführt wird. Dafür wird das Jüngste Gericht gemacht. "Jüngstes", weil es für viele Seele des letzte wird, und nach der Bewertung ihrer Erarbeitungen werden sie der Vernichtung ausgesetzt werden. Das Jüngste Gericht wird bestimmen, welche Seelen in die Ewigkeit durchgelassen werden sollen, und welche Seelen der

Vernichtung aussetzen oder der Übergabe in das negative System auf ewige Zeiten.

Momentan sterben viele Menschen auf der Erde: bei Flugzeug- und Autounfällen, bei Erdbeben, Tsunamis, von Menschen verursachten Katastrophen, Überschwemmungen, Bränden usw. Das ist kein Zufall. Menschen sind in den Strudel von kritischen Situationen und katastrophaler Ereignisse hineingezogen, die es ermöglichen im Menschen alle positiven und negativen Seiten, alle Wurmlöcher zu enthüllen.

Die Freiheit lässt den Menschen alles machen, was er für notwendig hält. Ohne die Verfügbarkeit von jeglichen Einschränkungen macht er Unfug und hält Dreistigkeit für Befreiung. Aber diese Willkür ermöglicht es, defekte Seelen und all ihre schwachen Seiten aufzudecken. In unserer Welt ist es erlaubt Unfug zu schaffen mit einem Ziel – die Defekte in Seelen aufzudecken und deren Aussonderung für die neue Rasse zu machen. Ihnen wird erlaubt ihr ganzes Negativ in seiner maximalen Größe zu bezeigen, um es nachher für immer zu beenden.

Nach Handlungen wird der Mensch beurteilt im Zeitraum der völligen Freiheit, es wird beobachtet, was er sich erlauben kann bei dem Wegfall von jeglicher Bestrafung, was er für sich für am wichtigsten hält, wenn der Kampf der Presse für die Ideologie und Moralität fehlt. Einerseits ist alles erlaubt, und andererseits wird eine besonders strenge Kontrolle über der Menschheit geführt. In allen Gemeinschaften wurden Mechanismen heruntergelassen, die helfen "Weizen von der Spreu" zu trennen, weil in die Zukunft nicht lasterhafte und defekte durchkommen sollen. Es läuft die strengste Aussonderung. Auf dem Jüngsten Gericht werden die kleinsten Einzelheiten gewogen werden, auf die Waagschale werden positive und negative Handlungen und Gedanken des Menschen gelegt, und wehe dem, bei dem das Negative überwiegt. Solche Menschen haben keine Zukunft in der goldenen Rasse. Sie alle werden entweder als Brack dekodiert werden, oder in die negativen Welten des Satans unterteilt werden.

Die negativen hochentwickelten Individuen werden von der goldenen Rasse entfernt werden noch aus dem Grund, dass sie schneller die Menschenhierarchie durchkommen. Die meisten von ihnen werden sie zu Beginn der sechsten Rasse ganz durchkommen und werden auf die erste Ebene der Hierarchie des Satans übergeben. Und die positiven Seelen werden aufgrund des Zurückbleibens aus karmischen Abarbeitungen ihren Durchgang bis zur hundertsten Ebene fortsetzen.

Negative Individuen, die ihren Entwicklungszyklus der Seele auf der Erde beendet haben, werden ihn in den feinen Welten des Satans fortsetzen. Und diejenigen von den negativen, die zurückgeblieben sind und denen gewisse Nachbearbeitungen erforderlich sind, werden durch den Satan in seinen physischen Welten für die Aufarbeitung ihrer fehlenden Energiekennwerte unterteilt.

Jedoch wird die goldene Rasse ihre Eigenschaften ohne die negativen Individuen aufarbeiten. Das wird eine wahrhaft goldene Gemeinschaft mit einem ungewöhnlich hohen Typen von Beziehungen und hochentwickelten Superfähigkeiten. Nach Beendigung ihres Vervollkommnungszyklus auf der Erde kommen sie auf die erste Ebene der Hierarchie des Gottes. Die Erde bleibt für eine bestimmte Zeit ohne jegliche Lebensformen, nach Ablauf welcher sie in eine neue Existenzform kommt, die ihrer Ebene entspricht.

DIE ARBEIT DES GELDES

Das Geld spielt eine große Rolle im Leben der heutigen Gesellschaft. Wenn die Wilden ungezwungen ohne Geld ausgekommen sind, so kann der heutige Mensch sich ein Leben ohne sie nicht vorstellen. Die Zeit verändert die Werte der Gesellschaft: Gott richtet die Seelen zu den geistigen Werten, und der Mensch strebt nach den materiellen. Das Geld war für viele immer das wichtigste im Leben, aber sie haben nicht geahnt, wie negativ es sich auf die Zukunft auswirken kann. Viele Geldoperationen helfen dem Menschen von dem positiven System in das negative hinüberzugehen.

Die Menschen glauben, dass Gott ihnen viel Geld sendet für ihre gute Arbeit, dass das die Belohnung für ihren Fleiß ist, und das erweist sich zum größten Teil als eine Versuchung. Obwohl man auch nicht leugnen kann, dass eine normative Geldmenge dem Individuum und seiner Familie hilft normal zu existieren. In Abhängigkeit davon, wie der Mensch dieses Geld aufteilt, wofür er es ausgibt, handelt er sich Karma ein oder bahnt sich den Weg in das negative System. Gott gibt niemals überschüssiges Geld: überschüssiges gehört immer anderen Menschen, wird also faktisch veruntreut von diesem Menschen. Wenn Gott dem Menschen viel Geld schickt, dann ist es nicht dafür, damit er sich mit Ergötzungen und materiellen Gütern beschwichtigt, sondern dafür, damit er sich selbst geistig entwickelt und den anderen hilft sich zu entwickeln. Geldwege laufen immer aus den einen Händen in andere. Darin steckt die Nuance ihrer Einteilung.

Aber jemandem in die Hände geratend, verändern sie bedeutend das Verhalten des Individuums. Es reicht, von einem guten Menschen eine bedeutende Summe zu erhalten, wie er sich direkt verändert: die vergangene positive Persönlichkeit beginnen hunderte von Lasten zu durchdringen. Und wenn man vergleicht, was für ein Mensch es war beim Fehlen von Geld oder deren kleiner Menge, und was aus ihm geworden ist, der Unterschied wird direkt mit bloßem Auge sichtbar sein. Ein zaghafter, unentschlossener Mensch verwandelt sich in eine dreiste, entschlossene Persönlichkeit, die Duldsamkeit, Respekt für andere verschwinden, Selbstbewusstsein, Prinzipienlosigkeit erscheinen. Er beginnt eine hochmoralische Aufstellung nach der anderen zu brechen: die Frau wird für ihn nicht mehr der einzige Partner, und Kinder – der Gegenstand der ewigen Fürsorge und Obhut; ihn zieht nicht mehr das Mittagessen zu Hause mit der Familie an, sondern Restaurants, Saunen, Massageräume, Kasinos, Spielotheken.

Das alles ist die Folge der Einwirkung von großen Geldmengen auf die Seele, die im inneren der Matrix Eigenschaften formen, die den negativen Energien entsprechen. **In Verstößen und in der Jagd nach Gütern gestaltet der Mensch die negative Energie einer großen Geldmenge in negative Eigenschaften seiner Seele um.** Natürlich, bei jeder Persönlichkeit geschieht es individuell und die rzeugten Eigenschaften werden unterschiedlich sein, aber all sie sind mit den Verstößen der göttlichen Moral und Sittlichkeit verbunden. Deshalb wird auch in der Bibel gesagt: "Es ist einfacher ein Kamel durch ein Nadelöhr zu bekommen, als einem Reichen in das göttliche Königreich". Geld schafft in seiner Seele dunkle Energien. Auf Grundlage der Energie des Geldes also, erarbeitet der Mensch in den Zellen der Matrix solche Eigenschaften, die unvereinbar werden mit der Möglichkeit der Existenz in der göttlichen Hierarchie. Geld schwärzt die Seele. Und das Schwarze kann sich nicht in einer hellen Welt befinden. Jedoch behaupten die Höchsten: "Der Reichtum-Boom sinkt plötzlich, ebenso gut wie er irgendwann plötzlich erschienen ist". Und erneut beginnen die Werte des Menschen sich zu verändern.

Geld hat eine magische Eigenschaft, von der der Mensch nichts ahnt – **es ist fähig eine positive Seele in eine negative zu transformieren**. Und das ist eben die Teilung der Menschen auf diejenigen, die Gott dienen werden, und die ewig dem Satan dienen werden müssen. In normativen Größen arbeitet das Geld für den Progress und das Gute, und bei Verstößen der Richtsätze ihrer Einteilung in der Gesellschaft beginnen sie für das Böse zu arbeiten.

Und diejenigen, die bereits jetzt ihre Handlungen kontrollieren und sich dessen bewusst sind, was in der Welt geschieht, versuchen nicht im Schlammfluss zu versinken, sondern zum Rettungsufer hinauszusteuern. Sie fühlen mit der Seele, wie man richtig mit Geld umgeht, damit es sie nicht versklavt.

Ehrlich verdientes Geld, das Progression der Entwicklung des Menschen und seiner Familie bietet, schwärzt nicht die Seele, sondern hilft ihr sich in Eigenschaften zu vervollkommnen, die Gott recht sind. Wenn der Mensch das von ihm verdiente Geld für die Entwicklung gewisser Fähigkeiten in sich, in seinen Kindern ausgibt oder den anderen (Wohltätigkeiten) hilft, dann verändert er auf diese Weise die negativen Energien in positive (er gibt negatives Geld den anderen als Zahlung, und im Gegenzug erwirbt er positive Eigenschaften: Bewusstsein, Pflichtgefühl, Fürsorge), und bewegt sich deshalb in der göttlichen Richtung.

Großes Geld kommt immer vom Satan. Er besticht die Seelen, sie mit Reichtum beschenkend. Ein ruhiger, bescheidener Mensch, der großes Geld oder Macht bekommen hat, verändert sich direkt im Charakter. Und bereits nach einem halben Jahr der Nutzung des

Reichtums wird er nicht wiedererkennbar. Geld verändert den Menschen – diese Wahrheit ist so alt. Aber warum passiert das?

Geld – ist der Gegenwert der Energie eines niedrigen Bereichs. Der Mensch, der ihm keine besondere Bedeutung gibt, beschmutzt sich nicht damit. Und meistens ist sein Fleiß der Gegenwert von dem Geld, das er bekommt.

Aber wenn es viel Geld ist und es entspricht nicht dem Arbeitsaufwand, dann, da es in seiner Masse ein mächtiges Energiepotenzial darstellt, beginnt es auf den Menschen, dem das Geld gehört, zersetzend einzuwirken, d.h. unterdessen Einwirkung, der Einwirkung eines größeren Energiepotenzials, beginnt sein schwaches Potenzial der Seele in die negative Richtung zu transformieren. Das Geld zieht nicht nur Geld an, aber auch negative Eigenschaften. Das ist eine – Gesetzmäßigkeit, auf Grundlage welcher der Mensch beginnt "dunkle" Energien anzusammeln, die zum Satan führen. Den Menschen kaufend, nimmt er von ihm mit Hilfe der Einwirkung von Geld den Schutz ab, und der Mensch beginnt langsam, und manchmal auch sehr schnell in ein negatives Wesen abzuarten.

Oft sagt man: "Habe Geld, denke aber nicht ständig daran", eben die Tatsache meinend, dass es durch Gedanken beginnt das Negative in die Seele einzuführen. Wenn der Mensch über Handlungen denkt, die mit dem Geld verbunden sind: dessen ständiger Einsparung, dafür Güter erwerben, Unterbezahlung von jemanden, Betrug usw., dann beginnen in seiner Seele sich negative Energien anzusammeln und viele negative Eigenschaften aufzubauen. Natürlich, wenn er denken wird, wie er die eigene Familie ernährt und kleidet, wie Kinder lernen sollen, dann sind es ganz andere Prozesse, die mit Geld verbunden sind, und die Seele wird andere Eigenschaften erlangen. Deshalb ist es erwünscht, dass der Mensch immer höher ist als alle Geldoperationen, und seine Seele unabhängig bleibt von ihnen.

Das Geld, das man für die Arbeit erhält und das der investierten Arbeitskraft äquivalent ist, wirkt auf die Seele nicht zersetzend ein, da sein Energiepotenzial nicht fähig ist den Energieschutz des Menschen durchzubrechen, den die Arbeit selbst erzeugt. Wenn der Mensch physisch oder geistig arbeitet, dann erzeugt er mit seiner Aktivität Energie, die, die Hüllen füllend, ein entsprechendes Energiepotenzial formt. Und solange das Potenzial des Geldes das Energiepotenzial nicht übersteigt, das im Resultat irgendwelcher Arbeitstätigkeit geschaffen wurde, hat das Geld keine Macht über die Persönlichkeit und wirkt auf sie nicht zerstörend ein. Im Gegenteil, es kann im Weiteren dem Progress helfen.

Man kann sagen, dass **die Arbeitstätigkeit eine Art Schutz für die Persönlichkeit vor dem verderblichen Einfluss des Geldes schafft**. Deshalb versucht Gott, dass das Geld niemals den Energiegegenwert übersteigt, den der Mensch erarbeitet hat.

Und Satan ist, im Gegenteil, daran interessiert, dass es ihn übersteigt, da es den Schutz des Menschen bricht und ermöglicht negativ auf ihn einzuwirken. Somit, den Individuen beschenkend, bemüht sich der Satan nicht jemanden glücklich zu machen, sondern versucht in eine Energiefalle zu locken, versucht, dass die Seele des Menschen in sich solche Energien aufnimmt, die die Seele zu ihm richten werden.

Gott versucht durch Versuchungen und Bestrafungen die Individuen zu erhöhen und zum Schöpfer zu machen, und Satan versucht – durch Beschenkung mit Reichtum und Bestechung ihn zu erfassen, um ihn in seinem Diener zu verwandeln.

Es existieren immer bestimmte Richtsätze, die Verhältnisse zwischen der vom Menschen eingesetzten Energie und der erhaltenen dafür Geldsumme ausdrücken. In der gegenwärtigen Entwicklungsperiode der Menschheit (1990-2012 J.) sind all diese Verhältnisse verletzt. Und das Fehlen von Moral, Sittlichkeit in der Gesellschaft und die Spitze gesetzter Ziele materielle Güter führen zur totalen Verzerrung der Prozesse der Wechselwirkung zwischen Menschen, zwischen der eigenen reingesteckten Arbeit in eine Sache und der dafür erhaltenen Entlohnung. Natürlich, auch in der fernen Vergangenheit gab es ähnliches, aber es hat der gesamten niedrigen Entwicklung der Menschheit entsprochen. Zur heutigen Existenzetappe hat sie sich in der Zeit auf 2000 Jahre vorwärts bewegt vom Moment der Ankunft des Jesus Christus und sollte ganz anders sein in ihrem Verständnis des Lebens. Aber die Menschheit ist bedeutend zurückgeblieben in einigen Degriffen und ist auf den Weg des Bösen und der Degradation getreten.

Wie, zum Beispiel, wird jetzt von einem frisch gebackenen Unternehmer der Begriff – die Arbeit entsprechend der reingesteckten Arbeit entlohnen, verstanden. Wenn der Mensch fremde Arbeit nutzt und nicht bezahlt, dann entwickelt sich bei ihm, einerseits, die Eigenschaft des Parasitismus, der Wunsch auf Kosten der anderen zu leben. Und andererseits, beginnen sich Habgier, Geldgier, Berechnung, Egoismus, Vernachlässigung der Arbeit anderer, Respektlosigkeit für Tätigkeiten und die Arbeit anderer usw. zu entwickeln. Das trägt der Entwicklung in der negativen Richtung bei, **also, wenn der Mensch sich weigert für fremde Arbeit zu bezahlen, tritt er immer auf den Weg, der ihn in das System des Satans führt**. Er erarbeitet karmische Schulden, die er abarbeiten kann nur im negativen System, nach einem strengen Programm laufend. Deshalb muss jeder Unternehmer, der Lohnarbeit verwendet, anständig, ehrlich sein in Bezug auf Bezahlung fremder Arbeit, wenn er im Folgenden keine negativen Ergebnisse haben möchte, in den Dienst des Satans geratend.

Die irdische Welt gehört eben zur niedrigen, weil in ihr die Verletzungen in allen Beziehungen der heutigen Gesellschaft geschehen. Der Mensch hat noch nicht gelernt mit sich ähnlichen, richtig z interagieren, und wird deshalb nicht in die höchste Welt versetzt werden, solange er die Gesetze des Weltalls nicht strikt ausführen wird. Wenn das Individuum seine Beziehungen richtig aufbauen wird mit den Partnern auf der Arbeit, in der Familie, Gesellschaft, dann kommt er in das positive System, wenn all seine Beziehungen mit anderen auf Betrug, dem Berauben von anderen aufgebaut werden, dann kommt er in das negative System.

Kapitel 6

KAMPFMETHODEN UM DIE SEELEN

DIE ERDE IN IHREN GEGENSÄTZEN

Solange die Seele sich auf der Erde befindet, wird um sie ein ständiger Kampf geführt zwischen dem positiven und negativen Systemen, deshalb ist der Mensch ständig bedroht in die Unterwerfung des negativen Hierarchen, in seine Welten zu geraten. Die Seele des Menschen ist nur dann in voller Sicherheit, wenn sie in die Hierarchie Gottes kommt. Hier wird sie vollständig geschützt sein vor den Ränken des negativen Hierarchen. In der Hierarchie des Gottes ist alles so gebaut, dass die negativen Seelen bereits kein Recht mehr haben sich in das Leben seiner höchsten Welten einzumischen, was in der irdischen Welt geschieht.

Aber das Ziel des Aufenthalts der Seelen auf der Erde ist – ihre Teilung in zwei Evolutionsströme: den positiven und den negativen, deshalb ist in dieser Welt dem negativen Hierarchen vieles erlaubt, um die schwachen Seiten der menschlichen Natur aufzudecken und sie in persönlichen Interessen zu nutzen. Die Welten verfolgen unterschiedliche Entwicklungsziele, deshalb verläuft das Leben in ihnen unterschiedlich.

In den Hierarchien des Gottes und des Satans werden die hellen und dunklen Persönlichkeiten bereits getrennt voneinander gehalten, sich in völlig unterschiedlichen Welten befindend, und nicht so, wie es auf der Erde ist, wo die positiven und negativen Persönlichkeiten zusammengemischt sind und ahnen oft sogar nicht, dass sie entgegengesetzt sind und unterschiedlichen Systemen dienen. Aus diesem Grund hat in der irdischen Welt der Satan die Möglichkeit die Seelen abzuwerben, und ebenso in allen anderen Welten Gottes, die sich unter der ersten Ebene seiner Hierarchie befinden.

Auf diesen Plänen entfaltet sich ein aktiver Kampf um die Seelen. Das Gute und das Böse ist in ihnen mit Absicht vermischt, damit jede Seele eine Wahl in die Richtung machen kann, die sie für sich am geeignetsten hält.

Die Zusammenlegung des Positiven und des Negativen in einer Welt ermöglicht den Individuen die Gegensätze und Ergebnisse ihrer Handlungen zu sehen. Und das gibt die Möglichkeit die Wahl in die eine oder andere Seite bewusst zu treffen.

In der irdischen Welt wird dem negativen System die Möglichkeit geboten positive Seelen bis hin zur letzten Ebene der menschlichen Hierarchie zu sich zu locken. Das Ziel der positiven ist es – die Individuen mit einer positiven Entwicklung mitzureißen, und das Ziel des negativen Systems – sie mit Gütern zu verlocken und sie so zu verwirren, dass der Mensch viele Fehler macht und aus diesem Grund in der Entwicklung für noch einige Inkarnationen zurückgeworfen wäre. Für den Satan ist es – eine zusätzliche Frist für die Abwerbung der Seelen und ihre Erarbeitung von negativen Energien, und das trägt dem bei, dass nach der Erreichung der negativen Energien in der Matrix von einem bestimmten Umfang die Seele automatisch in das negative System hinübergehen kann.

Jedes oppositionelle Entwicklungssystem hat seine Kampfmethoden um die Seelen. Satan hat – die einen, Gott – die anderen.

Zu den **Hauptkampfmethoden um die Seelen des negativen Hierarchen** und seines ganzen Systems gehören:

1. die Methoden der Verwendung von Verlockungen, Versuchungen, die Heranziehung von jungen und anderen Seelen in negative Handlungen, Sündhaftigkeit;
2. unverdiente materielle Belohnungen, plötzliche große Gewinne, Erhalt von einer Erbschaft, materielle Bestechung, Schmiergeld;
3. die Verwirrung der Seelen in den Entwicklungsrichtlinien, ihre Aufhetzung zu Fehlern, falscher Lösung von Lebenssituationen;

4. das Verwenden von Lügen, Täuschung, Verleumdung, Ungerechtigkeit, andere verunglimpfende Krittelei, und alles in der gleichen Art.
5. die Verwendung der menschlichen Angst, Einschüchterung;
6. die Verzerrung der höchsten Ziele und Entstellung von Begriffen.

DIE KAMPFMETHODEN UM DIE SEELEN DES POSITIVEN SYSTEMS

Gottes Hauptkampfmethode ist die **Erziehung**, die Ausarbeitung des Bewusstseins und guter Eigenschaften der Seele, des Mitgefühls, der Liebe zu einem anderen Menschen und das Verstehen seiner Not und Bedürfnisse.

Damit ein Mensch versteht, wonach er streben soll in der Entwicklung, **werden die höchsten Ideale geschaffen**, nach denen die Seelen ausgerichtet werden. Der Mensch sollte lernen zu denken, zu vergleichen, logisch zu urteilen und die Folgen eigener Handlungen zu erkennen, was im Ergebnis die Intuition entwickelt, hohes Bewusstsein, Verantwortung und eine Reihe anderer positiver Eigenschaften.

Die Ideale können sowohl positiv, als auch negativ sein. Aber die Gesellschaft muss an das Bewusstsein seiner Mitglieder ihre ideologische Ausrichtung klar vermitteln, um die Möglichkeit jeglicher Verwirrung auszuschließen. So sind die Gestalten des Gottes und des Satans, die in sich entgegengesetzte Eigenschaften aufgenommen haben. Das Vorkommen von letzteren ermöglicht jedem Individuum, sich mit diesen hohen Idealen vergleichend, zu sehen, welche Eigenschaft in ihm mehr sind, was ihm ermöglicht zu bestimmen – zu wem er sich in der Entwicklung bewegt.

Der Kampf um die Seelen wird nicht einmal im Monat geführt und auch nicht einmal im Jahr, sondern täglich, stündlich, jede Minute. Eine große Rolle in diesem Kampf misst das positive System der **Erziehung** bei. Mit diesem Ziel schaffen die Schöpfer absolut alles in der Welt so, dass es einen gewissen Einfluss auf den Menschen hat, in ihm Gefühle, Emotionen erweckend, zwingend ihn zu denken, zu schaffen, zu kämpfen und zu gewinnen.

Der Mensch jedoch, glaubt, dass die Natur, wie auch die Erde, neben ihm, getrennt existieren und dass er in der Welt eine selbstständige Einheit ist. Vieles geht an seinem Bewusstsein vorbei. Ihm scheint es, dass die Welt für sich existiert und er in ihr ist – eine vorübergehende Zufälligkeit. Und die Tatsache, dass die Höchsten die Schönheit der Natur, den Himmel, die Sterne im Himmel für die Erziehung seiner Seele erfunden haben, ahnt er gar nicht. Alles außerhalb des Menschen sollte der Sache seiner Erziehung dienen, und folglich, der Vervollkommnung der Seele, der Entwicklung des Intellekts. Aber was ist **Erziehung, wofür braucht man sie**?

Erziehung ermöglicht es, die Seele des Menschen in die positive Richtung auszurichten. Aber das ist kein Gelüste der Höchsten, sondern ist mit der Notwendigkeit alle Prozesse im Weltall zu kontrollieren hervorgerufen, um sie zum geplanten Endergebnis, zu einem bestimmten Entwicklungsziel des höchsten Wesens und der Welt im Ganzen zu führen. Somit ist **die Erziehung aus diesen Positionen – ein ausrichtender und kontrollierender Mechanismus der Einwirkung, der die Evolutionsprozesse der Seelen reguliert**.

Der Mensch hat kein Recht sich verworren zu entwickeln, wie es kommt oder wie er es will. Ihm scheint es nur, dass er darin frei ist und dass nur die Lehrer in der Schule und die Eltern zu Hause sich um die Erziehung der Kinder sorgen, und ab einem bestimmten Alter hört solch ein Begriff, wie "Erziehung" auf zu existieren aus folgenden Gründen. Erstens, als Erwachsener, verwandelt sich der Mensch in ein freies Wesen, und, zweitens, sucht er selber das aus, was er für das Leben braucht, und lässt sich von niemandem erziehen.

Aber das ist bloß eine Illusion der Unwissenheit. In Wirklichkeit ist in der irdischen Welt alles so aufgebaut, um auf gewisse Weise auf den Menschen einzuwirken und durch diese Einwirkungen ihn in der Richtung zu erziehen, die den Höchsten erforderlich ist. Schlechtes Wetter sollte in ihm das Gefühl des Widerstands wecken, sollte beibringen sich vor ungünstigen Umweltfaktoren zu schützen (Häuser zu bauen und Kleidung zu nähen), als Ziel des Schutzes viele unterschiedliche Mittel zu erfinden (Regenmäntel, Regenschirme, Schuhe, Wasserkraftwerke).

Und gutes Wetter sollte im Gegenteil, in ihm Romantik wecken, Reiselust, Vorliebe für das Schreiben von Gedichten und das Zeichnen von Bildern, Schaffung wunderbarer architektonischer Werke, Parks, Züchten von Blumen usw. Das Interieur der Welt wird durch die höchsten Schöpfer mit dem Zweck der Erweckung von bestimmten Gefühlen und Emotionen, ihrer Entwicklung im Menschen geschaffen. Riesige Räume der irdischen Welt der Hauptidee unterordnend – die Vervollkommnung der Seele, schaffen sie schöne oder düstere Landschaften, Nord-und Südpol, üppige Äquatornatur und kärgliche Landschaften der Tundra. Aber dabei vergessen die Höchsten das Kleine nicht, speziell, das eigene Aussehen des Menschen, und verwenden es auch in der Unterordnung dieses höchsten Ziels. Die Schönheit erzieht den Menschen in den einen Eigenschaften, und Schwierigkeiten – in anderen, aber auch in positiven.

Aber wie wird der Kampf um die Seelen durch die Erziehung verwirklicht? Der Einfluss der Welt ist – eine indirekte Erziehung vom Menschen durch die Höchsten, und Erziehung – ist schon die Arbeit anderer Einwirkungsmechanismen auf ihn.

Der Kampf um die Seelen durch die Erziehung.

Wenn das negative System an die jungen Seelen Verführer und Versucher von beiden Geschlechtern anstellt, dann stellt das positive System Belehrende, Lehrer heran, die ihnen offen nützliche und gerechte Taten beibringen, bringen das Gute und den Kampf mit dem Bösen bei. Stellen wir uns die Frage: wie viele Lehrer kann der Mensch in seinem ganzen Leben haben? Die Eltern bringen bei, die Nachbarn, die Lehrer in der Schule, in der Fachhochschule; der Beruf auf der Arbeit wird beigebracht, die Kinder bringen den Umgang mit sich bei, der Vorgesetzte bringt bei, wie man sich auf der Arbeit verhält und wie man sich um die Ergebnisse der Produktion sorgt usw. Wohin auch immer der Mensch geht, jeder Entgegenkommende kann ihm etwas bestimmtes beibringen: der Bibliothekar wird beibringen, wie man richtig Bücher aussucht und welche man besser lesen sollte; der Hausmeister bringt bei den Müll nicht auf die Erde zu schmeißen, sondern in die Tonne; der

Schaffner im Bus bringt bei den Älteren den Sitzplatz anzubieten und für die Fahrt zu bezahlen, usw. Auf der Erde in der menschlichen Gesellschaft ist alles auf der Beibringung von den einen durch andere aufgebaut.

Jeder, der in etwas über den anderen weiterkommt, kann dieses dem untergeordneten beibringen, was in der Tat auch passiert. Die Überzeugungskraft des Lehrers ermöglicht es, dem Lehrling etwas Positives einzuflößen, was seine Matrix mit hellen Energien füllt, und eben dies (die Befüllung der Matrix mit positiven Energien) ist das wichtigste Element, um den der Kampf zwischen Gott und Satan geführt wird.

Der Satan ist daran interessiert, den Menschen zu zwingen durch Täuschung in die Matrix negative, "dunkle" Energien zu erarbeiten, und Gott ist daran interessiert, dass die Seelen durch Erziehungselemente möglichst viele positive, "helle" Energien erarbeiten.

Die Erziehung ist eben darauf aufgebaut. Die Lehrlinge, die die Lektionen richtig auffassen, erarbeiten positive Eigenschaften, und diejenigen, die sie nicht auffassen und die den Versuchungen der negativen Individuen nachgeben, erarbeiten Negatives. Und eben nach Erarbeitungen des Positiven und Negativen geschieht auch die Teilung der Seelen. Das zeugt von der Wichtigkeit der Erziehung nicht einfach in der Entwicklung des Menschen, sondern auch in der Teilung der Seelen auf oppositionelle Systeme.

Eine wichtige Eigenschaft in der Erziehung ist der **Gehorsam**. Gehorsam kann als eine Eigenschaft gegeben werden, die aus der untergelegenen Welt kommt, denn wenn die Seele aus dem tierischen Plan kommt, dann kann sie in Abhängigkeit von dem, durch welche Tierform sie gegangen ist, entweder gehorsam oder nicht gehorsam sein.

Nimmt man die gleichen Hunde. Die einen ziehen die Besitzer gehorsam durch Fürsorge und Erziehung auf, und den anderen wird wenig Beachtung geschenkt und viel Freiheit gegeben. Daher wird in der einen Seele bereits ursprünglich die Eigenschaft der Gehorsam eingelegt sein, und in einer anderen – der Wunsch so zu handeln, wie sie es möchte. Wenn solche Seelen in die Welt des Menschen kommen, werden sie bereits zum Teil individuelle Charaktereigenschaften haben, aber sie müssen an die menschlichen Verhaltensnormen gebracht werden, die tierischen Instinkte unterdrückend.

Gehorsame und vorsichtige Seelen hören meistens auf die Lehrer und deshalb gelingt es ihnen, viele Probleme zu vermeiden im gegenwärtigen Leben, und ebenso im Folgenden, **es gelingt ihnen also, dem Karma zu entgehen auf Grundlage des richtigen Verhaltens.** Sie bekommen nur Situationen, die ihrem Fortschritt beitragen, und nicht der Durcharbeitung von Altem.

Das positive System verwendet **Ansporn für das Beibehalten der Seele auf** dem positiven Weg. Der beste Ansporn für eine junge Seele ist ein gutes Wort, Lob. Zu solchen Anreizen gehören Urkunden, Medaillen und anderes, das die Gesellschaft für die Begünstigung verwendet.

Nicht gehorsame, eigenwillige Seelen, die danach dürsten alle Freuden des Lebens zu schmecken, sind problematisch, sind diejenigen, um die sich der Hauptkampf zwischen dem positiven und dem negativen System entwickelt. Solche Seelen geben einfach den Versuchungen nach, halten die Prüfungen und Bewährungen nicht aus, sie brechen die Gesetze und machen andere positive Individuen unglücklich (ihre Familienmitglieder, Verwandte, lassen Mitarbeiter bei der Arbeit im Stich, schaden den Nachbarn usw.).

Gott schätzt solch eine Eigenschaft, wie Gehorsam. Dem Satan ist ihr Vorkommen bei seinen Untergeordneten nicht erforderlich, weil er für sich alle gehorsam macht, die in sein System kommen durch die Programme, die den Menschen robotisieren.

Darauf basierend kann man zu der Schlussfolgerung kommen, dass die Persönlichkeiten des Gottes, und des Satans gehorsam sind, aber jede – ihrem Hierarchen. Gehorsam bei Gott ist – die Unterordnung den höchsten Ebenen, die Ausführung von Befehlen und Verordnungen der höhergelegenen Persönlichkeiten. Solch ein Gehorsam basiert auf dem eigenen Bewusstsein und der freiwilligen Unterordnung. Beim Satan basiert der Gehorsam der Untergeordneten auf deren Robotisierung und ihrer Unfähigkeit selbst Entscheidungen zu treffen. Sie sind nicht fähig ihren Gebieter zu missachten, weil sie wie Roboter alles ausführen, was in ihrem Programm geschrieben steht. In ihrer Grundlage des

Gehorsams, nämlich, liegt etwas anderes, und eben – die Erzwingung, Entzug des eigenen Willens.

Wenn die Höchsten aus dem positiven System für ungehorsame das Lebensprogramm erstellen, dann erarbeiten sie im Voraus auch die Arten der Bestrafung, die Varianten ihres Fehlverhaltens in den geplanten Lebenssituationen vorhersehend. Zuerst wird versucht auf Menschen humane Erziehungsmethoden anzuwenden, die vorhersagen, dass er sich den falschen Weg ausgesucht hat oder nicht die Handlungen begeht, die Gott recht sind.

Diese **humanen Methoden** können die Belehrungen der Eltern, Lehrer sein, ihre Belehrungen. **Wichtig ist das eigene Beispiel. Jeder Lehrer sollte in allen Beziehungen ein Vorbild sein für den Lehrling, sonst ist er dem Titel des Lehrers nicht würdig.**

Aber wenn humane Methoden nicht helfen, wird offene Schimpferei angewendet: die Mutter oder der Vater schelten ihr Kind für die schlechte Tat, als Strafe entziehen sie ihm sein Vergnügen (verweigern ihm den Kauf eines Tonbandgeräts, eines Motorrads, Computers usw.).

Eltern, Lehrer, Vorgesetzte können fremde Beispiele zur Belehrung nennen. Ein gehorsamer Lehrling lernt aus fremder Erfahrung, und ein ungehorsamer – aus eigenen Fehlern und Leiden.

Ein gehorsamer Lehrling ist fähig falsches Verhalten eines anderen Menschen zu begreifen, wenn der Lehrer darauf hingewiesen hat, dass das falsche Handlungen sind. Dem Lehrling wird die Möglichkeit geboten alles ausführlich zu analysieren, sich zu merken, was man nicht machen darf, und was man darf, damit man bei Notwendigkeit in einer persönlichen Situation fremde Fehler nicht wiederholt. Solch ein Entwicklungsweg ist der richtigste und verheißt dem Menschen keine Erschütterungen und Leiden.

Auf diese Weise läuft die Einwirkung auf eine junge Seele durch einen anderen Menschen. Hier ist die Rolle der Eltern und Lehrer in der Schule erstrangig. Und mit der Einwirkung anderer Menschen muss sich die junge Seele bereits selbst zurechtfinden. Zum Beispiel, ihr Freund kann sowohl vom positiven System, als auch vom negativen System sein. Daher sollte die Seele Wissen, Vergleiche heranziehen: stimmt das, womit der Genosse aufstachelt, mit den Belehrungen und Warnungen der

Eltern und Lehrer überein. Wenn jedoch seine Handlungen dem widersprechen, dann sollte man einen solchen Freund ablehnen und nach einem neuen suchen.

Aber alles außerhalb des Hauses und der Schule wird, natürlich, zur Verantwortung des Menschen selbst, zur Prüfung der Fähigkeit des Kindes oder eines jungen Menschen richtige Entscheidungen treffen zu können. Jedoch sollte man all das allmählich, nacheinander beibringen, wie man Mathematik und Physik mit kleinen Körnchen erfasst. Eltern und Lehrer in jeglichen Schulen, mittleren und Hochschuleinrichtungen sollten in den Schülern ein hohes Bewusstsein entwickeln und das Verstehen von dem, dass der Mensch für alles eine Verantwortung trägt.

Wenn jedoch das Individuum auf die mündlichen Belehrungen nicht hören will und beginnt die Gesetze zu brechen, dann werden ihm gegenüber schwere Strafmaßnahmen angewendet. So, wenn der Mensch etwas geklaut hat, jemanden mit dem Auto angefahren hat und geflüchtet ist, hat absichtlich einen Gesundheitsschaden einer anderen Person zugefügt, dann erwartet ihn für das alles das irdische Gericht, das Gefängnis. Das ist eine Methode, den Sündiger dazu zu bringen, über sein Verhalten nachzudenken, um auf den gerechten Weg zurückzukommen.

Wenn er jedoch die Unrichtigkeit seiner Taten nicht selbst erkennen will, dann werden ihm der Richter und der Staatsanwalt in einer verständlichen Form erklären, was er falsch gemacht hat. Und das Verbringen einiger Jahre im Gefängnis – ist die Zeit, die der Seele für die Erkenntnis der Straftaten und die Durchsicht ihres ganzen Lebens gegeben wird. Die Seele muss zugeben, dass sie falsch gehandelt hat, um es künftig nicht noch einmal zu tun. Gefängnis – ist eine harte Bestrafung für diejenigen, die nach ihrem eigenen Verständnis leben wollen, ohne Rücksicht auf soziale Verhaltensnormen und die Moral der Gesellschaft.

Wir sind also zum Verstehen gekommen, dass das positive System im Kampf um seine Seelen **harte Strafmaßnahmen verwendet**. Aber sie werden dann angewendet, wenn der Seele mehrmals weiche und humane Warnsignale gegeben wurden, die darauf hinweisen, dass sie den falschen Weg ausgesucht hat, und sie nicht darauf reagiert.

Bestrafungen hängen auch von dem Entwicklungsgrad der Seele ab. Zuerst werden schwache Bestrafungen angewendet, und wenn es nicht hilft, werden harte Maßnahmen angewendet.

Es kommt vor, zum Beispiel, dass in der Produktion das Individuum unbedeutende Rechtsverletzungen macht (kommt zu spät zur Arbeit, redet oder raucht viel, die Arbeitszeit missbrauchend) und verliert dafür seine Prämie oder wird dafür gerügt. Das ist der erste Grad der Bestrafung.

Wenn jedoch aufgrund seines Verschuldens die Werkbank, Maschine, ein teures Teil kaputt gegangen ist, wird von ihm materieller Schaden erhoben.

Eine Strafe und materielle Bestrafungen – sind Gewöhnungsmaßnahmen des Arbeiters zur Ordnung. Und das ist der zweite Grad von Bestrafungen eines positiven Individuums. Und der dritte Grad von Bestrafungen ist – die Kündigung aus der Organisation, wenn der Mensch die Forderungen des Kollektivs nicht erfüllen möchte und einige Male die Ordnung seiner Arbeit bricht.

Zu den materiellen Bestrafungen, die von dem positiven System verwirklicht werden, gehören nicht nur Geldstrafen, die die Vorgesetzten bei der Arbeit machen, aber auch andere **materielle Verluste**. Es gibt Bestrafungen, die von oben gegeben werden und die in das Lebensprogramm eingetragen werden als karmische Abarbeitungen. Wenn beim Menschen ein Eigentumsdiebstahl vorgekommen ist, des Autos, Häuschen im Kleingarten, die Garage ist niedergebrannt, selbst wenn das Portemonnaie aus der Tasche geklaut wurde – ist es bereits eine Bestrafung für bestimmte Handlungen, die nicht nach dem Gesetz einer positiven Entwicklung getätigt wurden. Der Mensch sollte unbedingt darüber nachdenken, was sie ihm mit diesem Verlust von oben sagen wollen.

Wie wir sehen, sind bei dem positiven System die Methoden entgegengesetzt im Vergleich mit den Methoden seiner Opposition: **wenn das negative System mit materiellen Gütern verlockt, so bestraft das positive den Menschen mit ihrem Verlust**. Das ist wichtig zu verstehen und sich zu merken, weil der Mensch das Gegenteil denkt: wenn Geld zu ihm schwimmt – so belohnt ihn Gott, und wenn ihm Geld entzogen wird – dann bestraft ihn der Satan. Und daher macht er falsche

Entschlüsse über seine Handlungen oder analysiert sie überhaupt nicht, was zur Ansammlung von Fehlern führt.

Aber, natürlich, kann das positive System den Menschen auch mit Gütern für etwas belohnen oder Reichtum für die Prüfung der Eigenschaften seiner Seele schicken oder für die Verwirklichung einer gewissen Arbeit, aber all dies muss individuell betrachtet werden. Reichtum erhaltend, sollte der Mensch darüber nachdenken – wofür es ist und von wem (von Gott oder Satan). Wichtig ist es die geschickten Güter nicht für Vergnügungen zu verwenden, sondern für die geistige Entwicklung von sich, Verwandten und anderen, für die Hilfe für Bedürftige, für die Erweiterung oder Schaffung von Arbeitsplätzen für Arbeitslose, für die Schaffung von Schulen, Sportanlagen, Krankenhäusern, kulturellen Erholungsplätzen für Arbeiter und Kinder, Zentren ihrer Genesung, Kunstzentren.

Aber wenden wir uns der nächsten Kampfmethode um die Seelen des positiven Systems zu.

Man versucht **den Menschen auf den gerechten Weg durch tragische Situationen zurückzuholen**.

Wenn der Mensch ein ausschweifendes, sittenloses Leben führt: isst, trinkt, feiert durch Restaurants, lernt nichts, dann, um ihn in der Degradation aufzuhalten, damit er über sein Leben nachdenkt und darin etwas in Richtung des Progresses der Seele verändert, kann ihm von oben ein Unfall eingerichtet werden. Der Mensch kann sich darin schwer verletzen. Er wird ein halbes Jahr im Krankenhaus liegen, die Jagd nach Vergnügungen durch den Kampf ums Leben ersetzend.

Das ist eine schwere Bestrafung. Aber die Höchsten haben keine Möglichkeiten mit einer anderen Methode den Menschen zu zwingen sich zu besinnen, einige beginnen sich zu verändern erst nachdem sie bestraft werden. Wenn, jedoch, die Höchsten den Menschen auf diese Weise nicht aufhalten, wird er voll degradieren, vergeudet sein Leben, die Energie verschwendend, die für sein Leben vorgesehen war, ohne Nutzen und nichts im Gegenzug erhaltend.

Solch eine Seele kann unter die Dekodierung kommen oder wird in das negative System übergeben werden. Das positive System verliert sie, also, endgültig, wenn es nicht versucht ihre Degradation aufzuhalten oder die Erarbeitung von negativen Eigenschaften. Und die Bestrafung, selbst wenn sie hart ist, aber überdacht, kann den Menschen auf den richtigen Lebensweg zurückholen. Er wird sein Verhalten überdenken (oder wird wegen einer Verstümmelung nicht mehr so unanständig leben können, wie vorher, und beginnt nach etwas Nützlichem zu streben) und das ermöglicht der Seele im System des Gottes zu bleiben.

Oder eine andere Bestrafungsart: beim Menschen kann jemand in der Familie sterben oder er verliert alles, was er hatte; oder eins, aber etwas sehr teures. Das alles sind – Maßnahmen ihn auf den richtigen Weg zurückzuholen. Leiden zwingt den Menschen das Leben anders zu betrachten, wieder ein denkender Mensch zu werden, und nicht ein das Leben verschwendender oder egoistisch zu seinem illusorischen Ziel laufender.

Das Zurückholen des Menschen auf den positiven Weg geschieht nicht nur durch tragische Situationen, aber auch durch Krankheiten, den Erhalt von einer Behinderung, das Versetzen im nächsten Leben in einen defekten Körper oder die Beibringung an den Körper einiger teilweiser Defekte: Schielen, das zeitweise Hinken, einer langen Nase, Stottern usw. Selbst jede kleinste Einzelheit im Aussehen des Menschen wirkt auf die Veränderung seines Verhaltens. Es ist verständlich, dass ein gesunder schöner Mann sich überhaupt nicht so verhält, wie ein Mensch mit Defekten des Körpers. Der erste ist voll Dreistigkeit und Rücksichtslosigkeit, und der zweite – ist ruhig, unauffällig und bescheiden. Das Verhalten beeinflusst eben die Außenform des Menschen. Wenn man diese Seelen mit den Körpern tauscht, dann verändern sie ihr Verhalten auf das entgegengesetzte. Der Grund dafür wird das Fehlen bei der Seele von beständigen Eigenschaften des positiven Charakters.

Zum Zweck der Umerziehung der Seelen und ihres Behaltens in gewissen Verhaltensrahmen können einige Defekte ihnen im Voraus gegeben werden, für die Vorbeugung von Verbrechen und unrechtmäßigen Handlungen. Manchmal kann ein kleiner Defekt helfen den Menschen vor vielen falschen Handlungen zurückzuhalten, vor einem abschweifenden Leben, er kann also den Menschen auf dem positiven Weg beibehalten. Deshalb führen die Höchsten extra solche "Kleinigkeiten" (Defekte) in das Aussehen des Menschen ein und das hilft vielen Seelen auf dem positiven Weg zu bleiben.

Viele chronische und andere Krankheiten werden auch von dem positiven System gegeben nicht so viel als Bestrafung, wie für das Behalten des Menschen auf dem richtigen Weg.

Zum Beispiel, der Mensch leidet das ganze Leben an Gastritis. Wenn er sein Leben schätzt, dann zwingen ihn kleinste unangenehme Empfindungen seine Lebensweise zu verändern: er beginnt sich an eine Diätkost zu halten, hört auf Alkohol zu trinken, trinkt zur Behandlung Kräutertees, macht Morgengymnastik. Solche ängstliche Seelen lässt die Gastritis nicht zu Trinkern werden, zwingt anders der Umwelt gegenüber zu treten, sie werden keine ausschweifende Lebensweise führen, denn in diesem Fall (nach dem Willen von oben) kann die Gastritis sich in ein Geschwür verwandeln, und ferner kann auch eine Operation folgen.

Bei solch einem Zustand wird der Organismus des Menschen nicht an Verlockungen denken, nicht an das eigene Beschwichtigen, sondern daran, wie man überlebt. Das ganze Leben wird er damit verbringen, um ums Überleben zu kämpfen durch Behandlung und eine gemäßigte Existenzweise, und als Ergebnis erlangt er zur folgenden Inkarnation viele gute Eigenschaften: er wird ein anständiger Ehemann und Vater bleiben, denn die Krankheit wird ihn zwingen treu zu bleiben. (Wer braucht einen kranken Mann, außer der eigenen Ehefrau). Verlockungen wird er nicht ansehen wollen, um sich nicht zu verärgern oder aus anderen Gründen. Er wird lernen für sich zu kämpfen, wird die Stärke des Willens, der Liebe, die Eigenschaft der Beständigkeit und anderes trainieren. So sind Krankheiten für einige Seelen ein Mittel ihrer Beibehaltung auf dem positiven Weg, eine Vorbeugungsmaßnahme gegen dumme Taten und die Dekodierung.

Obwohl, es gibt natürlich auch viele andere Fälle, wenn die Krankheit ein entgegengesetztes Ergebnis gibt: der Mensch wird von ihr und nimmt im Gegenteil eine Reihe an negativen Eigenschaften auf. Er kann sich der Schwelgerei frönen unter dem Scheingrund, dass es besser sei ein kurzes Leben zu leben, aber zum eigenen Vergnügen. Er kann die Menschen dafür hassen, dass sie gesund sind, und er – nicht, und wird danach streben ihnen all mögliche Gemeinheiten zu machen, damit sie kein süßes Leben haben. Aber solche Seelen werden für das Aufrichten auf den Weg des Karmas gelassen, und wenn auch das (Karma) nicht hilft sie auf den positiven Pfad zurückzuholen, dann wird solch eine

Seele entweder dekodiert, oder dem Satan übergeben. Somit wird es ihr von solch einem abschweifenden Leben nicht besser gehen.

Es gibt noch einen Weg der Rückkehr der Seele in das positive System: das ist der Weg durch die Übersättigung.

Natürlich, hilft diese Methode nicht ganz und wird auch nicht für alle geöffnet, aber sie funktioniert. Sie hilft nur ein paar gefallene Seelen zu retten, aber auch das hat eine große Bedeutung für Gott, da für ihn jede Seele einen großen Wert darstellt. Was beinhaltet diese Methode?

Stellen wir uns vor, dass eine junge Seele der Sex sehr anzieht. Ihr werden von oben einige Warnungen gegeben, die darauf hinweisen, dass sie den falschen Weg ausgesucht hat. Als Warnungen können dienen: sexuell übertragbare Krankheiten, ein Skandal von Familienangehörigen, die versuchen das Individuum auf den richtigen Weg anzuweisen, Skandale und Prügel von denen, mit denen man Sex hat, das Geraten in einen Unfall, Bein-oder Armbruch. Unglück, Erschütterungen, Streit – das alles zeugt davon, dass der Mensch sich falsch verhält, er muss herausfinden, worin, um die Lebensweise zu verändern.

Wenn alle Warnungen nicht helfen und die Seele fortsetzt sich mit Laster zu beschäftigen (das betrifft alle Laster), dann wird solch eine Seele in Ruhe gelassen und bei ihr beginnt alles reibungslos zu laufen. Aber das ist ein gefährlicher Moment, der von großen Problemen bei ihr in der Zukunft zeugt. Das Individuum hat frei Sex bis ins hohe Alter oder bis zu einer ernsthaften Krankheit in der Mitte des Lebens. Und ferner kommt die Bestrafung, Vergeltung für die Lasterhaftigkeit: es kann in den Körper einer Missgeburt versetzt werden, eines Menschen mit Versehrtheiten.

In dieser Entwicklungsvariante kann die Seele für die ihr zur Verfügung gestellte Beziehungsfreiheit zwiespältig reagieren. Sex Tag für Tag – das ist eine gleiche monotone Tat, und Monotonie langweilt, ermüdet immer. Außerdem, analoges Verhalten schließt die Anwesenheit der Liebe, Freunde aus. Der Mensch wird einst einsam bleiben, umgeben mit Verachtung der Umstehenden. Allein gelassen, von niemandem gebraucht, fühlt er im Inneren von sich eine schreckliche Leere und beginnt sein Leben zu überdenken, sehend, dass er die ganze Zeit auf der Jagd nach gespenstischen Ergötzungen war, und im Ergebnis eine bittere Enttäuschung bekommen hat: ihn liebt niemand und niemand braucht ihn.

Die Übersättigung von dem immer wieder gleichen (einst wird das alles lästig, langweilig) zwingt ihn seine Einstellung zu den Ergötzungen und zu seinem Leben zu verändern. Wenn das Umdenken in der Mitte des Lebens geschieht, dann kann solch ein Mensch sich radikal in die bessere Richtung verändern. Er kann ein guter Familienvater, ein fürsorglicher und anständiger Vater werden, von den Sexszenen wird er angewidert sein. Und das bedeutet, das ist eine gerettete Seele. Sie wird auf dem positiven Weg bleiben, die Reinigung durch das folgende Leiden durchkommend, und solch ein Mensch kann im Endergebnis ein hoher Moralist werden aufgrund dessen, dass die Zellen seiner Matrix mit Energien einer bestimmten Eigenschaft gefüllt wurden, und das bedeutet, dass beim Menschen für immer der Wunsch verschwindet, der zu den Handlungen führt, die diese Zelle füllen. Das heißt, sobald die Zelle mit Energien gefüllt ist, endet automatisch der Prozess dieser Ebene. Das ist ein Mechanismus, der in jeder Zelle der Matrix funktioniert.

Aber was geschieht mit denjenigen, die nicht aufhören, bei denen die Übersättigung nicht eintrifft und die es nicht bereuen?

Sie werden entweder dekodiert, oder in das negative System übergeben. Triebtäter mit aller Art von sexueller Perversion – das sind Seelen aus dieser Kategorie von verdorbenen Menschen. An den Satan übergeben, setzen sie fort dunkle Energien aufzunehmen.

Aber die Seelen, denen alles einst langweilig wird und die die Wertlosigkeit ihres Lebens begreifen, bleiben im positiven System. Und dem hat die Übersättigung geholfen. Sie hat sie angehalten. Somit, das was den Sex betrifft und einige andere Laster, kann man bei einigen Individuen durch die Übersättigung loswerden, die sich, jedoch, auf eine Vielzahl folgender Inkarnationen bezieht. Hohen negativen Individuen ist der Sex ebenso ekelhaft, wie den positiven. Denn die einen, und die anderen haben von Leben zu Leben Sex im Rahmen der familiären Beziehungen und in Grenzen der Normen der Angemessenheit, die die Zeit diktiert. Die Zelle ihrer Matrizen wird mit dieser Eigenschaft allmählich gefüllt, und sobald sie gefüllt ist, beginnt der Sex den Menschen anzuwidern und von intimen Szenen im Kino, Theatern,

Büchern. Beim Menschen artet die Leidenschaft für Sex in einen Ekel zu ihm ab.

Der Ekel erscheint sogar bei negativen Individuen, wenn die Zelle dieser Eigenschaft eine Grenzfüllung erreicht. Und der Mechanismus des Aufbaus von Eigenschaften ist so, dass alles, was ferner für den Aufbau dieser Zelle nicht erforderlich ist, beginnt als Überflüssiges abgelehnt zu werden. Zum Mechanismus der Ablehnung wird das Gefühl des Ekels. Genau deshalb empfinden hochentwickelte Persönlichkeiten, positive als auch negative, im gleichen Maße eine Verachtung für die Lüsternheit des Menschen. Bei ihnen ist diese Zelle entweder ganz aufgebaut oder diese niedrige Eigenschaft wurde ursprünglich durch die Willenskraft in eine andere Eigenschaft transformiert.

Bei Außerirdischen, zum Beispiel, kann kein sexuelles Verlangen zum Menschen auftreten, weil in ihrer Matrix die Zelle mit dieser Eigenschaft weg bleibt. Denn die meisten Außerirdischen vermehren sich auf andere Art und Weise: Knospung, Aufzucht durch Biomasse, künstliche Aufzucht in Laborbedingungen durch das Programmieren usw.

Durch die Übersättigung können einige Vielfraße mit ihren Lastern fertig werden. So essen manche Kinder, die in ihrer Kindheit zu viel Torte oder Schokolade gegessen haben, im Erwachsenenalter nichts Süßes mehr. Bei ihnen tritt auch der Ekel ein aufgrund der Übersättigung mit diesen Produkten. Somit, durch die Übersättigung und durch die Entwicklungsstadien kann sich der Mensch einst über seine eigenen Laster erheben. Aber das ist nur im Falle der Erkenntnis seines falschen Verhaltens möglich. Jedoch wenn solche Seelen im System des Gottes behalten werden, werden sie unbedingt bestimmte karmische Abarbeitungen durchgehen. Und, zudem sollte man die Möglichkeit des Erhalts eines negativen Ergebnisses nicht vergessen bei solch einer Entwicklungsvariante von Ereignissen. Das heißt wenn also keine Erkenntnis eintritt im Resultat der Übersättigung, dann wird die Seele dekodiert oder in das negative System übergeben. Aber die Erhältlichkeit solch einer Variante heißt nicht, dass man solchen Lastern die Freiheit geben soll. Mit ihnen sollte man kämpfen, da die Variante der Übersättigung von den jungen Seelen falsch interpretiert werden kann.

Eine der besten Methoden der Ausrichtung der Seelen in das positive System und ihre Einbehaltung auf diesem Weg sind Schöpfung und Sport.

Dafür hat das positive System viele Arten von ihnen erarbeitet. Schöpfung lenkt den Menschen vom Negativen ab und konzentriert ihn auf positive Prozesse, ebenso wie Sport. Und obwohl im Kampf um die Spitzenplätze und die Meisterschaft, auch da werden bei einigen Individuen negative Eigenschaften (Eifersucht, Rachsucht, Intrigantentum, Heimtücke usw.) erarbeitet, aber positive Eigenschaften werden mehr aufgebaut.

Zu den Kampfmethoden des positiven Systems um die Seelen gehört die Vergebung. Gott lässt die Individuen Fehler machen und sündigen, seine niedrige Entwicklungsebene beachtend. Er ist bereit ihm zu vergeben und die Taten zu vergessen, wenn der Mensch zugibt, dass er sich geirrt hat und beschließt sich zu verbessern, vorher Gott um Vergebung gebeten.

Vergebung – ist auch eine Kampfmethode um Seelen im positiven System. Vergebend, gibt Gott die Möglichkeit dem Individuum sich zu verbessern und ein vollwertiges Mitglied seiner Hierarchie zu werden. Die Methoden und Verfahren des Kampfes um die Seelen sind, also, sehr fein und verschleiert für das Verständnis des Menschen. Sie arbeiten da, wo er nicht einmal ahnt.

Aber das positive System verwendet auch Methoden der Förderung: es kann die Persönlichkeit mit Prämien belohnen, es hat ein Förderungssystem entwickelt, beginnend mit guten Noten für die Schüler in den Schulen und endend mit der Zuweisung von Wohnungen und Wagen für Erfolge bei der Arbeit, es belohnt mit Ruhm, Denkmälern, Gedenken der Nachkommen. Aber einige Belohnungsmethoden verwendet auch der Satan für die Verlockung.

Im Laufe der Entwicklung suchen die Seelen selbst aus, ob sie denn in der Entwicklung durch das System allmöglicher Förderungen und Anreize gehen oder durch das System der Bestrafungen und der Berichtigung von Fehlern.

Die gleichen Methoden können von beiden oppositionellen Systemen verwendet werden, aber für unterschiedliche Zwecke. Zum Beispiel, materielle Güter können für die Verlockung des Menschen und um ihn von dem wahren Weg zu verführen verwendet werden, als auch als eine verdiente Belohnung für eine gewisse Entwicklungsetappe.

Zu den Kampfmethoden des Gottes gehören ebenso **das Karma und die Freiheit**, aber dies sollte separat besprochen werden. Zählen wir **die Kampfmethoden des positiven Systems um die Seelen** auf, die sich in der fünften Rasse befinden (die Zeit verändert diese Methoden):

1. das Bestreben nach einem Ideal
2. Erziehung;
3. Schöpfung, Sport;
4. karmische Abarbeitungen;
5. Förderungen;
6. positiver Ansporn (siehe weiter);
7. Bestrafungen:

a. mit Wort, materielle Verluste, Strafen;

b. mit Krankheiten, das Einsetzen in einen defekten Körper bei der Geburt;

c. mit tragischen Situationen, Gefängnis.

DIE KAMPFMETHODEN UM DIE SEELEN DES NEGATIVEN SYSTEMS

Im Gegengewicht zur Erziehung stellt das negative System vor dem Menschen eine Reihe von Versuchungen vor, das Ziel derer ist – nicht einem Menschen etwas angenehmes zu machen, sondern ihn von dem wahrhaften Weg zu verführen, die Seele zu verderben, sie von dem Weg wegzuführen, der zu Gott führt.

Auf welcher Entwicklungsebene die Seele auch immer ist, sie wird Verlockungen und Versuchungen erleben. Jeder Ebene entsprechen ihre abwerbenden Faktoren, deshalb werden nach dem Maße der Vervollkommnung der Seele Verlockungen und Versuchungen, die vor dem Menschen stehen, sich verändern.

Wofür werden Versuchungen gegeben?

Sie werden nicht nur dafür gegeben, damit der Satan die Seelen zu sich locken kann, sondern der wesentliche Kernpunkt besteht darin, dass die Seele lernt Wege zu erkennen, die zu Gott und zu Satan führen, Wege, die sie von der Vervollkommnung in Richtung Degradation wegführen.

Für den Menschen reicht es aus, der Versuchung und Verlockung fest "nein" zu sagen, um eine Reihe an negativen Folgen im gegenwärtigen und nächsten Leben zu vermeiden.

Wer versteht, worin sich für ihn die Versuchung verbergen kann, der weicht einem Schicksalsschlag in der Zukunft aus, denn für die Versuchungen bezahlt der Mensch im Folgenden immer hart. Zum Beispiel, eine junge Frau hat sich von einem jungen Mann verleiten lassen, geht mit ihm eine intime Beziehung ein. Danach bekommt sie ein uneheliches Kind, und der junge Mann verlässt sie. Im Resultat bezahlt die junge Frau für ihre Versuchung ihr ganzes Leben lang. Fünf Minuten Vergnügen – und 20 Jahre Vergeltung dafür. Diese Situation wiederholt sich momentan bei vielen. Aber es reicht doch aus der Versuchung fest "nein" zu sagen, um eine Vielzahl von Schwierigkeiten zu vermeiden, die danach folgen als Vergeltung für falsche Handlungen.

Der Mensch sieht ähnliches auf Fernsehbildschirmen, liest darüber in Büchern, möchte aber nicht aus fremden Beispielen lernen. Er betrügt sich hartnäckig, glaubend, dass er aufrichtig geliebt wird und deshalb mit ihm nichts Ähnliches passieren kann. Übermäßiges Selbstvertrauen lässt den Menschen oft im Stich, führt zur Versuchung und Vergeltung. Außerdem, hat der Mensch manchmal eine schwache Willenskraft, deshalb erweist er sich als unfähig den Versuchungen zu widerstehen und ist außerstande dem Versucher "nein" zu sagen.

Man sollte auch das beachten, dass die Versuchungen auch süß, wohlgefällig sind, und manchmal sogar atemberaubend in ihrer Anziehungskraft, deshalb sind sie stärker als das Verbot "nein" und stärker als die Angst bestraft zu werden. Der Wunsch eine süße Versuchung auszukosten stachelt den Menschen auf andere Rechtsverletzungen auf: zum Betrug, Wendigkeit, Heuchelei. Und manchmal, um das Laster oder das Verbrechen im Namen der

Versuchung zu verstecken, erzeugt der Mensch eine Vielzahl anderer Verbrechen.

Zum Beispiel, ihm gelingt es, eine große Geldsumme zu stehlen, der Versuchung nachgebend. Großes Geld – ist immer die anziehendste Versuchung, weil man dafür viele andere Vergnügungen bekommen kann. Diebstahl – ist bereits ein Verbrechen. Aber sobald Zeugen auftauchen, beginnt der Mensch sie zu vernichten, um nicht ins Gefängnis zu kommen. So zeugt ein Verbrechen einige nachfolgende. Und das alles wird mit einer Ansammlung in die Matrix von "dunklen" Energien begleitet. Und wenn es dem Menschen gelingt der Rechtspflege zu entkommen, dann wird er bald die gestohlene Geldsumme für Versuchungen aktiv ausgeben: in Restaurants zechen, buben, lässt sich von seinen materiellen Wünschen führen: kauft ein Auto, Wohnung, teure Möbel.

Auf Grundlage der Befriedigung niederträchtiger Wünsche erzeugt das Individuum sogenannte "defekte" Energien, die in seine feinen Hüllen kommen und die nach dem Tod abgeworfen werden müssen. Energien, die man von Versuchungen und Vergnügungen bekommt, werden nicht in den Aufbau der Matrix der Seele zugelassen, da sie zum niedrigen Spektrum gehören. Und die Entwicklung erfordert eine Ansammlung von einem hohen Energiespektrum.

Diesem Individuen wurde Energie ausgesondert für die Entwicklung, für den Aufbau in der Matrix bestimmter nützlicher Eigenschaften, und er hat, zum Beispiel, anstatt zu studieren den Besuch von Diskotheken ausgesucht und hat deshalb Energie ausgegeben, die ihm die Höchsten für sein Leben ausgesondert haben, nicht für die Handlungen, die dem Progress seiner Seele auf diesem Entwicklungsstadium beitragen sollten. Deshalb wird er im folgenden Leben nach den Gesetzen des Karmas seine Schulden abarbeiten müssen und gleichzeitig muss er auf dem neuen Entwicklungsstadium vorankommen. Somit, durch die Versuchung ist es gelungen die Seele von dem wahrhaften Weg wegzuführen, und das Leben des Menschen zu erschweren, weil er jetzt seine alten Schulden für sein vergangenes Leben abarbeiten muss und im gegenwärtigen Leben vorankommen. Er wird also in einem beschleunigten Regime arbeiten müssen. Daher kommen auch die Fragen auf: "Warum leben wir so schwer?" (Weil wir die Energie abarbeiten, die wir nicht für die Handlungen ausgegeben haben, die die Höchsten brauchen.)

Die Kraft der Versuchung ist sehr groß, denn in jede von ihr steckt der Satan besondere Anziehungsmechanismen ein. Das, was der Mensch manchmal als überkommene Leidenschaft bezeichnet, kann sich bloß als eine Besessenheit erweisen, die manchmal extra auf ihn das negative System einlässt mit dem Ziel ihn zu zwingen einen Sündenfall zu begehen.

Ebenso kann eine Form der Leidenschaft der tierische Instinkt sein, der sich in Form von einer starken Anziehungskraft äußert bei Vorhandensein eines niedrigen Energiepotenzials bei der Seele. Aber in beiden Fällen (der Besessenheit und des tierischen Instinkts) gehört die Leidenschaft u den allerniedrigsten Empfindungen des Menschen, und ihr Vorkommen beim Individuum zeugt von seiner niedrigen Entwicklungsebene. Mittlere und hohe Seelen werden nicht von Leidenschaften geleitet, sondern von der wahrhaften Liebe. Der Mensch sollte immer lernen seine Gefühle, Leidenschaft zu kontrollieren und sie dem Verstand und der Seele unterordnen.

Um den Versuchungen zu widerstehen, muss der Mensch auf den ersten Entwicklungsstadien ein Maximum von seinen Kräften heranziehen. In Konfrontation mit ihr (der Leidenschaft) tritt normalerweise die Willenskraft der Persönlichkeit ein, deshalb sollte man sie vom frühen Alter ausarbeiten. **Die Willenskraft ist fähig eine beliebige Verlockung zu unterdrücken und jeder Versuchung zu widerstehen**. Aber, unbedingt, erscheint sie im Menschen nicht von selbst, sondern man sollte sie mit hartnäckigem Fleiß erarbeiten, also lernen etwas Überflüssiges für sich abzulehnen, sich zwingen Schwierigkeiten zu überwinden, mit den Versuchungen zu kämpfen.

Jede Versuchung kommt von dem negativen System, denn sie gehört zur Kampfmethode um die Seelen. Satan verleiht der Versuchung immer ein benebelndes, berauschendes Gefühl, das dem verlockenden Menschen geschickt wird, damit dieser nicht widerstehen kann. Daher, wenn solche verführerische Gefühle der Glückseligkeit aufkommen, dann sollte man von ihnen gehen. Das ist eine Falle des Satans.

Den Trinkern geht es meist auch so gut, solange sie trinken, und Alkohol sich in ihrem Blut befindet; Drogensüchtige schwelgen in

Wonne unter dem Einfluss von Drogen. Hier sind auch benebelnde, berauschende Gefühle der Glückseligkeit vorhanden, die der Satan mit der Versuchung vereint.

Süße Gefühle und Empfindungen sind – meistens Köder des Satans. Deshalb sollte der Mensch immer vorsichtig sein, wenn sie aufkommen. Berauschende Empfindungen – das ist ein Haken, auf dem der Satan Sündiger auffädelt. Aber diese Gefühle erzeugt er künstlich. Und sie bringen nichts außer "dreckige" Energien und niederträchtige Leidenschaften.

Mit der Erhöhung der Entwicklungsebene wird der Mensch widerstandsfähig gegen niedrige Versuchungen, es wird dann schwierig ihn mit Wein, Sex, Drogen zu verlocken, aber die Versuchung selbst ändert sich beim Aufsteigen der Ebenen.

Jedoch beginnen einige Seelen, nachdem sie Intellekt und neue Eigenschaften in der Periode vielfacher Reinkarnationen erworben haben, die Versuchungen sogar mehr zu schätzen, als in ihren ersten Inkarnationen. In der Vergangenheit befand sich der Intellekt bei ihnen in einem rudimentären Zustand, das Bewusstsein des Lebens war primitiv, und das Fehlen vieler Eigenschaften der Ästhetik und Ethik ließen es nicht zu, die Versuchungen in vollen Zügen und mit allen Feinheiten zu genießen. Somit trägt die Entwicklung manchmal dem bei, dass beim Individuum die Wahrnehmung der Versuchungen sich verfeinert, sie beginnen ihre Vielseitigkeit zu empfinden. Aber dies wird nicht bei allen beobachtet, sondern bloß bei einigen.

Nimmt man solch eine alte Versuchung, wie die Versuchung mit einer Frau. Auf einer niedrigen Ebene ist es – tierischer Sex, primitiver, grober, ohne vorher den Hof zu machen. Und auf den mittleren Entwicklungsebenen verwandelt sich die Frau in einen feinen und vielseitigen Versuchungsmechanismus. Das Individuum sieht sie bereits nicht nur in allgemeinen Merkmalen, sondern hebt viele Nuancen in ihrem Verhalten und in ihrer Gestalt hervor. Alles verwandelt sich in eine verfeinerte Versuchung: ein zufälliger Blick, das Spiel der Mimik, der Augenbrauen, es verlockt der Glanz der Lippen und der Geruch der Haare, es verführt die Gangart, Schwanenhals, dünne Hände, lange Beine und alles andere. Bei der Versuchung "Frau" kommen tausende

Charakterzüge und Merkmale auf, die den Weg zur Verführung bahnen, zum Sündenfall.

Aber stellen wir uns die Frage: wie geschieht der Kampf um die Seelen auf den ersten Entwicklungsebenen der irdischen Hierarchie der Menschheit?

Der Hauptkampf entwickelt sich um junge unerfahrene Seelen bis zehn Inkarnationen. Die Seelen werden in schwierige Lebenssituationen geschickt, die ihrer Ebene entsprechen.

Jeder Seele wird in das Programm eine Reihe von Wünschen eingelegt, die sie auf bestimmte Ziele ausrichten: wahrhafte, die für Entwicklung sorgen; und lügenhafte, die der Degradation beitragen. Also ein Umfang der Ebene von Wünschen besteht aus positiven Wünschen (Gutes, Liebe, Gerechtigkeit, Ehrlichkeit, Aufrichtigkeit, usw.) und negativen (Gier nach dem Erhalt von Vergnügungen, die Befriedigung niederträchtiger Leidenschaften, Eigenwille usw.). Und in die Lebenssituationen werden Versuchungen, Verlockungen, die mit anderen Menschen hervorgebracht werden eingelegt, und die Momente der Wahl werden eingeschlossen, die der Teilung der Seelen in positive und negative beitragen.

Im Laufe von zehn Inkarnationen werden dem Individuum niedrige Programme erstellt, aber in jedem wird ihm die Möglichkeit bereitgestellt auf den wahrhaften Weg zurückzukehren. Dafür schließen die höchsten Lehrer in das Lebensprogramm Situationen mit allerlei von Bestrafungs-, Krankheitsarten ein. Dem Individuum werden positive Persönlichkeiten geschickt, die versuchen werden, ihn zu überzeugen und eine richtige Lebensweise zu führen. Die Höchsten werden ein ganzes Arsenal ihrer Mittel und Mechanismen anwenden, die auf die Rückkehr des Individuums zur höchsten Moral und Sittlichkeit gerichtet sind.

Und hier hängt schon alles von der Seele selbst ab, was sie bevorzugt in jedem Leben: das Gute oder Böse, Verlockungen oder Lektionen des Wissens, das Hohe oder das Niedrige. Das Schließen des Gedächtnisses der Vergangenheit ermöglicht es, dieses Experiment sauber auszuführen. Die Seele erinnert sich nicht daran, was sie in der vorausgegangenen Inkarnation gemacht hat, welche Fehler sie gemacht hat, und das **gibt ihr jedes Mal die Möglichkeit alles von Grund auf**

neu anzufangen, ein Leben eines Gerechten anzufangen. In jedem neuen Leben hängt alles von ihrer Wahl ab, von dem, was sie bevorzugen wird.

Somit, im Laufe aller zehn Leben stellen die Höchsten einer jungen Seele die Chancen bereit, sich zu berichtigen und in das positive System rein zu kommen. Chancen gebend, kämpfen sie damit um die Seelen, und all ihre Programme mit unterschiedlichen Erziehungsmethoden werden auf dem Moment der Wiederkehr der Seelen zu Gott aufgebaut.

In Abhängigkeit von dem, was die Seele in ihrem Leben aussucht, welche Handlungen sie tätigt, nimmt sie in die Matrix unterschiedliche Energietypen auf. Die Energie von negativen Handlungen der Ermordung, Lügenhaftigkeit, des Diebstahls gelangt in den negativen Teil der Matrix, beginnend entsprechende negative Eigenschaften zu bilden, und die Energie von der Befriedigung niedriger Wünsche, die mit Versuchungen verbunden sind (etwas leckeres Essen, Wein trinken, eine schöne Sache kaufen, oft Partys organisieren mit leerem Zeitvertreib und anderes), wird in den vorübergehenden feinen Hüllen abgelagert. So kommen nur negative Energien in die Matrix, und andere – bleiben in der ätherischen, astralen oder mentalen Hülle und werden danach abgeworfen.

In die Matrix werden nur die Energietypen durchgelassen, die der Vervollkommnung der Seele in der negativen oder positiven Richtung beitragen. Und die Energien der Versuchung tragen der Entwicklung nicht bei, das sind Abweichungen weg von der Evolution, deshalb werden sie beiseite geworfen. Es läuft eine strenge Filterung von Energien, und diese Mechanismen werden in die feinen Konstruktionen der Hüllen und Matrizen eingelegt. Alles wird automatisch gemacht.

Aber die ersten zehn Leben sind für die Seele Testleben. Nach ihnen wird es eine Art Prüfungen geben, den Ausgang welcher die höchsten Persönlichkeiten entscheiden werden, die die Menschheit steuern. Nach den zehn Testleben werden die jungen Seelen von einem speziellen Collegium angeschaut, welches nach normativen Kennwerten unterschiedliche Charakteristiken der Seele bestimmt. Für ihre Ebene funktionieren eigene Normen. Diejenigen, die mehr negative Energien aufgenommen haben, werden direkt von den positiven Seelen getrennt.

Ferner wird die eigenschaftliche Seite all ihrer vergangenen Inkarnationen betrachtet, was sie gemacht haben, wonach sie gestrebt haben, welche Gräueltaten sie begangen haben und welchen Versuchungen sie von Leben zu Leben nachgegeben haben.

Für böswillige Verbrechen und Ausschweifung wird ein Teil der Seelen vernichtet, wenn sie dabei keine Werte haben, und sie in den ganzen Jahren nichts Nützliches für sich erworben haben. Solche Seelen gelten als nutzlos. Wenn jedoch die Seele irgendein Plus errungen hat in den zehn Inkarnationen, dann wird ihr erneut die Chance zur Berichtigung gegeben und sie wird in der Evolution behalten, sie dabei zwingend die Aufwendungen für den vergangenen leeren Zeitvertreib auf unterschiedliche Art und Weise (meist Zwangsmethoden) abzuarbeiten.

Sogar Mörder sind unterschiedlich, was oben betrachtet wurde, und deshalb betrachten die Richter alle Feinheiten des Geschehens, vor allem die moralisch – sittliche Seite der negativen Taten. Eben deren Motiv spielt die Hauptrolle in der Bewertung des Geschehenen. Ein Mensch tötet den anderen, um sein Eigentum in Besitz zu nehmen, und ein anderer tötet jemanden mit dem Zweck der Selbstverteidigung, und das sind völlig unterschiedliche Kategorien der Ermordungen, die unterschiedlich betrachtet werden müssen.

Deshalb zerlegen/analysieren die höchsten Richter zuerst die inneren Motive von Handlungen und Verbrechen, und nach ihnen werden die einen negativen Individuen zur Dekodierung geschickt, und die zweiten Gott zur Umerziehung durch die Mechanismen des Karmas übergeben, und die dritten werden dem negativen Hierarchen angeboten. Die erste Etappe des Kampfes um junge Seelen endet nach 10 Inkarnationen.

Aber wie entwickelt sich denn der Kampf im Weiteren? Und sollte man denn um sie kämpfen, nachdem ihre Befestigung an zwei oppositionellen Systemen geschehen ist?

Es ist verständlich, dass um Seelen, die zu Satan hinübergegangen sind, das positive System nicht mehr kämpfen kann, da in ihren Programmen die Wahl wegbleibt. Und das bedeutet: was auch immer ihnen angeboten wird, wie auch immer man sie mit dem Guten, Liebe und Heiligkeit verlockt, sie werden nur das machen, was in ihrem

Programm von Satan eingetragen ist. Die Verlockungen des positiven Systems wirken auf sie nicht ein. Sie sind nicht frei, etwas zu wählen. Daher wird es bereits mit keinen Methoden mehr möglich sein, sie zu Gott zurück zu holen.

Und positive Seelen bleiben in dieser Hinsicht nicht versichert von der Abwerbung. Ihre Programme beinhalten die Wahlfreiheit, deshalb kann das negative System diese Chance in seinen Interessen nutzen. Deshalb setzt es fort die Menschen Gottes zu verlocken und zu warten, wenn sie so viele Fehler machen, dass die himmlischen Richter sie aus dem positiven System vertreiben.

Aber warum bleibt bei dem negativen System auch weiterhin die Möglichkeit der Abwerbung von Seelen zu sich erhalten, wenn sie bereits dem positiven System zugeteilt sind?

Die Sache ist die, dass die Seelen, die in das System des Gottes hinübergegangen sind, nicht ganz heilig werden. In ihnen sind noch viele Laster und negative Charakterzüge. In einigen Inkarnationen haben sie noch nicht gelernt richtig und sehr spirituell zu leben. Das richtige Verhalten, hohes Bewusstsein, Heiligkeit und Geistigkeit müssen mehr als hundert Leben beigebracht werden, weil hohe Eigenschaften sehr lange aufgebaut werden.

Zudem, das negative System lässt die Seelen niemals ohne Aufmerksamkeit, die zu Gott nach ihrer Aufteilung hinübergegangen sind. Besonders starke Aufmerksamkeit teilt sie den **mittel – entwickelten Seelen** zu, da, je entwickelter das Individuum ist, desto interessanter wird es für den Satan, ihn zu bekommen. Er erarbeitet für sie immer wieder neue Versuchungen: Spielautomaten, Kasino, Computerspiele, gibt ihnen die Möglichkeit einen Palast im Ausland zu kaufen (da der Erwerb von Cottages im eigenen Land nicht mehr so angesehen ist). Ihnen wird dies zu wenig, sie beginnen Flugzeuge und Schiffe zu kaufen. Das negative System entwickelt in ihnen immer neue und neue Arten von Lastern, zum Beispiel, gleichgeschlechtliche Liebe, da die bisherigen Formen der Liebe bereits ausgeschöpft sind usw. Der Satan, also, treibt die Seelen auf allerlei Entstellungen an.

Daher, auf welche Ebene der irdischen Hierarchie der Mensch auch immer steigt, überall werden ihn Versuchungen auflauern, die das negative System ausgedacht hat mit dem Zweck der Abwerbung der

Seelen in die eigene Hierarchie. Und der Mensch, wissend, dass Wein – schlecht ist und ein ihm Ablehnender, kann auf eine andere Versuchung hineingeraten, zum Beispiel, auf das Spielen im Kasino.

Aber das positive System ist herablassend zu Fehlern, die die jungen Seelen machen. Es ist schwierig keine Fehler zu begehen, wenn man nicht den vollen Umfang an Wissen über die Welt hat. Das ist allen klar. Deshalb hat Gott erlaubt sie zu berichtigen und das Verständnis eigener Handlungen zu erreichen, den Mechanismus der Reinkarnationen und des Karmas verwendend. Aber Fehler sind im Schweregrad auch unterschiedlich, deshalb können die einen von ihnen vergeben werden, und die zweiten berichtigt, und für dritte kann man in das negative System kommen.

Bei den höchsten Lehrern gibt es für alles eigene Normen und bestimmte Kennwerte, die bei der Bewertung des Schweregrades der Versündigungen und der unverbesserlichen Taten des Menschen angewendet werden. Wenn eine mittel-entwickelte Seele kleinere Fehler zulässt, sie, also, die zulässigen Normen nicht überschreiten, dann werden sie berichtigt.

Die Korrektur der begangenen Fehler und des Verhaltens des Individuums, wie bereits erwähnt, geschieht auf Grundlage der **Mechanismen des Karmas**. Es **ist auch eine Kampfmethode um Seelen bei dem positiven System**, da es ermöglicht, sie auf den Weg der Heiligkeit zurückzuholen, der zu Gott führt.

Mit dem Zweck des Kampfes um Seelen verwendet der Satan eigene **Programme**. Durch einen strengen Aufbau, zwingt er die Individuen in die Matrix direkt in einem Leben die Energietypen aufzunehmen, die seine Hierarchie benötigt. Der Satan möchte nicht mit den erworbenen Seelen riskieren, und gibt ihnen deshalb niemals die Chance in das positive System zurückzukehren. Außerdem, wirtschaftlich ist es nicht rentabel für ihn, weil er nichts ausgibt für die Aussonderung von zusätzlichen Leben für seine Seelen für ihre Berichtigung von irgendwelchen Fehlern. Seine Individuen machen keine Fehler, sie führen ihr Programm genau aus und bauen ihre Matrizen so, wie es ihm gefällig ist.

Gott, ein Humanist, gewährt seinen Seelen das Recht der Wahl unterschiedlicher Handlungen in Lebenssituationen, deshalb schließt er in Programme viele Entwicklungspfade ein. Er möchte die Freiheit seiner Mündel nicht beeinträchtigen, und das ist seine humanitäre Kampfmethode um Seelen, denn jeder Sündige hofft, dass Gott ihm vergibt und ihn begnadigt. Deshalb versucht er mit allen Kräften sich im positiven System zu halten und nicht zu Satan zu gelangen, der ihn das süße Gefühl der Freiheit nicht schmecken lassen wird und die Möglichkeit nicht gibt das auszusuchen, was man möchte. Eben das behält viele Seelen im positiven System, sie zwingend zu bereuen und Gott um Vergebung zu bitten.

Aber die Handlungsfreiheit, die Gott gewährt, trägt dem bei, dass der Mensch viele Fehler macht, sündigt, nicht die richtigen Entwicklungswege aussucht und deshalb verwundbar wird vor dem Satan.

Aber wenn die Freiheit dem Satan es ermöglicht die Seelen zu sich zu locken, für welche Ziele wird sie dann in das positive Entwicklungssystem eingeführt, ist es nicht besser sie aus der Zirkulation rauszunehmen? Wenn der Satan es erlaubt seinen Seelen nach einem strengen Programm ohne die Freiheit der Wahl zu laufen, so kann denn Gott nicht die gleiche Kampfmethode um Seelen verwenden? Und so stellt sich heraus, dass er selbst extra Probleme in seinem Entwicklungssystem schafft, damit der Satan sie für seine Zwecke verwendet. Aber machen wir einige Präzisierungen.

Die Freiheit wird für die Aufdeckung der Lasterhaftigkeit und Defekten im Menschen gegeben, und ebenso erzeugt sie hohe positive Eigenschaften der Seele und bildet neue. Die Freiheit versteht der Mensch als Straflosigkeit, und das lässt ihn alle niedrigen und dreckigen Seiten der Natur, die er meist in anderen Existenzbedingungen versteckt, in Bedingungen der Unfreiheit und der Angst für jede seine Geste, Wort, Tat zeigen.

Hohe positive Eigenschaften der Seele äußern sich bei Vorhandensein der Freiheit darin, dass, wenn andere ihre Lasterhaftigkeit und tausende dreckige Züge entblößen, beginnt dies eine hohe Seele zu ekeln, sie zieht sich von Unverschämten, Lasterhaften und Dreisten zurück, es nicht wollend ihnen zu folgen, und kämpft damit für die Erhaltung ihrer hohen Eigenschaften der Seele. Eine hohe und stabile Moral äußert sich darin, dass wenn drum herum alle ihr Unwesen treiben, ungestraft leben, eine hohe Seele versteht, dass das alles lasterhaft ist, nicht den göttlichen Geboten entspricht und einst strafbar sein wird. Es ist nicht mehr möglich sie zu verführen, niedrige Wünsche erweckend, weil hohe Eigenschaften der Seele sie nicht degradieren lassen. Solch eine Seele würde besser sterben, als gegen die Gesetze in ihr gehen.

Nachdem die Freiheit im Menschen alle Mängel und Defekte aufdeckt, wird man sie mit Hilfe des Karmas berichtigen, fortsetzend um die Seelen zu kämpfen. Solch eine Korrektur mit Hilfe des Karmas von Aufbauten der Seele wird man es nicht zulassen in die feinen Konstruktionen einen Umfang an negativen Energien aufzunehmen, der ihrer Übergabe dem Satan beiträgt. Rechtzeitig berichtigte Fehler ermöglichen es, der Seele im System des Gottes zu bleiben. Somit, **Freiheit und Karma gehören auch zu den Kampfmethoden um die Seelen des positiven Systems**.

Wenn Satan seine Individuen nach seinen Vorhaben nach Programmen in einer Variante aufbaut, in Seelen die Eigenschaften bildend, die er braucht, so kann man eine ähnliche Aufbaumethode der Zellen der Matrix auch im positiven System auffinden. Ebenso baut die Eigenschaften das Karma. Es kämpft für richtige Aufbauten der Seelen. Durch das Karma, also, zwingen die höchsten Persönlichkeiten des Gottes die Individuen die Fehler zu berichtigen und in den Zellen ihrer Matrix die Eigenschaften aufzubauen, die der Lebensweise in göttlichen Welten entsprechen. Wenn ein positives Individuum diese Eigenschaften selbst aufbauen könnte, dann würde er das Karma nicht benötigen. Aber da es ihm an Bewusstsein, Klugheit, Moral fehlt, um sich, wie es Gott gefällig ist zu formen, so müssen seine feinen Aufbauten künstlich gebaut werden, auf die karmischen Abarbeitungen greifend, die mit sich nichts anderes darstellen, als die Fortsetzung des hierarchischen Aufbaus einer bestimmten Eigenschaft in der Zelle der Matrix.

Somit dauert der Kampf um die Seelen bis hin zur hundertsten Ebene der menschlichen Hierarchie. Das positive System verhärtet seine Anforderungen an die mittel-entwickelten und hohen Seelen, da es findet, dass die entwickelten Individuen ihren Handlungen, Taten, Gedanken strenger gegenübertreten müssen, da sie bereits verstehen, was gut, böse, Versuchungen und anderes ist. Daher, wenn der Mensch nach einer Periode eines heiligen Lebens plötzlich ein Sündenfall begeht, dann bekommt er eine schwere Bestrafung. Wenn es sich auch im Weiteren wiederholt, dann kann solch eine Seele in das negative System sogar von der mittleren Ebene und höher abgegeben werden.

Führen wir folgendes Beispiel auf.

Ein armer Ingenieur nimmt den Führungsplatz in einer Fabrik ein. Es fängt eine Perestroika im Land an, die Macht, Wirtschaft verändern sich, alte Begriffe und die ganze existierende Betriebsorganisation zerfallen. Diesem Ingenieur gelingt es, die Macht über die ganze Fabrik zu bekommen, und danach wird er durch Betrug zum Eigentümer dieses großen Betriebes. Für das Geld der Arbeiter dieses Betriebes kauft er ihn (durch das Voucher System) frei, und kauft danach den Menschen Aktien und Voucher spottbillig ab und wird zum vollmundigen und alleinigen Eigentümer der Fabrik. In kurzer Zeit wird er Eigentümer, Besitzer von Milliarden an Mitteln. Der Mensch glaubt, dass das Schicksal ihm zugelächelt hat, in Wirklichkeit hat das negative System ihm die Versuchung geöffnet – Eigentümer der Fabrik zu werden – und er hat ihr nachgegeben. Er hat der Versuchung nachgegeben, hat Betrug verwendet und dachte nicht einmal nach – ob er denn ehrlich handelt und ob er das Recht hat, sich das anzueignen, was allen gehört.

Das, was er gemacht hat, ist unmöglich durch das Karma abzuarbeiten, weil er solche Mittel in Besitz genommen hat, die er selbst in tausenden Leben hätte nicht verdienen können. Schnell reich zu werden kann man nur durch Betrug und die Verletzung bestimmter Gesetze, deshalb ist es einfacher die Seele in das negative System zu übergeben. Aber sie wird, natürlich, für eine gewisse Belohnung abgegeben, die die Ausgaben für ihre vorige Entwicklung deckt, die das positive System ausgegeben hat. Die Seelen werden dem Satan nicht kostenlos übergeben, er zahlt für sie mit bestimmter Energie.

Ebenso kann es bei den hohen Individuen eine Versuchung mit Macht geben. Wenn der Mensch niedrige Ebenen durchläuft, dann befindet er sich in solchen Situationen, dass die Macht außer Frage ist. Er braucht von ihr gar nicht träumen, weil eine niedrige Ebene das Individuum sogar in Träumen begrenzt: bei Niedrigen – sind auch die Träume niedrig: ein Motorrad, gutes Jäckchen, Sportbekleidung kaufen, irgendwo einen Job zu bekommen. Aber wenn die Seele sich entwickelt, dann erweitert sich der Umfang ihrer Wünsche, deshalb kann der Mensch in neuen Lebenssituationen unerwartet für sich selbst sowas wünschen, was ihm nicht in den Sinn kam auf den niedrigen Ebenen. Und die Moral und Heiligkeit vergessend, beginnt er danach zu streben seinen neuen Wunsch zu realisieren. Auf der neuen Ebene wird er erst Kanzler seines Landes werden wollen, danach wird er wünschen der ganzen Welt habhaft zu werden. Somit, die Wünsche können von dem Besitz eines eigenen Hauses bis zum Besitz der ganzen Welt wachsen.

Aber ähnliche Fehlschläge in der Entwicklung, wenn die Seele plötzlich vom Positiven zum Negativen hinübergeht, geschehen nur bei denjenigen, bei denen sich der positive und negative Teile der dreieinigen Seele im Gleichgewicht befinden, oder die Vorherrschaft des einen über den anderen unbedeutend ist. Das ist – ein instabiles Gleichgewicht. Es bringt die Seele oft zu Fehlschlägen in eigenen Wünschen.

Wenn, jedoch bei der Seele der positive Teil der Matrix vorherrscht, dann ist die Seele immer in der Lage ihre Wünsche zu kontrollieren und ist fähig richtige Entscheidungen zu treffen, die den Höchsten recht sind. Solch eine Seele wird es dem negativen System unmöglich sein, zu sich zu locken.

Ebenso verwendet das negative System **mit dem Zweck des Kampfes** um die Seelen die menschliche **Angst, Einschüchterung.** Aus Angst getötet zu werden, kann der Mensch verraten, stehlen, allerlei Gemeinheiten machen. Aus Angst ins Gefängnis zu kommen kann er fälschlicherweise einen anderen beschuldigen, aus Angst gefangen zu werden kann er schweifwedeln und tratschen, Kollegen mit Dreck begießen; und aus Angst, dass seine Sündhaftigkeiten jemand anderes erfährt, wird er viel lügen und sich herauswinden.

Das alles zeugt karmische Abhängigkeiten und verlängert die Frist des Aufenthalts des Menschen auf der Erde, was die Chancen des negativen Systems diese Seele für sich zu bekommen erhöht. Denn je länger der Mensch lebt, desto mehr kann er negative Energien in seine Matrix aufnehmen, und das wird dem beitragen, dass einst im Resultat vieler Fehler des Menschen in seiner Seele die "dunklen" Energien überwiegen, und dann wird die Seele dem Satan übergeben werden. Daher ist er daran interessiert, dass die Seele länger im Kreislauf des

Lebens bleibt. Darin steckt die Gefahr von übermäßigen Verzögerungen der Seele auf der Erde.

Machen wir eine kleine Verallgemeinerung.

Somit, zu den Methoden, die das positive System für die Einbehaltung der Seelen für sich verwendet, gehören: Erziehung, Belehrungen, verschiedene mittlere Bestrafungsarten (mündliche Ermahnung, Entzug von Prämien, Kündigung von der Arbeit), strenge Bestrafungen – Gefängnis, materielle Verluste durch Diebstahl, Verbrennung von Eigentum, tragische Situationen, Krankheiten, Körperfehler, Weg durch Übersättigung, Karma, materielle Ermutigung, Ruhm, unterschiedliche Anreize, teilweise Verwendung von harten Elementen in Programmen.

Das negative System verwendet für den Kampf um die Seelen harte Programme für die Einbehaltung seiner Seelen in eigener Unterordnung, Angst, Einschüchterung, und ebenso Versuchungen, Verlockungen jeglicher Art, Bestechung, Betrug. Sie hat weniger Kampfmethoden, als das positive System, dafür mehr Versuchungen und allerlei Kniffe und Tricks.

DER KAMPF UM DEN MENSCHEN

Machen wir einen Vergleich des Kampfes um die Seelen im Sozialismus und in der Perestroika-Periode.

Während der Jahre der Sowjetmacht, als für jeden Menschen gekämpft wurde, gab es eine minimale Anzahl von dekodierten Seelen, als im gleichen Zeitraum in einem beliebigen anderen Regime oder System. Die Erziehung in der Sowjetmacht wurde über den Rahmen der Familie und Schule hinausgeführt, erzogen wurde in den Unternehmen und in beliebigen Kollektiven. Mit der Erziehung hat sich die ganze Gesellschaft beschäftigt, die Öffentlichkeit hat um jede Seele gekämpft. Hat an jedem Säufer gearbeitet, an jedem zurückgefallenen Menschen, sie haben versucht zu helfen nicht nur zu überleben, aber auch auf den wahrhaften Weg des Guten und der Schöpfung zu richten. Und das hat positive Ergebnisse gegeben – es wurden sehr wenige Seelen dekodiert.

Jetzt wird der Mensch zum Selbstüberleben geschmissen. Es sind Tausende von Obdachlosen, belogene Menschen erschienen, die im wahrsten Sinne des Wortes auf den Müll der Gesellschaft weggeworfen wurden. Sie sind nicht nur zum physischen Aussterben verdammt, aber auch zur Dekodierung, weil sie in den restlichen Tagen des Lebens alle erarbeiteten menschlichen Eigenschaften rapide verlieren. Und an ihrer Geschichte ist die Gesellschaft doppelt schuld. Erstens, sie lässt junge und unerfahrene Seelen, zu denen Obdachlose gehören, betrügen.

Das ist – Gefühlslosigkeit und Rücksichtslosigkeit, die vom System des Satans auskommen. Aber der positive Weg – ist der Weg des Guten, der Liebe, deshalb sollte der Mensch den Gefallenen gegenüber gnädig sein, und denjenigen helfen, die alles verloren haben, aber das Wichtigste ist – es nicht zulassen, dass Unerfahrene und Wehrlose betrogen werden. Offensichtlich, man sollte einige spezielle Behörden des Schutzes der Bevölkerung vor Eingriffen auf Eigentum solcher Bürger schaffen, und ebenso sind bereits jetzt Heime für Erwachsene, und nicht nur für Kinder notwendig. Erwachsene, können genauso wie Kinder wehrlos und hilflos gegen Machenschaften der Gierigen nach Geld und Güter auf Kosten anderer sein.

Das ist eine doppelte Verführung und Vernichtung von Seelen. Die einen werden als Obdachlose vernichtet, also junge Seelen, die nicht fähig sind selbstständig zu leben, und die anderen gehen für Gott verloren, weil sie auf den Weg des Bösen treten. Aber alles ist strafbar, sogar Gleichgültigkeit. Gott sieht alles, und Gottes Urteil steht noch bevor.

Kapitel 7

ENTWICKLUNGSANREIZE

ANREIZE DES POSITIVEN SYSTEMS

Die Entwicklung kann nicht ohne Belohnung auskommen. Eine junge Seele sieht wegen Unerfahrenheit und des Unverständnisses vieler Prozesse das Endziel nicht, an das sie die himmlischen Lehrer bringen. Aber damit der Mensch sieht, dass er richtig läuft, und wahre Taten macht, haben die Höchsten Vervollkommnungsanreize eingeführt. Sie beenden eine gewisse Entwicklungsphase des Menschen mit einem gewissen positiven Effekt, der einen seelischen Aufschwung, eine hervorragende Laune schafft. Das sind – Belohnungen, Urkunden, Prämien. Das Wichtigste ist – jeder Anreiz muss einen emotionalen Aufschwung schaffen.

Anreize, Förderungen müssen in der Seele des Menschen eine Inspiration schaffen und, damit, bei ihm den Wunsch wecken, sich weiter in der gleichen Richtung zu vervollkommnen, um neue Siege zu erreichen. Belohnung wird mit dem Zweck der Stimulierung der Persönlichkeit zur weiteren Entwicklung gegeben.

Vor allem ist das alles in den jungen Seelen notwendig. Und obwohl viele von ihnen sehr grob, für nichts empfänglich aussehen können, sind Anfangsseelen in Wirklichkeit – sehr verletzlich, reizbar, stur. Wenn man sie in der Entwicklung durch Zwang, Bestrafung führt, dann können die Letzteren ihnen einen nicht wieder gutzumachenden Schaden zufügen: seelische Wunden zufügend, können sie negative Eigenschaften erwecken, die bei günstigen Lebensbedingungen schlummerten. Dem Menschen ist es wichtig, dass diese negativen Eigenschaften im Leben nicht erscheinen, dann kommen sie aus der Kategorie der errungenen Eigenschaften in die Kategorie der vorübergehenden, nicht beständigen und werden später vollständig verschwinden.

In günstigen Lebensbedingungen öffnet sich das Individuum niemals vollständig. Sehr viele geheime Tiefen des Charakters bleiben im Menschen versteckt vor den anderen. Und um von ihrer Existenz zu erfahren, muss man ihn in entgegengesetzte Bedingungen versetzen, in ungewöhnliche Situationen. Vor allem decken das Wesen des Menschen negative Situationen auf. Deshalb sollte man mit dem Zweck einer positiven Erziehung ihn zuerst zwingen so viele wie möglich positive Energien zu erarbeiten, damit der positive Teil der Seele den negativen Teil überragt. Dann können ungünstige Umstände nicht in vollem Maße in ihr die schwarze Seite der Natur erwecken. Solch ein Mensch wird beginnen sich zu kontrollieren und man wird ihn in gewissen falschen Auffassungen immer umstimmen können.

Deshalb ist es wichtig, das Negative in jungen Seelen so lange wie möglich nicht zu erwecken, sie nicht mit der Ungerechtigkeit, Verurteilung zu provozieren, sondern durch Anreize zu zwingen so viele positive Energien wie möglich zu erarbeiten, die auch die positiven Eigenschaften aufbauen.

Um die Seele mit dem positiven Entwicklungsweg anzuziehen, müssen die Höchsten auf diesem Weg unterschiedliche Anreizfaktoren aufstellen. Als solche können einfache **Worte der Ermutigung, der Zustimmung, des Lobes** dienen. Zu den Anreizen gehören **Urkunden, Medaillen, Belohnungen, Pokale**, unterschiedliche **Preise, die Auszeichnung der ersten, zweiten, dritten Plätze, materielle Förderungen, Prämien**. Einfache Arbeiter unterteilen sich nach Qualifikationen in Ränge: erster Rang, zweiter, dritter. Der Erhöhung des Lohnes beitragend, sind diese Ränge gleichzeitig Anreize für die Heraufstufung der Ebene.

Bei der Verwendung von Anreizen im Umfeld von jungen Seelen ist den Richtern und Lehrern wichtig gerecht zu sein, weil Ungerechtigkeit, falsche Bewertung der Handlungen des Menschen oft einen Protest in ihm weckt, und die Seele kann von dem positiven Weg für immer auf den negativen Weg hinübergehen.

Für höhere Entwicklungsebenen des Menschen sind Anreize jegliche Titel und Abschlüsse: jüngster wissenschaftlicher Mitarbeiter, ältester wissenschaftlicher Mitarbeiter, Professor, Akademiker, Bachelor-, Master-, Doktor-Abschluss. Jeder Mensch strebt nach diesen Titeln und trägt sie mit Würde und dem Gefühl einer größeren Befriedigung.

Aber zu den **Entwicklungsanreizen gehört** außer den allgemein bekannten Faktoren auch solch eine menschliche Eigenschaft wie **Aufmerksamkeit zum Menschen**. Vor allem wird sie unter den jungen Seelen geschätzt.

Eine junge Seele verlangt mehr Aufmerksamkeit für sich, als eine reife, die fähig ist ganz ohne sie auszukommen. Aufmerksamkeit ist eine Form einer effektiven stimulierenden Einwirkung, die hilft der Seele sich im Leben zu behaupten, etwas Gutes zu erreichen (Liebe, sportliche Erfolge, das Wissen zu erweitern) oder Erfolge in einer bestimmten Sache. Kinder, denen man die nötige Aufmerksamkeit gibt, entwickeln sich schneller, da der Mensch durch die Aufmerksamkeit ihm sein Wissen und seine Lebenserfahrung weitergibt. Und Kinder, die ohne Aufmerksamkeit der Eltern und Lehrer bleiben, wachsen wie Unkraut auf.

Eben auf dem Prinzip der Aufmerksamkeit basiert die Entwicklung der Sänger, Artisten, Tänzer und anderer Künstler. Auftretend, bekommen sie den ihrer Seele erforderlichen Anteil an Aufmerksamkeit, die sich in einen aktivierenden Entwicklungsanreiz verwandelt. Um diese Aufmerksamkeit zu steigern, werden Artikel in Zeitungen und Zeitschriften geschrieben, es werden Fernseh- und Radiosendungen verwendet, es werden Aufzeichnungsplatten gemacht usw. Und das erste Aufmerksamkeitsstadium wächst in das zweite hinüber – Ruhm.

Ruhm ist auch **eine Form der Aufmerksamkeit** zum Menschen, aber der Aufmerksamkeit einer höheren Ebene. **Sie ist auch ein Entwicklungsanreiz.** Um seinetwillen überwinden Menschen große Schwierigkeiten, lernen viel, nehmen eine Reihe an positiven Eigenschaften auf, bringen ihre Fähigkeiten zur Vollkommenheit. Aber

Ruhm beginnt in sich einen Moment des Übergangs zu verbergen von dem Positiven zum Negativen, d.h. er, wie auch moralische Normen, beinhaltet eine bestimmte Nuance der Teilung von Seelen. Ruhm trägt in sich die Grenze, die Überschreitung welcher der Aufnahme dann nicht mehr von positiven Eigenschaften beiträgt, sondern von negativen. Meistens merkt der Mensch nicht, wie er diese Grenze überschreitet, und es beginnt entweder die Degradation, oder ein negativer Entwicklungsweg.

Was ist die negative Seite des Ruhmes?

Das ist Überheblichkeit, Hochmut, bei ihm erscheint manchmal das Gefühl seiner Überlegenheit über den anderen, seiner Ungewöhnlichkeit. Auf dem Weg zum Ruhm kann er auf den Weg des Intrigantentums treten, der Vernichtung von Gegnern oder ihnen Schaden zufügen. Über solche sagt man, dass sie nach Ruhm mit allen Mitteln streben. Und das bedeutet, dass sie auf den negativen Weg hinübergegangen sind.

Um auf den Anfangsstadien der Entwicklung so wenige Seelen wie möglich zu verlieren, muss die Gesellschaft, wie man sagt, mit jeder jungen Seele Babysitten, versuchen sie zum rechtschaffenen Leben zu führen, in sie die Grundlage zur Vervollkommnung in der positiven Richtung einlegen. **Und dafür ist es erforderlich, den jungen Seelen die Grundlagen einer hohen Moral und Sittlichkeit anzuerziehen, beizubringen das Positive vom Negativen zu unterscheiden, das Gute vom Bösen, Niedriges vom Hohen.**

Der positiven Vervollkommnung trägt die Schöpfung bei, deshalb es ist notwendig die Seelen mit ihren unterschiedlichen Arten mitzureißen, für Talentlose solch ihre Arten zu erfinden, in denen sie ihre ersten schöpferischen Fähigkeiten erlangen könnten, das persönliche Ehrgefühl nicht beeinträchtigend wegen ihrer Unfähigkeit, etwas zu tun. Zum Beispiel, für diese Zwecke passt der Chorgesang, wenn die Menschen sich vermischen, die singen können, und Menschen, die das lernen möchten, aber weder Gehör, noch Stimme haben. Im Chor führen talentierte, und die noch nichts Könnenden lernen es mit ihnen zusammen. Einfache Tänze, Sport sind auch sehr gesund für die Entwicklung junger Seelen.

Wenn jedoch, die Gesellschaft sich mit ihrer Erziehung nicht, wie es sich gehört, beschäftigt, dann können viele Seelen in das negative System kommen.

Jungen Seelen ist es notwendig, ursprünglich die erforderliche Ausrichtung einer positiven Vervollkommnung zu geben. Man sollte alle individuell behandeln: die Ruhigen auf den einen Weg führen – Handwerk, künstliche Schöpfung, angewandte Kunst; die Aktiven sollte man zum Sport, Militär, zu Rettungsmannschaften schicken. Man sollte unbedingt mit ihren schlechten Gewohnheiten und Neigungen kämpfen – das ist der Kampf um jede Seele. Wenn der Kampf nicht ausreichend ist, dann bekommt die Seele das negative System.

Jede junge Seele erfordert einen individuellen Ansatz.

DIE STIMULATION AUF EBENEN

Die Stimulation spielt eine große Rolle auf einer beliebigen Entwicklungsebene. Sie hilft dort schneller voranzukommen, wo eine Bedrohung der Verlangsamung oder eine Beendigung des Progresses erscheint oder ein Verlust des Ziels möglich ist. Wenn man den Fakt der Förderung des Progresses nicht aus Sicht des menschlichen Lebens betrachtet, sondern aus tieferen Weltprozessen, dann erscheinen in ihm viele neue Seiten. So besteht die Stimulation in der Zufügung zur Handlung gewisser zusätzlicher Kennwerte oder Faktoren der Förderung, die der Seele fehlen.

Der Anreiz schafft eine bestimmte Form der Hilfe im Progress der Persönlichkeit. Ohne die Verwendung der Stimulation kann die Entwicklung verlangsamt verlaufen oder ganz aufhören für eine gewisse Zeit. Das Individuum wird nicht wissen, was es machen soll im Leben. Ruhe, die jeder eben anstrebt, drückt den Zustand des Stillstandes aus, die Beendigung der Vervollkommnung. In solch einem Fall muss die Entwicklung immer wieder erneuert werden, bis das erforderliche Endergebnis erreicht ist. Daraus verlängert sich die Gesamtzeit der

Entwicklung, aber es wird trotzdem der Endwert erreicht, der erforderlich ist.

Die Stimulation trägt die Einsparung der Zeit für die Entwicklung bei. Sie hilft dem Prozess beschleunigt zu verlaufen, das erforderliche Resultat wird schneller erreicht. Aber die Kennwerte oder Faktoren, die für die Stimulation verwendet werden, müssen energetisch den Energieausgaben entsprechen, die bei der verlangsamten Entwicklung auftreten würden. Deshalb werden diese Energien identisch sein, die Energie also, die bei der verlängerten Frist für die Entwicklung ausgegeben wird, und die Energie der Stimulation bei der beschleunigten Entwicklung werden gleichwertig sein. Dabei fließt die Energie, als wie, von dem beschleunigten Prozess in den Kennwert der Einsparung, da die eingesparte Zeit es noch ermöglicht eine zusätzliche Energie auszuarbeiten. Und auf der Grundlage der eingesparten Energien bildet sich der nächste stimulierende Kennwert, der für jede Welt, wie auch für jedes Individuum, individuell sein wird.

Der Anreiz ist eine Ergänzung einer neuen aufbauenden Eigenschaft, aber im Mengenverhältnis verändert er den sich entwickelnden Umfang nicht.

Jede progressierende Persönlichkeit hat eine eigene Grundlage einiger Ansammlungen. Sie existiert speziell für die Leistung von gegenseitiger Hilfe und eine progressive Zusammenarbeit der Individuen auf allen Entwicklungsebenen.

Der Sinn der Stimulation, als Förderung oder als Hilfe, besteht in der rechtzeitigen Beschleunigung der Entwicklung in den Fällen, wenn die Gefahr ihrer Verlangsamung oder einer völligen Unterbrechung besteht, einer rechtzeitigen Hinausbeförderung aus einer Sackgasse. Deshalb hat sie einen großen Effekt in Prozessen der Regulierung der Entwicklung und der Durchgangsfristen der Entwicklungsstadien mit Hilfe der Programme.

Die Stimulation ist ein zusätzlicher Zustand, der in der Entwicklung des Wesens als ein gewisses Doping geplant wird. Sie (die Stimulation) wird in das Programm eines jeden Individuen wie auf den niedrigen Entwicklungsebenen, so auch auf den hohen eingeführt. Die Methode wird dann angewandt, wenn dem Individuum es erforderlich ist in die Matrix bestimmte Energietypen aufzunehmen. Ohne die

Stimulation wird die Persönlichkeit sie nicht erarbeiten, denn eine junge Seele begreift es noch nicht, wohin sie streben muss. Zum Beispiel, solch eine Stimulation sind Titel: jüngster wissenschaftlicher Mitarbeiter, ältester wissenschaftlicher Mitarbeiter, Dozent, Professor, Akademiker. Das sind – Entwicklungsstufen in einem bestimmten Bereich der Wissenschaft. Einen neuen Titel erhaltend, begeistert sich der Mensch und strebt dem Nächsten zu, was auch die stimulierende Einwirkung auf seine Entwicklung ist.

Die Verwendung dieser Methode ist unmittelbar mit der Erfordernis der Erarbeitung durch die Seele von notwendigen Energiearten verbunden, die in ihrer Matrix für das fortlaufende Vorrücken auf den Stufen der Hierarchie fehlen, denn, um auf die nächste Ebene zu steigen, ist in der Seele eine Ansammlung bestimmter qualitativer Eigenschaften erforderlich, die sich in der Ansammlung entsprechender Energietypen ausdrücken.

Jede Stimulation hat die Aufgabe einer schnellstmöglichen Aufnahme durch die Seele von erforderlichen Energien und ist ein positiver zusätzlicher Faktor der Einwirkung mit dem Zweck der Beschleunigung des Progresses des Individuums. Und da jede Stimulation – eine zusätzliche Ausgabe ist, sieht das Programm der Persönlichkeit in sich eine zusätzliche Aufnahme an Energien vor.

Das Gesetz der Stimulation, das von dem positiven System verwendet wird, diktiert seine Bedingungen, die bei der Erstellung des Programmes der Existenz des Individuums beachtet werden. Solch eine Hauptbedingung bleibt die Schaffung durch die Persönlichkeit von zusätzlichen Mitteln, die sowohl im gegenwärtigen Leben verwendet werden können, als auch im Folgenden. Die Stimulation schafft eine bestimmte Form der Hilfe.

Die Seele, die noch keine eigenen Energiereserven hat, kann eine anfängliche Stimulation von dem sie führenden größeren Wesen (dem Bestimmer des Menschen) bekommen, aber im Folgenden wird sie die Ausgaben für sich mit einem entsprechenden Gegenwert ausgleichen müssen, d.h. also, für den Bestimmer Energien einer bestimmten Eigenschaft und Menge erarbeiten.

In den folgenden Inkarnationen läuft bei ihr dann die Erarbeitung einer persönlichen Basis von Reserveenergien. Von den Höchsten wird solch ein Umfang an Energien geplant, den die Seele in jeder Inkarnation erarbeiten muss. Von Leben zu Leben zieht sich die Kette zusätzlicher Erarbeitungen, deshalb nimmt die **Reservebasis** zu. Und die Stimulation spielt eine zunehmend aktivierende Rolle in der Entwicklung des Individuums.

Aber das Individuum selbst kann sich nicht selbst stimulieren und die eigenen erarbeiteten Energiereserven nutzen. Das machen zur richtigen Zeit die höhergelegenen Wesen.

Die Stimulation verwandelt sich im Laufe der Entwicklung des Menschen in einen gewissen Indikator seiner Gefühle. So, zum Beispiel, um ein Gefühl des Lobes zu erfahren, vollbringt das Kind gute Taten. Sportler, Artisten, damit sie gelobt werden, erreichen Siege durch harte Arbeit, usw. Ähnliche Stimulationen in Form von positiven Gefühlen des Menschen (bei denen die Aufnahme von positiven Energien in die Hüllen geschieht) aktivieren bedeutend die Vervollkommnung der Persönlichkeit, die die Erwerbung von gewissen Eigenschaften beschleunigt.

Die Stimulation, als Belohnung, spielt eine zunehmend größere Rolle in der Entwicklung im Maße der Steigerung der Ebene der Seele. Hat man was richtig gemacht – hat man einen Preis, Belohnung, moralische Ermutigung bekommen. Und für eine Belohnung, selbst eine einfache, verbale, ist die Persönlichkeit bereit Taten zu vollbringen, und das sind, vor allem, eigenschaftliche Erarbeitungen der Seele durch die dabei passierenden Prozesse. Deshalb führen ähnliche eigenschaftliche Veränderungen zur Umgestaltung der Form selbst und ihrem Aufbau.

Jegliche Stimulation wird normalerweise bei der Entwicklung der Persönlichkeit mit ihren Ursache-Folge-Verbindungen verbunden, deshalb werden die Belohnungen mit den Bestrafungen abgewechselt, oder mit der Abarbeitung des Karmas, das in sich eine zwanghafte Erarbeitung von dieser Persönlichkeit fehlenden Energien beinhaltet. Und das beeinflusst die Formbildung feiner Konstruktionen des Individuums.

Im Mengenausdruck muss jede Persönlichkeit eine bestimmte Menge und Eigenschaft an Energie erarbeiten, die dem Karma entsprechend für die Abgabe im Gegenzug des stimulierenden Faktoren erforderlich sind, den sie bekommen hat, nehmen wir an, in der letzten

Inkarnation. Und deshalb wird die Stimulation auf Ebene von Menschenbeziehungen mit der Ursache-Folge-Verbindung verbunden.

Dabei muss jede Stimulation die Besonderheiten des Aufbaus eines jeden Individuums versorgen, also seine einzigartige Faktur der inneren eigenschaftlichen Charakteristiken schaffen. Daher werden die gleichen Stimulationsmethoden nicht in zwei oder mehr Inkarnationen einer Persönlichkeit verwendet, sie werden immer etwas anders sein für diese Seele, da sich das Programm der Persönlichkeit verändert, es verändert sich der Lebensraum und die Lebensbedingungen.

Nach einer stimulierenden Einwirkung erscheinen bestimmte Folgen, die sich im Verhalten der Persönlichkeit auf der nachfolgenden Entwicklungsetappe in der Veränderung der energetischen Parameter im inneren von ihr äußern werden, in der Veränderung der quantitativen Indikatoren in der Reserve, usw. Deshalb muss jedes Entwicklungsprogramm die gesetzmäßigen Folgen für die folgende Entwicklungsetappe des Individuums richtig beachten.

Aber da das positive Programm der Entwicklung Varianten von Wegen des Durchgangs unterschiedlicher Situationen beinhaltet, von dem, welchen Weg sich das Individuum aussucht, werden die Stimulationsmethoden abhängen. Außerdem, in Abhängigkeit von dem ausgesuchten Weg werden sich die von ihm erarbeitenden Energien befinden. Und wenn der falsche Weg ausgesucht wurde, werden Energien nicht von der falschen Eigenschaft erzeugt; daher obwohl die Stimulation auch der Erarbeitung von gewissen Bildungen beitragen wird, wird aber nach den Gesetzen der Ursache-Folge-Verbindung das Individuum im Folgenden das doppelt kompensieren müssen, was er im Resultat der falsch von ihm ausgesuchten Variante nicht erarbeitet hat. Und dann wird er mit einer Verschärfung des neuen Programmes die Erarbeitung von Gegenbildungen aktivieren müssen. Bei der Wahl einer beliebigen Variante im Programm hat das Individuum das Recht eine Stimulation zu bekommen, die ihm eine wahrhafte funktionale Unterstützung leistet.

DAS AUSSEHEN ALS EIN ANREIZ

Das Aussehen beeinflusst auf gewisse Art und Weise den Menschen und wird durch die Höchsten als ein Anreiz zur Entwicklung verwendet. Es wird kein beliebiges Aussehen dem Menschen gegeben, das sich nach erblichen Merkmalen der Eltern ergibt, sondern ein bestimmtes und für konkrete Erziehungszwecke. Alles muss der Entwicklungssache der Seele dienen, darunter auch die äußerlichen Gegebenheiten.

Es wünschend diesen Prozess zu beschleunigen, beachten die Höchsten die kleinsten Details in der Erziehung des Menschen, aber wegen seiner Unwissenheit und des Missverständnisses vieler Entwicklungsseiten reagiert er nicht immer wie nötig auf die erzieherischen Momente seines Lebens. Deshalb ahnen viele nicht, welch eine große erzieherische Bedeutung das eigene Aussehen auf ihre Seele leistet. Sie betrachten sie als eine Art und Weise, jemandem zu gefallen oder für andere angenehm zu sein, einen Eindruck auf jemanden zu verschaffen. Aber es verbirgt in sich viel mehr, als der Mensch vermutet.

Im Aussehen werden die Menschen in schöne, hässliche und mittlere geteilt. Schönes Aussehen hat 4 Aspekte der Erziehung.

Den einen wird es als **Anreiz** gegeben, den zweiten als **Belohnung**, Seelen, die etwas unsicher sind in sich – als eine **Bewährungsprobe**, den vierten – als ein **Beispiel** der **Vollkommenheit**.

Zwischen der Entwicklung der Seele und der äußeren Form existiert eine bestimmte gesetzmäßige Abhängigkeit: je höher die Ebene ist, und das bedeutet, die Seele ist vollkommener, desto wunderbarer oder angenehmer ist die äußere Form. Diese Gesetzmäßigkeit zeigt sich am Besten in den hohen feinen Welten. Deshalb sind die Höchsten, die sich auf dem feinen Plan befinden, alle sehr schön.

Sogar Wesen aus dem negativen System, die hohe Entwicklungsebenen erreicht haben, sind auch sehr schön. Sie erstaunen mit ihrer besonderen, kalten Schönheit. Gleichzeitig sind Wesen aus niedrigen Welten des gleichen negativen Systems – schrecklich und abstoßend, ekelhaft und sind fähig bei normalen Menschen allein mit ihrer Gestalt Angst und Ekel hervorzurufen.

Schönheit hat die Tendenz zu progressieren zusammen mit den Seelen, die sich nach den Ebenen der Materie und Energie vervollkommnen, da der Vollkommenheit die Harmonie eigen ist, also ein besonderer Aufbau von Energien und von all dem, was auf ihrer Grundlage aufgebaut wird. Dabei ist die Harmonie als der positiven Entwicklungsrichtung eigen, sowie der negativen der hohen Ebenen.

1. Schönheit als ein Anreiz

Wenn man nur über den Menschen spricht, so wird vielen Seelen die Schönheit mit dem Zweck der Unterstützung ihres inneren Geistes gegeben, als eine Stimulation für den Progress der Seele. In schwierigen Minuten oder an Tagen voller Einsamkeit und Misserfolge gibt die Schönheit dem Menschen Selbstvertrauen, gibt innere Kraft, hilft sich nicht zu verbiegen und mit einem festen Gang durch Bitterkeiten und Missstände des Lebens zu gehen. Dem Menschen reicht es manchmal aus sich im Spiegel anzugucken – und nach einem wiederholten Schicksalsschlag gewinnt er wieder Kraft und den Wunsch zu kämpfen oder im Leben weiter zu kommen.

Im Gegengewicht dazu sieht ein Hässlicher, zum Beispiel, sich im Spiegel betrachtend, ein unangenehmes Gesicht, und bekommt schlechte Laune. Er ist unzufrieden mit sich, ist mit dem Leben unzufrieden, die Welt wird widerlich, er möchte nichts mehr: nichts lernen, nicht für sich kämpfen. Das Interesse zum Leben geht verloren. Aber die höchsten Lehrer rufen auf: "Liebt euch selbst, wie ihr seid. Andere mögen euch nicht lieben, aber ihr – liebt euch. Liebe ermöglicht es sich positiv zu betrachten, gibt Kraft, hilft mit Bitterkeiten zu kämpfen. Das ist euer innerer Kern auf bestimmten Entwicklungsstadien."

2. Schönheit als Belohnung

Die Schönheit wird als Belohnung gegeben. Wenn der Mensch sich in der Vergangenheit mit Würde verhalten hat, oder eine edle Tat vollbracht hat, eine hoch moralische Tat, kann er mit einem schönen Aussehen im nächsten Leben belohnt werden.

Die Schönheit wird Seelen gegeben, die eine rechtschaffene Lebensweise geführt haben in der Vergangenheit, viele wunderbare geistige Eigenschaften erarbeitet haben. Sie selbst fühlen die Schönheit sehr fein, und deshalb, am hässlichsten zu sein dient für sie bereits als eine Bestrafung. Zudem, der innere harmonische Aufbau der Seele erfordert selbst eine entsprechende harmonische Außenform.

Dem Menschen ist es immer angenehm sich in der Höhe zu fühlen, die eigene äußerliche Überlegenheit zu fühlen. (Und die innere Harmonie könnte dabei nicht ausreichend abgearbeitet sein, aber das Äußerliche hilft sich dem Inneren zu entwickeln, es zur Vollkommenheit bringend.)

3. Die Schönheit als eine Bewährungsprobe

Einigen Seelen wird die Schönheit als eine Bewährungsprobe ihrer moralischen Eigenschaften gegeben.

Zum Beispiel, in den vergangenen Inkarnationen befanden sich Seelen einiger Menschen in hässlichen Formen, einfacher gesagt, sie waren abscheulich, unattraktiv, deshalb hat auch das andere Geschlecht in Form von Mädchen (oder im Gegenteil Jungen) sie nicht beachtet. Und das zeugt davon, dass diese Seelen keine besonderen Versuchungen hatten. In solchen Umständen verhalten sich die Menschen auf gewisse Art und Weise, meistens ausgeglichen. Und nur Situationen ermöglichen es im Menschen Unvollendetes in gewissen Eigenschaften aufzudecken.

Deshalb wird zur Kontrolle solch einer Seele im nächsten Leben eine schöne Außenform gegeben und es wird beobachtet, wie sie sich weiter verhalten wird, in welche Richtung sie die Wahl treffen wird.

Als sie schön wird und mehr Aufmerksamkeit vom entgegengesetzten Geschlecht zu bekommen beginnt, kann solch eine Seele beginnen Unzucht zu treiben, oft den Partner zu wechseln unter dem Vorwand, dass, wenn ihr sich niemand unterordnen möchte, ihre Schrullen, Launenhaftigkeiten erfüllen, dann kann dieser gehen, und sie findet immer jemand anderen. Ein unschöner Mensch, also, wird sich mit allen Kräften an seinem Partner festhalten (da es ihm aufgrund seines Aussehens schwer ist jemanden zu finden, der ihn lieben würde), und ein schöner braucht sich nicht festzuhalten, weil er sich sicher sein wird, dass er dank seiner persönlichen Schönheit sich Tausend andere findet.

Ähnliches Verhalten zeugt davon, dass die Seele die Bewährungsprobe mit der Schönheit nicht ausgehalten hat, und ihr werden nun Programme erstellt, mit Hilfe derer versucht wird alle Mängel in ihrem Charakter, in Ansichten der Beziehungen von Männern und Frauen, und ebenso auf sich selbst zu beseitigen. Die Höchsten können perfekt sehen, wie sich die Seele in der vergangenen Inkarnation verhalten hat, als hässliche, und wie sie sich im gegenwärtigen Leben verhält, als schöne. Wohin ist die vergangene Bescheidenheit und Frömmigkeit der Handlungen verschwunden? Woher kommen Hemmungslosigkeit, Überheblichkeit, Arroganz? Das alles kann im Menschen mit der Schönheit erscheinen. Der Vergleich der Vergangenheit und der Gegenwart ermöglicht es alle entstandenen Mängel im Charakter des Menschen aufzudecken, um ihre Berichtigung durch die Mechanismen des Karmas anzugehen.

Aber nicht jede Seele kommt durch die Bewährung mit der Schönheit, da diese Erfahrung öfter das Negative zeugt, als das Positive, und deshalb führen die Höchsten den Menschen, wie man sagt, nicht unnütz in Versuchung, um danach nicht für die Korrektur seines Charakters zu verausgaben. Am häufigsten entwickeln sich bei einigen Seelen von der äußeren Schönheit Egoismus, Hochmut, Eigenliebe, der Mensch beginnt unberechtigterweise all seine Werte zu überschätzen. Und nur Wenige sehen ihre äußerlichen Gegebenheiten richtig, verstehend, dass alles - vorübergehend ist und nur die seelischen Eigenschaften bleiben ewig. Deshalb konzentrieren sie sich, der Erhaltung der eigenen Schönheit die gebührende Aufmerksamkeit schenkend, auf die Entwicklung der inneren Eigenschaften, also die Vervollkommnung der Seele. Sie verwenden auch die äußerliche Schönheit selbst für den Progress der inneren positiven Eigenschaften.

Mit solch einem Herangehen zu den eigenen äußerlichen Gegebenheiten entwickelt sich der Mensch harmonisch und, nach Tschechow sagend, in ihm schön werden: Körper, Seele und Gedanken. Das ist die richtige Verwendung von eigenen äußerlichen Gegebenheiten für die Entwicklung und Öffnung der inneren Fähigkeiten.

Aber wenn man beginnt mit der Schönheit zu spekulieren oder zu handeln, ob es Prostitution, Striptease, Nacktaufnahmen für ein Magazin sind, den bemalten Körper für Geld zu zeigen, ist bereits der Verlust der Seele von moralischen Prinzipien (wenn sie, natürlich, in der Seele vorher waren), oder das kann ihr Werden auf den Weg der Degradation sein. Somit kann der Mensch seine Schönheit wie zum Wohle nutzen, als auch zum eigenen Schaden und zum Schaden anderer (wenn man damit jemanden verlockt oder verführt); als für den Progress, sowie für den Regress, alles hängt von der Wahl des Menschen ab. Aber wenn man sich den falschen Weg aussucht: Degradation oder den negativen Weg, werden sie unbedingt berichtigt werden durch bestimmte Verluste und Schwierigkeiten im gegenwärtigen Leben, und ebenso auch im nächsten durch karmische Abarbeitungen.

4. Schönheit als Vorbild

Schönheit als Vorbild der Vervollkommnung wird meistens den entwickelten und hochmoralischen Seelen gegeben. Es können schöne Wissenschaftler, Konstrukteure, Architekten, Künstler, Ärzte, Politiker usw. sein. Sie haben einen hohen Professionalismus erreicht, ihr Verhalten unterscheidet sich mit Zurückhaltung, Diplomatie, auf der ersten Stelle sind bei ihnen Arbeit und Familie. Sie erliegen niemals den provokativen Modetrends in Bekleidung, in Beziehungen zwischen Mann und Frau und in allem anderen. Sich global zu irren lässt sie ihrer hohe Moralität nicht, die in den vergangenen Leben erarbeitet wurde, und ebenso die Zielstrebigkeit in der Arbeit. Die Moralität lässt sie Abweichungen von den höchsten Normen in beliebigen Lebenssphären fein spüren. Das Vorhandensein von vollkommenen Eigenschaften im inneren der Seele ermöglicht es ihnen, sich immer und in allem an die goldene Mitte zu halten, jegliche Maßlosigkeiten zu vermeiden, und deshalb spürt man in ihnen einen starken und ruhigen Geist.

Solche Menschen sind Vorbilder der Vollkommenheit für andere, Nachahmung für niedrige und mittlere Ebenen. Jede niedrige Seele sollte sehen, dass man schön, klug, anständig und bescheiden sein kann, denn der Kern des Lebens besteht nicht darin, um berühmt und für jedermann erkennbar zu sein, sondern in einer gewissenhaften Einstellung zur eigenen Arbeit, eigenen Familie und zu allen Menschen, mit denen man in Kontakt kommt. Aber ähnliche Menschenbeispiele bleiben aufgrund ihrer hohen Ebene nicht bemerkbar von vielen niedrigen Ebenen, weil für die letzteren Vorbilder der Vollkommenheit niedrigerer Ebenen geschickt werden in Form von Fußballern, Rennfahrern, Schauspielern, Sportlern usw. Aber in jedem Fall sind auch alle Prominente Beispiele für die Nachahmung von anderen. Und wir wissen, dass die Nachahmung – eine Form der Entwicklung für niedrige Individuen ist.

Nun wenden wir uns der Kategorie der hässlichen Menschen zu.

Menschen mit einem mittleren Aussehen sind – keine Schönheiten, die die Mehrzahl in der Gesellschaft bilden. Sie haben nichts im Aussehen, was sie unter gleichen äußerlich normalen und uninteressanten Individuen hervorstechen lassen würde. Sie sind keine Anhänger der Schönheit, und sie hat für sie keine erstrangige Bedeutung. Sie haben eine eigene Kategorie von Werten, nach denen sie die anderen schätzen, und folglich, auch sich selbst.

Für einige unter ihnen sind im Menschen Geschäftseigenschaften wichtig, für andere – ein fröhlicher, lebensfreudiger Charakter, für dritte – Güte, Großzügigkeit, für vierte – Verstand oder Geschäftseigenschaften usw. Merkmale, für die ein mittlerer Mensch andere schätzen kann gibt es - eine Vielzahl. In der Tat lernt solch ein mittlerer Mensch den anderen nach den durch seine Seele erarbeiteten Eigenschaften zu bewerten, er bewertet also, seine Entwicklung und orientiert sich auf die Resultate, die dabei seine Seele erreicht hat. Und das ist auch richtig.

Ähnliche Menschen mit einem mittleren Aussehen, diesem keine besondere Bedeutung gebend, lassen ebenso das Aussehen der Umstehenden außer Acht. Sie lernen sie für anderes zu respektieren, und eben, für die inneren Eigenschaften. Das ist positiv für sie selbst noch in dem Plan, dass normalerweise alles das, was der Mensch in anderen schätzt, die Orientierung für seine eigene Entwicklung ist und zu dem, wonach er selbst strebt.

Obwohl die Schönheit für sie kein Thema von großer Aufmerksamkeit und Anbetung ist, können einige von ihnen das graue und unscheinbare Aussehen in etwas solides, angesehenes, eindrucksvolles durch ihre inneren Eigenschaften verwandeln. Solche Menschen beweisen mit ihrem persönlichen Leben und Erfolgen, dass man nicht unbedingt schön sein muss, um auf sich aufmerksam zu machen, es reicht aus, bestimmte innere Eigenschaften zu haben, zum Beispiel, Verstand, Besonnenheit, Güte, Ehrlichkeit, um sich in einen unerlässlichen Menschen zu verwandeln, mit dem es angenehm ist zu kommunizieren. Das ist bereits eine ganz andere Einstellung auf das eigene und fremde Aussehen, das ist – eine andere Sicht auf das Aussehen des Menschen.

Sie selbst brauchen die Schönheit für die Selbstbestätigung im Leben nicht, und deshalb wird es ihnen nicht gegeben. Die Hauptsache in ihrem Leben ist – anderes. Es kommt vor, dass viele bis zur Auffassung der Schönheit noch wachsen müssen, aber das wird ihnen dann nach ihrer Wahl in der Zukunft gegeben.

Unschöne Menschen.

Zu ihnen gehören zwei Typen von Seelen: die ihre Entwicklung anfangen und ausreichend reife.

a. Junge Seelen, die aus der Tierwelt oder den Parallelwelten kommen, sind am häufigsten hässlich. Sie können den Tierformen ähneln, von denen sie gekommen sind, da ihr Gedächtnis fortsetzt die äußerlichen Formen beizubehalten, an die sie sich gewöhnt haben in der vergangenen Inkarnation, und ihr Bewusstsein wird für eine gewisse Zeit (bis drei-fünf Inkarnationen) ihre Außenform auf die alte einstellen. Deshalb ist ein Mensch (mit einer jungen Seele) einem Pferd ähnlich, ein anderer - einem Hund, ein dritter - einem Stier, der vierte – einem Bär.

Ihre Seele versteht die Harmonie und Schönheit noch nicht, deshalb braucht sie sie nicht, zudem, ihre niedrigen Energien lassen sie äußerlich nicht harmonisch formen, da das Gedächtnis der Vergangenheit ständig versucht die neue Form an die alte anzupassen. Aus diesem Grund haben sie manchmal grobe Gesichtszüge, eine eckige, unverhältnismäßige Figur, sodass man in ihnen direkt die Seelen von vergangenen Tieren errät. In ihrem Aussehen läuft ständig ein Kampf zwischen Harmonie und Disharmonie, zwischen der vorangegangenen und gegenwärtigen Form.

b. In die Kategorie von mittleren und unschönen Menschen werden ebenso oft Seelen versetzt, die die Eigenschaft der Unabhängigkeit von ihren äußerlichen Gegebenheiten erarbeiten müssen, für ihre volle Konzentration auf ihre innere Welt.

Die Seele muss verstehen, dass sie unabhängig von den äußerlichen Gegebenheiten arbeitsfähig sein muss und hohe Resultate in den gesetzten Aufgaben erreichen können muss, sich ganz und gar nicht auf ihr charmantes Aussehen verlassend, sondern auf eigene innere Kräfte. Im Endeffekt kommen solche Seelen nach einer Reihe von Inkarnationen zu einem Vorbild der Vollkommenheit.

Und, zum Schluss, - **hässliches Aussehen.**

Das sind meistens karmische Seelen. Die einen werden darein versetzt für große Straftaten, Grausamkeit, Sündhaftigkeit, wonach sie dekodiert werden können. Andere werden nicht dekodiert, sondern, in solch einer anstößigen Form leidend, geben sie gewisse energetische Schulden ab und kehren danach erneut in die Entwicklung zurück. Durch das Leiden der Seele läuft die Erziehung und die Produktion bestimmter Energietypen, die die vergangenen energetischen Mängel des Menschen im Leben kompensieren. In einem hässlichen oder defekten Körper gewesen, wird die Seele gezähmt, ihr abträgliches Gemüt verschwindet, Widerspenstigkeit und viele andere niedrige Eigenschaften verschwinden.

Aber es passiert auch umgekehrt, ein Mensch in einem hässlichen Körper kann noch mehr wütend werden auf sein Leben, und beginnt alle umgebenden Menschen zu hassen, Wut kocht in ihm, und in der Seele geht die Erarbeitung von negativen Eigenschaften weiter: Rache, Hass, Aggression, deshalb wird solch eine Seele in das negative Entwicklungssystem hinübergehen. Diese Seele, also, hat die ihr gegebene Versuchung nicht ausgehalten.

Somit, das Aussehen hilft den Seelen sich in unterschiedlichen Eigenschaften zu entwickeln. Im Laufe vieler Inkarnationen das Aussehen des Menschen regulierend, verwenden die Höchsten es für die Erarbeitung der Seele der einen oder anderen Charaktereigenschaften.

Der Mensch sollte verstehen, dass jedes Aussehen vorübergehend ist, wird für ein Leben gegeben, deshalb sollte man nicht stolz sein, wenn man gutaussehend ist, und in der Nähe – nur Mittelmäßigkeiten sind, aber man sollte auch nicht betrübt sein, wenn man selbst dieses Mittelmaß ist. Alles vergeht. Man darf Hässliche und Anrüchige nicht auslachen, denn sie haben nur eine Aufgabe: zur Vollkommenheit zu kommen. Zudem sollte man daran denken, dass sie in der nächsten Inkarnation mit ihnen die Plätzte tauschen könnten, und ihr könnt wieder mit denen zusammengebracht werden, die ihr ausgelacht habt für die Überprüfung eurer inneren Eigenschaften.

Man sollte die äußerlichen Gegebenheiten für die Entfaltung von persönlichen inneren Talenten verwenden, für die Beschleunigung des Fortschritts der Seele auf dem Weg des Progresses, um Neues zu erfahren und für den Kampf mit den eigenen Mängeln. Schönheit öffnet Türen auch in die Seelen der Menschen, und auch in viele Bildungs- und Industrieeinrichtungen, aber man sollte diesen Schlüssel gekonnt einsetzen, um einst nicht die Tür zu öffnen, hinter welcher der Weg in das negative System beginnt.

Die äußerliche Schönheit des Menschen sollte unbedingt in die innere hinübergehen.

Das Wichtigste ist – wunderbare Eigenschaften der Seele zu erarbeiten, und das ist – die Aufnahme von bestimmten Energietypen, hohen und wunderschönen, und dann wird der Mensch einst wunderschön wie eine Blume sein oder wird aufleuchten, wie ein blendender Stern.

MODE IM EINFLUSS AUF DIE ENTWICKLUNG DES MENSCHEN

Jede Mode ist auf die Erweckung im Menschen von gewissen Emotionen, Gefühlen orientiert, das ist also ein Verfahren, der solch einen Mechanismus, wie den menschlichen Organismus in Gang setzt durch die Arbeit der Gefühle. Der Mechanismus ist dazu berufen mit Hilfe von Gefühlen unterschiedliche Energietypen zu produzieren.

Möglichkeiten den Mechanismus zu zwingen sich einzuschalten gibt es eine Vielzahl, denn die biologische Energiemaschine des Menschen sollte nicht untätig bleiben, sie muss ständig arbeiten und für die hierarchischen Systeme die ihnen erforderliche Produktion erzeugen. Und sie brauchen Energien einer bestimmten Eigenschaft. Gleichzeitig läuft die ästhetische Erziehung des Menschen.

Mode ist niemals spontan. Sie wird von oben geplant, wird zuerst von den höchsten Schöpfern entwickelt und danach in die irdische Welt hinuntergelassen. Jede Mode wird in Entsprechung mit den Energien erarbeitet, die in der jeweiligen Entwicklungsperiode durchgearbeitet werden. Und das bringt viele Besonderheiten in die Farbskala und in den Aufbau der Mode selbst ein.

In der Geschichte der Menschheit gab es keine gleichen Stile, sie haben sich immer verändert und waren immer etwas neu: wenn sich die

Formen wiederholten, dann haben sich Materialien verändert; und das Material, die Farbenzusammenstellung, die Qualität und Faktur der Stoffe haben sich niemals wiederholt. Jede Mode hat ihrer Zeit, Entwicklungsebene der Gesellschaft und Energietypen entsprochen, die man durcharbeiten musste für die hierarchischen Systeme. Ebenso hat auch die Qualität der Modelle den Energien entsprochen, mit denen der Mensch gearbeitet hat.

Warum, eigentlich, hat sich die Qualität des Stoffes, seine Farbenzusammenstellung, Struktur und anderes verändert?

Alles war der Vervollkommnung der Seele untergeordnet. Jede Materie hat die Energien wiedergespiegelt, aus denen in der jeweiligen Periode die physische Materie selbst gebaut wurde. Eben dass sich die Energien veränderten, die an der Entwicklung der Menschheit teilnahmen, hat den Wechsel der Qualität des Stoffes selbst beeinflusst. Jede Energieart hat ihren eigenen feinen Aufbau und ihre Eigenschaften, deshalb das, was man aus dem einen Energietypen machen kann, ist es unmöglich aus einem anderen zu machen. Jeder Energietyp diktiert seine Besonderheiten des Aufbaus bei seiner Verwendung in der materiellen Welt. Der gleiche Faktor beeinflusst die Farbenzusammenstellung. Das alles bringt die Einzigartigkeit der Materialien und Fasson mit sich, die in der Mode verwendet werden.

Aber das wichtigste Ziel der Mode ist – natürlich, die Entwicklung des Individuums und seiner Produktion von bestimmten Energien. Mode ist – eine ästhetische Erziehung der Persönlichkeit, das ist Schöpfung, das ist eine Aktivierung der Arbeit von Gefühlen und das Wohlgefühl in dieser Welt. Mode hat eine große Bedeutung, da sie die ästhetischen und künstlerischen Geschmäcker des Menschen zum Ziel ausrichtet.

Aber die Mode hat eine Besonderheit, der der heutige Mensch keine besondere Bedeutung gibt. Er glaubt, dass jede Mode – neu, und deshalb, gut und positiv ist. Und diese Besonderheit ist das Vorhandensein in der Mode von oppositionellen Richtungen, die immer neu, extravagant sind, aber das eine führt den Menschen in das negative System, da es der Erarbeitung durch die Seele von negativen Eigenschaften beiträgt, das andere – in das positive System. Von dieser Seite der Mode ahnt der Mensch nichts.

Alles, was niedrige und verdorbene Instinkte anregt, was mit Vorführung von nacktem Körper verbunden ist und seine Fragmente präsentiert in einer kaum verhüllten Form, zwingt den Menschen durch niedrige Emotionen negative Energien zu erzeugen und trägt dem Voranbringen des Individuums in Richtung des Satans bei.

Den nackten Körper, bedeckt mit einem Schleier, betrachtet der eine mit Anbetung und erzeugt deshalb negative Energien, und ein anderer – mit Abscheu und erzeugt deshalb positive Energien. Für alles gibt es konkrete Reaktionsstandards, die in die Funktion der Tätigkeit der biologischen Maschine des Menschen eingelegt sind. Und unsere Wahl schaltet in dieser Situation entweder den einen Mechanismus, oder den anderen ein. Solch eine Wahl, wie zum Beispiel, **sich mit Niedrigkeit zu vergnügen, schaltet in der Seele den Mechanismus der Erzeugung von negativen Energien ein; und die Wahl, als die Ablehnung der Niedrigkeit, schaltet den entgegengesetzten Mechanismus ein – die Erzeugung von positiven Energien**. Das ist wie, wenn man den einen Wasserhahn aufdreht, kommt kaltes Wasser, schaltet man den anderen Wasserhahn ein, kommt heißes Wasser. Aber du selbst suchst aus, was du einschaltest.

Deshalb, wenn die Höchsten neue Mode schaffen und schicken diese auf die Erde, dann lassen sie unbedingt die entgegengesetzten Richtungen in der Mode hinunter, damit der Mensch aussuchen kann. Ohne Wahl wird nichts gegeben. Und es gibt immer mehr Feinheiten, die in die positive oder negative Richtung führen.

Zum Beispiel, ein spitzer Absatz oder ein Blockabsatz, das ist Mode, die aus der niedergelegenen Welt gekommen ist, das ist die Form eines Hufes niedriger Wesen. Oder Glatzenmode bei denen, die Haare haben; Piercings in der Nase, Lippen und anderen Teilen des Körpers mit Zweck ihrer Verschönerung, Tattoos – das ist Mode, die aus sehr niedrigen Welten kommt, und sie trägt der Erarbeitung des Individuums bei ihrer Zustimmung und Annahme von negativen Energien bei. Solch ein Individuum entwickelt sich, progressiert, hält, zweifellos, Schritt mit der Zeit, läuft aber in die Richtung der negativen Hierarchie. (Apropos Glatze: es ist zu beachten, dass Glatzen, die der Mensch von Natur aus bekommt, mit seinem Karma verbunden sind, oder mit dem Zustand des Organismus, und das Letztere sollte auch beachtet werden. Die

Produktion von negativen Energien beeinflusst nur die Wahl des Menschen, d.h. von Natur aus sind ihm, zum Beispiel, dicke Haare gegeben, und er bevorzugt es, glatzköpfig zu sein.)

Natürlich, ein Leben entscheidet nichts, und der Mensch wird nicht direkt in die negative Hierarchie kommen, es werden Neigungen und seine Taten in anderen Leben eine Bedeutung haben. Alles in der Gesamtheit wird die vorherrschende Eigenschaft des Charakters schaffen. Aber man sollte daran denken, dass einst, alles, was der Mensch erarbeitet hat, summiert wird, und dann können die Resultate kläglich ausfallen. Daher, im Kleinen aussuchend, jeden Strich aussuchend, sollte der Mensch nicht vergessen, dass einst, dieser Strich, entscheidend sein kann auf der Waagschale.

Wenn man von positiver Mode spricht, sollte man beachten, dass lange Haare damit einhergehen, schöne Frisuren, ein romantischer Stil in Bekleidung, der Körper ist immer bedeckt, denn das, dass der menschliche Körper wunderschön ist – ist eine erneute Täuschung des Menschen.

Können denn für uns ein Frosch oder eine Schlange wunderschön sein? Den Menschen mit ihrer Gestalt begeistern können sie nicht. Ebenso können die Menschen nicht wunderschön sein für die Höchsten, da sie mit sich eine niedrigere Form darstellen.

Aber die Menschen sollten für sich selbst wunderschön sein, um sich zu vervollkommnen. Deshalb bringt uns die Mode bei, sich zu lieben, was für die jungen Seelen nicht weniger wichtig ist, die in der Vergangenheit eine andere Form hatten. Sie bringt Schöpfung bei, einem räumlichen Denkvermögen, entwickelt den künstlerischen Geschmack und hilft sich unter den anderen zu behaupten, was für die Anfangsseelen sehr wichtig ist. Sie können noch nur sehr wenig selbst, sind nicht fähig sich in der Gesellschaft durch irgendeine Tätigkeit zu behaupten. Mode hilft ihnen sich wohl zu fühlen unter den anderen.

Wenn wir von Mode sprechen, gehen wir doch auch auf die Kosmetik ein, das, mit Hilfe dessen der Mensch fähig ist sein Aussehen zu verwandeln; und ebenso plastische Operationen, die unter einer bestimmten Zwischenschicht der Bevölkerung verbreitet sind.

Der Mensch hat große Fähigkeiten in der Veränderung seines Aussehens zum Besseren erlangt. Die Kosmetik ist fähig jedes einfache

Gesicht in ein schönes, attraktives zu verwandeln. Und plastische Operationen beseitigen radikal die natürlichen Mängel: verändern die Form der Nase, der Ohren, den Augenschnitt, die Gesichtskontur, beseitigen auch die Mängel der Figur.

Das Aussehen verändernd, beginnt der Mensch sich ganz anders zu fühlen, sein Verhaltenscharakter, Gefühle und Emotionen verändern sich. Aber was passiert dabei mit unserer Seele, und wie beeinflussen wir dabei das Karma? Versuchen wir mal solche Kunst aus diesen Positionen zu betrachten.

Erinnern wir uns daran, dass jedem Menschen das Aussehen nicht dafür gegeben wird, damit er gut und einfach lebt. Das Aussehen soll eine bestimmte Rolle in der Erziehung des Menschen spielen. Es muss der Persönlichkeit helfen, sich in die vom Programm vorgegebene Richtung zu entwickeln und eine bestimmte Wirkung auf die Seele haben.

Wenn dem Menschen ein unschönes Gesicht gegeben wird oder gewisse Defekte an ihm geschaffen werden, dann wird das alles mit dem Zweck der Erziehung gemacht. Dem Menschen wird die Möglichkeit gegeben konkrete Zustände durchzuspüren. Natürlich ist, dass eine junge Frau mit einem von Natur aus hässlichen Gesicht sich etwas erniedrigt fühlen wird im Vergleich mit einer schönen. Möglicherweise wird sie aus diesem Grund viel leiden müssen: zum Beispiel, eine Schönheit wird den jungen Mann, der ihr gefiel, wegstehlen; beim Tanzen, wenn die Jungs die Schönen einladen, werden unattraktive Mädchen allein stehen gelassen. Wie viel Schmerz und Enttäuschung wird ihre Seele erfahren.

Hier gibt es eine Vielzahl an Beispielen. Aber, leidend, erarbeitet der Mensch die Eigenschaften, die nach seinem Programm erarbeitet werden müssen. Folglich, eben Energien solcher Eigenschaften muss er erarbeiten. Und mit Hilfe von Kosmetik schöner werdend, oder die Mängel beseitigend, kann er völlig andere Empfindungen erfahren: wird arrogant, stolz, fängt ständig Blicke auf sich, die Eigenliebe tröstend und in sich die Ruhmsucht entwickelnd, wird er übererheblich usw. Wird also, absolut nicht die Eigenschaften ausarbeiten, die erforderlich sind nach dem Hauptprogramm, und die Zelle der Matrix, die gefüllt werden muss in diesem Leben, bleibt leer. Deshalb werden solche Bewährungen in das nächste Leben verlegt und die Seele wird in jedem Fall gezwungen werden das zu erfahren, was sie erfahren muss, um die Matrix mit der Energie der erforderlichen Eigenschaft zu befüllen. Somit, das Leiden in diesem Leben hinausschiebend, verstärken wir es in nächste.

Genauso schafft große Ohren oder eine lange Nase nicht die Natur von allein, sondern sie formt der Bestimmer extra bei der Entstehung des Kindes noch im Gebärmutterzustand der Mutter (oder wird dem Körper von dem genetischen Code vorgegeben). Das, was das Kind von Geburt aus an bekommt, hat einen besonderen erzieherischen und karmischen Zweck, deshalb, sie korrigierend, läuft der Mensch gegen sein Programm. Und wenn er in Verbindung damit keine positiven Energien erarbeitet, wird er trotzdem später gezwungen werden die persönlichen Schulden abzuarbeiten.

Wenn jedoch die Persönlichkeit eine sehr sensible Seele hat und, sogar das Aussehen zum Besseren verändernd, sie fortsetzt genauso zu leiden und bei geringstem Anlass sich sorgen zu machen, wie es das Programm erfordert, dann macht die Persönlichkeit keine Schulden und erarbeitet keine Energien der entgegengesetzten Eigenschaft. Sie läuft nach ihrem Programm, und in diesem Fall erscheint die Arbeit an dem eigenen Aussehen als eine positive Eigenschaft.

Die Veränderung des Aussehens zum Besseren, die als ein Anreiz zum Progress dient, die Erlangung durch diese Handlungen gewisser künstlerischer Fähigkeiten oder der Willenskraft im Kampf mit den Schwierigkeiten ist positiv und wird durch die Höchsten belohnt. Somit hängt, natürlich, alles von der Feinheit der Wahrnehmung des Menschen ab und von dem, welche Eigenschaften, also Energien, er in der Seele im Resultat der getätigten Handlungen ansammelt.

Wenn der Mensch, zum Beispiel, von Geburt aus einen hässlichen Körper bekommt, dann ist es, bedingungslos, sein Karma. Er arbeitet bestimmte vergangene Schulden ab und solches Aussehen muss er demütig annehmen. Aber das bedeutet nicht, dass er nicht um sein Leben kämpfen muss und gewisse Interessen verteidigen. Er muss nach einer normalen und richtigen Lebensweise streben, sich und den anderen beweisend, dass er fähig ist in seinen Bestrebungen normal zu bleiben, trotz allem. Auch in einem hässlichen Körper kann man sich mit Kunst beschäftigen, mit Wissen und, somit, das vergangene Karma sühnend, in der Entwicklung fortschreiten.

Wenn die Verstümmelung ihn bereits im Laufe des Lebens trifft, dann kann es sowohl das Karma, als auch eine Bewährung auf Standhaftigkeit des Geistes sein und die Erlangung der erforderlichen Gefühle und des Grades der Verständnis des Menschen, der zum Krüppel geworden ist. Das kann auch eine harte Art und Weise der Erweckung von Mitleid zu den anderen sein, die ebenso, sozusagen, des Schicksals beraubt sind, und die Bändigung eines zügellosen Charakters. Gott liebt Demütige.

Daher, wenn der Mensch an sich mit künstlichen Mitteln irgendwelche Mängel korrigiert, die von oben von Geburt aus angegeben wurden, dann wird sein Karma in dem Fall ins nächste Leben übertragen, wenn er in die Matrix die erforderlichen Energien nicht erarbeitet hat. Im nächsten Leben wiederholt sich die Bestrafung, er wird erneut als Missgeburt geboren oder mit gewissen Mängeln.

Der Mensch, in welchem Zustand er sich auch immer befindet, sollte eins verstehen – von ihm wird die Arbeit der Seele gefordert, die Erkenntnis seiner wahren Lage in allen Feinheiten seines Zustandes. Deshalb sollte man mehr denken, nachdenken, fühlen und danach streben richtige Schlussfolgerungen zu machen.

In der neuen, sechsten Rasse wird der Mensch ein schönes Aussehen haben, da es, wie auch das Alter aufhört eine erzieherische Rolle zu spielen. Die Rasse wird aus hochentwickelten und hoch-moralischen Seelen geschaffen, die bereits alle erforderlichen moralischen Grundlagen in sich eingearbeitet haben und mit den Gesetzen zusammen verschmolzen sind. Die Gesetze werden in ihnen drinnen funktionieren, deshalb werden sie kein unschönes Aussehen mehr brauchen, um zu verstehen, wie sich jemand anderes im gleichen Zustand fühlt. All diese Aufgaben sind von ihnen bereits in der Vergangenheit durchgegangen worden und mit hohen Resultaten gelöst.

Ebenso hört auch die Mode bei ihnen auf extravagant zu sein, sie wird in ruhige und weiche Töne und einfache Formen hinübergehen und hört ebenso auf eine erzieherische Rolle zu spielen. Das ist bloß die Durcharbeitung von Energien des astralen Planes. Die sechste Rasse wird mit Energien einer höheren Ordnung arbeiten.

Die Persönlichkeiten der goldenen Rasse werden sich nicht mehr behaupten müssen durch solche künstlichen Methoden, durch Mode,

Kosmetik. Sie kennen den Lebenssinn und ihre Ziele, und alles andere wird aufhören für ihr Bewusstsein zu existieren. Mode – ist bloß eine Methode der Entwicklung von Gefühlen auf der Vervollkommnungsetappe des Individuums der fünften Rasse. Und zusammen mit der Etappe wird sie der Vergangenheit angehören.

VERLOCKUNGEN UND VERSUCHUNGEN

VERSUCHUNGEN

Eine der Hauptmethoden die Seelen auf die eigene Seite abzuwerben für das negative System ist die Verwendung von Verlockungen, Versuchungen, also von den Lockmitteln, die für den Menschen wünschenswerter sind und für derentwillen er zu allem bereit ist, sogar zu einem Verbrechen.

Jede Ebene der menschlichen Hierarchie enthält progressive Methoden der Entwicklung der Seele und hat gleichzeitig eine breite Palette an Verlockungen, Vergnügungen, Versuchungen, die die Seele zur Seite weg vom Progress führen und ihrer Degradation beitragen. Das alles wird in die Lebenssituationen dieser Ebene extra eingeführt, damit die Seele lernt zwischen dem Guten und dem Bösen auszusuchen, zwischen dem Positiven und Negativen, zwischen dem, was zum Progress führt, und dem, was zur Degradation führt.

Der Kern der Entwicklung besteht in der Wahl zwischen zwei Gegensätzen: dem Positiven und dem Negativen. Wenn der Mensch vor einer Wahl steht, fängt bei ihm die Arbeit des Intellektes an, der Gefühle, das Denken entwickelt sich, die Charaktereigenschaften; er fängt an sich als eine Persönlichkeit zu bilden.

Die Wahl kann nicht nur zwischen den Gegensätzen verwirklicht werden, aber auch zwischen gewissen Eigenschaften (die Wahl ein Tischler, Maurer, Lehrer, Volkswirt zu werden), und ebenso zwischen dem Niedrigen und Hohen. (Zum Beispiel, ein Musiker sucht aus, ob er "Rock" oder klassische Musik macht).

Niedrige Seelen kennen sich in den Entwicklungsrichtungen nicht aus und erliegen oft den Versuchungen und Verlockungen, die beginnen ihre Vervollkommnung abzubremsen. Unerfahrene junge Seelen halten Versuchungen für Ziele, die man anstreben muss, zum

Beispiel, sie beginnen aktiv sich mit der Ansammlung von Millionen von Vermögen zu beschäftigen, mit der Jagd nach teuren Sachen, ein Cottage reicht ihnen nicht aus, sie beginnen Paläste im Ausland zu beschaffen, Flugzeuge und Jachten. Aber da es – Fallen sind, die das negative System aufgestellt hat, so werden sie hinterher durch das Karma aus diesen Fallen sich herausarbeiten müssen und durch Schwierigkeiten und Unglück, das in der Entwicklung Entgangene aufholen.

Was gehört noch zu den Verlockungen und Versuchungen?

Sie sind seit langem allen gut bekannt. Das sind – Wein, Drogen, Geld, Sex, jegliches materielles Übermaß, einschließlich Nahrung, fremde Güte.

Um nicht unter die Macht des negativen Hierarchen zu kommen, **muss der Mensch den niedrigen Versuchungen widerstehen, da alles, was materiell ist und einfach zu bekommen ist, ohne jegliche Bemühungen – von den Dunklen ist**. Und die Aufgabe des Menschen ist – zu lernen ihre Tricks zu erkennen, nicht mit ihnen ins Spiel zu treten, denn jede Verlockung – ist die Einziehung der Seele in niedrige materielle Pläne, das ist eine Ablenkung von den Höchsten, geistigen Aufgaben, die vor jedem Menschen stehen.

Aber als Versuchung kann alles Mögliche auftreten, wenn der Mensch bei ihrem Erhalt bestimmte Normen der Moral verletzt. Zum Beispiel, in der Zeit des Krieges und des Hungers haben einige Individuen die Heimat, Freunde verraten. Und in den letzten Jahren konnte ein Individuum für den Erhalt einer Prämie seine Mitarbeiter verleumden. Zur Versuchung wurden Brot, Prämien. Es konnte alles Mögliche werden, wenn es dem Individuum gefehlt hat und er davon verführt wurde, die Normen der Moral verletzend. Als Versuchung konnte ein Bild eines berühmten Künstlers werden, das die Persönlichkeit versucht hat mit allen Mitteln zu bekommen, oder sogar ein schöner Füller für den Schüler, der solch einen nicht hatte. Um diese zu bekommen kann das Individuum einen Diebstahl, Betrug begehen. Wenn er, also, sie ehrlich erwirbt, nachdem er ihren Wert abgearbeitet hat oder durch einen gleichwertigen Tausch für das, was er zur Verfügung hat, dann werden die Objekte nicht als Versuchungen antreten. In Kombination mit dem Verhalten des Menschen bekommt das Objekt entweder negative oder positive Einflüsse auf die Seele.

Aber Versuchungen sind auch immateriell. Zum Beispiel, ein junger Mann, um in einem Auto zu fahren, das er nicht hat, stiehlt es vorübergehend und lässt es dann stehen. Das ist auch eine Unterwerfung der Versuchung, da die Befriedigung des Erwünschten durch die Verletzung der Gesetze geschieht. Somit, zu den Versuchungen und Verlockungen gehören nicht nur allen gut bekannte Wein, Drogen, Sex, Geld, aber auch vieles andere.

Man darf ebenso nicht den einfachen Erfolgen erliegen, die große materielle Vorteile, Erfolge versprechen, in ihnen verbergen sich auch Versuchungen, die vom Satan kommen. Der moderne Mensch sollte sein aktuelles Leben mit dem Leben von Heiligen vergleichen, die bloß das Notwendigste für die Erhaltung ihrer Existenz hatten, und alle Gedanken an Gott, an den Geist ausgerichtet haben, deshalb haben sie es geschafft in einem Leben auf eine ungewöhnliche Höhe ihres Geistes zu steigen. Der Mensch hat würdige Vorbilder für die Nachahmung.

Jede Entwicklungsebene hat ihre Versuchungen und Verlockungen. Für die Erde werden einige Ebenen des Menschen mit gleichen Versuchungen vereint, da die Entwicklung langsam läuft, und das Individuum eine lange Zeit braucht, um den Kern seines Verhaltens zu verstehen.

Eine ausreichend entwickelte Seele kann man mit dem oben Genannten nicht mehr versuchen, da sie im Laufe der Entwicklung in dieser Hinsicht eine Reihe an beständigen Eigenschaften erarbeitet hat. Aber solch eine Seele kann mit anderen Versuchungen einer höheren Ordnung versucht werden, zum Beispiel, mit einer hohen Position, mit irgendwelchem geheimen Wissen, mit Macht. Und eine hochentwickelte Seele kann mit der Öffnung in sich von gewissen Superfähigkeiten versucht werden: Hellsehen, Hellhörigkeit, übersinnliche Fähigkeiten, Gabe der Heilung. Unterschiedliche Ebenen des Menschen, also, werden mit Versuchungen ihrer Ebene verlockt, und Versuchungen von niedrigeren Entwicklungsstufen werden sie dann nicht mehr interessieren.

Oder solch ein einfaches Beispiel, wenn der Mensch der mittleren Ebene von der Vervollkommnung der Seele zu Vergnügungen wechselt und auf den negativen Entwicklungsweg tritt. Das Individuum bekommt überflüssiges Geld. Er entscheidet sich, ein geistiges Buch zu kaufen, zu lesen. Aber dann trifft er einen Freund, und dieser schlägt ihm vor ins Cafe zu gehen. Und er gibt das Geld nicht für die Erlernung von neuem aus, sondern für Vergnügungen. Dieses Beispiel zeigt anschaulich, wie der Mensch manchmal eine einfache Situation falsch löst und an solchen Kleinigkeiten sich ernsthafte karmische Folgen einhandelt. Mit solch einer "Kleinigkeit" kann er sich nicht nur ein, sondern viele seiner zukünftigen Leben verderben, weil sich diesem Fehler im Folgenden auch andere anschließen, und für ihn wird es schwieriger aus dieser Ursache-Folge-Abhängigkeit auszutreten.

Mit solchen belanglosen Situationen, wenn sich viele davon ansammeln, stürzt der Mensch sich in den Abgrund von zukünftigen Unannehmlichkeiten hinein. Obwohl die Situation unbedeutend scheint, aber ihre Bedeutsamkeit hängt von den Menschen ab, die an ihr teilnehmen. Und außerdem, mit der Erhöhung der Entwicklungsebene erhöht sich die Bedeutsamkeit vieler einfacher Situationen. Was für die Individuen einer niedrigen Entwicklungsebene als ein unbedeutender Fehlschlag gelten kann, wird für eine hohe Ebene unannehmbar und kann sogar das Leben kosten.

Somit, Versuchungen und Verlockungen, die die Seelen verführen und die sie vom Weg des Wahren wegführen, werden auch nach Ebenen geteilt und jeder Seele werden ihre Versuchungen entsprechend der von ihr erreichten Entwicklungsebene geschickt. Die Seele sollte lernen zu erkennen, was sie zu Gott führt, und was – zum Satan, was die Entwicklung beschleunigt, und was sie abbremst und fähig ist sie in Richtung der karmischen Situationen umzuwenden. Die Öffnung der Eigenschaften, die nicht in das Entwicklungsprogramm auf diesem Stadium eingetragen sind, schmeicheln der Eitelkeit des Menschen, trägt aber nicht seiner Erarbeitung von neuen Eigenschaften bei. Deshalb sollte er auf der alten Fähigkeit nicht parasitieren, sondern die nächste der Ebene nachbilden.

Gott braucht beständige Persönlichkeiten mit beständigen Eigenschaften, deshalb lässt er die Einführung von Versuchungen und Verlockungen in die Entwicklung zu mit dem Zweck der Aufdeckung im Menschen von schwachen Seiten, Mängeln, Defekten der Seele. Ein Mensch, der standhaft durch Versuchungen gegangen ist, wird von ihnen genauso geschätzt wie ein Individuum, das durch schreckliche

Bewährungen gegangen ist. Versuchungen und Angst funktionieren entgegengesetzt, aber dabei decken sie gleichermaßen schwache Seiten der menschlichen Natur auf.

Oft wird eine Verlockung als eine Bewährung, Prüfung aufgestellt. Das Ende des zwanzigsten Jahrhunderts war reichlich an niedrigen Seelen. Gleichzeitig sind auch viele Versuchungen erschienen, die Elemente der Prüfung sind, "beißt" die Seele die eine oder andere Versuchung an oder nicht. Und jede Verlockung wird auf der Energie einer bestimmten Frequenz aufgebaut. Wenn die Seele nicht auf eine sehr niedrige Verlockung reagiert, wird ihr eine andere untergeschoben, die in der Energie höher in der Frequenz steht. Auf diese Weise wird die Beständigkeit der Eigenschaften der Seele geprüft – bis zu welcher Energiefrequenz die Eigenschaften beständig sind. Die beständigen lehnen die Verlockung ab, und nicht beständige werden die Individuen in Versuchung führen. Die Aufdeckung der Verlockungen hilft den Höchsten das nächste Leben des Individuums aus den Situationen zu bilden, die es ermöglichen seiner Seele beständige Eigenschaften zu erarbeiten auf Grundlage der erforderlichen Energiefrequenzen. Somit, Versuchungen und Verlockungen helfen einerseits der Seele negative Energien zu erarbeiten, und andererseits, helfen sie Gott für seine Hierarchie die Besten und widerstandsfähigsten gegen sie auszusuchen.

WAS GIBT DER SEELE DER VERZICHT AUF VERGNÜGUNGEN

Das ganze Leben des Menschen ist auf seiner Strebung nach Vergnügungen aufgebaut. Aber sie sind unterschiedlich: der eine sieht das Vergnügen in Diskotheken, das Besuchen von Restaurants, Bars, ein anderer – im Lesen von Büchern, im Lernen oder in der Schöpfung. Es gibt also **niedrige und hohe Vergnügungen**, und deshalb tragen sie nicht nur unterschiedliche, aber auch entgegengesetzte Energien. Deshalb sollte man die einen ablehnen, und andere sollte man befriedigen, man sollte nur herausfinden, welche Vergnügungen für die Seele nützlich sind, und welche ihr Schaden zufügen. Aber es ist wichtig zu verstehen, was der Verzicht auf unerwünschte Vergnügungen einer niedrigen und hohen Seele gibt, gibt es zwischen ihnen einen Unterschied? Wenden wir uns den Vergnügungen des immateriellen Typen zu.

Der Verzicht auf Vergnügungen ist:

1. bewusster Selbstentzug von all dem, was das Individuum für Untätigkeit, Ergötzung, Erholung hält, was dem Körper als Verwöhnung dient und mit materiellen Gütern verbunden ist (für ein niedriges Individuum);
2. für ein hochgeistiges Individuum ist das Vergnügen nur mit Taten der Erarbeitung von konkreten Energiearten verbunden, die seinem Progress beitragen.

Wenn, zum Beispiel, solch ein Individuum auf das Vergnügen verzichtet seine Lieblingsarbeit zu machen, dann, folglich, wird er degradieren, was unzulässig ist, da in solch einem Fall seine Seele aufhören wird Energien zu erhalten für den Aufbau der Zellen der Matrix. Ähnliches entspricht der Degradation. Aber eine hochentwickelte Persönlichkeit ist bereits so aufgebaut, dass sie nicht auf die angebotene Arbeit verzichten kann, besonders auf die geliebte Arbeit. Wenn also so etwas passiert, dann deutet es auf das Gegenteil hin – darauf, dass sie nicht der hohen Ebene angehört, sondern einer niedrigen. Hohe Persönlichkeiten haben – eine andere Bewusstseinsebene und andere Eigenschaften.

Den Verzicht auf Vergnügungen können nur niedrige Individuen vollbringen, da die Auffassungen ihres Erhaltens von Vergnügungen den Auffassungen darüber der hochgeistigen Persönlichkeiten entgegengesetzt sind. Ein niedriges Individuum bekommt Vergnügen aus Nichtstun, und ein hohes – von der Arbeit; ein niedriges – von den Prozessen der Zerstörung, und ein hohes – von der Schöpfung.

Wenn eine niedrige Persönlichkeit jedoch die Vergnügungen ihrer Ebene ablehnen kann, dann bedeutet es, dass sie ganz realisiert hat, dass Arbeit ihr die wahrhafte Freude bringt, die nicht mit dem Erhalt der Freude aus Nichtstun zu vergleichen ist. Daher ist der Verzicht auf Vergnügungen auf einem niedrigen Plan **das Empfinden** eines eigenartigen Gefühls der Freude von der Arbeit für die Seele, was der Empfang von Energien in ihre Matrix ist.

Der irdische Plan ist reich an allmöglichen Vergnügungen, und sie alle sind hauptsächlich für den Menschen gedacht. Welche Vergnügungen hat ein Tier? Sich in der Sonne zu wärmen und mit gleichartigen in Minuten einer guten Laune zu spielen. Und wie viele Vergnügungen sind für den Menschen gedacht – ist schwer aufzulisten.

Aber was ist ein niedriges Vergnügen? Auf dem physischen Plan ist es der Erhalt von angenehmen Gefühlen, die in einen bestimmten Energietypen des astralen Planes umgewandelt werden. Diese Energien gelangen in die astrale Hülle des Individuums und werden im Weiteren als ein niedriger Typ nicht in die Hüllen einer höheren Ordnung durchgelassen wegen ihrer niedrigen Eigenschaften. Und nach dem Tod des Menschen wird der astrale Energiekörper, den vorübergehenden Hüllen angehörend, abgeworfen und demontiert mit der Verwendung der Energien für den allmöglichen Bedarf der hierarchischen Systeme.

Aber die Seele erhält nichts von den niedrigen Vergnügungen. Wenn sie selbst keine Arbeit beim Erhalt eines Vergnügens leistet, dann macht auch die Matrix keine Ansammlungen. Zum Beispiel, die Seele bekommt Vergnügen vom passiven Hören eines Sängers, wovon sie selbst nichts ansammelt, und die Energien des astralen Planes von den Gefühlen kommen in die vorübergehende Hülle. Aber wenn, zum Beispiel, den Sänger anhörend, der Mensch selbst mit ihm mitsingt, versuchend die Melodie richtig wiederzugeben, oder fühlt mit Emotionen irgendwie mit, vergleicht die Aufführung mit einem anderen Sänger, dann leistet er damit bereits Arbeit, wenn auch eine unbedeutende, aber Arbeit. In diesem Fall bekommt die Seele einige Häppchen von Energien. Sie macht Ansammlungen in die Matrix nur bei der Vollbringung von Arbeit, und alles andere, was man von Vergnügungen erhält, wird wie ein leerer Ballast nach dem Tod abgeworfen, und die Situationen wiederholen sich im nächsten Leben mit ihrem Erschweren.

Mit Hilfe von Schwierigkeiten erstreben die Höchsten das Erwachen des Bewusstseins im Individuum und versuchen, dass er versteht, worin der Sinn des Lebens besteht und wonach man streben sollte. Die Höchsten streben also danach, dass der Mensch **lernt** auf

Vergnügungen als ein leerer Zeitvertreib zu verzichten und danach **strebt** für das Wohl seiner Seele zu arbeiten.

Aber was gibt der Verzicht auf Vergnügungen der Seele selbst. Um diese Frage zu beantworten, sollte man die Menschen in zwei Haupttypen teilen: niedriger Geistigkeit und hoher Geistigkeit, da sie unterschiedliche Vergnügungen haben, und, folglich, auch unterschiedliche Existenzprinzipien.

Bei einem niedrigen Individuum ist der Erhalt von Vergnügungen mit einem leeren Zeitvertreib verbunden, mit Nichtstun. Und ein hohes Individuum findet das Vergnügen in der Arbeit. Er kann nicht ohne Arbeit auskommen, und muss ständig etwas tun. Daher, wenn ein Niedriger irgendein Vergnügen opfert, lehnt er das ab, was nicht der Entwicklung seiner Seele beiträgt und was den Prozess der persönlichen Vervollkommmnung verzögert. Der Verzicht auf Vergnügungen – ist nicht nur der Verzicht auf die Diskothek, das Konzert, das Restaurant, aber auch der Verzicht auf das Nichtstun. Das Letztere ist auch eine Abart der Vergnügung, deshalb sollte das Individuum verstehen, dass er oft auf das eine Vergnügen zugunsten eines anderen verzichtet, man sollte aber zugunsten irgendeiner Arbeit verzichten. Nehmen wir an, ein junger Mann ist nicht in ein Restaurant gegangen und verbrachte den ganzen Abend im Liegen, nichts tuend, auf dem Sofa. Er hat kein mögliches Vergnügen von dem Restaurant erhalten, aber vom Liegen auf dem Sofa hat seine Seele auch nichts erworben (natürlich, wenn er dabei gelitten hat aus irgendwelchen Gründen, dann hat die Seele gearbeitet). Der Verzicht auf Vergnügungen muss zum Nutzen der Vervollkommmnung der Seele gemacht werden, deshalb ist es wichtig, dass das Individuum sich dessen bewusst wird, wo er sich vervollkommnet, und wo er einfach Zeit verschwendet.

Wenn man über hochgeistige Persönlichkeiten spricht, dann sind sie aufgrund ihrer inneren Eigenschaften nicht fähig außer irgendeiner Aktivität zu bleiben, außer Arbeit, daher bekommen sie ein Vergnügen von der Arbeit oder sozialen Aktivität selbst, von der Erreichung irgendwelcher Resultate. Deshalb, damit ein hochgeistiges Individuum auf Vergnügungen verzichtet, muss er die Arbeit ablehnen. Was anderes sieht er nicht ein. Jegliche niedrige Vergnügungen werden bei ihm eine Abstoßung auslösen, und er wird sich damit nicht unterhalten können und etwas Angenehmes bekommen. Die Bewertungsskala ist bei ihm ganz anders, als bei einem niedrigen Individuum.

Wenn man über die Wesen in der Hierarchie spricht, so sind bei Ihnen die Vergnügungen auch alle mit der Arbeit verbunden, und niedrige Vergnügungen, solcherart wie die irdischen, haben sie in ihren Welten nicht, da sie für die Prüfung der niedrigen Individuen erforderlich sind. Und die Höchsten haben bereits alle ihnen notwendige Eigenschaften aufgenommen und diese haben einen stabilen Charakter erworben. Arbeit für die Höchsten – sind die Handlungen, durch welche die Persönlichkeit in ihre Matrix die erforderlichen Energietypen aufnimmt. Und da sie eine viel größere Anzahl an Energietypen aufnehmen müssen, als auf dem irdischen Plan, so muss das höchste Wesen sich gleichzeitig an verschiedenen Arbeiten beteiligen. Je höher in der Ebene das Individuum ist, desto größere Arbeit leistet es im Maßstab, und in der Spezifikation.

Für eine hohe Persönlichkeit werden nach dem Programm solcherart Tätigkeitsarten ausgesucht, durch die Erzeugung welcher er die Zellen der Matrix mit Energien der erforderlichen Eigenschaften füllt. Natürlich ist, dass es eine solche Persönlichkeit zu ihrer Arbeit ständig ziehen wird. Unter den Menschen werden solche Individuen als "Workaholic" bezeichnet. Sie sind mit dem Kopf in ihre Arbeit vertieft, lieben sie, fühlen eine unwiderstehliche Anziehungskraft zur Arbeit, und diese erledigend, bekommen sie Vergnügen, Befriedigung, Freude.

Somit haben wir herausgefunden, dass Vergnügungen bei niedrigen und hohen Seelen völlig unterschiedlich sind. Zudem, ein Niedriger kann aussuchen: soll er Energien in die Matrix aufnehmen oder nicht, in Richtung der Vergnügungen und des Nichtstun abweichend und damit den eigenen Entwicklungsweg verlängernd. **Und ein Hoher sucht nur zwischen der einen und einer anderen Arbeit aus.** Wenn er sich dazu entscheidet auf Vergnügungen zu verzichten, dann wird er auf seine Arbeit verzichten müssen. Aber, durch das hohe Bewusstsein und das Verstehen aller Folgen seiner Ablehnung, wird er es wegen dem Verantwortungsbewusstsein niemals machen können. Er ist sich immer dessen bewusst, dass er mit der Nichterfüllung von seiner Arbeit die anderen im Stich lässt. Demnach, eine hohe Persönlichkeit kann auf die

Arbeit nicht verzichten, und das bedeutet, auf das Vergnügen, das damit verbunden ist.

Aus diesem Grund stellt sich heraus, dass der Verzicht auf Vergnügungen nur auf einem niedrigen Plan unter den Niedrigen Individuen möglich ist. Niedrige laufen von der Arbeit weg, und Hohe können ohne sie keine Minute auskommen, weil sie – diametral entgegengesetzte Auffassungen darüber haben. Wovon ein Niedriger wegläuft, danach strebt ein Hoher, und, umgekehrt, wonach es einen Niedrigen zieht, das lehnt ein Hoher ab. Und das ist sehr wichtig zu verstehen, da oft die hohen Persönlichkeiten trüben wollen, weisen die Menschen ihnen das zu, was sie gerade vermeiden wollen.

Nun kann man die Frage beantworten: was bedeutet der Verzicht auf Vergnügungen für niedrige und hohe Individuen? Für niedrige Geistpersönlichkeiten drückt solch eine Geste den Wunsch der Vervollkommnung aus. Und das Wichtigste ist, sie zeigt, dass seine (des Verzichts) Anerkennung die Ebene erreicht hat, die es ermöglicht, zu verstehen, dass leere Vergnügungen nicht fähig sind, ihn in seiner Entwicklung voranzubringen, und dass man in der Arbeit auch eine Befriedigung finden kann und die Unterstützung im Leben, den Kern, die die Jagd nach kurzfristigen Freuden nicht fähig ist zu geben. (Es gibt auch niedrige Freuden, zum Beispiel, am Treffen mit einem Saufkumpan oder an der Erniedrigung von anderen; und hohe – am Treffen eines alten Freundes, am Sieg im Sport usw.) Der Verzicht auf das Nichtstun und auf kurze Vergnügungen für Niedrige ermöglicht das Gefühl der Freude und einer geistigen Befriedigung zu spüren.

Bei hochgeistigen Individuen bedeutet der Verzicht auf Vergnügungen, also auf Arbeit, Degradation der Persönlichkeit, die Verletzung des Programmes, da die Ausführung der Arbeit direkt mit der Befüllung der Zellen der Matrix mit notwendigen Energietypen verbunden ist. Vergnügungen verlängern die Schwierigkeiten auf dem Entwicklungsweg der Niedrigen und beschleunigen den Weg der Vervollkommnung hoher Seelen.

Aber bei den niedrigen Individuen ist die Jagd nach Vergnügungen nicht immer mit ihrer Degradation verbunden. Zum Beispiel, wenn ein unterentwickeltes Individuum Konzerte besucht oder es liebt viel und lecker zu essen, bedeutet es nicht, dass er degradiert. Er verlängert einfach seine Vervollkommnung in der Zeit. Gewisse Erfahrungen sammelt er jedoch, aber einen sehr kleinen Anteil.

Der Verzicht auf Vergnügungen ist, vor allem, das Gefühl der Grenze, bezüglich welcher das Individuum die Struktur seiner Seele bildet, dabei bewusst die Bestrebungen und Wünsche spürend. Zu dem Zeitpunkt, an dem die Persönlichkeit beginnt diese Grenze zu spüren, verändern sich bei ihr die Ansichten über das Leben fast gänzlich. Deshalb beginnen auch all ihre Handlungen sich zu verändern: Taktik, Ziele, Strategie und das allgemeine Verhalten. Darüber hinaus wird die Persönlichkeit fähig, das zu tun, was sie früher für unmöglich hielt, und das, was schwierig war, wird einfach. Sie beginnt die gleiche Welt aus einer neuen Position zu betrachten – aus der Position der nächsten höhergelegenen Ebene, an die sie im Laufe der Entwicklung aufgestiegen ist. Die Veränderung der Ebene verändert ihre Ansichten und Handlungen.

Ein bestimmter Reifegrad der Seele lässt sie ihre inneren Bestrebungen fein spüren. Ein bedeutender Umfang des erworbenen Wissens und Lebenserfahrung, die Ansammlung höchster Eigenschaften in der Matrix bilden eine besondere Weltanschauung, eine hohe moralische Grundlage, deshalb sollte man niemals das Verhalten der Hohen und Niedrigen vergleichen. Sie fühlen, denken entgegengesetzt, haben unterschiedliche Bestrebungen. Die Wünsche der Höchsten gehören zu einer anderen Wertkategorie, deshalb sollte man sie auch mit den niederen und primitiven Wünschen des Menschen nicht vergleichen. Aber wichtig ist es zu verstehen, dass der Mensch ihren Weg läuft, deshalb sollte er wissen, was ihn auf diesem Weg erwartet.

Die Ansammlung der Höchsten von hohen Energien in der Matrix entwickelt die Empfindlichkeit der Seele, deshalb sind ihnen ihre Bestrebungen sehr wohl bewusst und sie verstehen, womit sie verbunden sind. Wenn bei ihnen das Vergnügen von der Vollbringung irgendeiner Arbeit verschwindet, dann nehmen sie es als die Vollendung der Befüllung der Zelle der Matrix mit erforderlichen Energietypen und die Herausbildung der Eigenschaft wahr, das heißt also, das Erreichen von ihnen eines Grenzzustandes. Der eine Wunsch erlöscht bei ihnen und ein anderer kommt auf, der mit der Befüllung der nächsten Zelle mit einem neuen Energietypen verbunden ist, und das führt sie zur Umschaltung ihrer Tätigkeitsart auf eine andere Arbeit. Bei den Höchsten, also, sind die Vergnügungen mit der Energieeigenschaft verbunden, die sie für die Befüllung der folgenden Zelle brauchen, und das bedeutet, dass die Begeisterung die Persönlichkeit zwingt, bestimmte Arbeit zu vollbringen, und diese bringt ein ganzes Aggregat des feinen Planes der Erzeugung des erforderlichen Energietypen in Bewegung, der diesen Handlungen entspricht.

Das Ziel der Bestrebungen der Höchsten ist – zu verstehen, welche Handlungen erzeugen Energien, die ihren Zellen auf diesem Stadium notwendig sind. Wenn die Zelle gefüllt ist, wird das Vergnügen, als ein Verweisungszeichen, der zu konkreten Handlungen führt, annulliert, da das Ziel erreicht ist, die Zelle ist gefüllt. Und diese Befüllung har einen Grenzwert dargestellt, der das Vergnügen selbst als eine Bestrebung zur konkreten Arbeit neutralisiert.

Die Ansammlung durch die Persönlichkeit einer großen Anzahl von Eigenschaften trägt dem Anwachsen der Macht und der Lebenserfahrung bei, deshalb werden die Situationen, die sie früher als schwierig empfand und von denen sie in Panik geriet, nun von ihr frei gelöst und scheinen nicht mehr schwierig zu sein. Wenn, zum Beispiel, es früher für das Individuum unmöglich war ins Ausland zu fahren und dort ein Konzert zu organisieren, da er solche Erfahrungen nicht gemacht hat, und der Gedanke über solch eine Möglichkeit unrealistisch aussah, so wird in einigen Inkarnationen bei der Ansammlung der entsprechenden Erfahrung solcherart Arbeit für ihn einfach und natürlich erscheinen. Deshalb, wenn die Seele die gleiche Welt durch unterschiedliche Entwicklungsstadien geht, wird sie sie jedes Mal auf neue Art und Weise wahrnehmen.

Zum Beispiel, eine junge Seele, ihre Entwicklung mit dem Beruf eines einfachen Arbeiters beginnend, erfährt schwere physische Arbeit, Armut, viele Verluste und sieht die Welt aus der einen Sicht. Wenn sie genug Erfahrungen sammelt, wenn sie in einer höheren Lehranstalt wird lernen können, einen Ingenieurberuf bekommt und in einer Konstruktionsabteilung des Betriebes arbeiten wird, erfährt sie die gleiche Welt bereits aus einer anderen Sicht.

Wenn sie nach einer Reihe an Inkarnationen noch mehr gewisse Erfahrungen sammelt und danach die Rolle des Präsidenten irgendeines

Landes übernimmt, wird sie die Welt aus völlig neuen Positionen erfahren und wird für sich viel Neues entdecken.

Jedes Entwicklungsstadium, jede Inkarnation öffnen für die Seele neue und unbekannte Seiten einer Welt. In einem Leben ist es unmöglich alles zu erfahren. Aber, die Welt durch Ebenen durchlaufend, erfasst die Seele die Ebenen nacheinander, Mini-Hierarchien in ihren Zellen aufbauend, das notwendige Gepäck erlangend und die eigene innere Welt schaffend.

Die Individualität verleiht auf jedem Stadium der Vervollkommnung den Ansammlungen der Persönlichkeit eine unverwechselbare Eigenart, und das wirkt sich auf die Verleihung der Unverwechselbarkeit in noch größeren Eigenschaften des nächsten Entwicklungsstadiums aus, seiner (des Entwicklungsstadiums) Sättigung mit einer Unzahl an Situationen, der Vielfalt der vollbrachten Handlungen, was sich in umgekehrter Ordnung auf das Wachstum der Individualität auswirkt. Deshalb wächst die Individualität mit dem Wachstum der Ebenen an, man kann sagen, im geometrischen Progress.

Das Vorhandensein individueller Empfindungen ermöglicht es unterschiedlichen Individuen die gleiche Welt auch unterschiedlich wahrzunehmen, deshalb sieht und fühlt jeder das Gleiche auf eigene Art und Weise. Das wiederholt sich für jede Welt, für jede Ebene. Jedoch sollte man nicht vergessen, dass die Befüllung der Matrix mit allen notwendigen Energien für diese Welt zum Verlust des Interesses zur Umgebung führt. Die Seele erfährt alles in dieser Welt, was für sie erforderlich ist, sie von innen begreifend, also, sich in ihr befindend, deshalb ist sie (die Welt) nicht mehr fähig sie zur Entwicklung zu stimulieren, sie braucht eine neue Welt, die in der Ebene höher steht. Aber aus dieser Welt kann sie fortsetzen den vergangenen Plan im feinen Aufbau zu erfahren, da diese Konstruktionen für das Erfahren nur aus der höheren Ebene verfügbar sind. Und das wird bereits seine Erfahrung von außen sein.

Somit, der Verzicht auf Vergnügungen wird im Prozess der Entwicklung die Persönlichkeit einst zum neuen Verstehen ihrer Wünsche und Handlungen bringen, und sie wird sich für die Befüllung der Zellen der Matrix nach neuen Empfindungen richten.

Aus all dem oben genannten machen wir die folgende Schlussfolgerung.

Der Verzicht auf Vergnügungen niedriger Individuen trägt ihrem Progress bei, da ihre Vergnügungen selbst die Seele zur Degradation führen, und der Verzicht auf Vergnügungen hoher Individuen trägt ihrer Degradation bei, da die Vergnügungen selbst, die mit der Arbeit verbunden sind, der Seele helfen zu progressieren. Somit, der Mensch sollte lernen die Vergnügungen in niedrige und hohe zu unterteilen, um zu verstehen, welche von ihnen der Erhöhung der Entwicklungsebene beitragen, und welche dem Regress dienen.

PRÜFUNGEN UND BESTRAFUNGEN

Der Mensch durchläuft im Leben die unterschiedlichsten Prüfungen. Als solche können Schwierigkeiten in der Familie, auf der Arbeit, Probleme in irgendeinem Kollektiv dienen. Prüfungen können sowohl angenehm, als auch unangenehm sein, zum Beispiel, Probleme auf der Autobahn können den unangenehmen zugerechnet werden, und Prüfungen mit Reichtum und Ruhm – den angenehmen. Und, trotzdem, könnte der Mensch weder die einen, noch die anderen aushalten.

Die Prüfung kann hart sein – Krankheit des Menschen selbst, Tod von nahen und verwandten Menschen. Zum Beispiel, bei einer Mutter stirbt plötzlich der Sohn und von oben wird geschaut, wie sie auf die Situation reagiert. Wenn die Mutter gläubig war, dann wird sie dem Gott verzeihen, dass er den Tod ihres Sohnes zugelassen hat; und wenn die Mutter eine Atheistin war, dann wird geprüft, wie sie den Schicksalsschlag übersteht, ob sie Trinkerin wird, wie wird sie sich im Weiteren verhalten.

Den harten Prüfungen kann man die Versetzung der Seele von Geburt an in den Körper eines Invaliden zurechnen. Wenn die Seele vom Moment der Geburt in einen defekten Körper kommt – ist das eine Bestrafung. Und wenn der Mensch eine Versehrtheit im Laufe des

Lebens bekommt, dann kann es sowohl eine Prüfung, als auch eine Bestrafung sein.

Der Bestimmer versucht oft seinen Lehrling zu warnen, dass er etwas falsch macht, versucht ihn vor den Fehlern zu bewahren. Zum Beispiel, wenn das Individuum sich den Arm bricht oder das Bein, dann ist das bereits eine Warnung. Er sollte seine vergangenen Handlungen analysieren und versuchen zu verstehen, was er falsch macht, den Fehler in seinen Handlungen finden. Das ist ein Beispiel, das zeigt, wie durch das Leiden des Körpers das Individuum versucht wird auf den richtigen Weg zurückzuholen.

Prüfungen helfen die Charaktereigenschaften des Menschen zu testen.

Viele Lebenssituationen ist die Überwindung von etwas Schwierigem, die Vollbringung einer gewissen Arbeit durch die Seele, was immer mit der Überarbeitung von Energien der einen Art in eine andere verbunden ist durch Gefühle und Gemütsbewegungen. Deshalb bauen Prüfungen das Energiepotenzial der Seele auf, von ihnen wächst ihre Macht an.

Wenn die Seele jedoch in Ungestörtheit lebt, in einem entspannten Zustand, dann bleibt ihr Energiepotenzial niedrig. Das ist wie ein entspannter Körper des Menschen, der keine körperlichen Übungen macht, im Vergleich mit einem starken Körper eines Athleten, der Tag täglich an sich arbeitet. Deshalb ist der Weg eines Eingeweihten niemals mit Rosen bedeckt, ist aber voller Dorne, und nicht künstlicher, sondern natürlicher. Prüfungen sollten nicht künstlich sein, sondern realistisch, die den Alltagssituationen dieser Entwicklungsebene entsprechen. Der Unterschied natürlicher Prüfungen von den künstlichen besteht darin, dass der Mensch niemals weiß, was ihn hinter der nächsten Kurve erwartet – Leben oder Tod. Deshalb wird sein Risiko bei der Lösung von Lebenssituationen maximal. Aber für jede Entwicklungsebene des Menschen existieren eigene bestimmte Prüfungen. Er muss sie durchgehen, dabei die Probleme richtig lösend und die Schwere des Schicksals mutig überwindend. Viele Situationen sollte man einfach aushalten.

Jedoch halten nicht alle Seelen die Prüfungen aus; und das führt zur Verschlimmerung ihres Karmas in der nächsten Inkarnation. Zum

Beispiel, einige Probleme versuchen sie durch Selbstmord oder durch den Mord anderer Menschen zu beenden, glaubend, dass auf solche Art und Weise sie alle Probleme lösen können, aber in Wirklichkeit verschlimmert das alles ihr Karma, die Situationen im nächsten Leben werden noch schwieriger.

Für die einen erzeugen kleinste Schwierigkeiten eine Atmosphäre der Verzagtheit, einer dekadenten Stimmung, jede Kleinigkeit kann ein Anstoß zum Selbstmord werden. Andere werden unter gleichen Umständen solche Schwierigkeiten ruhig wahrnehmen und würdig überwinden. Der Mensch, also, könnte die Prüfungen nicht überstehen aufgrund gewisser Charaktereigenschaften: von Kleinmut, einem schwachen Willen, Pessimismus.

Sehr oft hilft solchen Menschen der Glaube an Gott, denn sie begreifen, dass alle Prüfungen dem Menschen von oben gegeben werden, und in diesem Fall verhält sich der Mensch würdig und überwindet scheinbar unüberwindliche Schwierigkeiten, und erhebt Gebete und Ruhm an den Allmächtigen.

Prüfungen können sehr unterschiedlich sein. Außerdem kann für den einen Menschen das Geschehene eine Prüfung sein, und für den anderen – eine Bestrafung, d.h. es kann das Gleiche in beiden Fällen verwendet werden, aber mit unterschiedlichen Zwecken.

Aber worin unterscheidet sich die Prüfung von der Bestrafung?

Die Prüfung wird der Seele nicht für die vergangenen Sünden gegeben, sondern als Situationen, die dem Anwachsen des Energiepotenzials der Seele beitragen, ihrer Verstärkung. Sie bahnen den Weg in die Zukunft.

Und Bestrafungen – sind die Handlungen, die das Leben des Menschen erschweren und auf Grundlage seines vergangenen Karmas oder bereits im gegenwärtigen Leben begangenen Fehlern aufgebaut sind. Die Höchsten, die Variante des Programms mit einer Prüfung aufbauend und die Nichtausführung der Situation durch den Menschen vorhersehend, schalten im Weiteren in die gleiche Variante als Folge - die Bestrafung ein. Wenn das Individuum das Problem richtig gelöst hätte, dann hätte das Programm weiter an die positiven Situationen geführt, die dann die Belohnung für die überwundene Prüfung wären.

Was das Karma anbelangt, so hilft es die vergangenen Schulden des Menschen abzuarbeiten.

Das negative System bestraft nicht, bei ihm existieren nur Prüfungen, die schlimmer sind, als jegliche Bestrafung bei Gott. Alle Prüfungen in niedrigen Welten beim Satan – sind sehr grausam, mitleidlos. Er ist gnadenlos zu seinen Untergeordneten, vor allem der niedrigen Ebene. Alle ihm übergebenen Seelen von Gott lässt er in seinen niedrigen Welten durch grausame Prüfungen gehen. Seine physischen Welten sind – blutrünstig, grausam, da er Individuen braucht, die keine Angst vor dem Tod haben und selbst mitleidlos zu anderen sind.

DIE PRÜFUNG MIT DEM RUHM

Wofür entwickeln sich einige Menschen, vor allem Künstler, im Heiligenschein des Ruhms? Stört es das denn nicht? Ruhm hilft gut zu leben, verdirbt, aber die Seele. Das ist allgemein bekannt. Sie kann sowohl ein Anreiz für die Entwicklung sein, als auch eine Bremse. Oft trägt sie erst dem Progress bei, aber wenn sie lange andauert, dann beginnt die Degradation der Persönlichkeit. Ruhm zu verdienen ist nicht einfach. Der Mensch sollte verstehen, dass man für alles in diesem Leben bezahlen muss. Ruhm wird auf dem feinen Plan durch einige höchste Lehrer organisiert. Deshalb bekommen die Veranstalter die Energie von dem Bestimmer des Menschen, für den er arrangiert wird.

Wenn beim Menschen in den vergangenen Inkarnationen die erforderliche Energie erarbeitet ist, dann entwickelt er sich in Ruhe in Ruhm ohne besondere Erschütterungen. Wenn es solche spezielle Energieerarbeitungen nicht gibt, oder die Seele zum kosmischen Typen gehört (wenn, also, sie keine irdischen Erarbeitungen von physischen Energien hat), dann muss sie extra bestimmte Energietypen erarbeiten, um für den Ruhm auf dem feinen Plan zu bezahlen. Es muss auch durch Schwierigkeiten und Prüfungen erarbeitet werden.

Aber wenden wir uns dem irdischen Typen von Seelen zu. Zum Beispiel, kaum betritt ein junger Mann die Bühne und wird von den Menschen auf der Straße erkannt, als in seinem Leben eine Reihe von Tragödien oder Schwierigkeiten folgen. Erst stirbt seine Mutter plötzlich, und nach einem Jahr – der Vater, dann verliert er seinen Bruder und bleibt völlig allein, und versteht nicht, wofür er so bestraft wird. Und das ist – die Zahlung für seinen zukünftigen Ruhm, und manchmal – für seinen vergangenen.

Bei den meisten Künstlern, bekannten Sängern und Sängerinnen – ist das Leben nicht organisiert, sie kommen mit Partnern für das Familienleben zusammen und trennen sich bald, und prozessieren im Weiteren wegen Kindern und Eigentum vor Gericht. Ständiger Verrat, Fremdgehen, plötzlicher Tod der Kinder in Autounfällen und durch Krankheiten verfolgen viele Menschen, die berühmt geworden sind. Für eine zarte Natur ist das ein großes Leid. Wie viele Sorgen kommen auf ihre Seelen zu? Manchmal muss man sogar für Nachruhm bezahlen. Nehmen wir an, während seiner Lebenszeit hat der Mensch nicht besonders viel Ruhm genossen, hat aber schwer und in Einsamkeit gelebt, und nach dem Tod ist er bekannt geworden. Und das ist alles mit dem Weg verbunden, den er sich ausgesucht hat, sich wünschend in Ruhm zu sein. Leidend, sich sorgend, seelische Qualen durchlebend, erarbeiten sie durch das Leiden die erforderliche Energie. Deshalb müssen die Artisten, die auf den Weg des Ruhms treten, daran denken, dass sie im Alltagsplan mit dem Leiden, Einsamkeit, mit nicht organisiertem Leben bezahlen werden müssen, manchmal mit dem Verlust von geliebten Menschen, und in bestem Fall – mit dem Verlust des Eigentums.

Jedoch hat der Ruhm nicht nur negative Seiten, aber auch positive. Obwohl der Mensch selbst, der den Ruhm bekommt, einige negative Eigenschaften erarbeiten könnte, er verwandelt sich, aber in ein Vorbild für die Nachahmung der jungen Seelen.

Ruhm – ist eine Methode der Erziehung von Massen an einem fremden Entwicklungsbeispiel.

Die äußere Schönheit der Beziehungen sehend und die Äußerung der menschlichen Talente, ihre gebührende Anerkennung und die abgewinnenden Vorteile des materiellen Lebens, treten junge Seelen auch auf den Weg des Lernens und der Bestrebung zu solchen Zielen. Es fällt ihnen schwer, sich andere Ziele zu setzen – Wissenschaftler zu werden, Architekt, Pilot, sie sind noch nicht dazu bereit, aber den Weg eines Künstlers zu gehen, eines Popsängers – sind sie in der Lage. Und in diesem Plan bekommt ihre Entwicklung die richtige Richtung.

Somit, fremder Ruhm drängt viele junge Seelen zur Wahl des richtigen Entwicklungsweges.

Was die hohen Persönlichkeiten anbelangt, so brauchen sie überhaupt keinen Ruhm. Wie viele wundervolle Wissenschaftler, hochintellektuelle Konstrukteure und Mathematiker wir auf unserer Erde haben, die kosmische Apparate und riesige Industriekomplexe bauen, und wie viele erstaunliche Architekten, die bereits jetzt bereit sind ungewöhnliche Städte der Zukunft zu erschaffen. Und sie alle bleiben im Schatten, einem sehr engen Kreis gleicher hoher Spezialisten bekannt seiend.

Hohe Persönlichkeiten brauchen keinen Ruhm, weil sie verstehen, für welche Ziele sie dienen. Sie brauchen es nicht, gelobt zu werden, dass man über sie täglich in Zeitungen, Zeitschriften schreibt. Solche Persönlichkeiten verstehen, dass im Maße der Vervollkommnung jedes Individuum das gleiche Resultat erreichen kann, den sie erreicht haben, das ist eine Frage der Zeit. Und die ganze Aufregung um irgendeine Eigenschaft des Menschen, seines Talents, - ist eine Zwangsmaßnahme, um irgendwie die anderen für die Erarbeitung von gleichen Eigenschaften in sich zu begeistern.

WÖRTERBUCH

Absolut

1. eine vollkommene Konstruktion mit klassischem Aufbau;
2. die höchste Grenze, etwas zu erreichen;
3. die höchste Führungspersönlichkeit, die die Hierarchie leitet.

Astrale

Ebene, die einem bestimmten Energiebereich entspricht. Entwickelt sich durch Emotionen, Gefühle.

Bestimmer

(alt – himmlischer Lehrer), höchste Persönlichkeit, die den Menschen oder ein anderes Lebewesen durch ein Computergerät durch das Leben führt. Kontrolliert die Ausführung des Programms durch den Menschen.

Chakra

ist eine besondere Konstruktion des subtilen Plans eines Menschen, die eine Aufnahme und Abgabe subtiler Energien durch die Chakren erzeugt. Die Energie bewegt sich vom Menschen – nach außen und von der Umgebung – zum Menschen. C. verbinden den physischen Körper mit den feinen Hüllen und führen den Energieaustausch durch.

Das Berechnungssystem

ist eine Gemeinschaft hierarchischer Wesen, die auf numerische Operationen spezialisiert sind. Sie beschäftigen sich Kosmos mit der Berechnung von Formen, Konstruktionen von Welten, Planeten, Sternen usw. Im Laufe der Entwicklung sammeln die Kalkulationswesen negative Energien in der Matrix an, was zu ihrem negativen Entwicklungssystem führt.

Das medizinische System

ist eine Gemeinschaft verstandesmäßiger Persönlichkeiten, die sich auf Medizin und die Hilfe für die Wesen des Kosmos spezialisiert haben. Sie haben ihre eigene Hierarchie, an deren Spitze ein separater höchster Hierarch steht. Im M.S. entwickeln sich sowohl positive als auch negative Individuen mit ihren eigenen

Arbeitsspezifika; beschäftigen sich mit der Behandlung von Wesen materieller und feinstofflicher Ebenen und führen Forschungsaktivitäten durch. M.S. arbeitet nur innerhalb der Bereiche unseres Gottes und gehorchen ihm.

Das Positive System

ist eine Gemeinschaft von Wesen, die durch die Prozesse der Schöpfung, der Hilfe für andere und einer Reihe anderer positiver Handlungen positive Energien ansammelt.

Dekodierung

die Vernichtung der Seele auf der "subtilen" Ebene, die Annullierung beim Individuum des Bewusstseins seines "ich" als Persönlichkeit; Abbau feinstofflicher Energiekonstruktionen der Seele mit vollständiger Reinigung der Matrixzellen von den Energien, die das Individuum in allen früheren Leben angesammelt hat.

Der Negative Hierarch

sonst der Satan, erhielt den Namen von seiner Hierarchie, da er die negative Entwicklungsrichtung in der Evolution anführt.

Die Energiedichte der Seele

ist die Energiemenge, die in einem Einheitsvolumen der Seele fließt. Die sich entwickelnde Seele sammelt Energie in ihren Hüllen. Je weiter es sich entwickelt, desto größer ist seine Energiedichte, das heißt, desto mehr Energien sammelt es in sich an. Die Energiedichte hängt ab von:
1. der Intensität der Wissensaufnahme (je mehr ein Mensch lernt, fühlt, desto größer ist dieser Wert);
2. der Lebensdauer und der Anzahl der Reinkarnationen. Auch wenn die Seele faul ist, erwirbt sie von Leben zu Leben nach und nach etwas Wissen und Erfahrung und ihre Energiedichte nimmt zu.

Die Höchsten

Persönlichkeiten, die sich auf der Entwicklungsebene über der irdischen Ebene befinden und die Erde und die Menschheit führt;

Persönlichkeiten einer hohen Entwicklungsebene, die in der Hierarchie Gottes residieren.

Die Natur ist ein räumliches Volumen, das einem riesigen kosmischen Organismus, in dem sich alles andere befindet und entwickelt, gehört.

Die Seele ist eine Matrix mit einem bestimmten Energieinhalt, der sich im Prozess der Vervollkommnung verändert. Die Matrix ist mit dauerhaften und temporären Konstruktionen verbunden, die für die irdische Welt bestimmt sind. Dauerhafte Konstruktionen der Seele umfassen dauerhafte Energiekörper und Matrizen: der Gesetze, Zeit, Qualitäten, Konzepte, Wörter (Zahlen), des Bewusstseins und Unterbewusstseins.
Das Spirituelle System - verstandesmäßige Gemeinschaften höchster Wesen, die sich in der Hierarchie Gottes befinden, das heißt, zu den höchsten Energiewelten gehören.

Ebene der Entwicklungsstand von etwas oder jemandem.

Ebene der Hierarchie ist die Welt oder Existenzebene in der Hierarchie. Die Ebenen sind entsprechend ihrer Reihenfolge angeordnet, d. h. gesetzmäßiger Abfolge der Entwicklung der Energien von den niedrigsten, erdnächsten, zu den höchsten, gottnahen.

Ebenen – Entwicklungsausrichtung ist die aufeinander folgende Verarbeitung der Energiespektren von der niedrigsten zur höchsten Frequenz mit der Bildung der entsprechenden Hierarchie innerhalb der Seele, in jeder Zelle der Matrix.

Energie 1. jede Art von Materie, sowohl des physischen als auch des "subtilen" Plans, der sich in der Ebenen Reihenfolge der Entwicklung unterscheidet; 2. es ist ein allgemeines Maß für verschiedene Bewegungsformen der Materie (klassische Definition).

Energieansammlung	Ansammlung verschiedener Energiearten in einem beliebigen Volumen. Alle Energieansammlungen in einem beliebigen Volumen werden automatisch in einer hierarchischen Reihenfolge angeordnet. Mit zunehmendem Volumen nimmt die Zusammensetzung seiner Energieansammlungen zu.
Energieauffüllung	Energiekonzentration pro Volumeneinheit.
Energieindikatoren	Energiewerte, die die Seele (Prozesse, Progressionen etc.) während der Entwicklung erreichen muss. Auf jeder Ebene muss die Seele Energieindikatoren erwerben, die dieser Ebene entsprechen. Mit dem Wachstum der Ebene nehmen die Werte aller Energieindikatoren an Stärke zu.
Energiekanäle	sind Konstruktionen des feinen Plans, die für die Bewegung von Energien in ihnen konzipiert sind. E. entsprechen in ihrer Stärke den Energien, die sich durch sie bewegen.
Energiekomponenten	(ansonsten Komponenten der Energie) Energiebestandteile von Energieaufbauten. Jede Ebene der Welt hat ihre eigenen Energiekomponenten, die die Energieindikatoren der Materie einer bestimmten Existenzebene festlegen.
Energiekörper	energetische oder feine Hülle eines Menschen. Ein Mensch der fünften Rasse hat eine physische und sechs feine Hüllen, von denen jede mit ihrem eigenen Energiespektrum arbeitet. Mit der Entwicklung der Seele nimmt ihre Zahl zu. Die Seele wächst in der Zahl der Energiekörper.
Energiepotenzial	eine Charakteristik der Energiekraft von etwas, bestehend aus der Summe der Potenziale aller Energieansammlungen eines bestimmten Volumens, Verlaufs, Zustands usw. Je mehr Energien das Volumen, die Progression usw. ansammelt, desto größer ist ihr Energiepotential und dementsprechend - höher ihre Ebene. Wenn

die Wesen die Ebenen der Hierarchie durchlaufen, wird ihr Energiepotential zu einem der wichtigsten Charakteristiken der Entwicklung der Seele und ihrer Verortung in den Energiewelten Gottes oder des Satans.

Energieprozess

Reaktionen, die mit der Verbindung von Energiekomponenten auf gesetzmäßiger Grundlage entsprechend ihrem Entwicklungsstand verbunden sind, wobei gezielte Energieflüsse gebildet werden, die ein bestimmtes Ergebnis liefern.

Energiequalität

die Qualität, die in der Matrixzelle durch die Ansammlung homogener Energie entsteht. Energiequalität wird nach Ebenen aufgebaut und hat daher eine eigene Hierarchie.

Energiewelt

ist der Name einer Ebene der Hierarchie, die ein eigenständiges Weltvolumen mit einer bestimmten Konstruktionsqualität darstellt. Jede E. entspricht einem bestimmten Energiebereich. Alles in der Energiewelt – Wesen usw. – wird aus den Energien ihres Spektrums aufgebaut.

Entwicklungsebene

charakterisiert den Entwicklungsgrad der Seele und entspricht dem Energiepotential aller ihrer inneren permanenten Ansammlungen. E.E. wird durch die konsequente Verarbeitung durch die Seele der Energien jener Bereiche erworben, aus denen die Hierarchie besteht, die sie gerade durchläuft.

Essenz

ist die innere Bedeutung von etwas; die Hauptsache, die für eine bestimmte Form oder einen bestimmten Prozess am charakteristischsten ist.

Form

1. eine Konstruktion eines physischen oder subtilen Plans, die einen bestimmten inneren Aufbau hat, der der Erfüllung ihrer erforderlichen Funktionen entspricht;
2. die äußere Manifestation jeglicher Art von Existenz. Es gibt vergeistigte, sich entwickelnde und nicht vergeistigte, künstliche Formen.

Fünfte Rasse	ist der von oben gegebene Name für die Menschheit, die sich bis zum Jahr 2000 entwickelte. Der Name ist mit dem Übergang der Erde in das fünfte Orbital verbunden.
Gott	ist die höchste Persönlichkeit, die die positive Richtung der Entwicklung steuert und die Hierarchie führt – eine Konstruktion des subtilen Plans, bestehend aus vielen Energiewelten. Dabei handelt es sich um eine hochentwickelte, hochintellektuelle Essenz, die hinsichtlich der Gedankenkraft, der schöpferischen Fähigkeiten und der Kraft der Seele höchste Vollkommenheit erreicht hat.
Hierarchie	1. eine räumliche Karkassenkonstruktion eines "subtilen" Plans, in der die Welten Gottes (oder des Satans) in einer bestimmten Reihenfolge angeordnet sind, von Individuen einer bestimmten Entwicklungsebene bewohnt werden. Welten (oder Daseinsebenen) sind - Ebenen. Der Grad der Entwicklung der Welten nimmt von der Basis der Pyramide der Hierarchie bis zur Spitze zu, auf der sich Gott befindet, der alles unterhalb liegende steuert, und der Grad der Entwicklung der in ihnen befindlichen Wesen nimmt entsprechend zu. Die Hierarchie enthält in sich eine streng konkrete Anzahl von Welten und Persönlichkeiten in jeder davon; 2. ein System einer aufeinander folgenden ebenen Entwicklung jeglicher Existenzformen, Prozesse, Progressionen, Zustände usw.; 3. ein gesetzmäßiges System des Aufbaus im Weltall.
Hierarchisches System	1. eine Gemeinschaft intelligenter Essenzen, die durch eine Entwicklungsebene vereint sind und in der Hierarchie residieren. Systeme befinden sich auf einer oder mehreren Ebenen und haben einen Entwicklungsgrad entsprechend einer dieser Ebenen; 2. das zur Hierarchie gehörende System.

Individuum	ist eine sich entwickelnde Persönlichkeit, die individuelle Qualitäten der Seele hat, die ihr Einzigartigkeit, Besonderheiten des Verhaltens- und Denkmerkmale verleihen.
Inkarnation	eine Inkarnation der Seele des Menschen auf der Erde. Es wird nach dem von den Höchsten zusammengestellten Programm durchgeführt, d.h. hat immer einen Zweck. In einer Inkarnation kann die Seele keine Vollkommenheit erreichen, dies erfordert viele Inkarnationen in der physischen Welt.
K.E.E.	die konditionale Energieeinheit.
Karma	ist eine Vergeltung eines Menschen für positive oder negative Handlungen in einem vergangenen Leben, eine Korrektur seiner Entwicklung.
Karmisch	aufgrund einer vergangenen falschen Tat, die die Teilnahme an gegenwärtigen Handlungen oder Zuständen erfordert (schmerzhaft, hässlich), für das Individuum unerwünscht, aber zur Korrektur des Karmas beiträgt; eine Person dazu zwingen, ihre Schulden abzuarbeiten.
Komposit	ist eine Reihe verschiedener Energien in einer Matrix, die ihre Faktur und qualitative Zusammensetzung erzeugen und die Ausdruckskraft und Individualität einer Person bestimmen.
Kontaktperson	ist ein Individuum, das mit Vertretern anderer Welten kommuniziert. Kontaktpersonen sind unterschiedlich: einige kommunizieren mit der höheren Welt, andere mit der - niederen. Jeder steht in Kontakt mit der Ebene, der er in seiner Entwicklung entspricht. Kann Informationen, Zeichnungen und Diagramme empfangen.
Kraft der Seele (Macht)	1. ist ihre Stärke, bestehend aus den Potenzialen der angesammelten Energien; 2. die Fähigkeit der Seele, beliebige Handlungen oder Prozesse (einschließlich mentaler) auszuführen;

3. die Fähigkeit, Arbeit pro Zeiteinheit zu erledigen.

Niedere - Individuen, die der irdischen Welt angehören. In Bezug auf die Entwicklung steht ein materieller Mensch immer unter denen, die sich in der Hierarchie Gottes befinden, da die subtile Energie - eine höhere Organisationsebene der Materie darstellt.

Das Negative System - eine Gemeinschaft hochentwickelter Persönlichkeiten, Wesen, die mit den Prozessen der Ansammlung negativer Energien in der Matrix der Seele durch Rechenoperationen, Konstruieren, Programmierung, Demontage usw. verbunden sind. Sie werden zwischen negativen Systemen in der Hierarchie Gottes, als helle, und negative Systeme in der Hierarchie des Satans, als dunkle unterschieden, d. h. sie unterscheiden sich qualitativ voneinander.

Materielles System   eine Gemeinschaft verstandesmäßiger Wesen, die in materiellen Körpern leben; sie leben in den physischen Welten des Weltraums und sind den Menschen in ihrer Entwicklung weit überlegen. Einige von ihnen beschäftigen sich mit der Erschaffung materieller Formen für die Welten und haben insbesondere den Menschen und andere Formen der Erde geschaffen.

Matrix   ist eine karkassische Grundlage der Seele zum Füllen und Speichern verschiedener Arten von Energien, die die Grundlage des Charakters der Persönlichkeit bilden. Sie hat einen zellulären Aufbau und verfügt über die Fähigkeit, selbstständig neue Zellen aufzubauen, während bestehende Zellen gefüllt werden. Die Matrix ist - eine selbst wachsende, vergeistigte Konstruktion. Geschaffen von Gott und seinen Helfern. Ihr Auffüllen mit Energie erfolgt in der von Gott festgelegten gesetzmäßigen Reihenfolge.

| **Oben** | gegeben von den höchsten Wesen, die sich in der Hierarchie Gottes befinden. |

Ordnung   die Anordnung von etwas entsprechend seiner Entwicklungsebene und Energiepotenzial.

Potenzial der Seele   ist ein Kraftindikator der Persönlichkeit. Es besteht aus Energiepotentialen, die ihre Matrix und dauerhaften Hüllen füllen.

Programm   ist ein Plan für die Entwicklung von jemanden oder etwas. Das Programm bildet eine Kette aufeinanderfolgender Handlungen, die zu dem von oben gesetzten Ziel, dem Ergebnis, führen. Das Programm des Lebens eines Menschen legt Situationen fest, die seiner Entwicklung beitragen. Kein Mensch kann gegen sein Programm gehen.

Qualität   1. das Vorhandensein von Eigenschaften, Merkmalen, Besonderheiten, die ein Objekt von einem anderen unterscheiden;
2. Für die menschliche Seele ist Qualität - die Energie einer bestimmten Art, die in der Matrixzelle angesammelt wird, wenn Taten, Handlungen, geistige Arbeit ausgeführt werden und bilden den Charakter der Persönlichkeit, ihre Eigenschaften, Fähigkeiten und Talente. Jede Qualität wird hierarchisch in einer separaten Zelle der Matrix aufgebaut. Als zur Vollkommenheit gebracht gilt sie, wenn sie in den automatischen Funktionsbetrieb wechselt. Unterschiedliche Qualitäten haben - unterschiedliche Wirkmechanismen.

Reinkarnationen   sind Reinkarnationen der menschlichen Seele oder anderer Formen in verschiedene materielle Körper. R. ermöglichen der Seele, Fehler zu korrigieren und korrekte Aufbauten in den Zellen der Matrix zu machen.

Satan   höchste Persönlichkeit, in seinem inneren Inhalt und seinen Taten gegensätzlich zu Gott. Er steht an der Spitze seiner eigenen negativen Hierarchie, verfügt über eine hohe Intelligenz und vervollkommnet sich in negativen Prozessen (Berechnung, Programmierung, Demontage von Konstruktionen, Morde in den unteren Welten usw.). Zu seinen Aufgaben gehört es, defekte Seelen und instabile Eigenschaften in ihnen aufzudecken. S. ist nicht fähig, Seelen zu erschaffen und zu vergeistigen. Er ist funktionell mit Gott verbunden und kann ohne ihn nicht als separate Substanz existieren, da sie zusammen als gegensätzliche Teile ein dreieiniges Volumen bilden und beide für das gemeinsame Ziel des Universums arbeiten und daher gezwungen sind, ihre Aktivitäten miteinander zu koordinieren. S. hat seine eigene Hierarchie und Energiewelten.

Schmutzige Energie ist eine herkömmliche Bezeichnung für ein niedriges Spektrum an Energien, die nicht in die Matrix gelangen und von denen die Seele gereinigt wird. Der Mensch produziert sie als Ergebnis falscher Handlungen, Sünden.

Sechste Rasse ist eine neue Rasse der Menschheit, die bedingt aus dem Jahr 2000 stammt. Der Name wird mit dem Übergang der Menschheit in das sechste Orbital in Verbindung gebracht, einer höheren Entwicklungsstufe als die, auf der sich unsere fünfte Rasse befindet.

Setzung (des Programms) das von den höchsten Wesen in das Programm eingelegte Ziel. Die Zielsetzung hilft der Persönlichkeit, im Laufe der Entwicklung die erforderlichen Indikatoren zu erreichen.

Subtile (Welt, Konstruktion, Struktur, Energie usw.) 1. alles, was außerhalb der Grenzen der menschlichen Wahrnehmung liegt;
2. alles, was aus Energie höherer Ordnung als der physischen Materie geschaffen ist.

Wesen/Essenz die höchste Persönlichkeit, die sich in der Hierarchie Gottes (oder des Satans) entwickelt. Wesen in der Hierarchie werden in verschiedene Entwicklungsebenen unterteilt. Beim Übergang in die Hierarchie Gottes wird der Mensch auch zum Wesen, d.h. wird sich in ein energetisches, verstandsmäßiges Wesen verwandeln, das seine Entwicklung fortsetzt.

Wikipedia ist eine Volksenzyklopädie, die dank kollektiver Arbeit entstanden ist. Jeder kann Artikel für sie schreiben.

Zielsetzung ist die Ausrichtung der Gedanken und Aktivitäten eines Individuums auf ein bestimmtes Ziel. Es wird als eine bestimmte motivierende Kraft – Energie – in das Programm der Persönlichkeit eingelegt. Die Zielsetzung hat ein Potenzial, das das Potenzial des Individuums übersteigt, und ihn daher seinem Wirkmechanismus unterordnet.

Zustände bestimmte Existenzformen im Weltall mit ihnen inhärenten Entwicklungssystemen.

INHALTSVERZEICHNIS

Larisa Seklitova, Lyudmila Strelnikova

DIE WAHL DER SEELE
oder
die positive und negative menschliche Entwicklung
Teil 1

Reihe: Die Enzyklopädie der neuen Ära
Abschnitt: Ein Mensch der goldenen Rasse. Band VII

ISBN: 978-84-128563-2-3 (Paperback)
ISBN: 978-84-128563-3-0 (EPUB)

Zum Druck veröffentlicht 30.06.2024.
Format: 152 x 229

Diese Publikation ist für Personen ab 16 Jahren bestimmt.

CosmUnity
Centro de Desarrollo Espiritual Humano "Raza Dorada"
Paseo de las Delicias 3, 28045, Madrid (España)
info@gold-race.org
CIF: G13673611

Interessierte Leser können, wenn sie möchten, in irgendeiner Weise zur Veröffentlichung der Bücher der Autoren beitragen, entweder durch die Finanzierung der Übersetzung oder indem sie direkt übersetzen, Korrektur lesen und allgemein zur Veröffentlichung des Buches, an dem sie interessiert sind, beitragen.

Senden Sie Ihren Vorschlag an info@gold-race.org.